시 대 에 듀

독학사
4단계

── 컴퓨터공학과 ──

데이터베이스

SD에듀
㈜시대고시기획

머리말

학위를 얻는 데 시간과 장소는 더 이상 제약이 되지 않습니다. 대입 전형을 거치지 않아도 '학점은행제'를 통해 학사학위를 취득할 수 있기 때문입니다. 그중 독학학위제도는 고등학교 졸업자이거나 이와 동등 이상의 학력을 가지고 있는 사람들에게 효율적인 학점 인정 및 학사학위 취득의 기회를 줍니다.

학습을 통한 개인의 자아실현 도구이자 자신의 실력을 인정받을 수 있는 스펙으로서의 독학사는 짧은 기간 안에 학사학위를 취득할 수 있는 가장 빠른 지름길로 많은 수험생들의 선택을 받고 있습니다.

독학학위취득시험은 1단계 교양과정 인정시험, 2단계 전공기초과정 인정시험, 3단계 전공심화과정 인정시험, 4단계 학위취득 종합시험의 1~4단계까지의 시험으로 이루어집니다. 4단계까지의 과정을 통과한 자에 한해 학사학위 취득이 가능하고, 이는 대학에서 취득한 학위와 동등한 지위를 갖습니다.

이 책은 독학사 시험에 응시하는 수험생들이 단기간에 효과적인 학습을 할 수 있도록 다음과 같이 구성하였습니다.

01 핵심이론
다년간 출제된 독학학위제 평가영역을 철저히 분석하여 시험에 꼭 출제되는 내용을 '핵심이론'으로 선별하여 수록하였으며, 중요도 체크 및 이론 안의 '더 알아두기'를 통해 심화 학습과 학습 내용 정리를 효율적으로 할 수 있게 하였습니다.

02 OX문제
장별로 'OX문제'를 수록하여 해당 학습영역의 중요사항을 한 번 더 점검할 수 있도록 하였습니다.

03 실제예상문제
해당 출제영역에 맞는 핵심포인트를 분석하여 풍부한 '실제예상문제'를 수록하였습니다.

04 최종모의고사
최신 출제유형을 반영한 최종모의고사를 통해 자신의 실력을 점검해 볼 수 있으며, 실제 시험에 임하듯이 시간을 재고 풀어보면 시험장에서 실수를 줄일 수 있을 것입니다.

편저자 드림

BDES

독학학위제 소개

독학학위제란?

「독학에 의한 학위취득에 관한 법률」에 의거하여 국가에서 시행하는 시험에 합격한 사람에게 학사학위를 수여하는 제도

- ✓ 고등학교 졸업 이상의 학력을 가진 사람이면 누구나 응시 가능
- ✓ 대학교를 다니지 않아도 스스로 공부해서 학위취득 가능
- ✓ 일과 학습의 병행이 가능하여 시간과 비용 최소화
- ✓ 언제, 어디서나 학습이 가능한 평생학습시대의 자아실현을 위한 제도
- ✓ 학위취득시험은 4개의 과정(교양, 전공기초, 전공심화, 학위취득 종합시험)으로 이루어져 있으며 각 과정별 시험을 모두 거쳐 학위취득 종합시험에 합격하면 학사학위 취득

독학학위제 전공 분야 (11개 전공)

국어국문학 / 영어영문학 / 심리학 / 경영학 / 법학 / 행정학 / 컴퓨터공학 / 가정학 / 유아교육학 / 정보통신학 / 간호학

※ 유아교육학 및 정보통신학 전공 : 3, 4과정만 개설
※ 간호학 전공 : 4과정만 개설
※ 중어중문학, 수학, 농학 전공 : 폐지 전공으로 기존에 해당 전공 학적 보유자에 한하여 응시 가능

※ SD에듀는 현재 4개 학과(심리학과, 경영학과, 컴퓨터공학과, 간호학과) 개설 완료
※ 추가로 2개 학과(국어국문학과, 영어영문학과) 개설 진행 중

INFORMATION

독학학위제 시험안내

과정별 응시자격

단계	과정	응시자격	과정(과목) 시험 면제 요건
1	교양	고등학교 졸업 이상 학력 소지자	• 대학(교)에서 각 학년 수료 및 일정 학점 취득 • 학점은행제 일정 학점 인정 • 국가기술자격법에 따른 자격 취득 • 교육부령에 따른 각종 시험 합격 • 면제지정기관 이수 등
2	전공기초		
3	전공심화		
4	학위취득	• 1~3과정 합격 및 면제 • 대학에서 동일 전공으로 3년 이상 수료 (3년제의 경우 졸업) 또는 105학점 이상 취득 • 학점은행제 동일 전공 105학점 이상 인정 (전공 28학점 포함) → 22.1.1. 시행 • 외국에서 15년 이상의 학교교육과정 수료	없음(반드시 응시)

응시 방법 및 응시료

• 접수 방법 : 온라인으로만 가능
• 제출 서류 : 응시자격 증빙 서류 등 자세한 내용은 홈페이지 참조
• 응시료 : 20,400원

독학학위제 시험 범위

• 시험과목별 평가 영역 범위에서 대학 전공자에게 요구되는 수준으로 출제
• 시험 범위 및 예시문항은 독학학위제 홈페이지(bdes.nile.or.kr) – 학습정보 – 과목별 평가영역에서 확인

문항 수 및 배점

과정	일반 과목			예외 과목		
	객관식	주관식	합계	객관식	주관식	합계
교양, 전공기초 (1~2과정)	40문항×2.5점 =100점	–	40문항 100점	25문항×4점 =100점	–	25문항 100점
전공심화, 학위취득 (3~4과정)	24문항×2.5점 =60점	4문항×10점 =40점	28문항 100점	15문항×4점 =60점	5문항×8점 =40점	20문항 100점

※ 2017년도부터 교양과정 인정시험 및 전공기초과정 인정시험은 객관식 문항으로만 출제

합격 기준

• 1~3과정(교양, 전공기초, 전공심화) 시험

단계	과정	합격 기준	유의 사항
1	교양	매 과목 60점 이상 득점을 합격으로 하고, 과목 합격 인정(합격 여부만 결정)	5과목 합격
2	전공기초		6과목 이상 합격
3	전공심화		

• 4과정(학위취득) 시험 : 총점 합격제 또는 과목별 합격제 선택

구분	합격 기준	유의 사항
총점 합격제	• 총점(600점)의 60% 이상 득점(360점) • 과목 낙제 없음	• 6과목 모두 신규 응시 • 기존 합격 과목 불인정
과목별 합격제	• 매 과목 100점 만점으로 하여 전 과목(교양 2, 전공 4) 60점 이상 득점	• 기존 합격 과목 재응시 불가 • 1과목이라도 60점 미만 득점하면 불합격

시험 일정

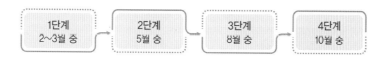

• 컴퓨터공학과 4단계 시험 과목 및 시험 시간표

구분(교시별)	시간	시험 과목명
1교시	09:00~10:40 (100분)	국어, 국사, 외국어 중 택2과목 (외국어를 선택할 경우 실용영어, 실용독일어, 실용프랑스어, 실용중국어, 실용일본어 중 택1과목)
2교시	11:10~12:50 (100분)	알고리즘 통합컴퓨터시스템
중식	12:50~13:40 (50분)	
3교시	14:00~15:40 (100분)	통합프로그래밍 데이터베이스

※ 시험 일정 및 시험 시간표는 반드시 독학학위제 홈페이지(bdes.nile.or.kr)를 통해 확인하시기 바랍니다.

※ SD에듀에서 개설되었거나 개설 예정인 과목은 빨간색으로 표시했습니다.

독학학위제 과정

대학의 교양과정을 이수한
사람이 일반적으로 갖추어야 할
학력 수준 평가

1단계
교양과정 01

02 **2단계**
전공기초

각 전공영역의 학문을 연구하기
위하여 각 학문 계열에서 공통적
으로 필요한 지식과 기술 평가

3단계
전공심화 03

각 전공영역에서의 보다
심화된 전문 지식과 기술 평가

04 **4단계**
학위취득

학위를 취득한 사람이 일반적으로
갖추어야 할 소양 및 전문 지식과
기술을 종합적으로 평가

GUIDE

독학학위제 출제방향

국가평생교육진흥원에서 고시한 과목별 평가영역에 준거하여 출제하되, 특정한 영역이나 분야가 지나치게 중시되거나 경시되지 않도록 한다.

교양과정 인정시험 및 전공기초과정 인정시험의 시험방법은 객관식(4지택1형)으로 한다.

단편적 지식의 암기로 풀 수 있는 문항의 출제는 지양하고, 이해력·적용력·분석력 등 폭넓고 고차원적인 능력을 측정하는 문항을 위주로 한다.

독학자들의 취업 비율이 높은 점을 감안하여, 과목의 특성상 가능한 경우에는 학문적이고 이론적인 문항분만 아니라 실무적인 문항도 출제한다.

교양과정 인정시험(1과정)은 대학 교양교재에서 공통적으로 다루고 있는 기본적이고 핵심적인 내용을 출제하되, 교양과정 범위를 넘는 전문적이거나 지엽적인 내용의 출제는 지양한다.

이설(異說)이 많은 내용의 출제는 지양하고 보편적이고 정설화된 내용에 근거하여 출제하며, 그럴 수 없는 경우에는 해당 학자의 성명이나 학파를 명시한다.

전공기초과정 인정시험(2과정)은 각 전공영역의 학문을 연구하기 위하여 각 학문 계열에서 공통적으로 필요한 지식과 기술을 평가한다.

전공심화과정 인정시험(3과정)은 각 전공영역에 관하여 보다 심화된 전문적인 지식과 기술을 평가한다.

학위취득 종합시험(4과정)은 시험의 최종 과정으로서 학위를 취득한 자가 일반적으로 갖추어야 할 소양 및 전문지식과 기술을 종합적으로 평가한다.

전공심화과정 인정시험 및 학위취득 종합시험의 시험방법은 객관식(4지택1형)과 주관식(80자 내외의 서술형)으로 하되, 과목의 특성에 따라 다소 융통성 있게 출제한다.

독학학위제 단계별 학습법

1 단계

평가영역에 기반을 둔 이론 공부!

독학학위제에서 발표한 평가영역에 기반을 두어 효율적으로 이론 공부를 해야 합니다. 각 장별로 정리된 '핵심이론'을 통해 핵심적인 개념을 파악합니다. 모든 내용을 다 암기하는 것이 아니라, 포괄적으로 이해한 후 핵심내용을 파악하여 이 부분을 확실히 알고 넘어가야 합니다.

2 단계

시험 경향 및 문제 유형 파악!

독학사 시험 문제는 지금까지 출제된 유형에서 크게 벗어나지 않는 범위에서 비슷한 유형으로 줄곧 출제되고 있습니다. 본서에 수록된 이론을 충실히 학습한 후 '실제예상문제'를 풀어 보면서 문제의 유형과 출제의도를 파악하는 데 집중하도록 합니다. 교재에 수록된 문제는 시험 유형의 가장 핵심적인 부분이 반영된 문항들이므로 실제 시험에서 어떠한 유형이 출제되는지에 대한 감을 잡을 수 있을 것입니다.

3 단계

'실제예상문제'를 통한 효과적인 대비!

독학사 시험 문제는 비슷한 유형들이 반복되어 출제되므로 다양한 문제를 풀어 보는 것이 필수적입니다. 각 단원 끝에 수록된 '실제예상문제' 및 '주관식 문제'를 통해 단원별 내용을 제대로 학습했는지 꼼꼼하게 체크합니다. 이때 부족한 부분은 따로 체크해 두고 복습할 때 중점적으로 공부하는 것도 좋은 학습 전략입니다.

4 단계

복습을 통한 학습 마무리!

이론 공부를 하면서, 혹은 문제를 풀어 보면서 헷갈리고 이해하기 어려운 부분은 따로 체크해 두는 것이 좋습니다. 중요 개념은 반복학습을 통해 놓치지 않고 확실하게 익히고 넘어가야 합니다. 마무리 단계에서는 '최종모의고사'를 통해 실전연습을 할 수 있도록 합니다.

COMMENT
합격수기

> 저는 학사편입 제도를 이용하기 위해 2~4단계를 순차로 응시했고 한 번에 합격했습니다.
> 아슬아슬한 점수라서 부끄럽지만 독학사는 자료가 부족해서 부족하나마 후기를 쓰는 것이 도움이 될까 하여
> 제 합격전략을 정리하여 알려 드립니다.

#1. 교재와 전공서적을 가까이에!

학사학위취득은 본래 4년을 기본으로 합니다. 독학사는 이를 1년으로 단축하는 것을 목표로 하는 시험이라 실제 시험도 변별력을 높이는 몇 문제를 제외한다면 기본이 되는 중요한 이론 위주로 출제됩니다. SD에듀의 독학사 시리즈 역시 이에 맞추어 중요한 내용이 일목요연하게 압축·정리되어 있습니다. 빠르게 훑어보기 좋지만 내가 목표로 한 전공에 대해 자세히 알고 싶다면 전공서적과 함께 공부하는 것이 좋습니다. 교재와 전공서적을 함께 보면서 교재에 전공서적 내용을 정리하여 단권화하면 시험이 임박했을 때 교재 한 권으로도 자신 있게 시험을 치를 수 있습니다.

#2. 아리송한 용어들에 주의!

진법 변환, 부울대수, 컴퓨터 명령어, 기억장치, C프로그래밍 언어 등 공부를 하다 보면 여러 생소한 용어들을 접할 수 있습니다. 익숙하지 않은 기본 개념들을 반복해서 보면서 숙지하고 점차 이해도를 높여나가는 학습이 합격에 도움이 된다고 생각합니다.

#3. 시간확인은 필수!

쉬운 문제는 금방 넘어가지만 지문이 길거나 어렵고 헷갈리는 문제도 있고, OMR 카드에 마킹도 해야 하니 실제로 주어진 시간은 더 짧습니다. 1번에 어려운 문제가 있다고 해서 1번에서 5분을 허비하면 쉽게 풀 수 있는 마지막 문제들을 놓칠 수 있습니다. 문제 푸는 속도도 느려지니 집중력도 떨어집니다. 그래서 어차피 배점은 같으니 아는 문제를 최대한 많이 맞히는 것을 목표로 했습니다.
① 어려운 문제는 빠르게 넘기면서 문제를 끝까지 다 풀고 ② 확실한 답부터 우선 마킹하고 ③ 다시 시험지로 돌아가 건너뛴 문제들을 다시 풀었습니다. 확실히 시간을 재고 문제를 많이 풀어봐야 실전에 도움이 되는 것 같습니다.

#4. 문제풀이의 반복!

어떠한 시험도 그렇듯이 문제는 많이 풀어볼수록 좋습니다. 이론을 공부한 후 실제예상문제를 풀다 보니 부족한 부분이 어딘지 확인할 수 있었고, 공부한 이론이 시험에 어떤 식으로 출제될지 예상할 수 있었습니다. 그렇게 부족한 부분을 보충해가며 문제유형을 파악하면 이론을 복습할 때도 어떤 부분을 중점적으로 암기해야 할지 알 수 있습니다. 이론 공부가 어느 정도 마무리되었을 때 시계를 준비하고 최종모의고사를 풀었습니다. 실제 시험시간을 생각하면서 예행연습을 하니 시험 당일에는 덜 긴장할 수 있었습니다.

학위취득을 위해 오늘도 열심히 학습하시는 동지 여러분에게도 합격의 영광이 있으시길 기원하면서 이만 줄입니다.

이 책의 구성과 특징

01

데이터베이스 개요

자료와 정보, 정보처리 등의 기본 개념과 파일 시스템과 데이터베이스 시스템의 개념 및 차이점에 알아보도록 한다. 데이터베이스 시스템의 구성 요소와 스키마, 데이터베이스의 정의 및 특징과 데이터 모델, 데이터베이스 사용자에 대해 알아보도록 한다.

데이터베이스의 개념

4차 산업혁명이 전개되고 있는 지금의 사회는 정보가 넘쳐나고 있다. "데이터는 곧 권력이며 힘이다. 데이터를 많이 확보하는 것이 경쟁력의 원천이다."라고 이야기되고 있다. 그러나 그 데이터를 이용해서 유의미한 결과를 습득하기 위해서는 정보를 검색해서 사용해야 한다. 너무 많은 정보로 인해서 원하는 정보를 찾는 데 불편함이 점점 가중되고 있다. 지금의 사회는 정보를 효율적으로 검색하고 분석하여 새로운 가치를 창출하

핵심이론

독학사 시험의 출제 경향에 맞춰
시행처의 평가영역을 바탕으로
과년도 출제문제와 이론을
빅데이터 방식에 맞게 선별하여
가장 최신의 이론과 문제를
시험에 출제되는 영역 위주로 정리하였습니다.

OX문제

장별로 핵심이론을 학습한 후,
해당 영역에서 가장 중요한 부분을 중심으로
큰 뼈대를 확인하고 정리할 수 있도록
○×문제를 수록하였습니다.

02

제1장
O×로 점검하자

※ 다음 지문의 내용이 맞으면 ○, 틀리면 ×를 체크하시오. [1 ~ 10]

01 자료는 현실세계에서 관찰을 통해 얻은 값을 가공 처리하여 의사결정에 영향을 주는 것을 말한다.　(　)

　　　≫≫○ 현실세계에서 관찰을 통해 얻은 값을 가공 처리하여 의사결정에 영향을 주는 것을 정보라고 한다.

02 데이터의 참조는 저장되어 있는 데이터 레코드들의 주소나 위치에 의해서 이루어진다.　(　)

　　　≫≫○ 데이터베이스에 있는 데이터를 참조할 때 데이터 레코드의 주소나 위치에 의해서가 아니라, 사용자가 요구하는 데이터 내용으로 이루어진다.

03 데이터 정의 기능은 모든 응용 프로그램들이 요구하는 데이터 구조를 지원하기 위해 데이터베이스에 저장될 데이터의 형(Type)과 구조에 대한 정의, 이용 방식, 제약조건 등을 명시하는 기능이다.　(　)

　　　≫≫○ 데이터의 정의 기능은 데이터의 형(Type)과 구조에 대한 정의, 이용 방식, 제약조건 등을 명시하는 기능이다.

03

실제예상문제

01 다음 중 정보의 의미로 거리가 먼 것은?
　① 자료(Data)를 처리하여 얻은 결과
　② 사용자가 목적하는 값
　③ 현실세계에서 관찰을 통해 얻은 값
　④ 의사결정을 위한 값

02 데이터베이스의 정의 중 '데이터베이스는 어떤 조직의 고유 기능을 수행하기 위해 반드시 필요한 데이터를 의미한다.'에 해당하는 것은?
　① 통합된 데이터(Integrated Data)
　② 저장 데이터(Stored Data)
　③ 운영 데이터(Operational Data)

해설 & 정답

01 현실세계에서 관찰을 통해 얻은 값은 자료이고 이 자료를 가공 처리하여 정보가 된다.

02 데이터베이스가 어떤 조직의 고유 기능을 수행하기 위해 반드시 필요한 데이터를 의미하는 것은 데이터베이스의 정의 중 운영 데이터 내용이다.
　[문제 하단의 해설 참고]

실제예상문제

독학사 시험의 경향에 맞춰
전 영역의 문제를 새롭게 구성하고
지극히 지엽적인 문제나 쉬운 문제를 배제하여
학습자가 해당 교과정에서 필수로
알아야 할 내용을 문제로 정리하였습니다.
풍부한 해설을 통해 이해를 쉽게 하고
문제를 통해 이론의 학습내용을 반추하여
실제시험에 대비할 수 있도록 구성하였습니다.

04

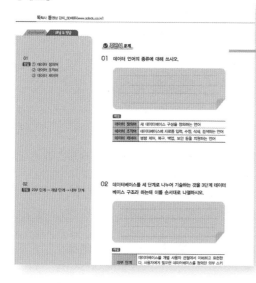

주관식 문제

다년간 각종 시험에 출제된 기출문제 중
주관식으로 출제될 만한 문제들을 엄선하여
가공 변형 후 수록하였으며,
배점이 큰 '주관식 문제'에 충분히
대응할 수 있도록 구성하였습니다.

05

최종모의고사

'핵심이론'을 공부하고,
'실제예상문제'를 풀어보았다면 이제
남은 것은 실전 감각 기르기와 최종 점검입니다.
'최종모의고사'를 실제 시험처럼
시간을 두고 풀어보고,
정답과 해설을 통해 복습한다면
좋은 결과가 있을 것입니다.

독학사 컴퓨터공학과 4단계

최종모의고사 | 데이터베이스

제한시간: 60분 | 시작 ___ 시 ___ 분 ~ 종료 ___ 시 ___ 분

📄 정답 및 해설 45p

01 데이터 모델의 구성 요소 중 데이터베이스에 표현된 개체 인스턴스를 처리하는 작업에 대한 명세로서 데이터베이스를 조작하는 기본 도구에 해당하는 것은?

① Operation
② Constraint
③ Structure
④ Relationship

02 데이터베이스의 특성으로 옳은 내용을 모두 선택한 것은?

㉠ 질의에 대하여 실시간 처리 및 응답이 가능하도록 지원해 준다.
㉡ 삽입, 삭제, 갱신으로 항상 최신의 데이터를 유지한다.
㉢ 다수의 사용자가 동시에 이용할 수 있다.
㉣ 데이터 참조 시 데이터 값에 의해서 ㉤ 참조할 수 없으므로 위치나 주소

03 다음 중 참조 무결성에 대한 설명으로 옳지 않은 것은?

① 참조 무결성은 참조하고 참조되는 테이블 간의 참조 관계에 아무런 문제가 없는 상태를 의미한다.
② 다른 테이블을 참조하는 테이블 측, 외래키 값이 있는 테이블의 레코드 삭제 시에는 참조 무결성이 위배될 수 있다.
③ 다른 테이블을 참조하는 테이블의 레코드 추가 시 외래키 값이 널(Null)인 경우에는 참조 무결성이 유지된다.
④ 다른 테이블에 의해 참조되는 테이블에서 레코드를 추가하는 경우에는 참조 무결성이 유지된다.

04 다음 중 직원(사원번호, 부서명, 이름, 나이, 근무연수, 급여) 테이블에서 '근무연수'가 3 이상인 직원들을 나이가 많은 순서대로 조회하되, 같은 나이일 경우 급여의 오름차순으로 모든 필드를 표시하는 SQL 문은?

① select * from 직원 where 근무연수 >= 3 order by 나이, 급여

CONTENTS

목차

合 격 으 로 가 는 가 장 똑 똑 한 선 택 S D 에 듀 !

제1장

데이터베이스 개요

I wish you the best of luck!

데이터베이스 개요

자료와 정보, 정보처리 등의 기본 개념과 파일 시스템과 데이터베이스 시스템의 개념 및 차이점에 알아보도록 한다. 데이터베이스 시스템의 구성 요소와 스키마, 데이터베이스의 정의 및 특징과 데이터 모델, 데이터베이스 사용자에 대해 알아보도록 한다.

제 **1** 절 데이터베이스의 개념

4차 산업혁명이 진행되고 있는 지금의 사회는 정보가 넘쳐나고 있다. "데이터는 곧 권력이며 힘이다. 데이터를 많이 확보하는 것이 경쟁력의 원천이다."라고 이야기되고 있다. 그러나 그 데이터를 이용해서 유의미한 결과를 습득하기 위해서는 정보를 검색해서 사용해야 한다. 너무 많은 정보로 인하여 원하는 정보를 찾는 데 불편함이 점점 가중되고 있다. 지금의 사회는 정보를 효율적으로 검색하고 분석하여 새로운 가치를 창출하는 것이 더 중요시되고 있다.

조직에서 중요한 결정을 내리기 위해서는 자료를 수집하고 처리, 분석해서 올바른 정보를 만들어야 한다. 컴퓨터를 사용하여 데이터를 수집하고 분석하는 데 정보 처리 기술이 활용되고 있다.

1 자료와 정보 중요 ★★

(1) 자료(Data)

현실 세계에서 관찰이나 측정을 통해 수집한 단순한 사실이나 값으로, 가공되지 않은 상태를 말한다. 숫자로 표현되는 수치 데이터와 문자로 표현되는 스트링(String), 텍스트(Text), 이미지(Image), 그래픽 등을 포함한다. 예 시험 점수

(2) 정보(Information)

의사결정에 도움을 줄 수 있는 유용한 형태로, **자료를 가공해서 얻을 수 있는 결과**를 말한다. 그러므로 데이터 자체가 내포하고 있는 정보를 추출하는 방법은 아주 중요한데 시험 점수로 석차를 구해 장학금을 지급할 경우 정보 추출 방법을 데이터 처리(Data Processing) 또는 넓은 의미로 정보 처리(Information Processing)라고 한다.

[그림 1-1] 자료와 정보

(3) 지식

기존 정보를 활용하여 새로운 정보를 창출할 수 있는 능력을 말한다. 여러 분야의 지식이 많이 쌓이면 의사결정을 잘 할 수 있는 통찰력이 향상된다.

(4) 지혜

주어진 상황을 빨리 인식하고 정확하게 정보를 처리할 수 있는 능력을 말한다. 지혜는 지식을 바탕으로 전체 상황을 파악하고 신속하게 판단할 수 있는 통찰력이다.

2 정보 시스템 중요 ★

정보 시스템이란 조직체에 필요한 Data를 수집, 저장해 두었다가 필요 시 처리해서 의사결정에 유용한 정보를 생성하고 분배하는 수단을 말한다. 사용하는 목적에 따라 경영 정보 시스템, 군사 정보 시스템, 인사행정 정보 시스템, 의사 결정 지원 시스템 등으로 구분되어 사용된다.

3 자료 처리 시스템 중요 ★

정보 시스템이 사용할 자료를 처리하는 경영 시스템의 서브 시스템으로, 처리 형태에 따라 다음과 같이 세 가지로 분류할 수 있다.

(1) 일괄 처리 시스템

일괄 처리 시스템은 시스템의 효율성을 최대한 높이기 위하여 일정 시간 또는 일정량의 데이터를 모아서 한 번에 처리하는 시스템을 말한다.

① 특징
  ㉠ 시스템 중심의 자료 처리 방법이다.
  ㉡ 반환 시간(Turn Around Time)이 늦지만 하나의 작업이 모든 자원을 독점하므로 CPU의 유휴 시간이 줄어든다.
  ㉢ 테이프와 같은 순차 접근 방법을 사용하는 업무에 적합하다.
  ㉣ 단위 시간당 처리하는 작업양이 많으므로 시스템의 성능이 높다.
  ㉤ 트랜잭션당 처리 비용이 적다.
  ㉥ 급여 계산, 회계 마감 업무, 세무 처리, 수도/전기요금 처리, 연말 결산 등의 업무에 사용된다.

(2) 온라인 실시간 처리 시스템

온라인 실시간 처리 시스템은 데이터 발생 즉시, 또는 데이터 처리 요구가 있는 즉시 처리하여 결과를 산출하도록 하는 방식으로, 단순히 온라인 처리 시스템이라고도 한다.

① 특징

ⓐ 온라인 실시간 처리 시스템은 사용자 중심의 처리 방식이다.

ⓑ 처리 시간이 단축되고, 처리 비용이 절감된다.

ⓒ 우주선 운행이나 레이더 추적기, 핵물리학 실험 및 데이터 수집, 전화 교환장치의 제어, 은행의 On-Line 업무 등 시간에 제한을 두고 수행되어야 하는 작업에 사용된다.

(3) 분산 처리 시스템

분산 처리 시스템은 지리적으로 분산되어 있는 여러 대의 컴퓨터(프로세서)를 통신 회선으로 연결하여 논리적으로 하나의 시스템을 사용하는 것처럼 운영하는 방식이다.

① 특징

각 단말기나 컴퓨터 시스템은 고유의 운영체제와 CPU, 메모리를 가지고 있다. 시스템의 구축이나 운영이 복잡한 반면, 신뢰성이 높고 확장이 용이하다.

4 데이터베이스의 정의 중요 ★★★

데이터베이스는 특정 조직의 업무를 수행하는 데 필요한 상호 관련된 데이터들의 모임으로 같은 데이터가 다른 목적을 가진 여러 응용에 중복되어 사용할 수 있다는 공용의 개념에 기초하고 있다. 데이터베이스의 정의는 다음과 같다.

(1) 통합 데이터(Integrated Data)

데이터베이스에서는 같은 데이터가 원칙적으로 중복되어 있지 않다. 그러나 효율성 증진을 위해 일부 데이터의 중복이 허용되기도 하는데 이를 통제된 중복이라고 한다. 데이터베이스는 중복을 최소화한 **통합** 데이터이다.

(2) 저장 데이터(Stored Data)

자기 디스크나 테이프와 같이 컴퓨터가 접근할 수 있는 저장 매체에 **저장된** 데이터를 뜻한다. 컴퓨터를 이용한 자료의 저장 관리가 당연시되고 있다.

(3) 운영 데이터(Operational Data)

데이터베이스에 저장되어 있는 데이터는 **운영** 데이터이다. 어떤 조직이나 그 고유의 기능을 가지고 있고, 그 기능을 수행하기 위해 반드시 필요한 데이터를 뜻한다. 데이터베이스는 단순한 데이터 집합이 아니라 그 조직의 존재 목적이나 기능을 수행하는 데 없어서는 안 될 데이터의 집합이다. 단순한 입·출력 데이터나 작업 처리 과정에서 일시적으로 생성된 임시 데이터는 운영 데이터로 인정되지 않는다.

(4) 공용 데이터(Shared Data)

데이터베이스는 **공용 데이터**이다. 어느 하나의 응용 프로그램이나 응용 시스템을 위한 데이터가 아니라 그 조직에 있는 여러 응용 시스템들이 공동으로 소유하고 유지하며, 이용하는 공용 데이터이다. 다시 말해 여러 사용자들이 서로 다른 목적으로 데이터베이스의 데이터를 공동으로 이용한다는 것을 뜻한다. 따라서 데이터베이스는 일반적으로 그 데이터 양의 규모가 대형화되고 그 구조가 복잡하게 되는 것이 보통이다.

제 **2** 절   데이터베이스 시스템과 파일 시스템

1   파일 시스템 중요 ★★

영구적 데이터를 디스크에 저장하는 가장 보편적인 방법은 파일 시스템(file system)을 이용하는 것이다. 파일 시스템은 DBMS가 사용되지 않던 1960년대부터 사용되었다. 파일(데이터의 모임)을 저장 장치에 저장하고 사용하기 위한 일종의 규칙이나 체계를 뜻하며, 파일의 이름을 붙이고, 쉽게 파일에 접근할 수 있도록 배치를 신경쓰는 등 파일과 관련된 기능을 수행하는 시스템을 일컫는다.

파일 시스템이란 운영체제의 중요한 부분으로 데이터나 프로그램을 디스크에 쓰고 읽을 수 있도록 해주는 프로그램이다. 파일 시스템에서는 정보를 운영체제의 파일에 저장한다. 각종 서류를 컴퓨터에 파일 단위로 저장하면, 회사의 데이터 관리 효율성과 활용성을 높일 수 있다. 파일 시스템에서 파일은 이용하는 프로그램 내에서 정의하고 파일을 접근하는 방식이 응용 프로그램 내에 표현되므로 응용 프로그램에 대한 의존도가 높다.

> **더 알아두기**
>
> **운영체제**
> Windows 7, 10, 리눅스, 유닉스, 모바일에서는 iOS, 안드로이드 등으로 하드웨어를 제어하고 컴퓨터 자원을 관리한다. 또한 컴퓨터 사용을 편리하게 해주고 응용 프로그램들의 수행을 도와주며, 사용자와 하드웨어 사이의 매개체 역할을 하는 소프트웨어이다.

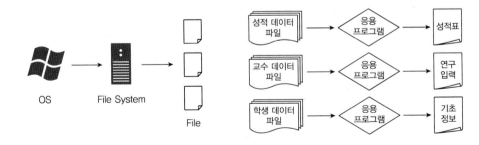

[그림 1-2] 파일 시스템

파일 시스템의 장·단점은 다음과 같다.

(1) 장점

① **빠른 처리속도** : 운영체제가 제공하는 파일 시스템을 사용하므로 처리속도가 빠르다.

② **단순성** : 기능이 단순하기 때문에 단시간에 익힐 수 있으며 비용도 비교적 저렴하다.

③ **저비용** : 운영체제에 내장되어 공급되기 때문에 별도의 구입, 유지 보수, 교육, 훈련 등의 비용이 들지 않는다.

(2) 단점

① **데이터의 중복** : 데이터가 많은 파일에 중복 저장되어 데이터 변경을 제어하는 것이 어렵기 때문에 중복된 데이터 간에 불일치가 발생할 수 있고, 중복된 데이터로 인한 기억 공간이 낭비된다.

② **무결성** : 파일 내의 데이터가 만족시켜야 하는 무결성 제약조건들을 명시하려면 프로그래머가 직접 프로그래밍 언어를 사용하여 일일이 프로그램에 표현해야 하므로 무결성 유지가 어렵다. 또한 새로운 제약조건들을 추가하거나 기존의 제약조건을 수정하는 것도 어렵다.

③ **보안** : 사용자의 권한에 따른 세밀한 수준의 접근 제어를 시행하기 어렵다.

④ **회복 기능** : 응용 프로그램에서 파일 내의 데이터를 수정하는 도중에 컴퓨터 시스템이 다운되었다가 재가동되었을 때 데이터의 일관성을 복구하기 어렵다.

⑤ **병행 제어** : 파일 시스템에서는 병행 제어 기능이 없으므로 동시에 여러 사용자가 같은 자료에 접근할 때 갱신 유실 문제 등의 오류가 발생하여 일관성이 깨질 수 있다.

⑥ **유지보수 비용** : 파일의 구조가 응용 프로그램에 반영되어 있기 때문에 파일의 구조가 바뀌면 영향을 받는 모든 응용 프로그램들을 수정해야 한다. 또한 응용 프로그램의 기능을 확장하려면 파일의 구조에 대한 요구사항이 바뀌므로 파일을 재조직해야 한다.

⑦ **데이터의 모델링 개념** : 데이터의 의미와 데이터 간의 상호 관계를 나타내기 어렵다.

⑧ **데이터 공유** : 각 응용 프로그램마다 파일들을 갖고 있으며 데이터를 접근하는 응용 프로그램들이 여러 가지 프로그래밍 언어로 작성되어 데이터 공유가 제한된다.

2 DBMS 중요 ★★★

파일 기반 방식의 단점은 데이터의 정의가 프로그램에 내포되어 있다는 것과 프로그램에서 데이터를 접근하고 조작하는 것 이외에 별도의 제어가 없다는 두 가지 요인 때문에 주로 발생한다. 데이터베이스 시스템은 파일 시스템이 갖는 **데이터의 종속성과 중복성의 문제를** 해결하기 위해 제안된 시스템으로 모든 응용 프로그램들이 데이터베이스를 공용할 수 있도록 관리해준다. DBMS는 데이터베이스의 구성, 접근 방법, 유지관리에 대한 모든 책임을 진다.

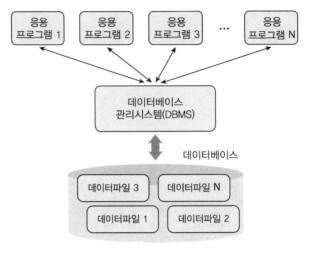

[그림 1-3] DBMS

(1) DBMS의 필수 기능

① 정의(Definition) 기능

모든 응용 프로그램들이 요구하는 데이터 구조를 지원하기 위해 데이터베이스에 저장될 데이터의 형(Type)과 구조에 대한 정의, 이용 방식, 제약조건 등을 명시하는 기능이다. 데이터와 데이터의 관계를 명확하게 설명할 수 있어야 하며, 원하는 데이터 연산은 무엇이든 명세할 수 있어야 한다.

② 조작(Manipulation) 기능

데이터 검색, 갱신, 삽입, 삭제 등을 체계적으로 처리하기 위해 사용자와 데이터베이스 사이의 인터페이스 수단을 제공하는 기능이다.

③ 제어(Control) 기능

데이터베이스에 접근하는 갱신, 삽입, 삭제 작업이 정확하게 수행되어 데이터의 무결성이 유지되도록 제어해야 한다. 정당한 사용자가 허가된 데이터에만 접근할 수 있도록 보안을 유지하고 권한을 검사할 수 있어야 한다. 여러 사용자가 데이터베이스에 동시에 접근하여 데이터를 처리할 때 처리 결과가 항상 명확성을 유지하도록 병행 제어를 할 수 있어야 한다.

(2) 파일 시스템 방식과 DBMS 방식의 비교

[표 1-1] 파일 시스템 방식과 DBMS 방식의 비교

파일 시스템	DBMS
데이터에 대한 물리적 접근만 조정한다.	데이터에 대한 물리적 접근과 논리적인 접근을 모두 조정한다.
동일한 파일에 두 개 이상의 프로그램이 동시에 접근할 수 없다.	동일한 데이터에 다수 이용자가 동시에 접근할 수 있다.
데이터가 비구조적이며, 중복성과 유지보수 비용이 높다.	데이터가 구조화되어 있으며, 중복성과 유지보수 비용이 낮다.
어떤 프로그램이 기록한 데이터는 다른 프로그램에서 읽을 수 없는 경우가 많다.	접근 권한이 있는 모든 프로그램이 데이터를 공유한다.

데이터에 대한 접근은 미리 작성된 프로그램을 통해서만 가능하다.	질의어를 사용하여 데이터에 대한 융통성 있는 접근이 가능하다.
각 응용 프로그램마다 파일이 따로 있으므로 데이터가 통합되어 있지 않다.	데이터가 중복을 배제하면서 통합되어 있다.

3 데이터의 독립성

데이터베이스 관리 시스템을 사용하는 궁극적인 목적은 데이터의 논리적 구조나 물리적 구조가 변경되더라도 응용 프로그램의 영향을 받지 않는 데이터의 독립성(Data Independency)을 확보하는 것이다. 이 데이터의 독립성은 논리적 독립성과 물리적 독립성으로 구분된다.

① 논리적(logical) 데이터 독립성
   응용 프로그램과 데이터베이스를 독립시킴으로써, 데이터의 논리적 구조를 변경시키더라도 응용 프로그램은 변경되지 않는다.

② 물리적(physical) 데이터 독립성
   응용 프로그램과 보조기억장치 같은 물리적 장치를 독립시킴으로써 데이터베이스 시스템의 성능 향상을 위해 새로운 디스크를 도입하더라도 응용 프로그램에는 영향을 주지 않고 데이터의 물리적 구조만을 변경한다.

데이터의 구조가 변경되었을 때 응용 프로그램이 수정되어야 하는 현상을 데이터의 종속성이라 한다. 데이터의 종속성으로 인하여 여러 가지 문제점이 일어날 수 있다.

4 데이터의 중복성

파일 처리 시스템은 같은 정보를 여러 곳에 저장할 수 있다. 모든 응용 시스템들은 자기가 구현한 구조대로 데이터가 조직되어 있을 것을 요구한다. 그렇지 않으면 그 데이터를 처리할 수 없다. 그것은 파일 시스템에서도 마찬가지다. 응용 프로그램의 요구를 만족시키기 위해 데이터의 중복성을 피할 수 없다.
한 시스템 내에 내용이 같은 데이터가 여러 군데 반복되어 있는 것을 데이터 중복성이라 한다. 예를 들어 학생정보가 여러 군데 분산되어 저장되어 있을 경우, 학생정보가 변경되면 여러 군데 분산되어 있는 학생정보 파일의 정보가 모두 변경되어야 하는데, 일부만 변경되고 옛 정보가 남아있는 파일이 있을 경우 자료의 불일치가 발생하게 된다. 데이터의 중복성은 다음과 같은 문제점을 야기한다.

① **일관성(Consistency)**

여러 개의 데이터가 모두 동일한 사실을 나타낸다면 논리적으로 그 내용이 모두 똑같아야 하는데 실제로 데이터의 중복이 있게 되면 그 동일성을 유지하기 어렵다. 그것은 결과적으로 데이터 간의 불일치를 야기해 데이터의 일관성이 없게 된다. 따라서 데이터베이스는 모순성을 포함하게 된다.

② **보안성(Security)**

논리적으로 한 시스템 내에 존재하는 같은 내용의 데이터에 대해서는 똑같은 수준의 데이터 보안이 유지되어야 한다. 그러나 같은 데이터가 여러 곳에 중복되어 저장되어 있는 경우 모두 똑같은 수준의 보안을 유지하는 것은 매우 어려운 일이다.

③ **경제성(Economics)**

데이터를 중복 저장하게 되면 추가적으로 필요한 저장 공간에 대한 비용이 들게 된다. 뿐만 아니라 데이터가 중복되어 있는 상황에서의 갱신 작업은 중복된 모든 데이터를 찾아내어 전부 수행해야 되므로 자연히 갱신 비용이 높아져서 경제성이 떨어지게 된다.

④ **무결성(Integrity)**

데이터가 중복 저장되면 자연히 제어가 분산되어 데이터 무결성, 즉 데이터의 정확성을 유지하기 어렵다. 여러 곳에 중복되어 있을 경우, 데이터를 수정한다면 중복된 모든 데이터를 수정해야 되므로 수정이 안 될 경우 무결성이 깨지게 된다. 무결성은 정밀성, 정확성의 의미로 사용되며, 데이터베이스의 정확성을 보증한다는 말이다. 예를 들어, 데이터 무결성(data integrity)이라 하면 데이터를 보호하고, 항상 정상인 데이터를 유지하는 것을 말한다. 관계형 데이터베이스에서 무결성은 데이터의 정확성과 일관성을 유지하고, 데이터에 결손과 부정합이 없음을 보증하는 것을 의미한다.

5 무결성 중요 ★★

(1) 무결성의 개념

① 무결성이란 데이터베이스에 저장된 데이터 값과 그것이 표현하는 현실 세계의 실제 값이 일치하는 정확성을 의미한다.

② 무결성 제약조건은 데이터베이스에 저장된 데이터의 정확성을 보장하기 위해 정확하지 않은 데이터가 데이터베이스 내에 저장되는 것을 방지하기 위한 제약조건을 말한다.

(2) 무결성의 조건

① **NULL 무결성** : 릴레이션의 특정 속성 값이 NULL이 될 수 없도록 하는 규정

② **고유(Unique) 무결성** : 릴레이션의 특정 속성에 대한 각 튜플이 갖는 속성 값들이 서로 달라야 한다는 규정

③ **도메인(Domain) 무결성** : 특정 속성의 값이 그 속성이 정의된 도메인에 속한 값이어야 한다는 규정

④ **키(Key) 무결성** : 하나의 릴레이션에는 적어도 하나의 키가 존재해야 한다는 규정

⑤ **관계(Relationship) 무결성** : 릴레이션에 어느 한 튜플의 삽입 가능 여부 또는 한 릴레이션과 다른 릴레이션이 튜플들 사이의 관계에 대해 적절한지 여부를 지정한 규정

> **❗ 더 알아두기 🔍**
>
> **NULL**
> 데이터베이스에서 아직 알려지지 않았거나 모르는 값으로 정보 부재를 나타내기 위해 사용하는, 이론
> 적으로 아무것도 없는 특수한 데이터를 말한다.
>
> **도메인**
> 하나의 속성에서 취할 수 있는 값들의 집합을 말한다. 예를 들어 성별의 도메인은 '남'과 '여'이다.

6 동시 액세스 문제

어떤 자료를 여러 프로그램이 동시에 바꾸려고 할 때 파일 처리 접근방식에서는 동시 접근 제어 기능이 없어
서 자료의 값이 잘못될 수 있다. 데이터베이스 관리 시스템에서는 동시 접근 제어 기능이 있어 동시에 자료에
접근할 경우 에러를 제어할 수 있다.

제 3 절 데이터베이스의 특징

1 데이터베이스 시스템의 자기 기술성

데이터베이스 방식의 주요 특징은 데이터베이스 시스템이 데이터베이스 자체뿐만 아니라 데이터베이스의
구조와 제약조건에 대한 완전한 정의까지 가지고 있다는 점이다. 데이터베이스의 정의는 데이터베이스에
속하는 각 파일의 구조, 각 데이터 항목의 타입과 저장 방식, 데이터에 대한 다양한 제약조건 등을 나타낸다.
이 정의는 시스템 카탈로그에 저장되며 이를 메타 데이터라고 한다. 시스템 카탈로그에 저장되는 메타 데이터
는 데이터베이스에 속한 데이터 파일들에 대한 논리적 구조, 각 데이터 항목의 타입, 데이터에 대한 다양한
제약조건은 물론 데이터 파일의 물리적 저장형식 및 접근경로 등을 나타낸다.
자기 기술성이란 파일 시스템과 구별되는 특징으로 DBMS가 데이터의 삽입 및 삭제를 데이터의 구조적 종속
없이 가능케 해준다.

2 프로그램과 데이터의 격리 및 추상화

(1) 프로그램과 데이터의 격리

단일한 응용 프로그램 내에서 데이터를 개별적으로 관리하는 방식은 데이터 저장 구조 등이 변경되면 응용 프로그램도 수정되어야 한다. 하지만 데이터베이스는 자기 기술성을 가지므로 저장 구조 등을 수정하는 것이 응용 프로그램에 영향을 미치지 않는다.

(2) 추상화

추상화란 상세한 내용을 감추고 사용자가 이해하기 쉽게 단순화하는 것이다. 크고 복잡한 문제를 단순화시켜 쉽게 해결하는 방법이다. 데이터 추상화(data abstraction)란 프로그램-데이터 독립성과 프로그램-연산 독립성을 제공하는 성질을 의미한다. DBMS에서는 데이터 파일의 구조가 프로그램으로부터 분리되는데 이를 프로그램과 데이터 간 독립성이라 한다. 데이터에 대한 연산을 데이터베이스 정의의 일부로 저장하는데, 이를 프로그램과 연산의 독립성이라 한다.

DBMS는 데이터가 어떻게 저장되고 연산들이 어떻게 구현되었는가에 관한 상세한 정보보다는 사용자에게 데이터에 관한 개념적인 표현을 제공한다. 데이터 모델은 사용자에게 데이터에 관한 개념적인 표현을 제공하는데 이용되는 데이터 추상화의 한 종류라고 할 수 있다.

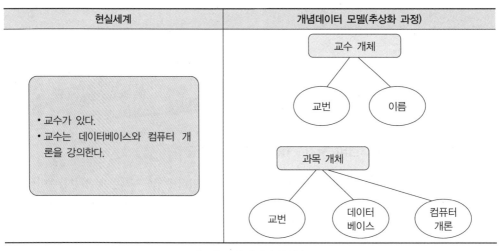

현실세계	개념데이터 모델(추상화 과정)
• 교수가 있다. • 교수는 데이터베이스와 컴퓨터 개론을 강의한다.	교수 개체 교번 이름 과목 개체 교번 데이터베이스 컴퓨터 개론

[그림 1-4] 데이터 추상화

3 다중 뷰 제공

데이터베이스를 사용하는 다양한 사용자들은 서로 다른 관점(또는 뷰)을 가지고 데이터를 보게 된다. 뷰는 데이터베이스 테이블의 일부이거나 테이블로부터 유도되는 가상 데이터(virtual data)이지만 뷰의 데이터는 실제로 데이터베이스에 저장되지 않는다. 사용자는 자신이 사용하는 데이터가 가상의 데이터인지 물리적으로 저장되어 있는 데이터인지는 알 필요가 없다.

다수 사용자용 DBMS는 여러 사용자들이 자신의 뷰를 정의할 수 있도록 하는 기능을 제공해야 한다. 예를 들어, 데이터베이스에서 어떤 사용자가 학생의 성적에만 관심이 있는 경우에 그 사용자에게는 학생의 성적만을 제공하면 된다.

4 데이터 공유와 다수 사용자 트랜잭션 처리

다수 사용자용 DBMS는 여러 사용자가 동시에 데이터베이스에 접근할 수 있는 DBMS이다. 여러 응용에서 사용되는 데이터를 통합하여 하나의 데이터베이스에 저장하여 관리한다면 다수 사용자용 DBMS가 꼭 필요하다.

다수 사용자용 DBMS에는 동시성 제어를 지원하여 다수 사용자가 동일한 데이터를 동시에 변경하는 경우에도 데이터의 일관성을 보장한다. DBMS의 기본적인 기능은 동시에 수행되는 트랜잭션들이 상호 방해를 받지 않고 정확하고 효율적으로 수행되도록 보장하는 데 있다.

5 데이터베이스의 일반적인 특징 종요 ★★★

① **실시간 접근성(Real-Time Accessibility)** : 수시적이고 비정형적인 질의(조회)에 대하여 실시간 처리에 대한 응답이 가능해야 한다. 생성된 데이터를 즉시 컴퓨터에 보내어 그 처리 결과를 보고 다음 의사 결정에 바로 반영할 수 있게 하는 처리 방식을 말한다.

② **계속적인 변화(Continuous Evolution)** : 데이터베이스의 상태는 동적이다. 즉 새로운 데이터의 삽입(Insertion), 삭제(Deletion), 갱신(Update)으로 항상 최신의 데이터를 유지해야 한다.

③ **동시 공유(Concurrent Sharing)** : 데이터베이스는 서로 다른 목적을 가진 여러 이용자들을 위한 것이므로 다수의 사용자가 동시에 같은 내용의 데이터를 이용할 수 있어야 한다.

④ **내용에 의한 참조(Content Reference)** : 데이터베이스에 있는 데이터를 참조할 때 데이터 레코드의 주소나 위치에 의해서가 아니라, 사용자가 요구하는 데이터 내용으로 데이터를 찾는다.

제 **4** 절 데이터 모델

1 데이터 모델과 데이터 모델링 중요 ★★

데이터 모델이란 구현할 데이터베이스 시스템의 자료 테이블들을 만드는 도구이자 수단이다. 그리고 데이터 모델링이란 구현할 데이터베이스 시스템을 만들기 위해서 데이터 모델을 이용하여 자료를 설계하는 작업이다. 따라서 데이터 모델링은 데이터베이스 시스템의 자료 설계도를 작성하는 작업이다. 다양한 사용자들의 요구사항을 만족시키기 위해서는 데이터베이스의 설계가 매우 중요하다.

데이터 모델은 데이터베이스의 구조를 기술하는 데 사용되는 개념들의 집합인 구조(데이터 타입과 관계), 이 구조 위에서 동작하는 연산자들, 무결성 제약조건들로 이루어진다. 하나의 데이터 모델에 내해 하드웨어, 운영체제, 성능, 신뢰도, 사용자 인터페이스, 추가 유틸리티 및 도구 등에 따라 여러 가지 구현이 있을 수 있다. 각 데이터 모델은 공통된 목적을 가지고 있다. 사용자에게 내부 저장 방식의 세세한 사항을 숨기면서 데이터에 대한 직관적인 뷰를 제공하는 동시에 이들 간의 사상을 제공한다.

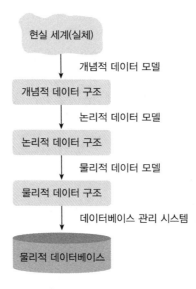

[그림 1-5] 데이터 모델

(1) 데이터 모델의 종류(추상화 수준)

현실 문제를 데이터베이스로 표현하기 위하여 사용하는 설계 도구이며 데이터 추상화 수준을 말한다.

① 개념적 데이터 모델

개념적 데이터 모델은 정보의 구조를 얻기 위해 현실 세계의 무한성과 계속성을 이해하고, 다른 사람과 통신하기 위해 현실 세계에 대한 인식을 추상적 개념으로 표현하는 과정으로 데이터베이스의 초기 설계과정에 사용된다.

개념적 데이터 모델은 현실세계에 존재하는 개체를 인간이 이해할 수 있는 정보 구조로 표현하기 때문에 정보 모델이라고도 한다.

② 논리적 데이터 모델

논리적 데이터 모델은 컴퓨터가 이해하고 처리할 수 있는 컴퓨터 세계의 환경에 맞도록 변화하는 과정으로 데이터베이스의 전체적인 논리적 구조를 말한다. 선택한 데이터베이스 관리 시스템에 따라 사용자 입장에서 E-R 다이어그램으로 표현된 개념적 구조를 데이터베이스에 저장할 형태로 표현한 논리적인 구조를 논리적 데이터 모델이라 한다. 특정 DBMS는 특정 논리적 데이터 모델 하나만 선정하여 사용하며, 데이터 간의 관계의 표현방법에 따라 관계 모델, 계층 모델, 네트워크 모델로 구분할 수 있다.

③ 물리적 데이터 모델

물리적 데이터 모델은 다양한 데이터베이스 응용에 대해 처리 성능을 얻기 위해 데이터베이스 파일의 저장 구조 및 액세스 경로를 기술한다.

(2) 데이터 표현 방식에 대한 분류

데이터 모델은 데이터의 표현 방식에 따라 **관계형 데이터 모델, 객체지향 모델, 계층형 모델** 등으로 분류할 수 있다.

① 관계형 데이터 모델

관계형 데이터 모델은 가장 널리 사용되는 데이터 모델로, 계층형 모델과 네트워크 모델의 복잡한 구조를 단순화시킨 모델이다. 일반적으로 많이 사용되는 논리적 데이터 모델은 관계 데이터 모델로, 데이터베이스의 논리적 구조가 2차원 테이블 형태다.

② 객체지향 데이터 모델

객체지향 데이터 모델은 객체와 객체 식별자, 속성과 메소드, 클래스, 클래스 계층 및 상속, 복합 객체 등을 지원하는 객체지향 개념에 기반을 둔 데이터 모델이다. 객체지향 모델은 다양한 응용 분야의 데이터 모델링을 위한 새로운 요구 사항을 지원할 뿐만 아니라, 의미적으로 관계가 있는 데이터베이스 구조를 표현하기 위한 강력한 설계 기능을 제공한다.

③ 계층형 데이터 모델

계층형 데이터 모델(hierarchical data model)은 데이터베이스의 논리적 구조가 트리(tree) 형태로, 데이터의 상호관계를 계층적으로 정의한 구조이다. 계층형 모델에서 레코드는 트리를 구성하는 노드로 표현한다.

④ 네트워크 데이터 모델

네트워크 데이터 모델(network data model)은 데이터베이스의 논리적 구조가 그래프(graph) 또는 네트워크(network) 형태로, 계층 데이터 모델과는 달리 두 개체 간의 관계를 여러 개 정의할 수 있어 관계를 이름으로 구별한다.

(3) 데이터 모델링

데이터 모델링 단계는 데이터가 논리적으로 조직될 수 있도록 하는, 즉 논리적 데이터 구조로 변환되는 과정을 뜻한다. 데이터 모델링은 현실 세계에 존재하는 개념이 어떻게 데이터베이스로 구축되는지 보여 준다. 현실 세계의 복잡한 개념을 단순화하고 추상화시켜 데이터베이스화하는 과정을 말한다. 최종적으로 구축된 데이터베이스는 현실 세계의 대상이 되었던 개념과 일치한다. 데이터 모델링은 논리적 데이터 구조를 물리적 저장장치에 매핑하여 데이터의 저장구조를 정의한다.

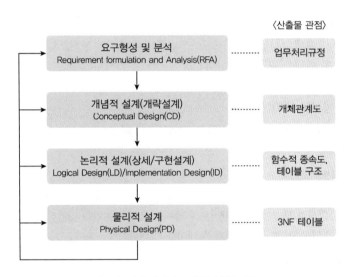

[그림 1-6] 데이터 모델링 절차(그림)

2 스키마와 인스턴스 중요 ★★★

스키마(schema)란 데이터베이스의 논리적 정의를 의미하며, 데이터베이스를 구성하는 데이터의 구조와 제약조건에 대한 명세를 구체적으로 기술한 것을 말한다. 여기서 제약조건이란 데이터베이스에서 허용할 수 있는 자료 값들과 자료들 간의 관계를 의미하며, 데이터베이스의 무결성을 지원하는 도구이다. 일반적으로 스키마는 개념 스키마, 내부 스키마, 외부 스키마로 구분한다.

(1) 3단계 스키마 구조

DBMS의 구조는 그림과 같이 3단계의 추상화로 기술된다. DBMS 스키마의 목적은 사용자들이 데이터베이스의 복잡한 내부 구조를 모르고도 외부 형식만 알면 쉽게 사용하도록 하는 것이다. DBMS 스키마를 설계하는 순서는 데이터베이스의 전반적인 구조를 기술하는 개념 스키마, 데이터베이스의 물리적인 상세 구조를 기술하는 내부(물리) 스키마, 사용자들이 외부 형식만 알고도 사용할 수 있는 외부 스키마(view)로 구성된다.

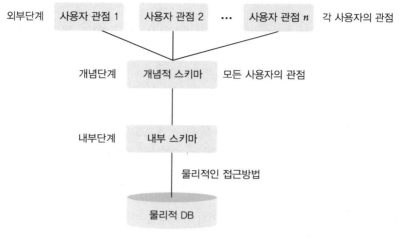

[그림 1-7] 3단계 스키마

[표 1-2] 스키마의 종류

종류	설명
외부 스키마	사용자가 접근할 수 있는 가상적인 구조(사용자 view)
개념 스키마	데이터베이스의 전반적인 논리 구조
내부 스키마	데이터베이스를 디스크에 구현하기 위한 물리 구조

① **외부 스키마**

㉠ 외부 스키마는 사용자가 꼭 사용할 데이터베이스 자료만 정의한 것이다. 외부 스키마는 사용자나 응용 프로그래머가 각 개인의 입장에서 필요로 하는 데이터베이스의 논리적인 구조를 정의한 것이다.

㉡ 외부 스키마는 전체 데이터베이스의 한 논리적인 부분으로 볼 수 있으므로 서브 스키마라고도 한다.

② **개념 스키마**

㉠ 응용업무를 위한 데이터베이스를 만들려면 우선 데이터의 전반적인 구조를 설계한다. 이 작업의 결과를 개념 스키마라고 한다.

㉡ 개념 스키마는 데이터베이스를 구성하는 테이블들을 기술하고, 테이블 간의 관계를 기술하며 테이블을 구성하는 자료들의 구성 내용을 정의한다.

㉢ 개념 스키마는 데이터베이스의 전체적인 논리적 구조로서 모든 응용 프로그램이나 사용자들이 필요로 하는 데이터를 종합한 조직 전체의 데이터베이스로 하나만 존재한다.

㉣ 개념 스키마는 개체 간의 관계와 제약조건을 나타내고 데이터베이스의 접근 권한, 보안 및 무결성 규칙에 관한 명세를 정의한다.

③ 내부 스키마

　㉠ 내부 스키마는 개념 스키마를 구체적으로 생성하기 위해 물리적인 세부 사항들을 정의한 것이다. 데이터 파일의 형태, 접근 구조, 키의 종류와 특성들을 하드디스크에 구현하기 위한 세부적인 명세서이다.

　㉡ 내부 스키마는 물리적 저장장치의 입장에서 본 데이터베이스 구조로, 물리적인 저장장치와 밀접한 관계가 있다.

　㉢ 내부 스키마는 실제로 데이터베이스에 저장될 레코드의 물리적인 구조를 정의하고, 저장 데이터 항목의 표현방법, 내부 레코드의 물리적 순서 등을 나타낸다.

(2) 인스턴스

데이터 개체를 구성하고 있는 속성들의 데이터 타입이 정의되어 구체적인 데이터 값을 갖고 있는 것을 인스턴스라고 한다. 다시 말해서 인스턴스(relation instance)는 어느 한 시점에 데이터베이스에 존재하는 튜플들의 집합이다. 릴레이션 인스턴스에 포함된 튜플은 릴레이션 스키마에서 정의하는 각 속성에 대응하는 실제 값으로 구성되어 있다.

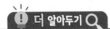

튜플
데이터베이스의 테이블에서 행(레코드)을 의미한다.

[표 1-3] 환자 개체의 인스턴스

환자명 : 문자 3자리	전화번호 : 숫자 4자리	환자코드 : 숫자 5자리
이소리	3333	20144
양진수	2222	20145
김가영	7777	20146
이정신	1111	20147

3 데이터의 모델링 중요 ★★★

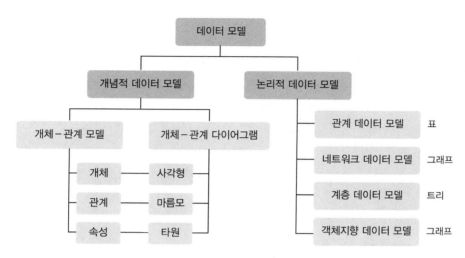

[그림 1-8] 데이터 모델

(1) 데이터 모델의 정의

데이터베이스는 현실 세계에 존재하는 수많은 데이터 중에서 조직을 운영하는 데 꼭 필요한 데이터만을 선별하여 컴퓨터에 저장한 것이다. 데이터베이스를 구축할 때 체계화된 구조를 갖추는 것이 필요한데, 이때 데이터베이스 구조를 명시하기 위한 개념들의 집합을 데이터 모델(data model)이라 한다. 데이터 모델은 현실 세계의 정보들을 컴퓨터에 표현하기 위해서 단순화, 추상화하여 체계적으로 표현한 개념적 모형이다.

데이터 모델은 데이터, 데이터의 관계, 데이터의 의미 및 일관성, 제약조건 등을 기술하기 위한 개념적 도구들의 모임을 말한다. 데이터의 구조를 논리적으로 묘사하기 위해 사용하는 지능형 도구이다.

데이터 모델은 데이터 모델링의 결과물을 표현하는 도구로, 개념적 데이터 모델과 논리적 데이터 모델이 있다. 개념적 데이터 모델에서 데이터 구조는 현실 세계를 개념 세계로 추상화했을 때 어떤 요소로 이루어져 있는지를 표현하는 개념적 구조이며 논리적 데이터 모델에서 데이터 구조는 데이터를 어떤 모습으로 저장할 것인지를 표현하는 논리적 구조다. 일반적으로 데이터 모델은 데이터 **구조, 연산, 제약조건**으로 구성된다.

① **구조**(structure) : 논리적으로 표현된 개체 타입들 간의 관계로 데이터 구조 및 정적 성질을 표현한다.

② **연산**(operation) : 데이터베이스에 저장된 실제 데이터를 처리하는 작업에 대한 명세로서 데이터베이스를 조작하는 기본 도구이다.

③ **제약조건**(constraint) : 데이터베이스에 저장될 수 있는 실제 데이터의 논리적인 제약조건이다.

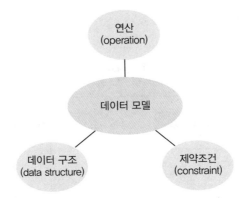

[그림 1-9] 데이터 모델의 요소

- 개체 : 학생
- 특성 : 학생의 속성으로 학번, 이름, 핸드폰 번호, 주소
- 값 : 학생의 종류는 초등학생, 중학생, 고등학생, 대학생이다.

| 개체 | ↔ | 개체 타입 | ↔ | 레코드 |

| 특성 | ↔ | 속성 | ↔ | 필드 |

| 값 | ↔ | 값 | ↔ | 값 |

현실 세계   개념 세계   컴퓨터 세계

> **더 알아두기** 🔍
>
> **데이터의 세계**
> - 데이터 모델 : 자료, 자료의 의미, 자료 간의 관계, 자료의 제약조건 등을 표현하는 도구
> - 데이터 모델링 : 데이터 모델을 이용하여 자료를 설계하는 작업

(2) 데이터 모델의 종류

① 개념적 데이터 모델

ⓛ 개념적 데이터 모델은 현실 세계에 대한 인간의 이해를 돕기 위해 현실 세계에 대한 인식을 추상적 개념으로 표현하는 과정이다.

ⓛ 개념적 데이터 모델은 속성들로 기술된 개체 타입과 이 개체 타입들 간의 관계를 이용하여 현실 세계를 표현한다.

ⓒ 개념적 데이터 모델은 현실 세계에 존재하는 개체를 인간이 이해할 수 있는 정보구조로 표현하기 때문에 정보 모델이라고도 한다.

② 대표적인 개념적 모델로는 E-R 모델이 있다.

② **논리적 데이터 모델**

ⓐ 논리적 데이터 모델은 개념적 모델링 과정에서 얻은 개념적 구조를 컴퓨터가 이해하고 처리할 수 있는 컴퓨터 세계의 환경에 맞도록 변환하는 과정이다.

ⓑ 논리적 데이터 모델은 필드로 기술된 데이터 타입과 이 데이터 타입들 간의 관계를 이용하여 현실 세계를 표현한다.

ⓒ 단순히 데이터 모델이라고 하면 논리적 데이터 모델을 의미한다.

ⓓ 논리적 데이터 모델은 데이터 간의 관계를 어떻게 표현하느냐에 따라 관계 모델, 계층 모델, 네트워크 모델, 객체 지향 모델로 구분한다.

(3) 논리적 데이터 모델의 분류

개체-관계 모델은 현실 세계를 사람들의 머릿속에 그릴 수 있는 개념적인 구조로 모델링하는 데 사용하므로 어떤 데이터베이스 관리 시스템으로 데이터베이스를 구축하든 상관이 없다. 하지만 E-R 다이어그램으로 표현된 개념적인 구조를 데이터베이스에 표현하는 형태를 결정하는 논리적 데이터 모델링에서는 데이터베이스 관리 시스템의 종류가 중요하다.

[표 1-4] 데이터 모델의 종류

종류	테이블 연결	적용 분야
네트워크 데이터 모델	그래프 순항식	• 네트워크형 업무 • 상하수도, 통신망
계층 데이터 모델	트리 순항식	• 계층형 업무 • 조직 관리, 조립 생산
관계 데이터 모델	독립관계로 표 형태	• 독립형 업무 • 유통 관리, 학사 관리
객체지향 데이터 모델	그래프 순항식	• 복잡한 업무 • 기계 설계

① **계층 데이터 모델**

계층 데이터 모델은 트리 구조를 이용해서 데이터의 상호관계를 계층적으로 정의한 구조이다.

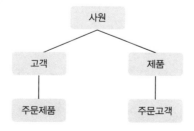

[그림 1-10] 계층 데이터 모델

ⓐ 계층 모델은 데이터의 논리적 구조가 **트리 형태**이며, 개체(Entity)가 트리를 구성하는 **노드 역할**을 한다.

ⓑ 개체 집합에 대한 속성 관계를 표시하기 위해 개체를 노드로 표현하고 개체 집합들 사이의 관계를 링크로 연결한다.

ⓒ 개체 간의 관계를 부모와 자식 간의 관계로 표현한다.

② **네트워크(망) 데이터 모델**

CODASYL이 제안한 것으로, CODASYL DBTG 모델이라고도 하며 **그래프**를 이용해서 데이터 논리구조를 표현한다. 상위(Owner)와 하위(Member) 레코드 사이에서 다대다(N : M) 대응 관계를 만족하는 구조이다.

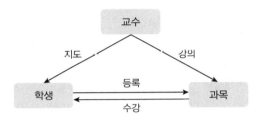

[그림 1-11] 네트워크 데이터 모델

네트워크 데이터 모델은 레코드의 타입과 링크들의 집합으로 구성된다. 그리고 오너와 멤버 레코드 타입은 서로 동일 형태가 될 수 없다.

③ **관계 데이터 모델**

관계 데이터 모델은 가장 널리 사용되는 모델로 관계 데이터 모델에 따라 제작된 데이터베이스를 관계 데이터베이스(relational database)라고 한다.

2차원적인 표를 이용하여 데이터 상호관계를 정리하는 DB 구조를 말하는데 파일 구조처럼 구성한 테이블들을 하나의 DB로 묶어서 테이블 내에 있는 속성들 간의 관계를 설정하거나 테이블 간의 관계가 설정되어야 이용 가능하다. 관계 데이터베이스는 SQL 언어를 대표적으로 사용한다.

[표 1-5] 관계 데이터 모델

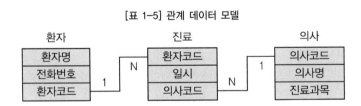

관계 데이터 모델의 테이블에 데이터를 입력하면 다음과 같이 표현된다.

[표 1-6] 환자

환자명	전화번호	환자코드
이소리	3333	20144
양진수	2222	20145
김가영	7777	20146
이정신	1111	20147

[표 1-7] 진료

환자코드	일시	의사코드
20144	2월 3일	a1111
20145	2월 3일	a1123
20146	2월 4일	b1122
20147	2월 4일	b1122

[표 1-8] 의사

의사코드	의사명	진료과목
a1111	정권상	외과
a1123	이상준	내과
b1122	박민지	산부인과

환자와 의사는 개체 테이블이고, 진료는 관계로 만들어진 테이블이다. 환자 테이블과 의사 테이블은 진료 테이블을 관계로 하여 연결되어 있다.

④ **객체지향 데이터 모델**

객체지향 데이터 모델은 복잡한 현실 세계를 있는 그대로 표현하기 위해 개발된 모델이다.
객체지향 데이터 모델은 최근에 데이터베이스 분야에서 많은 관심을 가지는 모델로 상속의 개념을 이용하여 새로운 객체 클래스의 정의가 용이하다.

4 분산 데이터베이스 중요 ★

(1) 분산 데이터베이스의 정의

① 분산 데이터베이스는 논리적으로 하나의 시스템에 속하지만 물리적으로는 네트워크를 통해 연결된 여러 개의 컴퓨터 사이트에 분산되어 있는 데이터베이스를 말한다.

② 분산 데이터베이스는 데이터의 처리나 이용이 많은 지역에 데이터베이스를 위치시킴으로써 데이터의 처리가 가능한 해당 지역에서 해결될 수 있도록 한다.

(2) 분산 데이터베이스의 요소

① **분산 처리기**: 자체적으로 처리 능력을 가지며, 지리적으로 분산되어 있는 컴퓨터 시스템을 말한다.

② **분산 데이터베이스**: 지리적으로 분산되어 있는 데이터베이스로서 해당 지역의 특성에 맞게 데이터베이스가 구성된다.

③ **통신 네트워크**: 분산 처리기들을 통신망으로 연결하여 논리적으로 하나의 시스템처럼 작동할 수 있도록 하는 통신 네트워크를 말한다.

(3) 분산 데이터베이스 설계 시 고려사항

① 작업 부하의 노드별 분산 정책

② 지역의 자치성 보장 정책

③ 데이터의 일관성 정책

④ 사이트나 회선의 고장으로부터 원격 접근 기능

(4) 분산 데이터베이스의 목표

① **위치 투명성(Location Transparency)** : 액세스하려는 데이터베이스의 실제 위치를 알 필요 없이 단지 데이터베이스의 논리적인 명칭만으로 액세스할 수 있다.

② **중복 투명성(Replication Transparency)** : 동일 데이터가 여러 곳에 중복되어 있더라도 사용자는 마치 하나의 데이터만 존재하는 것처럼 사용하고, 시스템은 자동으로 여러 자료에 대한 작업을 수행한다.

③ **병행 투명성(Concurrency Transparency)** : 분산 데이터베이스와 관련된 다수의 트랜잭션들이 동시에 실현되더라도 그 트랜잭션의 결과는 영향을 받지 않는다.

④ **장애 투명성(Failure Transparency)** : 트랜잭션, DBMS, 네트워크, 컴퓨터 장애에도 불구하고 트랜잭션을 정확하게 처리한다.

(5) 분산 데이터베이스의 장·단점

[표 1-9] 분산 데이터베이스의 장·단점

장점	단점
• 지역 자치성이 좋다 • 자료의 공유성이 향상된다. • 분산 제어가 가능하다. • 시스템 성능이 향상된다. • 중앙 컴퓨터의 장애가 전체 시스템에 영향을 끼치지 않는다. • 효용성과 융통성이 높다. • 신뢰성 및 가용성이 높다. • 점진적 시스템 용량 확장이 용이하다.	• DBMS가 수행할 기능이 복잡하다. • 데이터베이스 설계가 어렵다. • 소프트웨어 개발 비용이 증가한다. • 처리 비용이 증가한다. • 잠재적 오류가 증가한다.

제 5 절 데이터베이스 사용자

통합된 데이터베이스를 구축하고 계속해서 유지 및 사용하기 위해서는 다양한 사용자들이 관계된다. 사용자는 역할에 따라 몇 가지 유형으로 구분할 수 있다.

[표 1-10] 데이터베이스 업종

사용자	역할
정보 책임자	조직 전체의 정보 기술 총괄
프로젝트 관리자	프로젝트 수주에서 납품까지의 총 책임자
시스템 분석가	개발 업무를 분석하여 시스템 설계
DBA	전체 조직의 데이터베이스 관리 책임자
프로그래머	프로그램 설계, 수정, 구현
품질 관리사	프로그램의 기능과 성능 시험

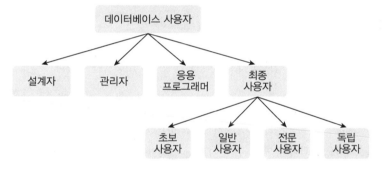

[그림 1-12] 데이터베이스 사용자

1 데이터베이스 관리자(DBA : DataBase Administrator) 중요 ★★★

대부분의 조직체에서 데이터베이스는 여러 사용자들이 공유하는 귀중한 자산이다. 데이터베이스는 적절하게 유지 및 관리될 때만 조직의 여러 사용자들의 요구를 효과적으로 만족시킬 수 있다.

[표 1-11] DBA 역할

데이터베이스 설계와 조작에 대한 책임	• 데이터베이스 구성 요소 결정 • 개념 스키마 및 내부 스키마 정의 • 데이터베이스 저장 구조 및 접근 방법 정의 • 보안 및 데이터베이스의 접근 권한 부여 정책 수립 • 장애에 대비한 백업 조치와 회복에 대한 전략 수립 • 무결성을 위한 제약조건의 지정 • 데이터 사전의 구성과 유지 관리 • 사용자의 변화 요구와 성능 향상을 위한 데이터베이스의 재구성

행정 책임	• 사용자의 요구와 불평의 청취 및 해결 • 데이터 표현 방법의 표준화 • 문서화에 대한 기준 설정 • 데이터베이스 사용에 관한 교육
시스템 감시 및 성능 분석	• 변화 요구에 대한 적응과 성능 향상에 대한 감시 • 시스템 감시와 성능 분석 • 자원의 사용도와 병목 현상 조사 • 데이터 사용 추세, 이용 형태 및 각종 통계 등을 종합, 분석

2 최종 사용자

(1) 초급 사용자

초급 사용자(naive 또는 parametric end user)는 준비된 응용 프로그램을 이용하여 데이터베이스로 정보를 처리하는 사람으로, 대부분 데이터베이스 이용자들을 뜻한다.

(2) 캐주얼 사용자

캐주얼 사용자(casual end user)는 데이터베이스 이용 수준이 중상급 이상인 사용자들로서, 정교한 데이터베이스 질의어를 사용하여 정보를 찾고 문서를 작성하는 이용자를 뜻한다.

(3) 전문 사용자

전문 사용자(sophiscated end user)는 복잡한 요구사항을 스스로 해결하려고 데이터베이스 응용 프로그램을 구현하는 사람으로 과학자, 공학자, 분석가 등과 같이 자신들의 업무를 해결하기 위한 데이터베이스 이용자들을 뜻한다.

(4) 독립 사용자

독립 사용자(stand-alone end user)는 메뉴 등의 편리한 인터페이스를 제공하는 패키지를 이용하여 개인 데이터베이스를 유지하는 사람으로 주식 투자자 등을 뜻한다.

3 시스템 분석가 및 응용 프로그래머 중요 ★

(1) 시스템 분석가(SA : System Analyst)

시스템 분석가는 주어진 환경과 현실 업무를 분석하여 새로운 시스템을 설계하고 개발하는 사람이다. 발주자의 요구사항을 분석하고 정리하여 기능명세서, 설계서 등을 작성한다. 사용자들의 문제점 해결 방안을 개발하고 기술 가능성과 운영 가능성을 결정한다. 관련 비용을 예측하고, 프로토타입(prototype)을 개발하여 최종 설계서를 작성한다.

(2) 응용 프로그래머

응용 프로그래머는 일반 호스트 언어로 프로그램을 작성할 때 데이터 조작어를 삽입해서 일반 사용자가 응용 프로그램을 사용할 수 있게 인터페이스를 제공할 목적으로 데이터베이스에 접근하는 사람들이다. 응용 프로그래머는 C, COBOL, PASCAL 등의 호스트 언어와 DBMS가 지원하는 데이터 조작어에 능숙한 컴퓨터 전문가이다.

제 6 절 데이터베이스 사용

1 데이터베이스의 장점 중요 ★★

데이터베이스는 자료를 공유함으로써 자료 접근 효율을 증대하고, 중복을 최소화할 수 있다. 데이터에 대한 모든 접근은 효율적으로 데이터를 처리하는 DBMS(DataBase Management System)를 통해 이루어진다. 데이터베이스 시스템에서는 DBMS가 응용 프로그램과 데이터 사이의 인터페이스 역할을 하기 때문에 데이터 표현에 변화가 발생한다면 DBMS가 유지하는 메타데이터는 바뀌지만 DBMS는 응용 프로그램이 종전과 마찬가지 방식으로 데이터에 접근할 수 있도록 할 수 있다.

자료 추상화는 자료 사용을 단순화하여 사용을 편리하게 한다. 자료 공유와 중복 감소는 자료관리를 용이하게 하고 자료의 일관성을 향상시키고 공간을 절약시켜준다. 무결성과 보안은 데이터베이스를 정확하고 안전하게 유지시켜준다. 아울러, 여러 명의 사용자들이 공유함으로써 병행처리를 가능하게 하고, 질의처리 능력을 향상하고 고장 발생 시에 회복하는 능력과 백업하는 능력을 증대한다. 부수적으로 자료를 표준화하여 생산성을 증대하고 자료 접근의 가용성을 향상할 수 있다. 데이터베이스의 장점은 다음과 같다.

[표 1-12] 데이터베이스의 장점

종류	내역
편리성	자료 추상화 기능으로 복잡한 세부 사항을 감출 수 있고 자료 공유, 검색 및 저장 용이
자료관리	다양한 첨단 기술을 구사하여 효율적으로 자료에 접근하고 체계적으로 관리
무결성	오류 없는 정확한 자료 처리(입력, 갱신, 삭제)
보안	불법 침입으로부터 자료 보호
병행 제어	여러 사용자들이 동시에 동일한 자료를 효율적으로 처리
복구	고장 발생 시 신속한 원상 회복 처리
백업	시스템 붕괴 시 복구할 수 있도록 자료를 예비 저장
생산성	표준화 및 종합 설계를 통하여 자원 절약과 신속한 개발 및 운영

2 데이터베이스의 단점 중요 ★

DBMS는 시스템 소프트웨어 중에서도 가격이 높은 분야에 속한다.

[표 1-13] 데이터베이스의 단점

종류	설명
높은 비용	고가의 DBMS, 전산화 비용이 증가
낮은 속도	DBMS는 기능이 많아서 처리속도 저하
고급 기술	컴퓨터 환경 발전에 따라 새로운 고급 기술을 지속적으로 DBMS가 수용
복잡도	시스템이 복잡함
백업과 복구	파일의 백업과 회복(Recovery)이 어려움

3 데이터베이스를 사용하지 않아도 좋은 이유

① 데이터베이스의 장점에도 불구하고 데이터베이스를 사용하는 것이 오히려 파일 처리 방식을 사용하는 것보다 불리한 경우도 있다. 다음과 같은 요소는 데이터베이스를 사용할 때 발생하는 오버헤드가 될 수 있다.

   ㉠ 하드웨어, 소프트웨어, 교육 등의 측면에서 초기 투자비용이 높다.

   ㉡ DBMS는 데이터를 너무 일반적으로 정의하고 처리한다.

   ㉢ 보안, 동시성 제어, 회복, 무결성 조건 등을 보장하는 오버헤드가 크다.

② 데이터베이스 설계자와 데이터베이스 관리자가 데이터베이스를 잘못 설계하거나 데이터베이스 응용 프로그램의 구현이 잘못된 경우에도 오버헤드가 크다. 따라서 다음과 같은 상황에서는 파일 처리 방식을 사용하는 것이 더 적합하다.

   ㉠ 데이터베이스와 응용이 단순하고 잘 정의되었으며 변경이 잘 일어나지 않는 경우

   ㉡ 실시간 요구사항이 엄격하며, DBMS 오버헤드로 인하여 실시간 요구가 만족되지 못하는 경우

   ㉢ 단일 사용자만이 데이터베이스에 접근하는 경우

O×로 점검하자

※ 다음 지문의 내용이 맞으면 O, 틀리면 ×를 체크하시오. [1 ~ 10]

01 자료는 현실세계에서 관찰을 통해 얻은 값을 가공 처리하여 의사결정에 영향을 주는 것을 말한다.
( )

>>>🔍 현실세계에서 관찰을 통해 얻은 값을 가공 처리하여 의사결정에 영향을 주는 것을 정보라고 한다.

02 데이터의 참조는 저장되어 있는 데이터 레코드들의 주소나 위치에 의해서 이루어진다.
( )

>>>🔍 데이터베이스에 있는 데이터를 참조할 때 데이터 레코드의 주소나 위치에 의해서가 아니라, 사용자가 요구하는 데이터 내용으로 이루어진다.

03 데이터 정의 기능은 모든 응용 프로그램들이 요구하는 데이터 구조를 지원하기 위해 데이터베이스에 저장될 데이터의 형(Type)과 구조에 대한 정의, 이용 방식, 제약조건 등을 명시하는 기능이다.
( )

>>>🔍 데이터의 정의 기능은 데이터의 형(Type)과 구조에 대한 정의, 이용 방식, 제약조건 등을 명시하는 기능이다.

04 파일 시스템은 동일한 파일에 두 개 이상의 프로그램이 동시에 접근할 수 없다. ( )
>>>🔍 파일 시스템은 동일한 파일에는 하나의 프로그램만 접근할 수 있다.

05 데이터베이스 관리 시스템을 사용하는 궁극적인 목적은 데이터의 논리적 구조나 물리적 구조가 변경되더라도 응용 프로그램의 영향을 받지 않는 데이터의 의존성을 확보하는 것이다. ( )
>>>🔍 데이터의 의존성이 아니라 독립성이다. 앞의 설명은 데이터의 독립성에 대한 설명이다.

정답 **1** × **2** × **3** O **4** O **5** ×

06 데이터베이스를 구성하는 데이터 객체, 이들의 성질, 이들 간에 존재하는 관계, 그리고 데이터 조작 또는 이들 데이터 값들이 갖는 제약조건에 관한 정의를 총칭하는 것을 DBMS라고 한다.

( )

>>>🔍 DBMS가 아니라 스키마에 대한 설명이다.

07 외부 스키마는 데이터베이스 전체에서 특정 사용자 그룹이 관심을 가지고 있는 일부분만을 묘사 한다. ( )

>>>🔍 외부 스카마는 사용자에 따라 여러 개가 존재할 수 있으며 특정한 사용자의 관심사만을 묘사해준다. 그래서 외부 스키마를 서브 스키마라고도 부른다.

08 데이터베이스 저장 구조 및 접근 방법 정의, 보안 및 데이터베이스의 접근 권한 부여 정책 수립은 DBA가 하는 일 중 하나이다. ( )

>>>🔍 DBA 역할: 데이터베이스 구성 요소 결정
① 개념 스키마 및 내부 스키마 정의
② 데이터베이스 저장 구조 및 접근 방법 정의
③ 보안 및 데이터베이스의 접근 권한 부여 정책 수립
④ 장애에 대비한 백업 조치와 회복에 대한 전략 수립
⑤ 무결성을 위한 제약조건의 지정
⑥ 데이터 사전의 구성과 유지 관리
⑦ 사용자의 변화 요구와 성능 향상을 위한 데이터베이스의 재구성
⑧ 사용자의 요구와 불평의 청취 및 해결
⑨ 데이터 표현 방법의 표준화, 문서화에 대한 기준 설정

09 데이터베이스에 저장된 실제 데이터를 처리하는 작업에 대한 명세로서 데이터베이스를 조작하는 기본 도구를 구조라고 한다. ( )

>>>🔍 구조가 아니라 연산에 대한 설명이다.

10 데이터베이스의 논리적 구조 표현을 그래프 형태로 표현하며, 일대다(1 : N) 관계에 연관된 레코드 타입들을 각각 오너, 멤버라 하고, 이들의 관계를 오너-멤버라고도 일컫는 데이터 모델을 관계형 데이터 모델이라 한다. ( )

>>>🔍 네트워크 데이터 모델에 대한 설명이다.

정답 **6** × **7** ○ **8** ○ **9** × **10** ×

실제예상문제

01 다음 중 정보의 의미로 거리가 먼 것은?

① 자료(Data)를 처리하여 얻은 결과
② 사용자가 목적하는 값
③ 현실세계에서 관찰을 통해 얻은 값
④ 의사결정을 위한 값

01 현실세계에서 관찰을 통해 얻은 값은 자료이고 이 자료를 가공 처리해야 정보가 된다.

02 데이터베이스의 정의 중 '데이터베이스는 어떤 조직의 고유 기능을 수행하기 위해 반드시 필요한 데이터를 의미한다.'에 해당하는 것은?

① 통합된 데이터(Integrated Data)
② 저장 데이터(Stored Data)
③ 운영 데이터(Operational Data)
④ 공용 데이터(Shared Data)

02 데이터베이스가 어떤 조직의 고유 기능을 수행하기 위해 반드시 필요한 데이터를 의미한다는 것은 데이터베이스의 정의 중 운영 데이터의 내용이다.
[문제 하단의 표 참고]

통합 데이터 (Integrated Data)	데이터베이스는 중복을 최소화한 통합 데이터이다.
저장 데이터 (Stored Data)	자기 디스크나 테이프와 같이 컴퓨터가 접근할 수 있는 저장 매체에 저장된 데이터를 뜻한다.
운영 데이터 (Operational Data)	어떤 조직이나 그 고유의 기능을 가지고 있고, 그 기능을 수행하기 위해 반드시 필요한 데이터를 뜻한다. 데이터베이스는 단순한 데이터 집합이 아니라 그 조직의 존재 목적이나 기능을 수행하는 데 없어서는 안 될 데이터의 집합이다.
공용 데이터 (Shared Data)	어느 하나의 응용 프로그램이나 응용 시스템을 위한 데이터가 아니라 그 조직에 있는 여러 응용 시스템들이 공동으로 소유하고 유지하며, 이용하는 공용 데이터이다. 다시 말해 여러 사용자들이 서로 다른 목적으로 데이터베이스의 데이터를 공동으로 이용한다는 것을 뜻한다.

정답 01 ③ 02 ③

03 주소에 의한 참조가 아니라 내용에 의한 참조이다.
[문제 하단의 표 참고]

03 다음 중 데이터베이스의 특성으로 옳지 <u>않은</u> 것은?

① 같은 내용의 데이터를 여러 사람이 동시에 이용할 수 있다.
② 데이터베이스는 데이터의 삽입, 삭제, 갱신으로 내용이 계속적으로 변한다.
③ 수시적이고 비정형적인 질의에 대해서 실시간 처리로 응답할 수 있어야 한다.
④ 데이터의 참조는 저장되어 있는 데이터 레코드들의 주소나 위치에 의해서 이루어진다.

>>>Q
[데이터베이스의 특성]

실시간 접근성 (Real-Time Accessibility)	수시적이고 비정형적인 질의(조회)에 대하여 실시간 처리에 대한 응답이 가능해야 한다. 생성된 데이터를 즉시 컴퓨터에 보내어 그 처리 결과를 보고 다음 의사 결정에 바로 반영할 수 있게 하는 처리 방식을 말한다.
계속적인 변화 (Continuous Evolution)	데이터베이스의 상태는 동적이다. 즉 새로운 데이터의 삽입(Insertion), 삭제(Deletion), 갱신(Update)으로 항상 최신의 데이터를 유지해야 한다.
동시 공유 (Concurrent Sharing)	데이터베이스는 서로 다른 목적을 가진 여러 이용자들을 위한 것이므로 다수의 사용자가 동시에 같은 내용의 데이터를 이용할 수 있어야 한다.
내용에 의한 참조 (Content Reference)	데이터베이스에 있는 데이터를 참조할 때 데이터 레코드의 주소나 위치에 의해서가 아니라, 사용자가 요구하는 데이터 내용으로 데이터를 찾는다.

04 데이터베이스 등장의 가장 큰 이유는 데이터의 종속성과 중복성을 배제하는 것이다.

04 다음 중 데이터베이스의 등장 이유로 보기 <u>어려운</u> 것은?

① 여러 사용자가 데이터를 공유해야 할 필요가 생겼다.
② 데이터의 수시적인 구조 변경에 대해 응용 프로그램을 매번 수정하는 번거로움을 줄여보고 싶었다.
③ 데이터의 가용성 증가를 위해 중복을 허용하고 싶었다.
④ 물리적인 주소가 아닌 데이터 값에 의한 검색을 수행하고 싶었다.

05 DBMS의 필수 기능 중 데이터베이스에 접근하여 데이터의 검색, 삽입, 삭제, 갱신 등의 연산 작업을 위한 사용자와 데이터베이스 사이의 인터페이스 수단을 제공하는 기능은?

① 정의 기능
② 조작 기능
③ 제어 기능
④ 절차 기능

>>>○
[데이터베이스의 필수 기능]

정의 기능 (Definition)	모든 응용 프로그램들이 요구하는 데이터 구조를 지원하기 위해 데이터베이스에 저장될 데이터의 형(Type)과 구조에 대한 정의, 이용 방식, 제약조건 등을 명시하는 기능이다.
조작 기능 (Manipulation)	데이터 검색, 갱신, 삽입, 삭제 등을 체계적으로 처리하기 위해 사용자와 데이터베이스 사이의 인터페이스 수단을 제공하는 기능이다.
제어 기능 (Control)	데이터베이스에 접근하는 갱신, 삽입, 삭제 작업이 정확하게 수행되어 데이터의 무결성이 유지되도록 제어해야 한다.

05 검색, 삽입, 삭제, 갱신 등은 조작 기능에 속한다.
[문제 하단의 표 참고]

06 다음 중 DBMS의 장점이 <u>아닌</u> 것은?

① 표준화와 범기관적 시행
② 단순한 예비와 회복 기법
③ 데이터의 보안 보장이 용이
④ 데이터 무결성 및 일관성 유지

06 시스템이 복잡하여 파일의 예비와 회복이 어렵다는 것은 DBMS의 단점이다.

07 다음 중 스키마에 대한 설명으로 옳지 <u>않은</u> 것은?

① 데이터베이스를 운용하는 소프트웨어이다.
② 데이터 사전(Data Dictionary)이라고도 한다.
③ 다른 이름으로 메타데이터(Meta-Data)라고도 한다.
④ 데이터베이스의 구조(개체, 속성, 관계)에 대한 정의이다.

07 데이터베이스를 운용하는 소프트웨어는 DBMS이다.

정답 05 ② 06 ② 07 ①

08 논리 스키마는 존재하지 않는다. 스키마는 외부 스키마, 개념 스키마, 내부 스키마가 있다.
[문제 하단 표 참고]

08 데이터베이스 구조를 전반적으로 기술한 것을 스키마라고 한다. 3층 스키마에 해당하지 <u>않는</u> 것은?

① 외부 스키마
② 개념 스키마
③ 논리 스키마
④ 내부 스키마

≫Q

외부 스키마	사용자가 접근할 수 있는 가상적인 구조(사용자 view)
개념 스키마	데이터베이스의 전반적인 논리 구조
내부 스키마	데이터베이스를 디스크에 구현하기 위한 물리 구조

09 내부 스키마는 데이터베이스의 물리적 저장구조를 묘사한다.

09 데이터베이스의 3단계 스키마 구조에 대한 설명으로 옳지 <u>않은</u> 것은?

① 내부 스키마는 데이터베이스의 논리적 저장구조를 묘사한다.
② 외부 스키마는 데이터베이스 전체에서 특정 사용자 그룹이 관심을 가지고 있는 일부분만을 묘사한다.
③ 데이터베이스 관리 시스템은 외부 스키마에 따라 명시된 사용자의 요구를 개념 스키마에 적합한 형태로 변경하고 이를 다시 내부 스키마에 적합한 형태로 변환한다.
④ 개념적 수준에서는 사용자 집단을 위한 전체 데이터베이스의 구조를 묘사한다.

10 스키마의 정의에 해당한다.

10 데이터베이스를 구성하는 데이터 객체, 이들의 성질, 이들 간에 존재하는 관계, 그리고 데이터 조작 또는 이들 데이터 값들이 갖는 제약조건에 관한 정의를 총칭하는 것은?

① Entity
② Attribute
③ Schema
④ Interface

정답 08 ③ 09 ① 10 ③

11 사용자나 응용 프로그래머가 각 개인의 입장에서 필요로 하는 데이터베이스의 논리적 구조를 나타내는 것은?

① 외부 스키마
② 개념 스키마
③ 내부 스키마
④ 처리 스키마

11 외부 스키마는 사용자 view라고도 하며 사용자마다 관점에 따라 데이터베이스의 일부분만을 묘사한다.

12 물리적 저장 장치의 입장에서 본 데이터베이스 구조로서 실제로 데이터베이스에 저장될 레코드의 형식을 정의하고 저장 데이터 항목의 표현 방법, 내부 레코드의 물리적 순서 등을 나타내는 스키마는?

① Relational schema
② External schema
③ Conceptual schema
④ Internal schema

12 물리적 저장 장치의 입장, 실제 저장될 레코드 형식, 레코드의 물리적 순서라는 말이 서술되면 내부 스키마이다.

13 데이터베이스 시스템이 파일 시스템에 비해 갖는 장점이 아닌 것은?

① 데이터의 중복성이 감소된다.
② 데이터의 불일치를 피할 수 있다.
③ 해당 응용에 가장 좋은 데이터 구조를 지원한다.
④ 데이터를 여러 사용자가 공유한다.

13 데이터베이스의 장점은 다음과 같다. [문제 하단 표 참고]

편리성	자료 추상화 기능으로 복잡한 세부 사항을 감출 수 있고 자료 공유, 검색 및 저장이 용이
자료관리	다양한 첨단 기술을 구사하여 효율적으로 자료에 접근하고 체계적으로 관리
무결성	오류 없는 정확한 자료 처리(입력, 갱신, 삭제)
보안	불법 침입으로부터 자료 보호
병행제어	여러 사용자들이 동시에 동일한 자료를 효율적으로 처리
복구	고장 발생 시 신속한 원상회복 처리
백업	시스템 붕괴 시 복구할 수 있도록 자료의 예비 저장
생산성	표준화 및 종합 설계를 통하여 자원 절약과 신속한 개발 및 운영

정답 11 ① 12 ④ 13 ③

14 DBA가 통제하고 감시하는 것은 시스템이지 사용자를 감시하지 않는다.

14 다음 중 DBA의 기능으로 거리가 <u>먼</u> 것은?

① 데이터베이스의 스키마를 정의
② 사용자 통제 및 감시
③ 보안 검사와 무결성 검사 정의
④ 예비 조치(Recovery)에 대한 전략 정의

15 파일 처리 시스템의 가장 큰 단점이 데이터의 의존성과 중복성이다.

15 다음은 종래의 파일 처리 시스템이 가진 제한점을 기술한 것이다. 괄호 안에 들어갈 알맞은 단어는?

> 제한점의 원인은 응용 프로그램과 데이터 간의 상호의존 관계에 따른 (   )과 같은 내용의 데이터가 중복되어 저장 관리되는 (   )에 있다.

① 데이터 종속성, 데이터 비일관성
② 데이터 비일관성, 데이터 종속성
③ 데이터 비일관성, 데이터 중복성
④ 데이터 종속성, 데이터 중복성

16 [경영 정보 시스템]

기업 경영 전반에 대한 정보를 통합적으로 확보하여 각 분야에서의 의사결정 기능을 신속히 수행하는 동시에, 기업을 종합 시스템으로 통합 관리, 운영하는 데 필요한 정보를 산출하여 의사결정과 의사조정을 유기적으로 관련시키는 시스템

16 기업 경영 전반에 대한 정보를 통합적으로 확보하여 각 분야에서의 의사결정 기능을 신속히 수행하는 동시에, 기업을 종합 시스템으로 통합 관리, 운영하는 데 필요한 정보를 산출하여 의사결정과 의사조정을 유기적으로 관련시키는 시스템을 무엇이라고 하는가?

① 자료 처리 시스템
② 경영 정보 시스템
③ 전문가 시스템
④ 응용 시스템

정답 14② 15④ 16②

17 다음 중 파일 처리 방식의 단점이 <u>아닌</u> 것은?

① 데이터의 중복성과 종속성을 초래한다.
② 처리속도가 느리다.
③ 사용자의 요구 사항이 변경될 때마다 해당 프로그램을 수정해야 한다.
④ 기억공간이 낭비된다.

18 다음 중 데이터 모델의 구성 요소가 <u>아닌</u> 것은?

① 논리적으로 표현된 데이터 구조
② 구성 요소의 연산
③ 구성 요소의 제약조건
④ 물리적 저장 구조

>>>○
[데이터 모델의 요소]

구조 (structure)	논리적으로 표현된 개체 타입들 간의 관계로 데이터 구조 및 정적 성질을 표현한다.
연산 (operation)	데이터베이스에 저장된 실제 데이터를 처리하는 작업에 대한 명세로서 데이터베이스를 조작하는 기본 도구이다.
제약조건 (constraint)	데이터베이스에 저장될 수 있는 실제 데이터의 논리적인 제약조건이다.

19 다음 중 데이터 모델에 대한 설명으로 옳지 <u>않은</u> 것은?

① 현실 세계를 데이터베이스에 표현하는 중간 과정, 즉 데이터베이스 설계 과정에서 데이터의 구조를 표현하기 위해 사용되는 도구이다.
② 데이터 모델은 현실 세계를 데이터베이스로 표현하는 과정에서 개념적인 구조, 논리적인 구조, 물리적인 구조를 표현하기 위해 사용된다.
③ 개념적 데이터 모델은 속성들로 기술된 개체 타입과 이 개체 타입들 간의 관계를 이용하여 현실 세계를 표현하는 방법이다.
④ 논리적 데이터 모델은 필드로 기술된 데이터 타입과 이 데이터 타입들 간의 관계를 이용하여 현실 세계를 표현하는 방법이다.

20 개체를 테이블(표)로 표시하는 것은 관계 데이터 모델이다.

20 일반적으로 많이 사용되는 논리적 데이터 모델로, 개체 집합에 대한 속성 관계를 표현하기 위해 개체를 2차원의 테이블 형태로 사용하는 데이터 모델은?

① 망 데이터 모델
② 계층 데이터 모델
③ 관계 데이터 모델
④ 객체지향 데이터 모델

21 개체를 노드로 표현하고 개체 집합들 사이의 관계를 링크로 연결한 트리 형태의 자료 구조 모델은 계층형 데이터 모델이다.

21 데이터베이스의 논리적 구조가 트리 형태로 이루어진 데이터 모델은?

① 망 데이터 모델
② 계층 데이터 모델
③ 관계 데이터 모델
④ 객체지향 데이터 모델

22 네트워크 데이터 모델은 데이터베이스의 논리적 구조 표현을 그래프 형태로 표현하며, 일대다(1 : N) 관계에 연관된 레코드 타입들을 각각 오너, 멤버라 한다.

22 데이터베이스의 논리적 구조 표현을 그래프 형태로 표현하며, 일대다(1 : N) 관계에 연관된 레코드 타입들을 각각 오너, 멤버라 하고, 이들의 관계를 오너-멤버라고도 일컫는 데이터 모델은?

① 네트워크 데이터 모델
② 계층 데이터 모델
③ 관계 데이터 모델
④ 객체지향 데이터 모델

정답 20 ③ 21 ② 22 ①

23 다음 중 데이터 무결성을 뜻하는 용어는?

① 데이터의 정확성
② 데이터의 의존성
③ 데이터의 중복성
④ 데이터의 안전성

23 무결성은 결점이 없다는 의미로 데이터가 일관성을 유지한다는 것이며 데이터의 정확성이 보장되는 것을 의미한다.

24 다음 중 분산 데이터베이스의 장점으로 거리가 먼 것은?

① 지역 자치성이 높다.
② 효용성과 융통성이 높다.
③ 점진적 시스템 용량 확장이 용이하다.
④ 소프트웨어 개발 비용이 저렴하다.

24 소프트웨어 개발 비용이 증가한다는 것은 분산 데이터베이스의 단점이다.

✔ **주관식 문제**

01 데이터 모델의 요소에 대해 쓰시오.

01
정답 ① 구조(structure)
② 연산(operation)
③ 제약조건(constraint)

해설 [데이터 모델의 요소]

구조 (structure)	논리적으로 표현된 개체 타입들 간의 관계로 데이터 구조 및 정적 성질을 표현한다.
연산 (operation)	데이터베이스에 저장된 실제 데이터를 처리하는 작업에 대한 명세로서 데이터베이스를 조작하는 기본 도구이다.
제약조건 (constraint)	데이터베이스에 저장될 수 있는 실제 데이터의 논리적인 제약조건이다.

정답 23 ① 24 ④

checkpoint 해설 & 정답

02

정답 ① 외부 스키마
② 개념 스키마
③ 내부 스키마

해설 스키마란 데이터베이스를 구성하는 데이터 객체, 이들의 성질, 이들 간에 존재하는 관계, 그리고 데이터 조작 또는 이들 데이터 값들이 갖는 제약조건에 관한 정의를 총칭한다.
[문제 하단의 표 참고]

02 3단계 스키마의 종류를 쓰시오.

≫≫Q

[스키마의 종류]

외부 스키마	사용지가 접근할 수 있는 가상적인 구조(사용자 view)
개념 스키마	데이터베이스의 전반적인 논리 구조
내부 스키마	데이터베이스를 디스크에 구현하기 위한 물리 구조

03

정답 ㉠ 정의 기능
㉡ 제어 기능

해설 [데이터베이스의 필수 기능]

① 정의(Definition) 기능 : 모든 응용 프로그램들이 요구하는 데이터 구조를 지원하기 위해 데이터베이스에 저장될 데이터의 형(Type)과 구조에 대한 정의, 이용 방식, 제약조건 등을 명시하는 기능
② 조작(Manipulation) 기능 : 데이터 검색, 갱신, 삽입, 삭제 등을 체계적으로 처리하기 위해 사용자와 데이터베이스 사이의 인터페이스 수단을 제공하는 기능
③ 제어(Control) 기능 : 데이터베이스에 접근하는 갱신, 삽입, 삭제 작업이 정확하게 수행되어 데이터의 무결성이 유지되도록 제어

03 다음 설명에서 괄호 안에 들어갈 내용을 쓰시오.

데이터베이스의 필수 기능 중 모든 응용 프로그램들이 요구하는 데이터 구조를 지원하기 위해 데이터베이스에 저장될 데이터의 형(Type)과 구조에 대한 정의, 이용 방식, 제약조건 등을 명시하는 기능을 (㉠)(이)라 하고, 데이터베이스에 접근하는 갱신, 삽입, 삭제 작업이 정확하게 수행되어 데이터의 무결성이 유지되도록 하는 기능을 (㉡)(이)라 한다.

04 다음 설명에서 괄호 안에 들어갈 내용을 쓰시오.

> 데이터베이스의 특징 중 새로운 데이터의 삽입(Insertion),
> 삭제(Deletion), 갱신(Update)으로 항상 최신의 데이터를 유
> 지해야 한다는 특징을 (㉠)(이)라고 하고, 다수의 사용
> 자가 동시에 같은 내용의 데이터를 이용 가능하다는 특징을
> (㉡)(이)라고 한다.

04

정답 ㉠ 계속적인 변화
　　 ㉡ 동시 공유

해설 [데이터베이스의 특징]

① 실시간 접근성(Real-Time Accessibility) : 수시적이고 비정형적인 질의(조회)에 대하여 실시간 처리에 대한 응답이 가능
② 계속적인 변화(Continuous Evolution) : 새로운 데이터의 삽입(Insertion), 삭제(Deletion), 갱신(Update)으로 항상 최신의 데이터를 유지
③ 동시 공유(Concurrent Sharing) : 다수의 사용자가 동시에 같은 내용의 데이터를 이용 가능
④ 내용에 의한 참조(Content Reference) : 데이터베이스에 있는 데이터를 참조할 때 사용자가 요구하는 데이터 내용으로 데이터 참조

더 많은 정보와 지식을
듬꾹담꾹

여기서 멈출 거예요? 그치가 바로 눈앞에 있어요.
마지막 한 걸음까지 SD에듀가 함께할게요!

제2장

데이터베이스 시스템

I wish you the best of luck!

데이터베이스 시스템

데이터베이스 시스템(DBS : DataBase System)은 데이터베이스에 데이터를 저장하고, 저장된 데이터를 관리하여 조직에 필요한 정보를 생성해주는 컴퓨터 중심의 시스템이라고 정의할 수 있다. 그리고 데이터베이스 시스템은 각 조직에서 사용하던 데이터를 모아서 통합하고 공유하여 생기는 장점을 이용하는 시스템이다. 데이터베이스 시스템은 많은 발전 과정을 거쳐 정보 시스템을 구축하는 토대가 되었다.

흔히 데이터베이스, 데이터베이스 관리 시스템, 데이터베이스 시스템을 같은 의미로 사용하지만 각 용어의 개념을 구분하고 관계를 명확히 이해할 필요가 있다. 데이터를 저장해두는 곳, 다시 말해 저장된 데이터의 집합이 데이터베이스 기본 개념에서 배운 데이터베이스다. 그리고 데이터베이스 관리 시스템은 데이터베이스에 저장되어 있는 데이터가 일관되고 무결한 상태로 유지되도록 관리하는 역할을 한다.

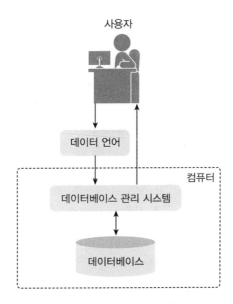

[그림 2-1] 데이터베이스 시스템 구조

제 1 절   데이터베이스 시스템 구조

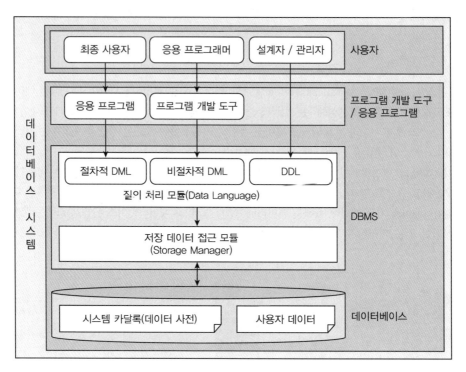

[그림 2-2] 데이터베이스 시스템

1   데이터베이스 시스템의 3단계 구조 중요 ★★

데이터베이스 시스템이 기초로 하고 있는 가장 기본적인 요소는 데이터베이스이다. 이 데이터베이스의 논리적 정의, 다시 말해 데이터의 구조와 제약조건에 대한 명세를 기술한 메타데이터를 스키마라고 한다. 따라서 스키마에는 데이터 구조를 표현하는 데이터 객체(data object) 즉 개체(entity), 개체의 특성을 표현하는 속성 (attribute), 그리고 이들이 맺고 있는 관계(relationship)에 대한 정의와 이들이 유지해야 될 제약조건 (constraints)이 포함되어 있다.

스키마는 사용자 관점에 따라 외부 스키마, 개념 스키마, 내부 스키마로 나누어진다.

데이터베이스 관리 측면에서는 데이터를 이용하는 각 개인의 뷰(view), 이런 각 개인의 모든 뷰가 종합된 기관 전체의 뷰, 그리고 시스템 즉 물리적 저장 장치의 입장에서 보는 저장 장치의 뷰 등 세 단계로 구별하여 데이터베이스를 기술하고 이들 간의 관계를 정의하고 있다. 이 세 단계를 보통 외부 단계(external level), 개념 단계(conceptual level), 내부 단계(internal level)라고 한다. 이렇게 하나의 데이터베이스를 세 단계로 나누어 기술하는 것을 3단계 데이터베이스 구조(3-level database architecture)라 한다.

다음으로 데이터베이스를 3단계로 나누어 구조를 살펴보고 3단계 데이터베이스 구조에서 데이터 독립성의 개념을 실현하는 방법을 알아보자.

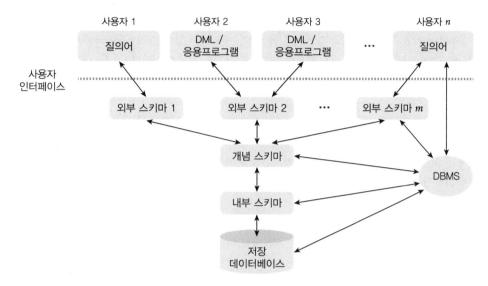

[그림 2-3] 데이터베이스 시스템의 3단계 구조

2 외부 단계 중요 ★★

외부 단계(external level)에서는 **개별 사용자 관점에서 데이터베이스를 이해하고 표현한다.** 하나의 데이터 베이스를 조직 내의 사용자들이 함께 사용하지만 각 사용자가 데이터베이스 전체에 관심이 있는 것은 아니다. 사용자마다 업무 내용과 사용 목적이 달라 필요한 데이터 내용이 다를 수 있다. 예를 들어 도시관을 관리하기 위해 필요한 데이터베이스에는 회원, 도서, 대여 등과 관련한 데이터들이 존재할 것이다. 그러면 사용자 중에서 회원 관리를 담당하는 직원은 데이터베이스에서 회원과 관련된 데이터에만, 도서 관리를 담당하는 직원은 도서와 관련된 데이터에만 관심을 가질 것이다.

외부 단계에서는 개별 사용자가 데이터베이스를 어떻게 보는가를 표현하므로 사용자마다 생각하는 데이터베이스의 구조가 다르다. 이처럼 외부 단계에서 사용자에게 필요한 데이터베이스를 정의한 것을 외부 스키마 (external schema)라 한다. 외부 스키마는 각 사용자가 생각하는 데이터베이스의 모습인 논리적인 구조로, 사용자마다 다르다.

데이터베이스 하나에는 외부 스키마가 여러 개 존재할 수 있고, 외부 스키마 하나를 사용 목적이 같은 사용자 들이 공유할 수 있다. 외부 스키마는 전체 데이터베이스 중 사용자가 관심을 가지는 일부분으로 볼 수 있어 **서브 스키마(sub schema)**라고도 한다.

3 개념 단계 중요 ★★

개념 단계(conceptual level)에서는 데이터베이스를 이용하는 사용자들의 관점을 통합하여, 데이터베이스를 조직 전체의 관점에서 이해하고 표현한다. 데이터베이스 관리 시스템이나 데이터베이스 관리자는 데이터베이스의 일부분이 아닌 전체 데이터베이스에 관심을 가지는데, 개념 단계에서는 데이터베이스 관리 시스템이나 관리자의 관점에서 모든 사용자에게 필요한 데이터를 통합한 전체 데이터베이스의 논리적 구조를 정의한다. 이를 개념 스키마(conceptual schema)라 한다.

개념 스키마는 조직 전체의 관점에서 생각하는 데이터베이스의 모습이며, 모든 사용자가 생각하는 데이터베이스의 모습을 하나로 합친 모습이다. 개념 스키마는 전체 데이터베이스에 어떤 데이터가 저장되는지, 데이터들 간에는 어떤 관계가 존재하고 어떤 제약조건이 존재하는지에 대한 정의뿐만 아니라, 데이터에 대한 보안 정책이나 접근 권한에 대한 정의도 포함한다. 하지만 데이터를 물리적으로 저장하는 방법이나 데이터를 저장하는 저장 장치와는 독립적이다.
데이터베이스 하나에는 개념 스키마가 하나만 존재하고, 각 사용자는 개념 스키마의 일부분을 사용한다. 즉, 외부 스키마는 개념 스키마를 기초로 하여 사용자의 이용 목적에 맞게 만들어진다. 일반적으로 스키마라고 하면 개념 스키마를 의미한다. 향후 모든 외부 스키마는 하나의 개념 스키마에서 생성되고 지원된다. 개념 스키마는 논리 스키마(logical schema)라고도 한다.

4 내부 단계 중요 ★★

내부 단계(internal level)에서는 데이터베이스를 디스크나 테이프 같은 저장 장치의 관점에서 이해하고 표현한다. 내부 단계는 전체 데이터베이스가 저장 장치에 실제로 저장되는 방법을 정의하며 이를 내부 스키마(internal schema)라고 한다.
데이터베이스는 저장 장치에 파일 형태로 저장되는데 내부 스키마는 파일에 데이터를 저장하는 레코드의 구조, 레코드를 구성하는 필드 크기, 인덱스를 이용한 레코드 접근 경로 등을 정의한다.
내부 스키마는 데이터베이스의 개념 스키마에 대한 물리적인 저장 구조를 표현하므로 하나의 데이터베이스에 하나만 존재한다.
만약 외부 단계에 회원 관리팀과 도서 대여팀 사용자가 존재한다고 가정해보자. 두 사용자는 자신의 팀에 필요한 데이터로 구성된 외부 스키마를 각각 가지고 있다. 회원 관리팀은 도서를 대여한 회원의 성향을 분석하는 것이 주 업무이므로 회원의 회원번호·회원명·성별·나이·주소·연락처 데이터를 필요로 한다. 따라서 데이터베이스가 회원번호·회원명·성별·나이·주소·연락처로 구성되어 있다고 생각하고 다른 데이터에는 관심이 없다. 도서 대여팀도 회원에게 도서를 대여하는 업무를 담당하므로 데이터베이스가 회원번호·도서번호·대여일로만 구성되어 있다고 생각한다. 외부 단계에서는 사용자별로 외부 스키마를 정의하여 불필요한 데이터 접근을 사전에 막아 보안 측면에서도 효과적이다.
내부 단계에는 회원 데이터베이스를 저장 장치에 저장하는 파일을 구성하는 레코드의 구조를 정의한 내부 스키마가 하나 존재한다.

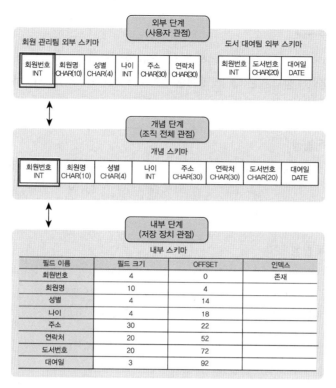

[그림 2-4] 3단계 데이터베이스 구조의 예

5 각 단계 간의 접속 중요 ★★

- 각 단계 간의 사상(mapping)

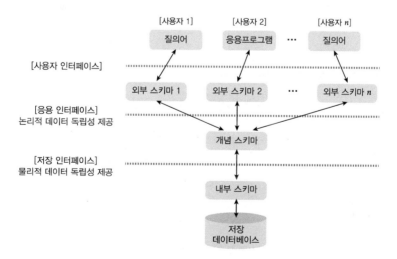

[그림 2-5] 3단계 사상

6 **데이터 독립성** 중요 ★★

데이터베이스 관리 시스템을 사용하는 궁극적인 목적은 데이터의 논리적 구조나 물리적 구조가 변경되더라도 응용 프로그램의 영향을 받지 않는 데이터의 독립성(Data Independency)을 확보하는 것이다. 이 데이터의 독립성은 논리적 독립성과 물리적 독립성으로 구분된다.

(1) 논리적 데이터 독립성

논리적(logical) 단계의 자료 구조(개념 스키마 또는 외부 스키마)를 바꾸어도 그 윗 단계인 논리적 단계 스키마에 영향을 주지 않는 것을 말한다. 뷰 단계의 스키마에 영향을 주지 않기 때문에 그 결과 응용 프로그램에도 영향을 주지 않는다.

(2) 물리적 데이터 독립성

물리적(physical) 단계의 자료의 내부 구조(스키마)를 바꾸어도 그 윗 단계인 논리적 단계 스키마에 영향을 주지 않는 것을 말한다. 논리적 단계의 스키마에 영향을 주지 않으므로 그 위 단계인 뷰 단계의 스키마에 영향을 주지 않는다. 그 결과 응용 프로그램에도 영향을 주지 않는다.

제 2 절 **데이터베이스 관리 시스템**

1 **DBMS의 역사** 중요 ★★★

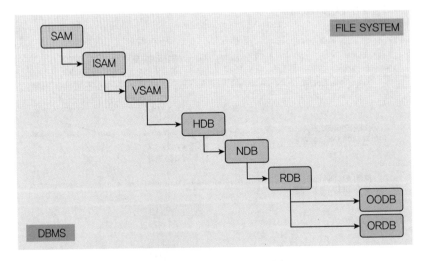

[그림 2-6] 데이터베이스의 역사

(1) 순차 파일

순차 파일(SAM : Sequential Access Method)은 입력되는 데이터들을 논리적인 순서에 따라 물리적 연속 공간에 순차적으로 기록하는 방식으로 주로 순차 접근이 가능한 자기 테이프에서 사용된다.

① 장점

기록 밀도가 높아 기억 공간을 효율적으로 사용할 수 있고 매체 변환이 쉬워 어떠한 매체에도 적용 가능하며, 레코드를 기록할 때 사용한 키 순서대로 레코드를 처리하는 경우 다른 방법보다 처리 속도가 빠르다.

② 단점

파일에 새로운 레코드를 삽입·삭제하는 경우 파일 전체를 복사해야 하므로 시간이 많이 소요되며 데이터 검색 시 처음부터 검색하기 때문에 검색 효율이 낮다.

(2) 직접 파일

데이터 레코드가 순차적으로 저장되지 않고, 데이터 레코드를 직접 액세스할 수 있는데, 그것은 각 데이터 레코드에 주소가 부여되어 있어 데이터를 모두 검색하지 않아도 그 주소만을 가지고도 직접 액세스할 수 있다.

① 장점

특정 레코드에 대한 접근 속도가 빠르고 레코드의 삽입과 삭제가 용이하다.

② 단점

기억장소의 낭비가 심하고 주소를 재계산해야 한다.

(3) 색인 순차 파일

색인 순차 파일(ISAM : Index Sequential Access Method)은 순차 처리와 랜덤 처리가 모두 가능하도록 레코드들을 키 값 순으로 정렬시켜 기록하고, 레코드의 키 항목만을 모은 색인을 구성하여 기록하는 방식이다. 레코드를 참조할 때 색인을 탐색한 후 색인이 가리키는 포인터(주소)를 사용하여 식섭 참조할 수 있다.

① 색인 순차 파일의 구성

[표 2-1] 색인 순차 파일

구성	설명
기본 구역(Prime Area)	실제 레코드들을 기록하는 부분으로, 각 레코드는 키 값 순으로 저장된다.
색인 구역(Index Area)	기본 구역에 있는 레코드들의 위치를 찾아가는 색인이 기록되는 부분으로 트랙 색인 구역, 실린더 색인 구역, 마스터 색인 구역으로 구성된다.
오버플로 구역 (Overflow Area)	기본 구역에 빈 공간이 없어서 새로운 레코드의 삽입이 불가능할 때를 대비해 확보해 둔 부분이다.

② 장점

순차 처리와 랜덤 처리가 모두 가능하여 목적에 따라 융통성 있는 처리가 가능하다. 효율적인 검색이 가능하고, 레코드의 삽입, 삭제, 갱신이 용이하다.

③ 단점

색인 구역과 오버플로 구역을 구성하기 위한 추가 기억공간이 필요하다. 파일이 정렬되어 있으므로 많은 레코드의 추가, 삭제 시 효율이 떨어진다. 색인을 이용한 액세스이기 때문에 액세스 시간이 직접 파일보다 느리다.

(4) VSAM(Virtual Storage Access Method)

VSAM을 사용하면, 기업은 파일 내의 레코드를 들어갔던 순서대로 만들고 액세스할 수 있다. 가변 길이 레코드의 수용이 가능하다.

(5) 계층형 데이터베이스(HDB)

① 계층형 데이터 모델의 구성 형태

㉠ 계층형 데이터 모델은 트리 구조를 이용해서 데이터의 상호관계를 계층적으로 정의한 구조이다.

㉡ 계층형 모델은 데이터의 논리적 구조가 트리 형태이며, 개체(Entity)가 트리를 구성하는 노드 역할을 한다.

㉢ 개체 집합에 대한 속성 관계를 표시하기 위해 개체를 노드로 표현하고 개체 집합들 사이의 관계를 링크로 연결한다.

㉣ 개체 간의 관계를 부모와 자식 간의 관계로 표현한다.

㉤ 계층형 DB를 구성하는 관계의 유형
- 속성 관계(Attribute Relation) : 세그먼트(개체)를 구성하는 속성들의 관계
- 개체 관계(Entity Relation) : 개체와 개체 간의 관계를 링크로 표시한다.

② 계층형 모델의 특징

㉠ 개체 타입 간에는 상위와 하위 관계가 존재하며, 일대다(1 : N) 대응 관계만 존재한다.

㉡ 개체 타입 간에는 일대다(1 : N)의 관계만 있으므로 관계에 해당하는 링크는 이름을 가질 필요가 없다.

㉢ 계층을 정의하는 트리는 하나의 루트 개체 타입과 다수의 종속되는 개체 타입으로 구성된 순서 트리이다.

㉣ 루트 개체 타입은 다른 개체 타입과 구별된다.

㉤ 개체 삭제 시 연쇄 삭제(Triggered Delete)가 된다.

㉥ 개체 타입들 간에는 사이클(Cycle)이 허용되지 않는다.

㉦ 두 개체 간에는 하나의 관계만 허용된다.

㉧ 계층형 모델에서는 개체(Entity)를 세그먼트(Segment)라고 부른다.

㉨ 대표적인 DBMS는 IMS이다.

③ 계층형 데이터 모델의 장·단점

장점	• 구조가 간단하고, 판독이 용이하다. • 구현, 수정, 검색이 용이하다. • 데이터의 독립성이 보장된다. • 망 데이터 모델이나 관계 데이터 모델도 실제로 구현할 때는 계층적인 기억 구조를 이용한다.

단점	• 데이터 상호 간의 유연성이 부족하다. • 검색 경로가 한정되어 있다. • 삽입과 삭제 연산이 매우 복잡하다. • 다대다 관계를 처리하기 어렵다.

(6) 네트워크 데이터베이스(NDB)

① 망형 데이터 모델(Network Data Model)의 개요

㉠ CODASYL이 제안한 것으로, CODASYL DBTG 모델이라고도 하며 그래프를 이용해서 데이터 논리구조를 표현했다.

㉡ 상위(Owner)와 하위(Member) 레코드 사이에서 다대다(N : M) 대응 관계를 만족하는 구조이다.

㉢ 네트워크 데이터 모델은 레코드의 타입과 링크들의 집합으로 구성된다. 그리고 오너와 멤버 레코드 타입은 서로 동일 형태가 될 수 없다.

㉣ 레코드 간의 타입 관계는 1 : 1, 1 : N, N : M이 될 수 있다.

② 망형 데이터 모델의 특징

㉠ 레코드 타입과 링크들의 집합으로 구성된다.

㉡ 레코드 타입의 집합이 있다.

㉢ 레코드 타입들을 연결하는 링크 집합이 존재한다.

㉣ 하나의 상위 레코드에 대하여 하위의 레코드가 복수 대응하고, 하나의 하위 레코드에 대해 상위 레코드도 대응한다.

㉤ 링크들로 표현한 관계성에는 제한이 없다.

㉥ 한 레코드 타입에서 자기 자신으로 가는 링크는 없다.

㉦ 모든 링크는 적어도 한 방향으로 함수적이다(부분적인 함수성 허용).

㉧ 세트 이름은 링크로 표현된다.

㉨ 오너와 멤버 레코드 타입은 서로 동일 형태가 될 수 없다.

(7) 관계형 데이터베이스(RDB)

① 관계형 데이터 모델은 가장 널리 사용되는 모델로 관계 데이터 모델에 따라 제작된 데이터베이스를 관계 데이터베이스(relational database)라고 한다.

② 2차원적인 표를 이용하여 데이터 상호관계를 정리하는 DB구조를 말하는데 파일 구조처럼 구성한 테이블들을 하나의 DB로 묶어서 테이블 내에 있는 속성들 간의 관계를 설정하거나 테이블 간의 관계가 설정되어야 이용 가능하다.

③ 기본키(Primary Key)와 이를 참조하는 외래키(Foreign Key)로 데이터 간의 관계를 표현한다.

④ 관계형 데이터베이스는 SQL 언어를 대표적으로 사용한다.

⑤ 1 : 1, 1 : N, M : N 관계를 자유롭게 표현할 수 있다.

(8) 객체 지향형 데이터베이스(OODB)

① 객체지향 데이터 모델은 복잡한 현실세계를 있는 그대로 표현하기 위해 개발된 모델이다.

② 객체지향 데이터 모델은 최근에 데이터베이스 분야에서 많은 관심을 가지는 모델로 상속의 개념을 이용하여 새로운 객체 클래스의 정의가 용이하다.

> 💡 **더 알아두기** 🔍
>
> • **기본키** : 한 릴레이션에서 특정 튜플을 유일하게 구별할 수 있는 속성으로 중복된 값을 허용하지 않고 Null값을 허용하지 않는다.
> • **Null** : 값이 정의되지 않은 값으로 비어 있는 값을 의미한다.
> • **외래키** : 기본키를 참조하는 키로 릴레이션과 릴레이션의 관계를 설정할 때 필요하다. 외래키는 Null 값을 허용하고, 기본키의 도메인 값만 가질 수 있다.
> • **도메인** : 기본키의 속성이 가질 수 있는 값의 범위로 성별을 예로 들 때 '남'과 '여'가 성별의 도메인이다.

(9) 객체 관계형 데이터베이스(ORDB : Object Relational Database)

① 관계형 데이터베이스(RDB)가 객체 지향 모델링과 데이터 관리 기능을 갖도록 확장한 데이터베이스 기술을 의미한다.

② 객체 데이터 모델의 하나로, 관계형 데이터 모델과 RDB에서 지원하는 수준의 질의어 제공, 질의 최적화, 동시성 제어, 트랜잭션 관리 기능을 제공한다.

2 DBMS 정의 [중요] ★★★

데이터베이스 관리 시스템(DBMS : Database Management System)은 데이터 집단과 데이터를 관리하는 프로그램의 집합체로서 운영체제 위에서 동작되며, 데이터베이스의 생성과 조작을 담당하는 소프트웨어 그룹으로 소프트웨어 시스템에 해당한다.

(1) DBMS의 필수 기능

① 정의 기능

정의(definition) 기능은 다양한 응용 프로그램과 데이터베이스가 서로 인터페이스를 할 수 있는 방법을 제공하는 것이다.

즉, 구현된 하나의 물리적 구조의 데이터베이스로 여러 사용자들의 다양한 형태의 데이터 요구를 지원해 줄 수 있도록 가장 적절한 데이터베이스 구조를 정의할 수 있는 기능을 말한다. 응용 프로그램과 데이터베이스 사이에서 DBMS는 중재자 역할을 수행한다. 정의 기능이 갖추어야 할 요건은 다음과 같다.

　　　　⊙ 데이터의 논리적 구조와 그 특성을 목표 DBMS가 지원하는 데이터 모델에 맞게 정의할 수 있어야
　　　　　한다.
　　　　ⓛ 데이터의 물리적 구조를 정의할 수 있어야 한다.
　　　　ⓒ 데이터의 논리적 구조와 물리적 구조 사이의 접속 사상(Mapping)을 정의할 수 있어야 한다.

　　② 조작 기능

　　　　조작(manipulation) 기능은 사용자와 데이터베이스 사이의 인터페이스를 위한 수단을 제공한다.
　　　　DBMS는 데이터베이스를 이용하는 사용자의 요구에 따라 체계적으로 데이터베이스를 접근하고 조작
　　　　할 수 있어야 한다. 이것은 데이터의 검색, 갱신, 삽입, 삭제 등 데이터베이스 연산을 지원하는 도구
　　　　(언어)를 통해서 구현될 수 있다.

　　③ 제어 기능

　　　　데이터베이스에 접근하는 갱신, 삽입, 삭제 작업이 정확하게 수행되어 데이터의 무결성이 유지되도
　　　　록 제어(Control)해야 한다. 정당한 사용자가 허가된 데이터에만 접근할 수 있도록 보안을 유지하고
　　　　권한을 검사할 수 있어야 한다. 여러 사용자가 데이터베이스에 동시에 접근하여 데이터를 처리할
　　　　때 처리 결과가 항상 정확성을 유지하도록 병행 제어를 할 수 있어야 한다.

(2) DBMS 장점

　　① 데이터 중복의 최소화

　　　　파일 시스템에서는 각 응용 프로그램마다 자신의 파일이 개별적으로 관리 및 유지되기 때문에 전체적
　　　　으로 저장되는 데이터의 입장에서 보면, 상당히 많은 데이터가 동일한 내용을 표현하면서 중복적으로
　　　　저장된다. 데이터베이스는 데이터를 통합하여 구성함으로써 이러한 중복을 사전에 통제할 수 있다.

　　② 데이터의 공용

　　　　동일한 내용의 데이터를 여러 가지 구조로 지원해 줄 수 있는 DBMS의 복잡하고도 정교한 기법 때문
　　　　에 데이터베이스의 데이터 공용이 가능하다. 이것은 기존의 여러 응용 프로그램들이 수행하던 데이터
　　　　에 대한 유지 관리 부담을 면제시켜 줄 뿐만 아니라 새로 개발하는 응용 프로그램에 대해서도 데이터
　　　　구성에 신경 쓸 필요 없이 응용 자체에만 전념할 수 있게 해 준다는 것을 의미한다.

　　③ 데이터의 일관성 유지

　　　　현실 세계의 어느 한 사실을 나타내는 두 개의 데이터가 있을 때에 오직 하나의 데이터만 변경되고
　　　　다른 하나는 변경되지 않는다면, 데이터 간의 불일치성, 즉 모순성을 가지게 된다.
　　　　데이터베이스 관리 시스템은 바로 이러한 데이터의 중복을 제어하고, 중앙 집중식 통제를 통해 데이
　　　　터의 일관성을 유지할 수 있다.

　　④ 데이터의 무결성 유지

　　　　무결성(integrity)이란 데이터베이스에 저장된 데이터 값과 그것이 표현하는 현실 세계의 실제 값이
　　　　일치하는 정확성을 말한다. 데이터베이스 관리 시스템은 데이터베이스가 생성 및 조작될 때마다 제어
　　　　기능을 통해 그 유효성을 검사함으로써 데이터의 무결성을 유지할 수 있다.

⑤ **데이터의 보안 보장**

DBMS는 데이터베이스를 중앙 집중식으로 총괄하여 관장함으로써 데이터베이스의 관리 및 접근을 효율적으로 통제할 수 있다. DBMS가 정당한 사용자, 허용된 데이터와 연산 등을 확인 및 검사함으로써 모든 데이터에 대해 철저한 보안을 제공한다.

⑥ **표준화**

DBMS의 중앙 통제 기능을 통해 데이터의 기술 양식, 내용, 처리 방식, 문서화 양식 등에 관한 표준화를 범기관적으로 시행할 수 있다.

⑦ **전체 데이터 요구의 조정**

한 기관의 모든 응용 시스템들이 요구하는 데이터들을 전체적으로 수집 및 분석하고 상충되는 데이터 요구는 조정해서 기관 전체에 가장 유익한 구조로 조직하여 효율적인 정보 처리 효과를 얻게 할 수 있다.

(3) DBMS 단점

① **운영비의 증대**

DBMS는 고가의 제품이고 컴퓨터 시스템의 자원을 많이 사용하므로 시스템 운영비의 오버헤드를 가중시키게 된다.

② **자료 처리의 복잡화**

데이터베이스에는 상이한 여러 타입의 데이터가 서로 관련되어 있어서 응용 프로그램은 여러 가지 제한점을 가진 채 작성되고 수행되므로, 응용 시스템은 설계 시간이 길어지게 되고, 또한 보다 전문적, 기술적이 되어야 하기 때문에 고급 프로그래머가 필요하게 된다.

③ **복잡한 예비와 회복**

데이터베이스는 그 구조가 복잡하고 여러 사용자가 동시에 공용하기 때문에 장애가 발생했을 때에 정확한 이유나 상태를 파악하기 어려울 뿐만 아니라 여기에 대한 예비(backup) 조치나 사후 회복(recovery) 기법을 수립해 놓는 것이 매우 어렵다.

④ **시스템의 취약성**

데이터베이스 시스템은 통합된 시스템이기 때문에 그 일부의 고장이 전체 시스템을 정지시켜 시스템의 신뢰성과 가용성을 저해할 수 있다. 이것은 특히 데이터베이스의 의존도가 높은 환경에서는 아주 치명적인 약점이 아닐 수 없다.

제 3 절 데이터베이스 시스템의 구성요소 중요★

데이터베이스 시스템의 구성요소는 데이터베이스, 데이터베이스 관리 시스템, 스키마, 데이터베이스 언어, 데이터베이스 사용자, 데이터베이스 컴퓨터가 있다.

(1) 데이터베이스

데이터베이스란 상호 연관된 데이터의 집합으로 어느 특정 조직의 응용 시스템들을 공동으로 사용하기 위하여 통합 저장된 운영 데이터의 집합이다.

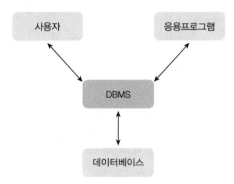

[그림 2-7] 데이터베이스 구축 과정

(2) DBMS(데이터베이스 관리 시스템)

데이터 베이스를 관리하는 데 필요한 데이터의 추가, 변경, 삭제, 검색 등의 기능을 집대성한 소프트웨어 패키지로 이용자와 데이터베이스 사이의 인터페이스 역할을 담당한다.

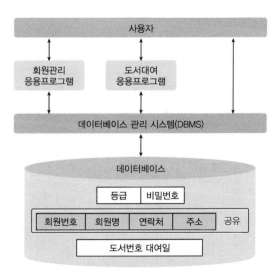

[그림 2-8] 데이터베이스 관리 시스템

(3) 데이터베이스 컴퓨터

데이터베이스를 저장하고 처리하는 데 필요한 시스템을 말한다.

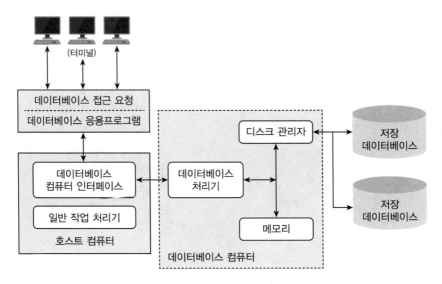

[그림 2-9] 데이터베이스 컴퓨터 구성도

(4) 스키마

데이터베이스의 기본 개념으로서 데이터베이스가 대상으로 하는 실세계를 논의 영역(universe of discourse), 논의 영역에서 데이터 베이스에 필요한 정보를 추상화하는 모델을 데이터 모델(data model), 추상화한 결과를 기술한 것을 개념 스키마(conceptual schema)라고 한다. 개념 스키마를 컴퓨터의 세계로 매핑한 것을 내부 스키마(internal schema)라 하고, 각 이용자가 자신의 데이터베이스를 구축하는 데는 개념 스키마를 어떻게 구성하는가가 더욱 중요하다. 이용자의 데이터 시점에서 공통 항목을 추출해서 개념 스키마에 반영시키는 것이 필요하다.

(5) 데이터베이스 언어

데이터베이스에서 사용하는 데이터 언어(data language)는 데이터베이스를 구축하고 이용하기 위한 데이터베이스 관리 시스템과의 통신수단이며 종류는 다음과 같다.

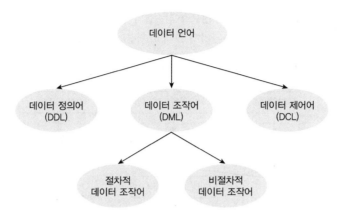

[그림 2-10] 데이터 언어

(6) 데이터베이스 사용자

통합된 데이터베이스를 구축하고 계속해서 유지 및 사용하기 위해서는 다양한 사용자들이 관계된다.
사용자는 역할에 따라 몇 가지 유형으로 구분된다.

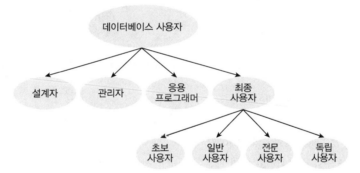

[그림 2-11] 데이터베이스 사용자

제 4 절   데이터베이스 관리 시스템의 프로그램 처리 절차

데이터베이스 관리 시스템(DBMS)은 사용자와 데이터베이스 사이에 위치하여 데이터베이스를 관리하고 사용자가 요구하는 연산을 수행해서 정보를 생성해주는 소프트웨어이다.

지능적이고 고급의 DBMS일수록 사용자로 하여금 데이터베이스 시스템 내부에 대해 자세히 알 필요 없이 편리한 방법으로 데이터 요구를 표현할 수 있게 하므로, DBMS는 정보 시스템의 소프트웨어나 하드웨어의 세세한 것으로부터 사용자를 독립시켜주는 역할을 수행한다.

데이터베이스 관리 시스템의 프로그램의 구성요소에는 질의어 처리기, DML 예비 컴파일러, DDL 컴파일러, 런타임 데이터베이스 처리기, 트랜잭션 관리자 그리고 저장 데이터 관리자가 있다.

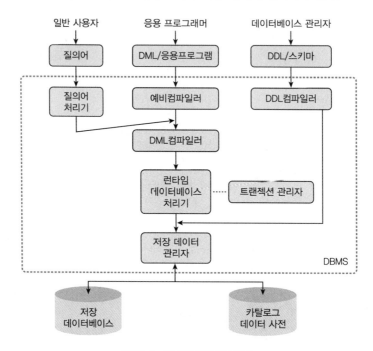

[그림 2-12] DBMS의 구성요소

(1) DDL 컴파일러(DDL compiler)

DBA가 DDL로 명세한 스키마 정의를 내부 형태, 즉 메타 데이터로 처리하여 시스템 카탈로그에 저장하는데, 이 카탈로그에는 파일 이름, 데이터 아이템, 각 파일의 저장 세부 사항, 스키마 사이의 사상 정보 그리고 제약조건 등을 포함하고 있기 때문에 이러한 정보를 필요로 하는 모듈들은 모두 이 카탈로그에 접근해야 한다.

(2) 질의어 처리기(query processor)

대화식으로 입력된 고수준의 질의들을 처리하여 DML 컴파일러로 전달한다.

(3) 예비 컴파일러(precompiler)

호스트 프로그래밍 언어로 작성된 응용 프로그램에서 데이터 조작어 명령들을 추출한다. 추출된 명령들은 데이터베이스 접근을 위한 목적 코드로 컴파일하기 위해 데이터 조작어 컴파일러로 보내고, 프로그램에서 데이터 조작어 명령을 제외한 나머지 부분을 호스트 언어 컴파일러로 보낸다.

(4) DML 컴파일러(DML compiler)

추출된 명령들은 데이터베이스 접근을 위해 목적 코드로 변환하고, 런타임 데이터베이스 처리기를 통해 데이터베이스에 접근할 수 있도록 한다.

(5) 런타임 데이터베이스 처리기(run-time database processor)

실행 시간에 데이터베이스 접근을 관리하는데 이것은 검색이나 갱신 연산들을 받아서 데이터베이스에 대해 수행한다. 디스크에 대한 접근은 저장 데이터베이스 관리자를 거친다.

(6) 트랜잭션 관리자(transaction manager)

데이터베이스를 접근하는 과정에서 무결성 제약조건이 만족되는지, 데이터에 접근할 권한을 사용자가 가지고 있는지 검사하고 또한 트랜잭션의 병행 제어나 장애 발생 시에 회복 작업을 수행한다.

(7) 저장 데이터 관리자(stored data manager)

디스크에 저장되어 있는 DBMS의 정보(데이터베이스 또는 카탈로그)에 대한 접근을 제어한다. 저장 데이터 관리자는 디스크와 주기억장치 사이의 저수준 데이터 이동을 수행하기 위해 운영체제의 기본적인 서비스를 사용할 수 있으나, 주기억장치 내의 버퍼 관리와 같은 기타 데이터 이동은 직접 제어한다. 데이터가 주기억장치 내의 버퍼에 있으면 응용 프로그램뿐만 아니라 DBMS의 다른 구성요소들이 이 데이터를 처리할 수 있다.

제 5 절 사용자 접속

1 스키마와 서브 스키마 중요 ★★★

스키마(schema)란 데이터베이스의 전체적인 논리적 설계를 의미하는 것으로 데이터 객체, 이들의 성질, 이들 간의 관계, 데이터 관계들이 갖는 제약조건에 관한 정의를 총칭하는 개념이다. 스키마는 사용자의 관점에 따라 외부 스키마, 개념 스키마, 내부 스키마로 구분한다. 이렇게 나눠진 스키마의 부분집합을 서브 스키마(sub schema)라고 한다.

(1) 스키마

DBMS 스키마의 목적은 사용자들이 데이터베이스의 복잡한 내부구조를 모르고도 외부 형식만 알면 쉽게 사용하도록 하는 것이다.

DBMS 스키마를 설계하는 순서는 데이터베이스의 전반적인 구조를 기술하는 개념 스키마, 데이터베이스의 물리적인 상세 구조를 기술하는 내부(물리) 스키마, 사용자들이 외부 형식만 알고도 사용할 수 있는 외부 스키마(view)로 구성된다.

[표 2-2] 스키마의 종류

종류	설명
외부 스키마	사용자가 접근할 수 있는 가상적인 구조(사용자 view)
개념 스키마	데이터베이스의 전반적인 논리 구조
내부 스키마	데이터베이스를 디스크에 구현하기 위한 물리 구조

① **외부 스키마**

ㄱ 외부 스키마는 사용자가 꼭 사용할 데이터베이스 자료만 정의한 것이다.

ㄴ 외부 스키마는 사용자나 응용 프로그래머가 각 개인의 입장에서 필요로 하는 데이터베이스의 논리적인 구조를 정의한 것이다. 외부 스키마는 전체 데이터베이스의 한 논리적인 부분으로 볼 수 있으므로 서브 스키마라고도 한다.

ㄷ 하나의 데이터베이스 시스템에는 여러 개의 외부 스키마가 존재할 수 있으며, 하나의 외부 스키마를 여러 개의 응용 프로그램이나 사용자가 공용할 수도 있다.

ㄹ 같은 데이터베이스에 대해서도 서로 다른 관점을 정의할 수 있도록 허용한다.

ㅁ 일반 사용자는 질의어를 이용하여 DB를 쉽게 사용할 수 있다.

ㅂ 응용 프로그래머는 COBOL, C 등의 언어를 사용하여 DB에 접근한다.

② **개념 스키마**

ㄱ 응용업무를 위한 데이터베이스를 만들려면 우선 데이터의 전반적인 구조를 설계한다. 이 작업의 결과를 개념 스키마라고 한다.

ㄴ 개념 스키마는 데이터베이스를 구성하는 테이블들을 기술하고, 테이블 간의 관계를 기술하며, 테이블을 구성하는 자료들의 구성 내용을 정의한다.

ㄷ 개념 스키마는 데이터베이스의 전체적인 논리적 구조로서 모든 응용 프로그램이나 사용자들이 필요로 하는 데이터를 종합한 조직 전체의 데이터베이스로 하나만 존재한다.

ㄹ 개념 스키마는 개체 간의 관계와 제약조건을 나타내고 데이터베이스의 접근 권한, 보안 및 무결성 규칙에 관한 명세를 정의한다.

ㅁ 기관이나 조직체의 관점에서 데이터베이스를 정의한 것이다.

ㅂ 데이터베이스 관리자(DBA)에 의해서 구성된다.

③ **내부 스키마**

ㄱ 내부 스키마는 개념 스키마를 구체적으로 생성하기 위해 물리적인 세부 사항들을 정의한 것이다. 데이터 파일의 형태, 접근 구조, 키의 종류와 특성들을 하드디스크에 구현하기 위한 세부적인 명세서이다.

ㄴ 내부 스키마는 **물리적 저장장치**의 입장에서 본 데이터베이스 구조로, 물리적인 저장장치와 밀접한 관계가 있다.

ㄷ 내부 스키마는 실제로 데이터베이스에 저장될 레코드의 물리적인 구조를 정의하고, 저장 데이터 항목의 표현방법, 내부 레코드의 물리적 순서 등을 나타낸다.

ㄹ 시스템 프로그래머나 시스템 설계자가 보는 관점의 스키마이다.

(2) 서브 스키마

데이터베이스의 논리 구조를 정의하는 것의 일종으로 "데이터베이스가 어떤 레코드로 구성되고, 어떤 검색 키를 가지며, 레코드와 레코드의 관계는 어떻게 되어 있는가?" 등은 스키마, 서브 스키마로 정의한다. 스키마에서는 상위 레벨의 정의를, 서브 스키마에서는 하위 레벨의 정의를 하는 것이 보통이다. 서브 스키마에서는 주로 레코드 내의 필드를 정의한다.

2 데이터 사전 중요 ★★★

데이터베이스는 조직 운영을 위해 필요한 실제 데이터를 저장하는데, 저장된 데이터를 올바르게 관리하고 이용하려면 필요한 부가 정보도 저장해야 한다. 대표적인 부가 정보가 스키마와 사상 정보이다.

데이터 독립성을 실현하면서 데이터베이스를 다양한 관점에서 이해하기 위해 정의되는 세 가지 스키마와, 스키마 간의 사상 정보도 어딘가에 저장되어 있어야 필요할 때 사용할 수 있다. 데이터베이스에 저장되는 데이터에 관한 정보를 저장하는 곳을 데이터 사전(data dictionary) 또는 시스템 카탈로그(system catalog)라고 한다.

데이터 사전은 일반 사전처럼 데이터베이스에 저장되어 있는 데이터를 정확하고 효율적으로 이용하기 위해 참고해야 되는 스키마, 사상 정보, 다양한 제약조건 등을 저장하고 있다. 데이터베이스에 저장되는 데이터에 관한 정보(데이터 사전 정보)이므로 데이터에 대한 데이터(data about data)를 의미해 메타 데이터(meta data)라고도 한다.

데이터 사전도 데이터를 저장하는 데이터베이스의 일종이기 때문에 시스템 데이터베이스(system database)라고 한다. 그리고 이와 구별하기 위해 사용자가 실제로 이용하는 데이터가 저장되는 일반 데이터베이스를 사용자 데이터베이스(user database)라고 하기도 한다. 데이터 사전은 데이터베이스 관리 시스템이 스스로 생성하고 유지하는 것으로, 데이터베이스 관리 시스템이 주로 접근하지만 일반 사용자도 접근할 수 있다. 단, 데이터베이스 관리 시스템은 데이터 사전에 내용을 새로 추가하거나 수정할 수 있는 반면, 사용자는 저장된 내용을 검색만 할 수 있다. 데이터 사전에 있는 데이터에 실제로 접근하는 데 필요한 위치 정보는 데이터 디렉토리(data directory)라는 곳에서 관리한다. 데이터 사전과 데이터 디렉토리는 둘 다 시스템을 위한 데이터베이스라는 공통점이 있지만, 데이터 사전은 사용자가 접근할 수 있으나 데이터 디렉토리는 시스템만 접근할 수 있다는 차이가 있다.

> **❗ 더 알아두기 🔍**
>
> **메타 데이터(Meta Data)**
> 데이터의 데이터라는 의미로 데이터에 관한 구조화된 데이터를 의미한다. 다른 데이터를 설명해 주는 데이터로 시스템 카탈로그나 데이터 사전을 메타 데이터라고 한다.

3 데이터베이스 관리자 기능 중요 ★★★

데이터베이스 관리자는 정보 시스템 설계서를 토대로 데이터베이스 설계와 운영을 기술적으로 지원하는 사람이다. 현실 업무보다는 데이터베이스 시스템 자체에 대한 경험과 지식이 많이 요구된다. 관리자의 목표는 데이터베이스 시스템의 성능과 효율을 극대화하도록 데이터베이스를 설계하는 것이다. 데이터베이스 관리자가 책임지고 있는 업무는 다음과 같다.

(1) 데이터베이스 설계와 운영

① **데이터베이스의 구성요소를 결정**

데이터베이스의 구성요소인 개체, 개체의 속성, 개체들 간의 관계를 수립하고 활용한다.

② **데이터베이스 스키마의 생성과 변경을 담당**

데이터베이스 관리자는 데이터베이스의 개념적 스키마를 결정하는 업무를 수행한다. 또한 필요할 때마다 개념 스키마를 변경하는 역할도 수행한다.

③ **저장 구조와 접근방법을 정의**

일단 데이터베이스의 내용이 결정되면 데이터베이스 관리자는 데이터가 어떻게 저장되고 어떤 인덱스를 유지할 것인지를 결정한다. DBMS의 성능을 모니터해서 성능이 미흡한 경우에는 저장 구조를 변경한다.

④ **보안 및 권한 부여 정책을 담당**

권한이 있는 사용자만이 데이터베이스를 사용할 수 있도록 사용자에게 적절한 권한을 부여 또는 권한을 회수할 수 있다.

⑤ **백업(backup), 회복(recovery) 절차를 수립**

데이터베이스가 손실되지 않도록 정기적으로 데이터베이스를 백업하고 고장(또는 화재나 홍수와 같은 재해)이 발생했을 때 적절한 회복 절차를 사용하여, 데이터베이스가 다운된 시간을 가능한 한 최소화하면서 데이터베이스를 복구한다.

⑥ **무결성 제약조건을 명시**

일관된 데이터베이스 상태를 정의하는 규칙들을 명시한다. 데이터베이스의 무결성이란 결점이 없는 상태로, 데이터의 일치성을 뜻한다. DBA는 이 무결성 제약에 관한 규칙을 만들고, 이를 감독하여 무결성을 유지할 수 있도록 한다.

⑦ **시스템의 성능 향상과 새로운 요구에 대응하기 위해 데이터베이스를 재구성할 수 있음**

데이터베이스의 이용이나 기술의 변화에 대응하기 위하여 데이터베이스를 재구성할 수 있다.

⑧ **시스템 카탈로그를 유지, 관리함**

시스템이 필요로 하는 데이터베이스, 테이블, 뷰, 인덱스, 접근 권한 등에 관한 정보를 메타 데이터 형태로 포함하는 시스템 데이터베이스이다. 시스템 카탈로그는 데이터베이스의 설계, 구현, 운영에 필수적인 역할을 수행한다.

⑨ **데이터의 유효성 검사방법을 수립함**

저장된 데이터 유효성은 물론 처리작업의 합법성을 검사하는 방법도 수립한다.

(2) 행정 책임

① 데이터 표현과 시스템 문서화의 표준화에 기여한다.

② 사용자의 요구사항을 파악하여 만족도를 높이고, 불만이 생기지 않도록 관리한다.

③ 데이터베이스 사용에 관한 교육을 시행한다.

(3) 시스템 감시 및 성능 분석

① 운영 스케줄을 작성하고, 시스템의 성능을 감시 및 감독하여 필요에 따라 성능을 개선한다.

② 컴퓨터 설치 장비의 선택과 사용자와의 대화를 통해 개선점을 모색한다.

③ 변화 요구에 대한 적응과 성능 향상에 대한 감시를 한다.

제 6 절 데이터 언어

인간의 언어도 때와 장소에 맞는 용법이 있는 것처럼 데이터 언어에도 상황에 따른 용법이 있다. DBMS는 데이터베이스를 관리하는 프로그램이므로 언어로 작성되어 있고, 사용자들은 이들 언어를 잘 이해해야 효율적으로 사용할 수 있다. 데이터베이스를 구성하는 언어는 데이터베이스의 전반적인 구조와 제약조건을 정의하는 자료 정의 언어(DDL), 자료의 입력, 갱신, 삭제, 검색 등을 수행하는 자료 조작 언어(DML), 자료의 무결성, 보안성, 병행성, 회복 등의 관리 기능을 수행하는 자료 제어 언어(DCL)로 구성된다. 이는 하나의 데이터 언어를 기능에 따라 내부적으로 구분 짓는 것일 뿐 독립적으로 존재하는 언어들은 아니다. 데이터 언어는 사용자가 데이터베이스를 구축하고 접근하기 위해 데이터베이스 관리 시스템과 통신하기 위한 수단이다. 앞에서도 몇 번 등장한 데이터 정의어, 데이터 조작어, 데이터 제어어를 어떤 용도로 사용하는 지하나씩 살펴보자.

[표 2-3] 데이터 언어

종류	설명
데이터 정의어(DDL)	새 데이터베이스 구성을 정의하는 언어
데이터 조작어(DML)	데이터베이스에 자료를 입력, 수정, 삭제, 검색하는 언어
데이터 제어어(DCL)	병행 제어, 복구, 백업, 보안 등을 지원하는 언어

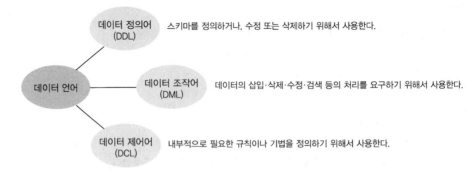

[그림 2-13] 데이터 언어의 종류와 용도

1 데이터 정의 언어 중요 ★★★

데이터 정의어(DDL : Data Definition Language)는 새로운 데이터베이스를 구축하기 위해 스키마를 정의하거나, 기존 스키마의 정의를 삭제 또는 수정하기 위해 사용하는 데이터 언어다. 즉, 새로 만들려는 데이터베이스의 스키마를 설명하거나, 이미 정의된 스키마의 구조나 제약조건 등을 변경 또는 삭제하고 싶어 이를 데이터베이스 관리 시스템에 알릴 때 사용한다. 데이터 정의어로 정의된 스키마는 데이터 사전에 저장되고, 삭제나 수정이 발생하면 이 내용도 데이터 사전에 반영된다. 데이터 사전에 저장된 스키마 정보는 사용자나 데이터베이스 관리 시스템이 필요할 때 참고할 수 있다. 데이터 정의어의 기능은 다음과 같다.

① 외부 스키마 명세를 정의한다.
② 데이터베이스의 논리적, 물리적 구조 및 구조 간의 사상을 정의한다.
③ 스키마에 사용되는 제약조건에 대한 명세를 정의한다.
④ 데이터의 물리적 순서를 규정한다.

2 데이터 조작 언어 중요 ★★★

데이터 조작어(DML : Data Manipulation Language)는 사용자가 데이터의 삽입·삭제·수정·검색 등의 처리를 데이터베이스 관리 시스템에 요구하기 위해 사용하는 데이터 언어다. 데이터 조작어는 사용자로 하여금 데이터를 처리할 수 있게 하는 도구로서, 데이터 정의어를 이용해 스키마를 정의하면 스키마에 따라 조직에 필요한 실제 데이터 값(인스턴스)이 저장되는데, 사용자가 실제 데이터 값을 활용하기 위해 사용하는 것이 데이터 조작어다. 데이터 조작어는 설명 방식에 따라 절차적 데이터 조작어와 비절차적 데이터 조작어로 나눈다.

(1) 절차적 데이터 조작어

절차적 데이터 조작어(procedural DML)는 사용자가 어떤(what) 데이터를 원하고 해당 데이터를 얻기 위해서는 어떻게(how) 처리해야 하는지를 설명한다.

(2) 비절차적 데이터 조작어

비절차적 데이터 조작어(nonprocedural DML)는 사용자가 어떤(what) 데이터를 원하는지만 설명한다. 즉, 해당 데이터를 얻으려면 어떻게(how) 처리해야 하는지는 데이터베이스 관리 시스템에 맡긴다. 비절차적 데이터 조작어는 사용자가 어떤 데이터를 원하는지만 데이터베이스 관리 시스템에 선언하는 방식이기 때문에 선언적 언어(declarative language)라고도 한다.

> **！ 더 알아두기 Q**
>
> **질의어(QL : Query Language)**
> 사용자가 대화식으로 사용하는 언어로 터미널에서 데이터베이스를 주로 검색하기 위해 사용하는 독립 언어이다. 이 언어는 주로 검색을 위해 고안되었지만 검색에 대한 한정된 의미로 사용되기보다는 갱신, 삽입, 삭제뿐 아니라 데이터 정의 등의 광범위한 기능을 가지고 있다.

3 데이터 제어 언어 중요 ★★★

데이터 제어어(DCL : Data Control Language)는 데이터베이스를 정확하고, 안전하게, 다수가 공유하며 사용할 수 있도록 지원하는 언어이다. 데이터 제어어는 데이터를 보호하고 데이터를 관리하는 목적으로 사용된다.

① **데이터 보안** : 권한이 없는 접근으로부터 데이터베이스(DB)를 보호한다.
② **데이터 무결성** : 데이터베이스 관리 시스템(DBMS)이 데이터를 삽입, 삭제, 갱신할 때마다 제약조건을 자동 검사하여 정확성을 확보한다.
③ **데이터 회복** : 시스템 오류 등으로부터 데이터베이스(DB)를 회복시킨다.
④ **병행 제어** : 여러 사용자가 동시에 데이터베이스(DB) 공유가 가능하도록 한다.

○×로 점검하자

※ 다음 지문의 내용이 맞으면 ○, 틀리면 ×를 체크하시오. [1 ~ 10]

01 데이터 제어어는 데이터베이스를 정확하고, 안전하게, 다수가 공유하며 사용할 수 있도록 지원하는 언어로 데이터를 보호하고 데이터를 관리하는 목적으로 사용된다. (　　)

>>>◯ 데이터 제어어는 데이터를 보호하고 관리하는 목적으로 사용된다.

데이터 보안	권한이 없는 접근으로부터 데이터베이스(DB)를 보호한다.
데이터 무결성	데이터베이스 관리 시스템(DBMS)이 데이터를 삽입, 삭제, 갱신할 때마다 제약조건을 자동검사하여 정확성을 확보한다.
데이터 회복	시스템 오류 등으로부터 데이터베이스(DB)를 회복시킨다.
병행 제어	여러 사용자가 동시에 데이터베이스(DB) 공유가 가능하도록 한다.

02 데이터의 검색, 삽입, 삭제, 변경은 데이터 정의어(DDL)의 역할이다. (　　)

>>>◯ 데이터의 검색, 삽입, 삭제, 변경은 데이터 조작어(DML)의 역할이다.

03 비절차적 데이터 조작어는 사용자가 어떤(what) 데이터를 원하고 해당 데이터를 얻기 위해서는 어떻게(how) 처리해야 하는지를 설명한다. (　　)

>>>◯ 절차적 데이터 조작어에 대한 설명이고, 비절차적 데이터 조작어는 사용자가 어떤(what) 데이터를 원하는지만 설명하고, 해당 데이터를 얻으려면 어떻게(how) 처리해야 하는지는 데이터베이스 관리 시스템에 일임한다.

04 응용 프로그램 구현은 DBA의 고유한 역할이다. (　　)

>>>◯ 응용 프로그램 구현은 응응 프로그래머가 하는 역할이다. DBA의 역할은 데이터베이스 구성 요소 결정, 개념 스키마 및 내부 스키마 정의, 데이터베이스 저장 구조 및 접근 방법 정의, 보안 및 데이터베이스의 접근 권한 부여 정책 수립, 장애에 대비한 백업 조치와 회복에 대한 전략 수립, 무결성을 위한 제약조건의 지정 등이다.

05 데이터베이스 시스템 중 외부 단계는 개별 사용자 관점에서 데이터베이스를 이해하고 표현한다.
(　　)

>>>◯ 외부 단계(external level)에서는 개별 사용자 관점에서 데이터베이스를 이해하고 표현한다. 하나의 데이터베이스를 조직 내의 사용자들이 함께 사용하지만 각 사용자가 데이터베이스 전체에 관심이 있는 것은 아니다. 사용자마다 업무 내용과 사용 목적이 달라 필요한 데이터 내용이 다를 수 있다.

정답 **1** ○ **2** × **3** × **4** × **5** ○

06 데이터베이스 하나에는 외부 스키마가 여러 개 존재할 수 있고, 외부 스키마 하나를 사용 목적이 같은 사용자들이 공유할 수 있다. (　　)

🔎 데이터베이스를 개별 사용자 관점에서 이해하고 표현한다. 사용자에게 필요한 데이터베이스를 정의한 외부 스키마가 여러 개 존재할 수 있다.

07 데이터베이스를 디스크나 테이프 같은 저장 장치의 관점에서 이해하고 표현하고, 전체 데이터베이스가 저장 장치에 실제로 저장되는 방법을 정의하며 이를 개념 스키마라 한다. (　　)

🔎 내부 스키마에 대한 설명이다. 데이터베이스를 디스크나 테이프 같은 저장 장치의 관점에서 이해하고 표현하고, 전체 데이터베이스가 저장 장치에 실제로 저장되는 방법을 정의하는 것을 내부 스키마라 한다.

08 물리적 단계의 자료의 내부 구조(스키마)를 바꾸어도 그 위 단계인 논리적 단계 스키마에 영향을 주지 않는 것을 논리적 데이터 독립성이라 한다. (　　)

🔎 물리적 데이터 독립성을 설명한 것이고 논리적 데이터 독립성은 논리적 단계의 자료 구조(개념 스키마 또는 외부 스키마)를 바꾸어도 그 위 단계인 논리적 단계 스키마에 영향을 주지 않는 것을 말한다.

09 순차 파일의 장점은 특정 레코드에 대한 접근 속도가 빠르고, 레코드의 삽입과 삭제가 용이하다는 것이다.　　　　　　　　　　　　　　　　　　　　　　　　　　　(　　)

🔎 이는 직접 파일의 장점에 해당하는 설명이다.

10 색인 순차 파일은 기본 구역, 색인 구역, 오버플로 구역으로 구성된다. (　　)

🔎 [색인 순차 파일의 구성]

기본 구역(Prime Area)	실제 레코드들을 기록하는 부분으로, 각 레코드는 키 값 순으로 저장된다.
색인 구역(Index Area)	기본 구역에 있는 레코드들의 위치를 찾아가는 색인이 기록되는 부분으로 트랙 색인 구역, 실린더 색인 구역, 마스터 색인 구역으로 구성된다.
오버플로 구역 (Overflow Area)	기본 구역에 빈 공간이 없어서 새로운 레코드의 삽입이 불가능할 때를 대비해 확보해 둔 부분이다.

정답 **6** ○ **7** × **8** × **9** × **10** ○

01 데이터베이스를 정의하는 언어는 데이터 정의어(DDL)이다.
[문제 하단의 표 참고]

01 새로운 데이터베이스를 구축하기 위해 스키마를 정의하거나, 기존 스키마의 정의를 삭제 또는 수정하기 위해 사용하는 데이터 언어는?

① DDL
② DCL
③ DML
④ DQL

종류	설명
데이터 정의어(DDL)	새 데이터베이스 구성을 정의하는 언어
데이터 조작어(DML)	데이터베이스에 자료를 입력, 수정, 삭제, 검색하는 언어
데이터 제어어(DCL)	병행 제어, 복구, 백업, 보안 등을 지원하는 언어

02 개념 스키마와 내부 스키마는 하나만 존재하지만 외부 스키마는 여러 개 존재할 수 있다.

02 데이터베이스 스키마에 대한 설명으로 옳지 <u>않은</u> 것은?

① 스키마는 데이터베이스의 구조와 제약조건에 관한 전반적인 명세를 기술한다.
② 외부 스키마는 응용 프로그래머가 데이터베이스를 바라보는 관점이다.
③ 개념 스키마는 조직이나 기관의 총괄적인 입장에서 본 데이터베이스의 전체적인 논리적 구조이다.
④ 하나의 데이터베이스 시스템에는 내부, 외부, 개념 스키마가 각각 하나씩만 존재한다.

정답 01 ① 02 ④

03 개체 간의 관계와 제약조건을 나타내고 데이터베이스의 접근 권한, 보안 및 무결성 규칙 명세가 있는 스키마는?

① 내부 스키마
② 외부 스키마
③ 개념 스키마
④ 서브 스키마

03 개념 스키마에 대한 개념이다.

04 다음 중 개념 스키마에 대한 설명으로 알맞지 <u>않은</u> 것은?

① 개념 스키마는 개체 간의 관계와 제약조건을 나타내고 데이터베이스의 접근 권한, 보안 및 무결성 규칙에 관한 명세를 정의한다.
② 기관이나 조직체의 관점에서 데이터베이스를 정의한 것이다.
③ 응용 프로그래머가 접근하는 데이터베이스를 정의한 것이다.
④ 모든 응용 시스템과 사용자가 필요로 하는 데이터를 통합한 조직 전체의 데이터베이스로 하나만 존재한다.

04 사용자나 응용 프로그래머가 접근하는 데이터베이스를 정의한 것은 외부 스키마이다.

05 전체 데이터베이스의 한 논리적인 부분으로 서브 스키마라고 불리는 것은?

① 외부 스키마
② 개념 스키마
③ 내부 스키마
④ 처리 스키마

05 외부 스키마는 사용자나 응용 프로그래머가 각 개인의 입장에서 필요로 하는 데이터베이스의 논리적인 구조를 정의한 것이다. 외부 스키마는 전체 데이터베이스의 한 논리적인 부분으로 볼 수 있으므로 서브 스키마라고도 한다.

정답 03 ③ 04 ③ 05 ①

06 사용자와 DBMS 간의 인터페이스 제공은 조작어(DML)의 기능이다.

[데이터 정의어의 기능]

- 외부 스키마 명세를 정의한다.
- 데이터베이스의 논리적, 물리적 구조 및 구조 간의 사상을 정의한다.
- 스키마에 사용되는 제약조건에 대한 명세를 정의한다.
- 데이터의 물리적 순서를 규정한다.

06 데이터베이스 정의어의 기능으로 알맞지 <u>않은</u> 것은?

① 데이터의 물리적 순서를 규정
② 사용자와 DBMS 간의 인터페이스 제공
③ 데이터베이스의 논리적, 물리적 구조 및 구조 간의 사상 정의
④ 스키마, 인덱스 정의

07 외부 스키마 명세를 정의하는 것은 데이터 정의어(DDL)의 역할이다.

[문제 하단 표 참고]

07 데이터 제어어의 역할로 옳지 <u>않은</u> 것은?

① 권한이 없는 접근으로부터 데이터베이스(DB)를 보호
② 데이터베이스 관리 시스템(DBMS)이 데이터를 삽입, 삭제, 갱신할 때마다 제약조건을 자동 검사하여 정확성을 확보
③ 시스템 오류 등으로부터 데이터베이스(DB) 회복
④ 외부 스키마 명세를 정의

»»Q

[데이터 제어어(DCL)]

데이터 보안	권한이 없는 접근으로부터 데이터베이스(DB)를 보호한다.
데이터 무결성	데이터베이스 관리 시스템(DBMS)이 데이터를 삽입, 삭제, 갱신할 때마다 제약조건을 자동 검사하여 정확성을 확보한다.
데이터 회복	시스템 오류 등으로부터 데이터베이스(DB)를 회복시킨다.
병행 제어	여러 사용자가 동시에 데이터베이스(DB) 공유가 가능하도록 한다.

정답 06 ② 07 ④

08 데이터베이스 관리 시스템의 주요 필수 기능과 거리가 <u>먼</u> 것은?

① 데이터베이스의 구조를 정의할 수 있는 정의 기능
② 데이터 사용자의 통제 및 보안 기능
③ 데이터베이스 내용의 정확성과 안정성을 유지할 수 있는 제어 기능
④ 데이터 조작어로 데이터베이스를 조작할 수 있는 조작 기능

08 [문제 하단의 표 참고]

[DBMS의 필수 기능]

정의 (Definition) 기능	• 정의(definition) 기능은 다양한 응용 프로그램과 데이터베이스가 서로 인터페이스를 할 수 있는 방법을 제공하는 것이다. • 즉, 구현된 하나의 물리적 구조의 데이터베이스로 여러 사용자들의 다양한 형태의 데이터 요구를 지원해 줄 수 있도록 가장 적절한 데이터베이스 구조를 정의할 수 있는 기능을 말한다.
조작 (Manipulation) 기능	• 조작(manipulation) 기능은 사용자와 데이터베이스 사이의 인터페이스를 위한 수단을 제공한다. • DBMS는 데이터베이스를 이용하는 사용자의 요구에 따라 체계적으로 데이터베이스에 접근하고 조작할 수 있어야 한다.
제어 (Control) 기능	• 데이터베이스에 접근하는 갱신, 삽입, 삭제 작업이 정확하게 수행되어 데이터의 무결성이 유지되도록 제어해야 한다. • 정당한 사용자가 허가된 데이터에만 접근할 수 있도록 보안을 유지하고 권한을 검사할 수 있어야 한다.

09 다음 중 DBMS에 대한 설명으로 <u>틀린</u> 것은?

① 데이터의 중복을 최소화하여 기억 공간을 절약할 수 있다.
② 다수의 사용자들이 서로 다른 목적으로 데이터를 공유하는 것이 가능하다.
③ 데이터베이스의 구축비용 및 시스템 운영비용이 감소한다.
④ 정확한 최신 정보의 이용이 가능하고 정확한 데이터가 저장되어 있음을 보장하는 무결성이 유지된다.

09 데이터베이스의 구축비용 및 시스템 운영비용이 증가한다.

정답 08 ② 09 ③

10 물리적인 저장장치가 변경되더라도 응용 프로그램은 변경되지 않는다.

10 데이터의 물리적 독립성에 대한 설명으로 옳은 것은?

① 프로그램에 변경이 있다 하여도 데이터 구조는 변경되지 않는다.

② 보조기억장치가 변경되어도 프로그램을 변경하지 않는다.

③ 프로그램을 모듈화하여 데이터의 논리적 구조가 변경되어도 전체 프로그램에 영향을 주지 않는다.

④ 새로운 프로그램을 만들어도 데이터베이스의 스키마를 변경시키지 않는다.

11 카탈로그 자체가 시스템 테이블로 구성되어 있어 일반 이용자도 SQL을 이용하여 내용을 검색해 볼 수 있다.

11 시스템 카탈로그에 대한 설명으로 <u>틀린</u> 것은?

① 데이터베이스에 포함된 다양한 데이터 객체에 대한 정보들을 유지, 관리하기 위한 시스템 데이터베이스이다.

② 시스템 카탈로그를 데이터 사전이라고도 한다.

③ 시스템 카탈로그에 저장된 정보를 메타 데이터라고도 한다.

④ 시스템 카탈로그는 시스템을 위한 정보를 포함하는 시스템 데이터베이스이므로 일반 사용자는 내용을 검색할 수 없다.

12 사용자가 SQL의 INSERT, DELETE, UPDATE문으로 시스템 카탈로그를 직접 갱신하는 것은 허용되지 않는다.

12 시스템 카탈로그에 대한 설명으로 옳지 <u>않은</u> 것은?

① 사용자가 직접 시스템 카탈로그의 내용을 갱신하여 데이터베이스 무결성을 유지한다.

② 시스템 자신이 필요로 하는 스키마 및 여러 가지 객체에 관한 정보를 포함하고 있는 시스템 데이터베이스이다.

③ 시스템 카탈로그에 저장되는 내용을 메타 데이터라고도 한다.

④ 시스템 카탈로그는 DBMS가 스스로 생성하고 유지한다.

정답 10 ② 11 ④ 12 ①

13 데이터 모델의 구성 요소 중 데이터베이스에 표현된 개체 인스턴스를 처리하는 작업에 해당 명세로서 데이터베이스를 조작하는 기본 도구에 해당하는 것은?

① Operation
② Constraint
③ Structure
④ Relationship

14 DBMS의 필수 기능 중 모든 응용 프로그램들이 요구하는 데이터 구조를 지원하기 위해 데이터베이스에 저장될 데이터의 타입과 구조에 대한 정의, 이용방식, 제약조건 등을 명시하는 것은?

① Manipulation 기능
② Definition 기능
③ Control 기능
④ Procedure 기능

15 DBMS의 필수 기능 중 데이터베이스에 접근하여 데이터의 검색, 삽입, 삭제, 갱신 등의 연산 작업을 위한 사용자와 데이터베이스 사이의 인터페이스 수단을 제공하는 기능은?

① 정의 기능
② 조작 기능
③ 제어 기능
④ 절차 기능

정의 기능	데이터베이스에 저장될 데이터의 형과 구조에 대한 정의, 이용방식, 제약조건 등을 명시하는 기능
제어 기능	데이터의 정확성과 안전성을 유지하기 위한 무결성, 보안 및 권한 검사, 병행수행제어 등의 기능을 정하는 기능

16 시스템 카탈로그의 갱신은 사용자가 직접 갱신하는 것이 아니라 DBMS가 한다.

16 시스템 카탈로그(System Catalog)에 대한 옳은 설명을 모두 고른 것은?

> ㉠ 데이터베이스에 포함되는 모든 데이터 객체에 대한 정의나 명세에 관한 정보를 유지 관리한다.
> ㉡ DBMS가 스스로 생성하고 유지하는 데이터베이스 내의 특별한 테이블의 집합체이다.
> ㉢ 카탈로그에 저장된 정보를 메타 데이터라고도 한다.
> ㉣ 시스템 카탈로그의 갱신은 무결성 유지를 위하여 SQL을 이용하여 사용자가 직접 갱신하여야 한다.

① ㉠
② ㉠, ㉡
③ ㉠, ㉡, ㉢
④ ㉠, ㉡, ㉢, ㉣

17 데이터베이스 관리 시스템을 사용하는 궁극적인 목적은 데이터의 논리적 구조나 물리적 구조가 변경되더라도 응용 프로그램의 영향을 받지 않는 데이터의 독립성(Data Independency)을 확보하는 것이다.
무결성이란 정밀성, 정확성의 의미로 사용되며, 데이터베이스의 정확성을 보증한다는 말이다. 도메인이란 속성이 가질 수 있는 값의 범위를 말한다.
[문제 하단의 표 참고]

17 데이터의 논리적 구조나 물리적 구조가 변경되더라도 응용 프로그램의 영향을 받지 않는 것을 무엇이라고 하는가?

① 무결성
② 도메인
③ 독립성
④ 의존성

>>>◯

논리적(logical) 데이터 독립성	논리적 단계의 자료 구조(개념 스키마 또는 외부 스키마)를 바꾸어도 그 위의 단계인 논리적 단계 스키마에 영향을 주지 않는 것을 말한다.
물리적(physical) 데이터 독립성	물리적 단계의 자료의 내부 구조(스키마)를 바꾸어도 그 위의 단계인 논리적 단계 스키마에 영향을 주지 않는 것을 말한다.

정답 16 ③ 17 ③

18 색인 순차 파일에 대한 설명으로 옳지 <u>않은</u> 것은?

① 레코드를 참조할 때 색인을 탐색한 후 색인이 가리키는 포인터를 사용하여 직접 참조할 수 있다.

② 레코드를 추가 및 삽입하는 경우, 파일 전체를 복사할 필요가 없다.

③ 인덱스를 저장하기 위한 공간과 오버플로우 처리를 위한 별도의 공간이 필요 없다.

④ 색인 구역은 트랙 색인 구역, 실린더 색인 구역, 마스터 색인 구역으로 구성된다.

18 색인 순차 파일은 인덱스를 저장하기 위한 공간과 오버플로우 처리를 위한 별도의 공간이 필요하기 때문에 공간 효율성은 떨어지는 편이다.

19 다음 설명에 해당하는 스키마는?

> 물리적 저장 장치의 입장에서 본 데이터베이스 구조로서 실제로 데이터베이스에 저장될 레코드의 형식을 정의하고 저장 데이터 항목의 표현방법, 내부 레코드의 물리적 순서 등을 나타낸다.

① 개념 스키마
② 내부 스키마
③ 외부 스키마
④ 정의 스키마

19 내부 스키마에 대한 설명이다.
[문제 하단의 표 참고]

외부 스키마	프로그래머나 사용자의 입장에서 데이터베이스의 모습으로 조직의 일부분을 정의한 것
개념 스키마	모든 응용 시스템과 사용자들이 필요로 하는 데이터를 통합한 조직 전체의 데이터베이스 구조를 논리적으로 정의한 것
내부 스키마	전체 데이터베이스의 물리적 저장 형태를 기술하는 것

정답 18 ③ 19 ②

20 [문제 하단의 표 참고]

21 데이터 검색 시에 처음부터 순차적으로 해야 하기 때문에 검색 효율이 낮다.

---

20 색인 순차 파일의 구성으로 올바른 것은?

① Index area, Mark area, Overflow area
② Index area, Prime area, Overflow area
③ Index area, Mark area, Excess area
④ Index area, Prime area, Mark area

»»○
[색인 순차 파일의 구성]

기본 구역 (Prime area)	실제 레코드들을 기록하는 부분으로, 각 레코드는 키 값 순으로 저장됨
색인 구역 (Index area)	기본 구역에 있는 레코드들의 위치를 찾아가는 색인이 기록되는 부분으로 트랙 색인구역, 실린더 색인 구역, 마스터 색인 구역으로 구분할 수 있음
오버플로 구역 (Overflow area)	기본구역에 빈 공간이 없어서 새로운 레코드의 삽입이 불가능할 때를 대비하여 예비적으로 확보해 둔 부분

21 순차 파일에 대한 설명으로 옳지 <u>않은</u> 것은?

① 파일 탐색 효율이 우수하며, 접근 시간 및 응답 시간이 빠르기 때문에 대화형 처리에 적합하다.
② 연속적인 레코드의 저장에 의해 레코드 사이에 빈 공간이 존재하지 않으므로 기억장치의 효율적인 이용이 가능하다.
③ 필요한 레코드를 삽입, 삭제, 수정하는 경우 파일을 재구성해야 하므로 파일 전체를 복사해야 한다.
④ 어떤 형태의 입·출력 매체에서도 처리가 가능하다.

22 다음 중 데이터베이스 시스템의 구성요소에 속하지 <u>않는</u> 것은?

① DBMS
② 데이터베이스 컴퓨터
③ 프로그램
④ 스키마

22 데이터베이스 시스템의 구성요소로는 데이터베이스, 데이터베이스 관리 시스템, 스키마, 데이터베이스 언어, 데이터베이스 사용자, 데이터베이스 컴퓨터가 있다.

23 계층형 데이터 모델의 특징이 <u>아닌</u> 것은?

① 개체 타입 간에는 상위와 하위 관계가 존재한다.
② 개체 타입 간에는 사이클(Cycle)이 허용된다.
③ 루트 개체 타입을 가지고 있다.
④ 링크를 사용하여 개체와 개체 사이의 관계성을 표시한다.

23 개체 타입들 간에는 Cycle이 허용되지 않는다(트리 구조는 Cycle이 허용되지 않으므로 계층형 데이터 모델은 트리 구조이다).

정답 22 ③ 23 ②

checkpoint 해설 & 정답

✅ **주관식 문제**

01

정답 ① 데이터 정의어
② 데이터 조작어
③ 데이터 제어어

01 데이터 언어의 종류에 대해 쓰시오.

해설

데이터 정의어	새 데이터베이스 구성을 정의하는 언어
데이터 조작어	데이터베이스에 자료를 입력, 수정, 삭제, 검색하는 언어
데이터 제어어	병행 제어, 복구, 백업, 보안 등을 지원하는 언어

02

정답 외부 단계 → 개념 단계 → 내부 단계

02 데이터베이스를 세 단계로 나누어 기술하는 것을 3단계 데이터 베이스 구조라 하는데 이를 순서대로 나열하시오.

해설

외부 단계	데이터베이스를 개별 사용자 관점에서 이해하고 표현한다. 사용자에게 필요한 데이터베이스를 정의한 외부 스키마가 여러 개 존재할 수 있다.
개념 단계	데이터베이스를 조직 전체의 관점에서 이해하고 표현한다. 데이터베이스 전체의 논리적 구조를 정의하는 개념 스키마가 하나만 존재한다.
내부 단계	데이터베이스를 저장 장치의 관점에서 이해하고 표현한다. 데이터베이스가 저장 장치에 저장되는 방법을 정의한 내부 스키마가 하나만 존재한다.

03 다음 설명에서 괄호 안에 들어갈 내용을 순서대로 쓰시오.

> 데이터베이스의 전체적인 논리적 설계를 의미하는 것으로 데이터 객체, 이들의 성질, 이들 간의 관계, 데이터 관계들이 갖는 제약조건에 관한 정의를 총칭하는 개념을 (㉠)(이)라 하고, 데이터베이스의 전체적인 논리적 구조로서 모든 응용 프로그램이나 사용자들이 필요로 하는 데이터를 종합한 조직 전체의 데이터베이스로 하나만 존재하는 것을 (㉡)(이)라 한다.

03

정답 ㉠ 스키마
　　 ㉡ 개념 스키마

해설 ㉠ 스키마

스키마(schema)란 데이터베이스의 전체적인 논리적 설계를 의미하는 것으로 데이터 객체, 이들의 성질, 이들 간의 관계, 데이터 관계들이 갖는 제약조건에 관한 정의를 총칭하는 개념이다. 스키마는 사용자의 관점에 따라 외부 스키마, 개념 스키마, 내부 스키마로 구분한다. 이렇게 나눠진 스키마의 부분집합을 서브 스키마(sub schema)라고 한다.

㉡ 개념 스키마

응용업무를 위한 데이터베이스를 만들려면 우선 데이터의 전반적인 구조를 설계한다. 이 작업의 결과를 개념 스키마라고 한다. 개념 스키마는 데이터베이스를 구성하는 테이블들을 기술하고, 테이블 간의 관계를 기술하고, 테이블을 구성하는 자료들의 구성 내용을 정의한다.

개념 스키마는 데이터베이스의 전체적인 논리적 구조로서 모든 응용 프로그램이나 사용자들이 필요로 하는 데이터를 종합한 조직 전체의 데이터베이스로 하나만 존재한다.

• 개념 스키마는 개체 간의 관계와 제약조건을 나타내고 데이터베이스의 접근 권한, 보안 및 무결성 규칙에 관한 명세를 정의한다.
• 기관이나 조직체의 관점에서 데이터베이스를 정의한 것이다.
• 데이터베이스 관리자(DBA)에 의해서 구성된다.

checkpoint 해설 & 정답

04

정답 ㉠ 논리적 데이터 독립성
㉡ 물리적 데이터 독립성

04 다음 설명에서 괄호 안에 들어갈 내용을 순서대로 쓰시오.

> 논리적 단계의 자료 구조(개념 스키마 또는 외부 스키마)를 바꾸어도 그 위 단계인 논리적 단계 스키마에 영향을 주지 않는 것을 (㉠)(이)라 하고, 물리적 단계의 자료의 내부 구조(스키마)를 바꾸어도 그 위 단계인 논리적 단계 스키마에 영향을 주지 않는 것을 (㉡)(이)라 한다.

해설 ㉠ 논리적(logical) 데이터 독립성
논리적 단계의 자료 구조(개념 스키마 또는 외부 스키마)를 바꾸어도 그 위 단계인 논리적 단계 스키마에 영향을 주지 않는 것을 말한다. 뷰 단계의 스키마에 영향을 주지 않기 때문에 그 결과 응용 프로그램에도 영향을 주지 않는다.
㉡ 물리적(physical) 데이터 독립성
물리적 단계의 자료의 내부 구조(스키마)를 바꾸어도 그 위 단계인 논리적 단계 스키마에 영향을 주지 않는 것을 말한다. 논리적 단계의 스키마에 영향을 주지 않으므로 그 위 단계인 뷰 단계의 스키마에 영향을 주지 않는다. 그 결과 응용 프로그램에도 영향을 주지 않는다.

제3장

개체-관계 모델링

I wish you the best of luck!

제3장 개체-관계 모델링

개체-관계 모델은 피터 첸(Peter Chen)이 1976년에 제안한 것으로, 현실 세계를 개체(entity)와 개체 간의 관계(relationship)를 이용해 개념적 구조로 표현하는 방법이다. 현실 세계를 개체-관계 모델을 이용해 개념적으로 모델링하여 그림으로 표현한 것을 개체-관계 다이어그램(Entity-Relationship Diagram) 또는 E-R 다이어그램이라 한다.

제 1 절 데이터베이스 설계 개요

1 데이터베이스 생명 주기 중요 ★

데이터베이스의 생명 주기(life cycle)는 크게 요구 조건 분석, 설계, 구현, 운영, 감시 및 개선 단계 등으로 나누어진다.

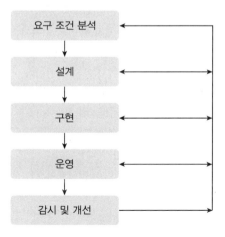

[그림 3-1] 데이터베이스 생명 주기

(1) 요구 조건 분석

데이터베이스에 저장할 데이터의 범위를 정의하기 위해 사용자와 그 응용을 식별하고 그들이 필요로 하는 요구 사항을 분석한다.

(2) 설계

개념적인 설계에서 시작하여 논리적인 설계를 거쳐 목표 DBMS에 구현할 수 있는 물리적 설계까지를 모두 포함한다.

(3) 구현

설계된 데이터베이스 스키마를 정의하고, 빈 데이터베이스 파일을 생성하며, 응용 소프트웨어를 목표 DBMS 환경에 맞도록 구현한다. 데이터를 직접 적재하거나 기존 데이터 파일을 변환하여 적재함으로써 데이터베이스를 구축한다. 기존의 응용 소프트웨어가 있을 때에는 그것도 변환하여 사용한다.

(4) 운영

데이터베이스 시스템과 응용 시스템을 실제로 운영하고 관리하여 사용자의 요구에 따라 서비스를 제공한다.

(5) 감시 및 개선

시스템을 계속적으로 감시하고, 데이터베이스를 변경하여 개선한다. 데이터베이스 시스템을 운영하는 과정에서 발생하는 새로운 요구 조건이나 응용에 대처한다. 시스템 활용의 변동에 따라 떨어질지 모르는 성능을 향상시킨다.

2 데이터베이스 설계 과정 중요 ★★★

데이터베이스 설계는 사용자의 요구 조건에서부터 데이터베이스 구조를 도출해 내는 과정을 의미한다. 데이터베이스 설계의 근본 문제는 일정 응용을 위해 한 조직에 있는 사용자의 정보 요구에 부합할 수 있도록 데이터베이스의 논리적, 물리적 구조를 어떻게 설계하느냐 하는 것이다. 조직 구성원들의 다양한 요구 사항을 모두 만족시키는 데이터베이스를 구축하는 일은 쉽지 않은 작업이다. 특히, 정부 기관이나 기업과 같이 데이터베이스에 저장해야 하는 데이터의 양이 많고 사용자 수가 많은 조직일수록 조직의 요구에 딱 맞는 데이터베이스를 구축하는 작업은 무척 어렵고 복잡하다. 데이터베이스를 간신히 구축했더라도 안심할 수 없다. 데이터베이스가 잘못 구축되면 데이터베이스를 운영하는 중에도 계속 문제를 일으켜, 결과적으로 조직에 큰 손해를 끼치게 되는 불상사가 발생할 수도 있기 때문이다.

데이터베이스 설계는 사용자들의 요구 사항을 고려하여 데이터베이스를 생성하는 과정이다. 사용자가 데이터베이스를 실제로 사용하면 구조를 변경하기 어렵기 때문에 설계 과정에서부터 품질 좋은 데이터베이스를 생성해야 한다. 품질 좋은 데이터베이스를 평가하는 기준은 여러 가지이지만 데이터베이스를 실제로 사용하는 구성원들의 요구 사항을 만족하는지가 대표적인 기준이 된다. 물론 데이터의 일관성과 무결성을 유지하면서 사용자가 이해하기 쉽고 접근하기 편해야 한다는 것도 품질 좋은 데이터베이스의 기본 요건이다. 데이터베이스는 일반적으로 다음과 같은 단계로 설계된다.

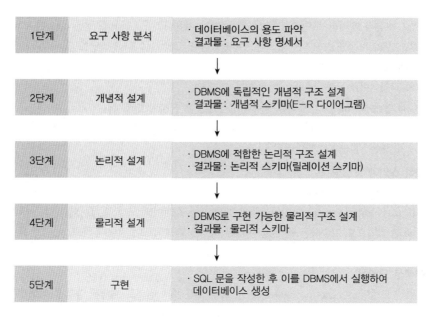

1단계	요구 사항 분석	· 데이터베이스의 용도 파악 · 결과물: 요구 사항 명세서
2단계	개념적 설계	· DBMS에 독립적인 개념적 구조 설계 · 결과물: 개념적 스키마(E-R 다이어그램)
3단계	논리적 설계	· DBMS에 적합한 논리적 구조 설계 · 결과물: 논리적 스키마(릴레이션 스키마)
4단계	물리적 설계	· DBMS로 구현 가능한 물리적 구조 설계 · 결과물: 물리적 스키마
5단계	구현	· SQL 문을 작성한 후 이를 DBMS에서 실행하여 데이터베이스 생성

[그림 3-2] 데이터베이스 설계 과정

(1) 요구 사항 분석

데이터베이스 설계는 요구 사항 분석 단계부터 시작한다. 데이터베이스에 대한 잠재적 사용자를 식별하고 그 사용자가 원하는 데이터베이스의 용도를 파악하는 것이다. 데이터베이스를 사용해 실제 업무를 처리하는 사용자에게 필요한 데이터의 종류와 처리 방법 같은 다양한 요구 사항을 수집하고 이를 분석한 결과를 요구 사항 명세서로 작성하는 것이 요구 사항 분석 단계에서 수행하는 주요 작업이다.

데이터베이스 측면에서 보면 이 요구 조건에는 첫째, 개체, 애트리뷰트, 관계성, 제약조건 등과 같은 정적 정보 구조에 대한 요구 조건과 둘째, 트랜잭션의 유형, 트랜잭션의 실행 빈도와 같은 동적 데이터베이스 처리 요구 조건, 셋째, 기관의 경영 목표 및 정책, 그리고 규정과 같은 범기관적 제약조건이 포함되어야 한다.

요구 사항 분석 단계에서 파악한 사용자의 요구 사항은 이후의 설계 단계에서 중요하게 사용되고, 구축된 데이터베이스의 품질을 결정짓는 중요한 기준이 된다.

(2) 개념적 설계(정보 모델링, 개념화)

개념적 설계란 정보의 구조를 얻기 위하여 현실 세계의 무한성과 계속성을 이해하고, 다른 사람과 통신하기 위하여 현실 세계에 대한 인식을 추상적 개념으로 표현하는 과정이다.

개념적 설계 단계는 요구 사항 분석 단계의 결과물인 명세서를 가지고 시작한다. 개념적 설계 단계에서는 요구 사항 분석 단계에서 파악한 사용자의 요구 사항을 개념적 데이터 모델을 이용해 표현한다. 개념적 데이터 모델은 개발에 사용할 DBMS의 종류에 독립적이면서, 중요한 데이터 요소와 데이터 요소 간의 관계를 표현할 때 사용한다.

일반적으로 개념적 데이터 모델로 E-R 모델을 많이 사용하는데, E-R 모델은 중요한 데이터 요소와 데이터 요소 간의 관계를 E-R 다이어그램으로 표현한다. 그러므로 E-R 모델을 데이터 모델로 사용한다 면 사용자의 요구 사항을 분석한 결과를 E-R 다이어그램으로 표현하는 것이 개념적 설계 단계에서 수행 하는 주요 작업이다.

개념적 설계 단계에서 요구 사항 분석 단계의 결과물인 요구 사항 명세서를 개념적 데이터 모델로 변환하 는 일을 개념적 모델링이라 한다. 그리고 E-R 다이어그램과 같이 개념적 데이터 모델로 표현한 결과물을 개념적 구조 또는 개념적 스키마라고 한다.

① 개념적 스키마 모델링

개념적 스키마 모델링(conceptual schema modeling)은 요구 조건 분석의 결과로 나온 명세를 E-R(Entity-Relationship) 다이어그램과 같은 개념적 데이터 모델 즉, DBMS에 독립적이고 고차원 적인 표현 기법으로 기술하는 것이다. 이러한 과정을 개념적 모델링이라 하고, 이렇게 표현된 결과를 개념적 구조, 또는 개념적 스키마라고 한다.

② 트랜잭션 모델링

트랜잭션 모델링(transaction modeling)은 요구 조건 분석 결과로 식별된 응용을 검토해서 구현해야 될 트랜잭션을 고차원 명세로 정의하는 것이다. 데이터베이스 설계의 중요한 부분 중의 하나는 이러 한 트랜잭션들을 식별하고 이들에 대한 기능적 특성을 데이터베이스 설계 단계 초기에 명세하여 결정 해 놓는 것이다.

(3) 논리적 설계

논리적 설계 단계는 앞 단계의 개념적 설계에서 만들어진 개념적 구조로부터 **특정 목표 DBMS가 처리할 수 있는 스키마를 생성하는 것**이다. 논리적 설계 단계에서는 현실 세계에서 발생하는 자료를 컴퓨터가 이해하고 처리할 수 있는 물리적 저장장치에 저장할 수 있도록 변환하기 위해 특정 DBMS가 지원하는 논리적 자료 구조로 변환하는 과정이다.

논리적 설계 단계에서는 개발에 사용할 DBMS에 적합한 논리적 데이터 모델을 이용해 개념적 설계 단계 에서 생성한 개념적 구조를 기반으로 논리적 구조를 설계한다. DBMS의 종류에 따라 네트워크 데이터 모델, 계층 데이터 모델, 관계 데이터 모델, 객체지향 데이터 모델 등을 논리적 데이터 모델로 사용할 수 있는데, 일반적으로 관계 데이터 모델을 많이 사용한다. 그러므로 관계 데이터 모델을 사용한다면 개념적 설계 단계에서 생성한 E-R 다이어그램을 릴레이션(테이블) 스키마로 변환하여 DBMS가 처리할 수 있도록 하는 것이 논리적 설계 단계에서 수행하는 주요 작업이다.

논리적 설계 단계에서 E-R 다이어그램을 릴레이션 스키마로 변환하는 작업을 논리적 모델링 또는 단순 히 데이터 모델링이라 한다. 그리고 논리적 데이터 모델로 표현된 결과물을 논리적 구조 또는 논리적 스키마라고 한다.

[표 3-1] 논리적 설계의 단계

논리적 데이터 모델로 변환	개념적 스키마(개념적 구조)를 논리적 데이터베이스 구조로 변환하는 것인데 이 변환 과정을 데이터 모델링이라고 한다.
트랜잭션 인터페이스 설계	논리적 설계의 두 번째 단계는 앞에서 입·출력과 기능적 형태로만 정의된 트랜잭션, 즉 응용 프로그램에 대한 인터페이스를 설계하는 것이다.
스키마의 평가 및 정제	논리적 설계의 세 번째 단계는 스키마를 평가하고 정제하는 것이다. 설계된 스키마를 정량적 정보와 성능 평가 기준에 따라 평가를 해야 하는데, 정량적 정보에는 데이터의 양, 처리 빈도수, 처리 작업량 등이 포함되고 성능 평가 기준에는 논리적 레코드의 접근, 데이터의 전송량, 데이터베이스의 크기 등이 포함된다.

(4) 물리적 설계

논리적 설계 단계는 논리적 구조로 표현된 데이터를 디스크 등의 물리적 저장장치에 저장할 수 있는 물리적 구조의 데이터로 변환하는 과정이다.

물리적 설계 단계에서는 논리적 설계 단계에서 생성된 논리적 구조를 기반으로 물리적 구조를 설계한다. 데이터베이스의 물리적 구조는 데이터베이스를 저장장치에 실제로 저장하기 위한 내부 저장 구조와 접근 경로 등을 의미한다. 그러므로 물리적 설계 단계에서는 저장 장치에 적합한 저장 레코드와 인덱스의 구조 등을 설계하고, 저장된 데이터와 인덱스에 빠르게 접근하게 할 수 있는 탐색 기법 등을 정의한다. 데이터베이스를 실제로 구축할 컴퓨터 시스템의 저장장치와 운영체제의 특성을 고려하여, 효율적인 성능을 지원하면서도 사용할 DBMS로 구현이 가능한 물리적인 구조를 설계하는 것이 물리적 설계 단계에서 수행하는 주요 작업이다.

물리적 설계 단계에서는 응답 시간을 최소화하고 저장 공간을 효율적으로 활용하면서 데이터베이스 시스템의 처리 능력을 향상시킬 수 있도록 물리적 구조를 설계해야 한다. 물리적 설계의 결과물인 물리적 구조를 내부 스키마 또는 물리적 스키마라고 한다.

물리적 설계 시 고려 사항	• 인덱스의 구조 • 레코드 크기 • 파일에 존재하는 레코드 개수 • 파일에 대한 트랜잭션의 갱신과 참조 성향 • 성능 향상을 위한 개념 스키마의 변경 여부 검토 • 빈번한 질의와 트랜잭션들의 수행속도를 높이기 위한 고려 • 시스템 운용 시 파일 크기의 변화 가능성
물리적 설계 옵션 선택 시 고려 사항	• 물리적 설계 옵션이란 특정 DBMS에서 제공하는 것으로, 데이터베이스 파일에 대한 저장 구조와 접근 경로에 대한 다양한 옵션을 말함 • 반응시간(Response Time) : 트랜잭션 수행을 요구한 시점부터 처리 결과를 얻을 때까지의 경과시간 • 공간 활용도(Space Utilization) : 데이터베이스 파일과 액세스 경로 구조에 의해 사용되는 저장공간의 양 • 트랜잭션 처리량(Transaction Throughput) : 단위시간 동안 데이터베이스 시스템에 의해 처리될 수 있는 트랜잭션의 평균 개수

(5) 구현

구현 단계는 논리적 설계 단계와 물리적 설계 단계에서 도출된 데이터베이스 스키마를 파일로 생성하는
단계이다.

데이터베이스 구현 단계에서는 이전 설계 단계의 결과물을 기반으로 DBMS에서 SQL로 작성한 명령문을
실행하여 데이터베이스를 실제로 생성한다. 이때 사용되는 SQL 문은 테이블이나 인덱스 등을 생성할
때 사용되는 데이터 정의어(DDL)로서 생성된 빈 데이터베이스 파일에 데이터를 입력한 후 응용 프로그램
을 위한 트랜잭션을 작성하며 데이터베이스 접근을 위한 응용 프로그램을 작성한다.

3 데이터베이스 설계 시 고려사항 중요 ★★

데이디베이스 설계란 사용사의 요구를 분석하여 그것들을 컴퓨터에 저장할 수 있는 데이터베이스의 구조에
맞게 변형한 후 특정 DBMS로 데이터베이스를 구현하여 일반 사용자들이 사용하게 하는 것이다.

[표 3-2] 데이터베이스 설계 시 고려사항

무결성	삽입, 삭제, 갱신 등의 연산 후에도 데이터베이스에 저장된 데이터가 정해진 제약조건을 항상 만족해야 한다.
일관성	데이터베이스에 저장된 데이터들 사이나 특정 질의에 대한 응답이 처음부터 끝까지 변함없이 일정해야 한다.
회복	시스템에 장애가 발생했을 때 장애 발생 직전의 상태로 복구할 수 있어야 한다.
보안	불법적인 데이터의 노출 또는 변경이나 손실로부터 보호할 수 있어야 한다.
효율성	응답시간의 단축, 시스템의 생산성, 저장 공간의 최적화 등이 가능해야 한다.
데이터베이스 확장	데이터베이스 운영에 영향을 주지 않으면서 지속적으로 데이터를 추가할 수 있어야 한다.

제 2 절 E-R 모델의 개념

개체-관계 모델은 피터 첸(Peter Chen)이 1976년에 제안한 것으로, 현실 세계를 개체(entity)와 개체 간의
관계(relationship)를 이용해 개념적 구조로 표현하는 방법이다. 현실 세계를 개체-관계 모델을 이용해 개념
적으로 모델링하여 그림으로 표현한 것을 개체-관계 다이어그램(Entity-Relationship Diagram) 또는 E-R
다이어그램이라 한다.

E-R 다이어그램은 E-R 모델을 그래프 방식으로 표현한 것이며, 기본적으로 개체 타입을 표현하는 사각형,
관계 타입을 나타내는 마름모, 속성을 나타내는 타원, 그리고 이들을 연결하는 링크(LINK)로 구성되어 있다.

관계 타입을 표현하는 다이아몬드는 그 관계 타입의 이름과 함께 연관된 개체 타입들을 링크로 연결하며, 그 관계의 사상 원소 수, 즉 1 : 1, 1 : n, n : m에 따라 레이블을 붙인다.

E-R 모델은 개체와 개체 간의 관계를 기본 요소로 이용하여 현실 세계의 무질서한 데이터를 개념적인 논리 데이터로 표현하기 위한 방법으로 많이 사용되고 있으며 개체 타입(Entity type)과 이들 간의 관계 타입 (Relationship type)을 이용해 현실 세계를 개념적으로 표현한다. 데이터를 개체(Entity), 관계(Relationship), 속성(Attribute)으로 묘사하나 특정 DBMS를 고려한 것은 아니다.

1 모델링 도구 중요 ★★★

(1) 개체

개체(entity)는 데이터베이스에 표현하려는 것으로, 사람이 생각하는 개념이나 정보 단위 같은 현실 세계의 대상체이며 실세계에서 독립적으로 존재하는 유형, 무형의 정보를 의미한다. 즉, 개체는 저장할만한 가치가 있는 중요 데이터를 가지고 있는 사람이나 사물 등이며, 개념적 모델링을 하는 데 필요한 가장 중요한 요소다.

개체는 다른 개체와 구별되는 이름을 가지고 있고, 각 개체만의 고유한 특성이나 상태, 즉 속성을 하나 이상 가지고 있다. 개체를 고유의 이름과 속성들로 정의한 것을 개체 타입(entity type)이라 한다. 개체는 데이터베이스에 표현하려는 것으로, 사람이 생각하는 개념이나 정보 단위 같은 현실 세계의 대상체이며 실세계에 독립적으로 존재하는 유형, 무형의 정보로서 서로 연관된 몇 개의 속성으로 구성된다. 개체는 파일 시스템의 레코드에 대응하는 것으로 어떤 정보를 제공하는 역할을 수행하며 독립적으로 존재하거나 그 자체로서도 구별 가능하다. E-R 다이어그램에서 개체는 사각형으로 표현하고 사각형 안에 개체의 이름을 표기한다.

개체를 구성하고 있는 속성이 실제 값을 가짐으로써 실체화된 개체를 개체 인스턴스(entity instance) 또는 개체 어커런스(entity occurrence)라 한다. 개체와 속성은 파일 구조에서의 레코드(record)와 필드(field) 용어에 대응된다. 그리고 개체 타입은 레코드 타입(record type)에, 개체 인스턴스는 레코드 인스턴스 (record instance)에 대응된다.

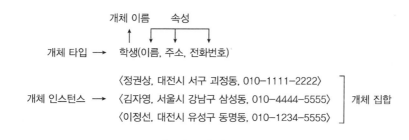

[그림 3-3] 개체 속성

(2) 속성

속성(attribute)은 개체가 가지고 있는 고유의 특성이다. 속성은 자체만으로는 의미가 없지만 관련 있는 속성들을 모아 개체를 구성하면 하나의 중요한 의미를 표현할 수 있다. 속성은 데이터의 가장 작은 논리적 단위로서 파일 구조상의 데이터 항목 또는 데이터 필드에 해당한다. 개체를 구성하는 속성은 다음과 같은 몇 가지 유형으로 특징지을 수 있다.

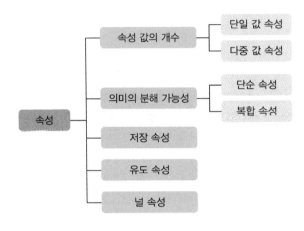

[그림 3-4] 속성의 분류

① 단순 속성

　단순 속성은 더 이상 작은 구성 요소로 분해할 수 없는 속성을 말한다.

② 복합 속성

　복합 속성은 속성을 더 작은 속성으로 분해할 수 있는 속성을 말한다.

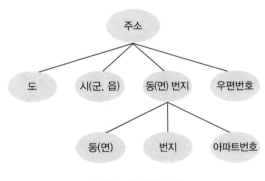

[그림 3-5] 복합 속성

③ 단일 값 속성

　단일 값 속성은 특정 개체에 대해 하나의 값을 갖는 것을 말한다. 예를 들어서 고객 개체 타입의 고객 아이디는 각 개체에 대해 하나의 값만을 가진다.

④ **다중 값 속성**

다중 값 속성은 어느 한 개체에 대해 몇 개의 값을 가지고 있는 것을 말한다. 예를 들어서 고객 개체 타입에 연락처가 두 개 이상의 값을 가질 수 있다.

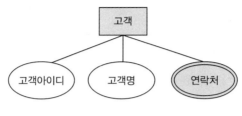

[그림 3-6] 다중 값 속성

⑤ **유도 속성**

유도 속성은 다른 속성이나 개체가 가지고 있는 값으로부터 유도되어 결정되는 경우를 말한다.

⑥ **저장 속성**

유도 속성의 속성을 결정하기 위해 사용된 속성을 말한다.

⑦ **널 속성**

널(null) 값은 어떤 개체 인스턴스가 어느 특정 속성에 대한 값을 가지고 있지 않을 때 이를 표시하기 위해 사용되는 속성을 말한다.

⑧ **키 속성**

개체를 구성하는 속성들 중에서 특별한 역할을 하는 속성이 있는데 바로 키 속성(key attribute)이다. 고객 개체의 고객아이디는 키 속성을 가지고 있다.

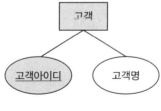

[그림 3-7] 키 속성

(3) 관계

관계(relationship)는 개체와 개체가 맺고 있는 의미 있는 연관성으로, 개체-관계 모델의 중요한 요소다. 관계는 개체 집합들 사이의 대응 관계(correspondence), 즉 매핑(mapping)을 의미한다. 단순한 개체나 값의 집합 그 자체로는 원하는 의미를 나타내지 못하지만, 이 집합들 간에 어떤 관계를 정의해 놓고 주어진 값들을 이 정의에 따라 해석하도록 할 때 우리는 유용한 의미를 표현할 수 있고, 정보로서의 역할을 부여할 수 있다. 예를 들어 교수와 학생 개체 사이에는 수강이라는 관계가 생성되어 개체-관계 다이어그램을 나타낼 때에는 마름모 모양을 이용하여 개체들의 관계를 연결하여 사용한다. 이를 개체-관계 다이어그램으로 나타내면 [그림 3-8]과 같다.

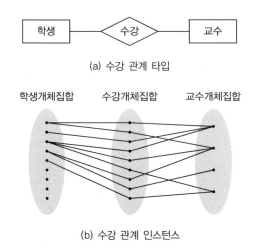

(a) 수강 관계 타입

(b) 수강 관계 인스턴스

[그림 3-8] 관계 타입과 인스턴스

현실 세계에는 여러 가지 유형의 관계가 존재하는데, 이와 같이 다양한 관계를 분류하는 기준으로서 중요한 개념은 사상 원소 수이다. 즉, 두 개체 집합 X와 Y의 멤버 원소들이 어떤 관계를 맺고 있다고 할 때, 이들 간의 사상 원소 수는 다음 네 가지 중의 하나가 된다.

① **일대일(1 : 1)** : 개체 집합 X의 각 원소는 집합 Y의 원소 하나와 관련되고, 동시에 개체 집합 Y의 각 원소도 집합 X의 원소 하나와 관련될 수 있다. 예를 들어, 신랑과 신부라는 두 집합 사이에 정의된 결혼 관계는 1 : 1 관계이다.

② **일대다(1 : n)** : 개체 집합 X의 각 원소는 임의의 수의 Y 원소와 관련될 수 있지만, 개체 집합 Y의 각 원소는 많아야 하나의 X 원소와 관련될 수 있다. 예를 들어, 어머니와 자식이라는 두 개체 집합 사이의 모자 관계에서 한 어머니는 여러 자식들을 가질 수 있는 반면에, 개개 자식들은 유일한 자기 어머니하고만 관련될 수 있으므로 1 : n 관계이다.

③ **다대일(n : 1)** : 개체 집합 X의 각 원소는 최대 하나의 Y 원소와 관련될 수 있지만, 개체 집합 Y의 원소는 임의의 수의 X 원소와 관련될 수 있다. 예를 들어, 교수와 학과라는 두 개체 집합 사이의 교수-학과 관계는 각 교수가 하나의 학과에 속해 있고, 한 학과에는 여러 교수가 속해 있을 수 있기 때문에 n : 1 관계가 된다.

④ **다대다(n : m)** : 개체 집합 X의 각 원소는 임의의 수의 개체 집합 Y 원소와 관련될 수 있고, 또한 개체 집합 Y의 각 원소도 임의의 수의 X 원소와 관련될 수 있다. 예를 들어, 학생과 과목 개체 집합 간의 등록 관계를 보면 각 학생은 여러 과목을 등록할 수 있고 각 과목에는 여러 학생이 등록할 수 있기 때문에 n : m 관계이다.

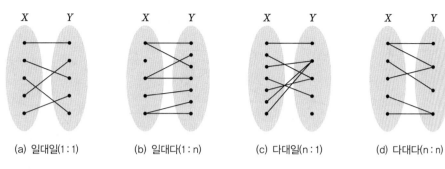

(a) 일대일(1 : 1)   (b) 일대다(1 : n)   (c) 다대일(n : 1)   (d) 다대다(n : n)

[그림 3-9] 관계의 유형

2 E-R 다이어그램의 표기법 중요 ★★★

E-R 다이어그램은 개체-관계 모델을 이용해 현실 세계를 개념적으로 모델링한 결과물을 그림으로 표현한
것이다. 개체-관계 모델을 이용해 현실 세계로부터 개체, 속성, 개체 간의 관계를 찾아내 글로 작성하는
것보다는 그림으로 표현하는 것이 훨씬 더 이해하기 쉬워 E-R 다이어그램을 많이들 선호한다.

E-R 다이어그램은 기본적으로 개체를 표현하는 사각형, 개체 간의 관계를 표현하는 마름모, 개체나 관계의
속성을 표현하는 타원과, 각 요소를 연결하는 링크(연결선)로 구성된다. 그리고 일대일(1 : 1), 일대다(1 : n),
다대다(n : m) 관계를 레이블로 표기한다.

[표 3-3] E-R 모델 표현 방법

데이터 모델	설명	데이터 모델	설명
▭	개체의 집힙을 나타냄	▭	약한 개체의 집합을 나타냄
⬭	속성을 나타냄	◎	다중 값 속성을 나타냄
◇	개체와 객체의 관계집합을 나타냄	◈	약한 관계 집합을 나타냄
⬭	기본키 속성		
▭—n◇m—▭	1 : 1, 1 : n, n : m 등의 개체 관계에 대한 대응 수를 선 위에 기술함		
▬▬▬	개체에 속하는 속성집합을 연결할 때와 객체와 관계성을 연결할 때 사용함		
레이블	개체 어커런스와 개체 어커런스 사이의 대응 관계를 표시하기 위해 사용함		

학생과 교수 간의 ERD를 그려보면 그림과 같다.

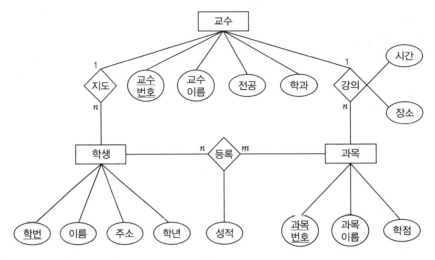

[그림 3-10] 학생과 교수의 ERD

학생이라는 개체는 학번, 이름, 주소, 학년이라는 속성을 가지고 있고 교수라는 개체는 교수 번호, 교수 이름,
전공, 학과의 속성을 가지고 있다. 또 학생이라는 개체와 교수라는 개체는 지도라는 관계를 가지고 있다.

○×로 점검하자

※ 다음 지문의 내용이 맞으면 ○, 틀리면 ×를 체크하시오. [1 ~ 12]

01 개체–관계 모델은 피터 첸(Peter Chen)이 1976년에 제안한 것으로, 현실 세계를 개체(entity)와 개체 간의 관계(relationship)를 이용해 개념적 구조로 표현하는 방법이다. (   )

>>>○ 개체 타입(entity type)과 이들 간의 관계 타입(relationship type)을 이용해 현실 세계를 개념적으로 표현한다. 데이터를 개체(Entity), 관계(Relationship), 속성(Attribute)으로 묘사한다.

02 요구 조건 분석, 설계, 구현, 운영, 감시 및 개선 단계 등으로 구성된 것을 데이터 생명 주기라고 한다. (   )

>>>○ 요구 조건 분석 → 설계 → 구현 → 운영 → 감시 및 개선
[데이터 생명 주기]

요구 조건 분석	데이터베이스에 저장할 데이터의 범위를 정의하기 위해 사용자와 그 응용을 식별하고 그들이 필요로 하는 요구 사항을 분석
설계	개념적인 설계에서 시작하여 논리적인 설계를 거쳐 목표 DBMS에 구현할 수 있는 물리적 설계까지를 모두 포함
구현	설계된 데이터베이스 스키마의 정의, 빈 데이터베이스 파일의 생성, 응용 소프트웨어를 목표 DBMS 환경에 맞도록 구현
운영	데이터베이스 시스템과 응용 시스템을 실제로 운영하고 관리하여 사용자의 요구에 따라 서비스를 제공
감시 및 개선	시스템을 계속적으로 감시하고, 데이터베이스를 변경하여 개선

03 데이터베이스는 일반적으로 요구 사항 분석 – 논리적 설계 – 개념적 설계 – 물리적 설계 – 구현 단계로 설계된다. (   )

>>>○ [데이터베이스 설계]

요구 조건 분석	요구 조건 명세서 작성
개념적 설계	개념 스키마, 트랜잭션 모델링, E-R 모델
논리적 설계	목표 DBMS에 맞는 논리적 스키마 설계, 트랜잭션 인터페이스 설계
물리적 설계	목표 DBMS에 맞는 물리적 구조의 데이터로 변환
구현	목표 DBMS의 DDL로 데이터베이스 생성, 트랜잭션 작성

정답 **1** ○ **2** ○ **3** ×

04 데이터베이스 설계는 사용자의 요구 조건에서부터 데이터베이스 구조를 도출해내는 과정을 의미한다.
( )

>>>◯ 데이터베이스는 일반적으로 요구 사항 분석 – 논리적 설계 – 개념적 설계 – 물리적 설계 – 구현 단계로 설계된다.

05 데이터베이스를 사용해 실제 업무를 처리하는 사용자에게 필요한 데이터의 종류와 처리 방법 같은 다양한 요구 사항을 수집하고 이를 분석한 결과를 E-R 다이어그램으로 작성하는 것이 요구 사항 분석 단계에서 수행하는 주요 작업이다. ( )

>>>◯ 다양한 요구 사항을 수집하고 이를 분석한 결과를 요구 사항 명세서로 작성하는 것이 요구 사항 분석 단계에서 수행하는 주요 작업이다. E-R 다이어그램은 개념적 설계 과정에서 작성된다.

06 개념적 설계란 정보의 구조를 얻기 위하여 현실 세계의 무한성과 계속성을 이해하고, 다른 사람과 통신하기 위하여 현실 세계에 대한 인식을 추상적 개념으로 표현하는 과정이다. ( )

>>>◯ 개념적 설계 단계는 요구 사항 분석 단계의 결과물인 명세서를 가지고 시작한다. 개념적 설계 단계에서는 요구 사항 분석 단계에서 파악한 사용자의 요구 사항을 개념적 데이터 모델을 이용해 표현한다. 개념적 데이터 모델은 개발에 사용할 DBMS의 종류에 독립적이면서, 중요한 데이터 요소와 데이터 요소 간의 관계를 표현할 때 사용한다.

07 물리적 설계 단계는 앞 단계의 개념적 설계에서 만들어진 개념적 구조로부터 특정 목표 DBMS가 처리할 수 있는 스키마를 생성하는 것이다. ( )

>>>◯ 물리적 설계가 아닌 논리적 설계에 대한 설명이다. 논리적 설계 단계에서 논리적 구조로 표현된 데이터를 디스크 등의 물리적 저장장치에 저장할 수 있는 물리적 구조의 데이터로 변환하는 과정을 물리적 설계라고 한다.

정답 **4** ◯ **5** × **6** ◯ **7** ×

08 물리적 설계 시 고려 사항에는 반응시간, 공간 활용도, 트랜잭션 처리량 등이 있다. (　　)

>>>◯ 물리적 설계 옵션이란 특정 DBMS에서 제공하는 것으로, 데이터베이스 파일에 대한 저장 구조와 접근 경로에 대한 다양한 옵션을 말한다.
[물리적 설계 시 고려 사항]

반응시간 (Response Time)	트랜잭션 수행을 요구한 시점부터 처리 결과를 얻을 때까지의 경과시간
공간 활용도 (Space Utilization)	데이터베이스 파일과 액세스 경로 구조에 의해 사용되는 저장공간의 양
트랜잭션 처리량 (Transaction Throughput)	단위시간 동안 데이터베이스 시스템에 의해 처리될 수 있는 트랜잭션의 평균 개수

09 개념 단계는 논리적 설계 단계와 물리적 설계 단계에서 도출된 데이터베이스 스키마를 파일로 생성하는 단계이다. (　　)

>>>◯ 개념 단계가 아닌 구현 단계에 대한 설명이다. 구현 단계는 논리적 설계 단계와 물리적 설계 단계에서 도출된 데이터베이스 스키마를 파일로 생성하는 단계이다.

10 현실 세계를 개체-관계 모델을 이용해 개념적으로 모델링하여 그림으로 표현한 것을 개체-관계 다이어그램(Entity-Relationship Diagram) 또는 E-R 다이어그램이라 한다. (　　)

>>>◯ E-R 다이어그램은 개체-관계 모델을 이용해 현실 세계를 개념적으로 모델링한 결과물을 그림으로 표현한 것이다.

11 개체는 다른 개체와 구별되는 이름을 가지고 있고, 각 개체만의 고유한 특성이나 상태인 속성이 하나도 없을 수도 있고 하나 이상 가질 수도 있다. (　　)

>>>◯ 개체는 속성을 하나 이상 가지고 있어야 한다.

12 관계는 개체가 가지고 있는 고유의 특성으로 의미 있는 데이터의 가장 작은 논리적 단위로 인식된다.
(　　)

>>>◯ 관계가 아닌 속성에 대한 설명이다. 속성(attribute)은 개체가 가지고 있는 고유의 특성으로 의미 있는 데이터의 가장 작은 논리적 단위로 인식된다.

정답 **8** ◯ **9** × **10** ◯ **11** × **12** ×

01 데이터베이스 설계 순서는 '요구 조건 분석→개념적 설계→논리적 설계→물리적 설계→구현'이다.

01 **다음 중 데이터베이스 설계 순서로 옳은 것은?**

① 요구 조건 분석→논리적 설계→물리적 설계→개념적 설계 →구현

② 요구 조건 분석→논리적 설계→개념적 설계→물리적 설계 →구현

③ 요구 조건 분석→개념적 설계→논리적 설계→물리적 설계 →구현

④ 요구 조건 분석→개념적 설계→물리적 설계→논리적 설계 →구현

02 스키마의 평가 및 정제는 논리적 설계 단계의 옵션 선택 시 고려 사항이다. [문제 하단의 표 참고]

02 **데이터베이스 설계 단계 중 물리적 설계의 옵션 선택 시 고려 사항으로 거리가 먼 것은?**

① 응답 시간
② 스키마의 평가 및 정제
③ 저장 공간의 효율화
④ 트랜잭션 처리도

>>>◯

[물리적 설계 옵션 선택 시 고려 사항]

반응시간 (Response Time)	트랜잭션 수행을 요구한 시점부터 처리 결과를 얻을 때까지의 경과시간
공간 활용도 (Space Utilization)	데이터베이스 파일과 액세스 경로 구조에 의해 사용되는 저장 공간의 양
트랜잭션 처리량 (Transaction Throughput)	단위시간 동안 데이터베이스 시스템에 의해 처리될 수 있는 트랜잭션의 평균 개수

정답 01③ 02②

03 다음 중 속성(Attribute)에 대한 설명으로 옳지 <u>않은</u> 것은?

① 속성은 개체의 특성을 기술한다.

② 속성은 데이터베이스를 구성하는 가장 작은 논리적 단위이다.

③ 속성은 파일 구조상 데이터 항목 또는 데이터 필드에 해당한다.

④ 속성의 수를 'Cardinality'라고 한다.

03 속성의 수를 'Degree'라고 하며 'Cardinality'는 튜플의 수를 의미한다.
[속성(attribute)]

- 개체가 가지고 있는 고유의 특성이다.
- 속성은 자체만으로는 의미가 없지만 관련 있는 속성들을 모아 개체를 구성하면 하나의 중요한 의미를 표현할 수 있다.
- 속성은 일반적으로 의미 있는 데이터의 가장 작은 논리적 단위로 인식된다.

04 관계 데이터 모델에서 릴레이션(Relation)에 포함되어 있는 튜플(Tuple)의 수를 무엇이라고 하는가?

① Degree

② Cardinality

③ Attribute

④ Cartesian product

04
- 튜플의 수＝카디널리티(Cardinality)＝기수＝대응 수
- 속성의 수＝디그리(Degree)＝차수

05 데이터베이스 생명 주기 단계 중 목표 DBMS에 맞는 스키마를 정의하고, 응용 프로그램을 작성하는 단계는?

① 요구 조건 분석

② 설계

③ 구현

④ 운영

05 구현 단계는 논리적 설계 단계와 물리적 설계 단계에서 도출된 데이터베이스 스키마를 파일로 생성하는 단계이다. 데이터베이스 구현 단계에서는 이전 설계 단계의 결과물을 기반으로 DBMS에서 SQL로 작성한 명령문을 실행하여 데이터베이스를 실제로 생성한다. 이때 사용되는 SQL 문은 테이블이나 인덱스 등을 생성할 때 사용되는 데이터 정의어(DDL)이다.

정답 03 ④ 04 ② 05 ③

06 ① – 관계
    ② – 개체
    ③ – 속성
    ④ – 연결
    [문제 하단의 표 참고]

06 E–R 모델에서 다중값 속성의 표기법은?

①

②

③

④ ─────────

»»Ｑ

데이터 모델	설명	데이터 모델	설명
▭	개체의 집합을 나타냄	▣	약한 개체의 집합을 나타냄
◯	속성을 나타냄	◎	다중 값 속성을 나타냄
◇	개체와 객체의 관계 집합을 나타냄	◈	약한 관계 집합을 나타냄
◯	기본키 속성		
───	개체에 속하는 속성집합을 연결할 때와 객체와 관계성을 연결할 때 사용함		

07 CODASYL DBTG 모델을 다른 말로 망(그래프, 네트워크)형 데이터 모델 이라고도 한다. 논리적 구조 표현을 그래프 형태로 표현하며, 관계를 오 너-멤버 관계라고도 한다.

07 데이터 모델의 종류 중 CODASYL DBTG 모델과 가장 밀접한 관계가 있는 것은?

① 계층형 데이터 모델
② 네트워크형 데이터 모델
③ 관계형 데이터 모델
④ 스키마형 데이터 모델

정답 06 ③ 07 ②

08 데이터베이스에서 개념적 설계 단계에 대한 설명으로 틀린 것은?

① 산출물로 ERD가 만들어진다.
② DBMS에 독립적인 개념 스키마를 설계한다.
③ 트랜잭션 인터페이스를 설계한다.
④ 논리적 설계 단계의 앞 단계에서 수행된다.

》》🔍
[개념적 설계]

• 정보의 구조를 얻기 위하여 현실 세계의 무한성과 계속성을 이해하고, 다른 사람과 통신하기 위하여 현실 세계에 대한 인식을 추상적 개념으로 표현하는 과정이다.
• 요구 사항 분석 단계의 결과물인 명세서를 가지고 시작한다.
• 개념적 설계 단계에서는 요구 사항 분석 단계에서 파악한 사용자의 요구 사항을 개념적 데이터 모델을 이용해 표현한다.
• 개념적 데이터 모델은 개발에 사용할 DBMS의 종류에 독립적이면서, 중요한 데이터 요소와 데이터 요소 간의 관계를 표현할 때 사용한다.
• E-R 모델을 데이터 모델로 사용한다면 사용자의 요구 사항을 분석한 결과를 E-R 다이어그램으로 표현하는 것이 개념적 설계 단계에서 수행하는 주요 작업이다.
• 개념적 설계 단계에서 요구 사항 분석 단계의 결과물인 요구 사항 명세서를 개념적 데이터 모델로 변환하는 일을 개념적 모델링이라 한다.

08 트랜잭션의 인터페이스를 설계하는 건 논리적 설계이다.
[문제 하단의 내용 참고]

09 E-R 모델의 표현 방법으로 옳지 않은 것은?

① 개체타입 : 사각형
② 관계타입 : 마름모
③ 속성 : 오각형
④ 연결 : 선

》》🔍

09 속성은 타원이다.
[문제 하단의 표 참고]

데이터 모델	설명	데이터 모델	설명
▭	개체의 집합을 나타냄	▣	약한 개체의 집합을 나타냄
◯	속성을 나타냄	◯	다중 값 속성을 나타냄
◇	개체와 객체의 관계집합을 나타냄	◈	약한 관계 집합을 나타냄
◯	기본키 속성		
───	개체에 속하는 속성집합을 연결할 때와 객체와 관계성을 연결할 때 사용함		

정답 08 ③ 09 ③

10 개념 스키마 모델링은 개념적 설계 단계에서 수행된다.
[문제 하단의 표 참고]

10 데이터베이스의 물리적 설계 단계와 거리가 <u>먼</u> 것은?

① 저장 레코드 양식 설계
② 레코드 집중의 분석 및 설계
③ 개념 스키마 모델링 수행
④ 접근 경로 설계

»»🔍

개념적 설계 단계	개념 스키마 모델링, 트랜잭션 모델링, E-R 다이어그램 작성, 개념 스키마 설계
논리적 설계 단계	개념 스키마 평가 및 정제, 논리적 스키마 설계, 트랜잭션 인터페이스 설계, 관계형 인터페이스 테이블 설계
물리적 설계 단계	저장 레코드 양식 설계, 레코드 집중의 분석 및 설계, 접근 경로 설계

11 [문제 하단의 내용 참고]

11 데이터베이스 설계 단계 중 물리적 설계에 해당하는 것은?

① 데이터 모형화와 사용자 뷰들을 통합한다.
② 트랜잭션의 인터페이스를 설계한다.
③ 파일 조직 방법과 저장 방법 그리고 파일 접근 방법 등을 선정한다.
④ 사용자들의 요구 사항을 입력하여 응용 프로그램의 골격인 스키마를 작성한다.

»»🔍

	• 논리적 구조로 표현된 데이터를 디스크 등의 물리적 저장장치에 저장할 수 있는 물리적 구조의 데이터로 변환하는 과정
물리적 단계	• 다양한 데이터베이스 응용에 대해 처리 성능을 얻기 위해 데이터베이스 파일의 저장 구조 및 액세스 경로 결정

정답 10 ③ 11 ③

12 개체-관계 모델의 E-R 다이어그램에서 사용되는 기호와 그 의미의 연결이 옳지 <u>않은</u> 것은?

① 삼각형 – 개체 타입
② 타원 – 속성
③ 선 – 개체 타입과 속성을 연결
④ 마름모 – 관계 타입

12 개체 타입은 사각형으로 표시된다.

13 데이터의 가장 작은 논리적 단위로서 데이터 항목 또는 데이터 필드에 해당하는 것은?

① 튜플
② 릴레이션
③ 도메인
④ 속성

13 속성은 데이터의 가장 작은 논리적 단위로 개체가 가지고 있는 고유의 특성이다. 속성은 자체만으로는 의미가 없지만 관련 있는 속성들을 모아 개체를 구성하면 하나의 중요한 의미를 표현할 수 있다.

14 다음 중 개체에 대한 설명으로 옳은 것은?

① 컴퓨터가 취급하는 파일의 레코드에 대응한다.
② 하나의 개체는 하나의 속성만을 가진다.
③ 한 속성이 취할 수 있는 모든 값을 의미한다.
④ 개체는 단독으로 존재하지 못한다.

14 [문제 하단의 내용 참고]

»»Q

개체	• 개체는 데이터베이스에 표현하려는 것으로 사람이 생각하는 개념이나 정보 단위 같은 현실세계의 대상체이다. • 개체는 유형, 무형의 정보로서 서로 연관된 몇 개의 속성으로 구성된다. • 파일 시스템의 레코드에 대응하는 것으로 어떤 정보를 제공하는 역할을 수행한다. • 개체는 독립적으로 존재할 수 있고, 그 자체로도 구별이 가능하다.

정답 12 ① 13 ④ 14 ①

15 데이터 모델 구성 요소에는 구조, 연산, 제약 조건이 있다.
[문제 하단의 표 참고]

15 데이터 모델을 구성하는 요소가 아닌 것은?

① 논리적으로 표현된 데이터 구조
② 구성요소의 연산
③ 구성요소의 제약 조건
④ 물리적 저장 구조

»»Q

구조 (structure)	논리적으로 표현된 개체 타입들 간의 관계로 데이터 구조 및 정적 성질을 표현한다.
연산 (operation)	데이터베이스에 저장된 실제 데이터를 처리하는 작업에 대한 명세로서 데이터베이스를 조작하는 기본 도구이다.
제약 조건 (constraint)	데이터베이스에 저장될 수 있는 실제 데이터의 논리적인 제약 조건이다.

16 속성들이 가질 수 있는 모든 값들의 집합은 도메인에 대한 설명이다.
[문제 하단의 내용 참고]

16 데이터베이스의 구성요소 중 개체(Entity)에 대한 설명으로 적합하지 않은 것은?

① 속성들이 가질 수 있는 모든 값들의 집합이다.
② 데이터베이스에 표현하려고 하는 현실 세계의 대상체이다.
③ 유형, 무형의 정보로서 서로 연관된 몇 개의 속성으로 구성된다.
④ 파일의 레코드에 대응하는 것으로 어떤 정보를 제공하는 역할을 수행한다.

»»Q

개체	• 개체(entity)는 현실 세계에서 조직을 운영하는 데 꼭 필요한 사람이나 사물과 같이 구별되는 모든 것을 의미한다. • 개체는 저장할 만한 가치가 있는 중요 데이터를 가지고 있는 사람이나 사물 등이며, 개념적 모델링을 하는 데 가장 중요한 요소다. • 개념이나 사건처럼 개념적으로만 존재하는 것도 개체가 될 수 있다. • 개체는 다른 개체와 구별되는 이름을 가지고 있고, 각 개체만의 고유한 특성이나 상태, 즉 속성을 하나 이상 가지고 있다.

정답 15 ④ 16 ①

17 개체–관계 모델에 대한 설명으로 <u>잘못된</u> 것은?

① E-R 다이어그램으로 표현하며 P.Chen이 제안했다.

② 일대일(1 : 1) 관계 유형만 표현할 수 있다.

③ 개체 타입과 이들 간의 관계 타입을 이용하여 현실 세계를 개념적으로 표현한 방법이다.

④ E-R 다이어그램은 E-R 모델을 그래프 방식으로 표현한 것이다.

»Q

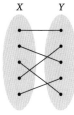
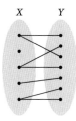
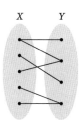

(a) 일대일(1 : 1)   (b) 일대다(1 : n)   (c) 다대다(n : m)

17 관계 설정은 일대일, 일대다, 다대다를 표현할 수 있다.
[문제 하단의 그림 참고]

18 개체–관계 모델에 대한 설명으로 <u>옳지 않은</u> 것은?

① 개체 타입과 이들 간의 관계 타입을 이용하여 현실 세계를 개념적으로 표현한 방법이다.

② E-R 다이어그램은 E-R 모델을 그래프 방식으로 표현한 것이다.

③ E-R 다이어그램의 마름모 형태는 관계 타입을 표현하며, 연관된 개체 타입들을 링크로 연결한다.

④ 현실 세계의 자료가 데이터베이스로 표현될 수 있는 물리적 구조를 기술한 것이다.

18 논리적 데이터 모델을 뜻한다. 개체–관계 모델은 개념적 모델이다.

정답   17 ②   18 ④

19 E-R 모델: 현실 세계에 존재하는 객체들과 그들의 관계를 사람이 이해하기 쉽게 표현한 모델로 데이터베이스 설계 시 개념적 설계 단계에서 정의된다.

19 P. Chen이 제안한 것으로 현실 세계에 존재하는 객체들과 그들의 관계를 사람이 이해하기 쉽게 표현한 모델은?

① 관계 데이터 모델
② E-R 모델
③ 네트워크 데이터 모델
④ 계층 데이터 모델

20 개념적 설계란 정보의 구조를 얻기 위하여 현실 세계의 무한성과 계속성을 이해하고, 다른 사람과 통신하기 위하여 현실 세계에 대한 인식을 추상적 개념으로 표현하는 과정이다. 개념적 설계 단계는 요구 사항 분석 단계의 결과물인 명세서를 가지고 시작한다. 개념적 설계 단계에서는 요구 사항 분석 단계에서 파악한 사용자의 요구 사항을 개념적 데이터 모델을 이용해 표현한다. 개념적 데이터 모델은 개발에 사용할 DBMS의 종류에 독립적이면서, 중요한 데이터 요소와 데이터 요소 간의 관계를 표현할 때 사용한다.

20 정보의 구조를 얻기 위하여 현실 세계의 무한성과 계속성을 이해하고, 다른 사람과 통신하기 위하여 현실 세계에 대한 인식을 추상적 개념으로 표현하는 과정은?

① 물리적 설계
② 논리적 설계
③ 개념적 설계
④ 객체적 설계

21 개념 스키마 모델링에 대한 설명이다.

21 데이터베이스 설계 시 요구 분석 단계에서 나온 결과(명시)를 E-R 다이어그램과 같은 DBMS에 독립적이고 고차원적인 표현 기법으로 기술하는 것을 무엇이라고 하는가?

① 개념 스키마 모델링
② 트랜잭션 모델링
③ 물리적 설계
④ 계층 데이터베이스 모델링

정답 19② 20③ 21①

22 데이터베이스 설계 시 고려 사항으로 적합하지 <u>않는</u> 것은?

① 데이터 무결성 유지
② 데이터 일관성 유지
③ 데이터 보안성 유지
④ 데이터 종속성 유지

23 데이터베이스 설계 단계 중 목표 DBMS의 DDL로 스키마를 작성하여 데이터베이스에 등록하고 응용 프로그램을 위한 트랜잭션을 작성하는 단계는?

① 논리적 설계
② 물리적 설계
③ 구현
④ 운영

24 데이터베이스 설계의 논리적 설계 단계에서 수행하는 작업이 <u>아닌</u> 것은?

① 논리적 데이터 모델로 변환
② 트랜잭션 인터페이스 설계
③ 스키마의 평가 및 정제
④ 트랜잭션 모델링

22 종속성 유지가 아니라 데이터의 논리적, 물리적 독립성이 유지되어야 한다.

23 실제 데이터베이스 파일이 생성되는 단계로 구현 단계이다.

24 트랜잭션 모델링은 개념적 설계 단계에서 수행되는 작업이다.

정답 22 ④ 23 ③ 24 ④

01

정답 ㉠ E-R 다이어그램
ⓛ 사각형
ⓒ 마름모
ⓔ 타원

해설 • 개체-관계 모델을 이용해 현실 세계를 개념적으로 모델링한 결과물을 그림으로 표현한 것이다. E-R 다이어그램이라고도 한다.
• 기본적으로 개체를 표현하는 사각형, 개체 간의 관계를 표현하는 마름모, 개체나 관계의 속성을 표현하는 타원과 각 요소들을 연결하는 신으로 구성된다.
[문제 하단의 표 참고]

✔ **주관식 문제**

01 다음 설명에서 괄호 안에 들어갈 내용을 순서대로 쓰시오.

> 개체-관계 모델을 이용해 현실 세계를 개념적으로 모델링한 결과물을 그림으로 표현한 것을 (㉠)이라 하고, 기본적으로 개체를 (ⓛ), 개체 간의 관계를 (ⓒ), 개체나 관계의 속성을 (ⓔ)(으)로 나타낸다.

»»○

데이터 모델	설명	데이터 모델	설명
(사각형)	개체의 집합을 나타냄	(이중 사각형)	약한 개체의 집합을 나타냄
(타원)	속성을 나타냄	(이중 타원)	다중 값 속성을 나타냄
(마름모)	개체와 객체의 관계집합을 나타냄	(이중 마름모)	약한 관계 집합을 나타냄
(밑줄 타원)	기본키 속성		
(관계 대응수)	1:1, 1:n, n:m 등의 개체 관계에 대한 대응 수를 선 위에 기술함		
(선)	개체에 속하는 속성 집합을 연결할 때와 객체와 관계성을 연결할 때 사용함		

02 다음 설명에서 괄호 안에 들어갈 내용을 순서대로 쓰시오.

> (㉠)은/는 데이터베이스에 표현하려는 것으로, 사람이 생각하는 개념이나 정보 단위 같은 현실 세계의 대상체이며 실세계에서 독립적으로 존재하는 유형, 무형의 정보를 의미한다. (㉠)이/가 가지고 있는 고유의 특성을 (㉡)(이)라 한다.

02

정답 ㉠ 개체, ㉡ 속성

해설 개체는 데이터베이스에 표현하려는 것으로, 사람이 생각하는 개념이나 정보 단위 같은 현실 세계의 대상체이며 실세계에서 독립적으로 존재하는 유형, 무형의 정보를 의미한다. 즉, 개체는 저장할 만한 가치가 있는 중요 데이터를 가지고 있는 사람이나 사물 등이며, 개념적 모델링을 하는 데 가장 중요한 요소다.
속성(attribute)은 개체가 가지고 있는 고유의 특성이다. 속성은 자체만으로는 의미가 없지만 관련 있는 속성들을 모아 개체를 구성하면 하나의 중요한 의미를 표현할 수 있다.

03 데이터베이스 설계 순서를 나열하시오.

03

정답 요구 조건 분석 → 개념적 설계 → 논리적 설계 → 물리적 설계 → 구현

해설 [데이터베이스 설계 순서]

요구 조건 분석	요구 조건 명세서 작성
개념적 설계	개념 스키마, 트랜잭션 모델링, E-R 모델
논리적 설계	목표 DBMS에 맞는 논리적 스키마 설계, 트랜잭션 인터페이스 설계
물리적 설계	목표 DBMS에 맞는 물리적 구조의 데이터로 변환
구현	목표 DBMS의 DDL로 데이터베이스 생성, 트랜잭션 작성

04

정답 ㉠ 요구 조건 분석
　　 ㉡ 개념적 설계

해설 데이터베이스를 사용해 실제 업무를 처리하는 사용자에게 필요한 데이터의 종류와 처리 방법 같은 다양한 요구 사항을 수집하고 이를 분석한 결과를 요구 사항 명세서로 작성하는 것이 요구 사항 분석 단계에서 수행하는 주요 작업이다.

개념적 설계란 정보의 구조를 얻기 위하여 현실 세계의 무한성과 계속성을 이해하고, 다른 사람과 통신하기 위하여 현실 세계에 대한 인식을 추상적 개념으로 표현하는 과정이다. 개념적 설계 단계는 요구 사항 분석 단계의 결과물인 명세서를 가지고 시작한다. 개념적 설계 단계에서는 요구 사항 분석 단계에서 파악한 사용자의 요구 사항을 개념적 데이터 모델을 이용해 표현한다. 개념적 데이터 모델은 개발에 사용할 DBMS의 종류에 독립적이면서, 중요한 데이터 요소와 데이터 요소 간의 관계를 표현할 때 사용한다.

04 다음 설명에서 괄호 안에 들어갈 내용을 순서대로 쓰시오.

> 데이터베이스를 사용할 사람들로부터 필요한 용도를 파악하는 단계로 요구 조건 명세가 작성되는 단계를 (㉠)(이)라 하고, 정보의 구조를 얻기 위하여 현실 세계의 무한성과 계속성을 이해하고, 다른 사람과 통신하기 위하여 현실 세계에 대한 인식을 추상적 개념으로 표현하는 과정을 (㉡)(이)라 한다.

제4장

관계 데이터베이스

I wish you the best of luck!

제 4 장 관계 데이터베이스

데이터 모델링을 통해 현실 세계의 데이터를 데이터베이스에 저장하려면 논리적 데이터 모델들 중 하나를 선택해야 하는데, 논리적 데이터 모델 중 가장 인기 있는 관계 데이터 모델에 대해 알아보도록 한다. 관계 데이터 모델에 따라 제작된 데이터베이스를 관계 데이터베이스(relational database)라고 하는데, 그냥 데이터베이스라고 하면 관계 데이터베이스를 의미할 만큼 관계 데이터 모델은 많이 사용된다.

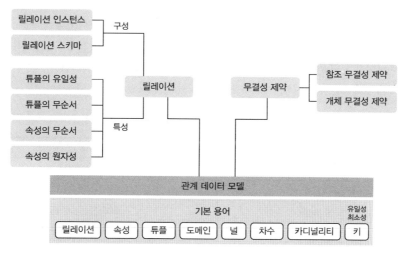

[그림 4-1] 관계 데이터 모델

관계 모델의 개념과 이들의 무결성 제약조건에 대해 알아보도록 한다. 관계 연산은 관계 대수와 관계 해석으로 분류하고, 관계 대수와 관계 해석을 구현하는 관계식에 대해 알아보도록 한다.

제 1 절 관계 모델

1 기본 개념 중요 ★★★

관계 데이터 모델은 동일한 구조(릴레이션)의 관점에서 모든 데이터를 논리적으로 구성하며 선언적인 질의어를 통한 데이터 접근을 제공한다. 응용 프로그램들은 데이터베이스 내의 레코드들의 순서와 무관하게 작성된다. 일반적으로 관계 데이터 모델에서는 하나의 개체에 관한 데이터를 릴레이션(relation) 하나에 담아 데이터베이스에 저장한다.

제4장 관계 데이터베이스 **115**

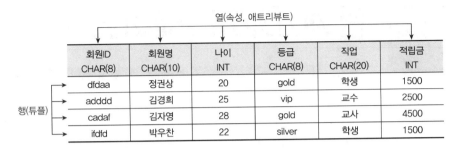

[그림 4-2] 회원 릴레이션

관계 데이터 모델의 목적은 높은 데이터 독립성을 제공하는 것이다. 데이터베이스와 사용자의 상호 작용은 데이터의 내부 단계, 특히 레코드들의 순서와 접근 경로의 변경에 영향을 받지 않는다. 또한 관계 모델에서는 질의를 작성하기가 쉽다. 사용자는 원하는 데이터(what)만 명시하고, 어떻게 이 데이터를 찾을 것인가(how)는 명시할 필요가 없다. 따라서 관계 DBMS는 사용자를 대신해서 보다 많은 일을 수행한다.

관계 데이터 모델에서는 실세계에서 서로 다른 객체들을 연관시키는 것이 값(객체의 식별자 또는 특성)들의 비교에 의해 이루어진다. 관계 연산자들의 집합은 이 특성을 이용하기 위해 정의되었다. 관계 데이터 모델을 구성하는 주요 구성요소는 릴레이션, 애트리뷰트, 도메인, 키, 튜플 등으로 분류할 수 있다.

[표 4-1] 관계 데이터 모델과 관계 데이터베이스의 용어 비교

관계 데이터 모델	관계 데이터베이스
릴레이션	테이블
행 또는 튜플	레코드
열 또는 속성	필드 또는 데이터 항목
릴레이션 인스턴스	테이블 인스턴스
릴레이션 스킴	테이블 스킴
릴레이션 카디널리티	레코드의 개수
릴레이션 차수	필드의 개수

(1) 속성

릴레이션의 열을 속성 또는 애트리뷰트(attribute)라고 부른다. 각 속성은 서로 다른 이름을 이용해 구별한다. 릴레이션은 파일 관리 시스템에서의 파일, 속성은 해당 파일의 필드(field)에 대응하는 개념이다.

(2) 튜플

릴레이션의 행을 튜플(tuple)이라 부른다. [그림 4-2]의 회원 릴레이션에서 각 튜플은 회원 한 명에 대한 실제 속성 값 6개를 모아놓은 것으로, 회원 개체의 인스턴스다. 따라서 회원 4명에 대한 데이터를 저장하고 있는 회원 릴레이션에는 4개의 튜플 또는 4개의 회원 개체 인스턴스가 존재한다. 튜플은 파일 관리 시스템 관점에서 해당 파일의 레코드(record)에 대응하는 개념이다.

(3) 도메인

하나의 속성이 가질 수 있는 값의 범위 또는 집합을 해당 속성의 도메인(domain)이라 한다. 관계 데이터 모델에서는 속성의 값으로 더는 분해할 수 없는 원자 값만 사용할 수 있다. 그래서 도메인을 특정 속성이 가질 수 있는 모든 원자 값의 모임이라고도 정의한다.

도메인은 가능한 값을 일일이 나열하기 어려워 일반적으로 속성의 특성을 고려한 데이터 타입으로 정의한다. 도메인을 데이터 타입으로 정의하더라도 서로 다른 속성의 도메인이 같은지 판단해 연산 가능 여부를 결정하기는 어렵지 않다. 예를 들어, 도메인이 다른 고객 이름과 나이 속성은 비교 연산이 무의미함을 직관적으로 판단할 수 있기 때문에 사용자가 잘못된 연산을 시도하더라도 이를 예방할 수 있다.

(4) 널 값

릴레이션에 있는 특정 튜플의 속성 값을 모르거나, 적합한 값이 없는 경우에는 널(null)이라는 특별한 값을 사용할 수 있다. 널 값은 특정 속성에 해당되는 값이 없음을 나타내므로 숫자 0이나 공백 문자와는 다르다. 널 값은 데이터베이스 관리 시스템마다 내부적으로 표시하는 기호가 다르다.

(5) 차수

하나의 릴레이션에서 속성의 전체 개수를 릴레이션의 차수(degree)라고 한다. 예를 들어, [그림 4-2]의 학생 릴레이션의 열이 6개라면 릴레이션은 차수가 6이다. 모든 릴레이션은 최소 1 이상의 차수를 유지해야 한다. 릴레이션의 차수는 일반적으로 자주 변하지 않는다는 정적인 특징이 있다.

(6) 카디널리티

하나의 릴레이션에서 튜플의 전체 개수를 릴레이션의 카디널리티(cardinality)라고 한다. 예를 들어, [그림 4-2]의 회원 릴레이션은 카디널리티가 4이다. 튜플이 없는 릴레이션이 존재할 수도 있으며 새로운 튜플이 계속 삽입되거나 기존 튜플이 삭제될 수 있으므로 릴레이션의 카디널리티는 일반적으로 자주 변한다는 동적인 특징이 있다.

(7) 키

튜플을 유일하게 구별하기 위해 모든 속성을 이용하는 것보다 일부 속성만 이용하는 것이 효율성을 높일 수 있다. 릴레이션에 포함된 튜플들을 유일하게 구별해주는 역할은 속성 또는 속성들의 집합인 키가 담당한다. 키(key)는 관계 데이터 모델에서 중요한 제약조건을 정의한다. 또한 튜플을 처리하는 데 중요한 역할을 하므로 키의 개념을 정확히 이해할 필요가 있다.

관계 데이터 모델에서는 키를 다음과 같이 수퍼키, 후보키, 기본키, 대체키, 외래키의 5가지로 분류할 수 있다.

① 수퍼키

수퍼키(super key)는 유일성의 특성을 만족하는 속성 또는 속성들의 집합이다. 유일성(uniqueness)은 키가 갖추어야 하는 기본 특성으로, 하나의 릴레이션에서 키로 지정된 속성의 값은 튜플마다 달라야 한다는 의미다. 즉, 키 값이 같은 튜플은 존재할 수 없다. 예를 들어, [그림 4-2]의 회원 릴레이션에서 회원ID 속성은 모든 회원 튜플마다 값이 달라야 하고 이를 통해 다른 튜플과 유일하게 구별이 가능하므로 수퍼키가 될 수 있다. 그러나 나이·직업·등급·적립금 속성은 값이 같은 회원이 있을 수 있으므로 유일성을 만족시키지 못해 수퍼키가 될 수 없다. 그렇다면 회원명 속성은 어떨까? 회원 릴레이션의 현재 상태만 생각하면 회원명 속성도 수퍼키가 될 수 있을 것 같다. 하지만 현실에서는 이름이 같은 회원이 얼마든지 존재할 수 있으므로 회원명 속성만으로는 수퍼키가 될 수 없다. 이번에는 (회원ID, 회원명)으로 구성된 속성 집합을 살펴보자. 회원ID 속성만으로도 모든 튜플을 구별할 수 있으므로 회원ID와 회원명 속성 값의 조합도 유일성을 만족한다. 따라서 (회원ID, 회원명) 속성 집합도 수퍼키가 될 수 있다. 즉, 회원ID를 포함하는 속성 집합은 모두 수퍼키가 될 수 있다.

(회원ID, 회원명)과 같이 수퍼키 중에는 튜플 하나를 유일하게 구별하기 위해서 또는 두 개의 튜플이 서로 다름을 판단하기 위해 불필요한 속성의 값까지 확인하는 비효율적인 작업이 필요한 경우도 있다. 그래서 꼭 필요한 속성의 집합만으로 튜플을 유일하게 구별할 수 있도록 하는 또 다른 키의 개념이 필요한데, 이것이 다음으로 알아볼 후보키다.

② **후보키**

후보키(candidate key)는 유일성과 최소성을 만족하는 속성 또는 속성들의 집합이다. 최소성(minimality)은 키를 구성하고 있는 여러 속성 중에서 하나라도 없으면 튜플을 유일하게 구별할 수 없는, 꼭 필요한 최소한의 속성들로만 키를 구성하는 특성이다. 그러므로 하나의 속성으로 구성된 키는 당연히 최소성을 만족한다. 후보키는 기본키와 대체키로 구성된다.

후보키는 튜플을 유일하게 구별하기 위해 꼭 필요한 최소한의 속성들로만 이루어지므로 수퍼키 중에서 최소성을 만족하는 것이 후보키가 된다. 후보키가 되기 위해 만족해야 하는 유일성과 최소성의 특성은 새로운 튜플이 삽입되거나 기존 튜플의 속성 값이 바뀌어도 유지되어야 한다. 그리고 후보키를 선정할 때는 현재의 릴레이션 내용, 즉 릴레이션 인스턴스만 보고 유일성과 최소성을 판단해서는 안 된다. 데이터베이스가 사용될 현실 세계의 환경까지 염두에 두고 속성의 본래 의미를 정확히 이해한 후 수퍼키와 후보키를 선별해야 한다.

③ **기본키**

관계형 데이터 모델에서는 후보키 중에서 하나만을 식별자로 선택해야 하는데 이를 기본키(primary key)라고 한다. 만약 후보키가 한 개만 존재하면 당연히 해당 후보키를 기본키로 선택해야 하겠지만 여러 개일 경우에는 데이터베이스 사용 환경을 고려하여 적합한 것을 기본키로 선택하면 된다.

㉠ 기본키는 널 값을 가질 수 없다.

기본키는 튜플을 식별할 뿐만 아니라 릴레이션에서 원하는 튜플을 찾기 위한 기본 접근 방법을 제공하는 중요한 역할을 한다. 그러므로 기본키가 널 값인 튜플은 다른 튜플들과 구별하여 접근하기 어려우므로 이런 가능성이 있는 키는 기본키로 선택하지 않는 것이 좋다. 회원 릴레이션에 존재하는 회원ID와 (회원명, 주소)라는 두 후보키 중 무엇을 선택하는 것이 좋을까? 사이버 강좌의 회원으로 가입할 때, 회원ID는 꼭 입력해야 하지만 회원명이나 주소는 입력하지 않아도 되는 경우가 많다. 이런 경우에는 회원명이나 주소는 널 값을 가질 수 있으므로 회원ID를 기본키로 선택하는 것이 좋다.

ⓛ 값이 자주 변경될 수 있는 속성이 포함된 후보키는 기본키로 부적합하다.

기본키는 다른 튜플과 구별되는 값을 가지고 널 값은 허용하지 않으므로 이를 확인하는 작업이 필요하다. 그런데 값이 자주 변경되는 속성으로 구성된 후보키를 기본키로 선택하면 속성 값이 바뀔 때마다 기본키 값으로 적합한지 여부를 판단해야 하므로 번거롭다. 그러므로 값이 자주 변경되지 않는 속성으로 구성된 후보키를 기본키로 선택하는 것이 좋다.

ⓒ 단순한 후보키를 기본키로 선택한다.

단순한 후보키는 자리수가 적은 정수나 단순 문자열인 속성으로 구성되거나, 구성하는 속성의 개수가 적은 후보키다. 데이터베이스를 이용하는 일반 사용자뿐만 아니라 데이터베이스를 실제로 처리하는 컴퓨터 시스템도 단순 값 처리를 선호한다. 속성 두 개로 구성된 후보키보다는 하나로 구성된 후보키가 이해하기도 쉽고 처리도 쉽다.

④ **대체키**

대체키(alternate key)는 **기본키로 선택되지 못한 후보키**들이다. 이름에서 알 수 있듯이 대체키는 기본키를 대신할 수 있지만 기본키가 되지 못하고 탈락한 이유가 있을 수 있다. [그림 4-2]의 회원 릴레이션은 회원ID 속성을 기본키로 선택하는 것이 무난하다. 따라서 기본키로 선택되지 못한 (회원명, 주소) 속성 집합이 대체키가 된다.

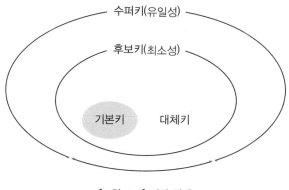

[그림 4-3] 키의 관계

⑤ **외래키**

외래키(foreign key)는 어떤 릴레이션에 소속된 속성 또는 속성 집합이 다른 릴레이션의 기본키가 되는 키다. 다시 말해 **다른 릴레이션의 기본키를 그대로 참조하는 속성의 집합이 외래키**이다. 외래키는 릴레이션들 사이의 관계를 올바르게 표현하기 위해 필요하다. 외래키가 되는 속성과 기본키가 되는 속성의 이름은 달라도 된다. 하지만 외래키 속성의 도메인과 참조되는 기본키 속성의 도메인은 반드시 같아야 한다. 도메인이 같아야 연관성 있는 튜플을 찾기 위한 비교 연산이 가능하기 때문이다.

2 **릴레이션의 개념** 중요 ★★★

(1) 릴레이션의 개념

관계 데이터 모델(relational data model)에서 데이터 간의 관계를 나타내는 표(table) 자체를 릴레이션이라고 한다. 이 릴레이션은 하나 이상의 속성들의 집합으로 이루어진다.

테이블은 행(row)과 열(column)로 이루어져 있다. 관계 데이터베이스에서는 행을 레코드(record)로, 열을 필드(field) 또는 데이터 항목(data item)으로 표현한다. 릴레이션은 릴레이션 스킴(스키마)과 릴레이션 인스턴스로 구성되어 있다.

회원ID	회원명	나이	등급	직업	적립금
dfdaa	정권상	20	gold	학생	1000
adddd	김경희	25	vip	교수	2500
cadaf	김자영	28	gold	교사	4500
ifdfd	박우찬	22	silver	학생	1500

릴레이션 스키마 (첫 행)
릴레이션 인스턴스 (데이터 행)

[그림 4-4] 회원 릴레이션

> **❗ 더 알아두기 🔍**
>
> **릴레이션 스킴(Relation Scheme)**
> 릴레이션 스키마(Schema), 릴레이션 타입, 릴레이션 내포라 하며, 릴레이션의 논리적 구조를 정의하는 것으로 릴레이션 이름과 해당 릴레이션을 형성하는 하나 이상의 속성(Attribute)을 합쳐 정의하는 개념이다.
>
> **릴레이션 인스턴스(Relation Instance)**
> 릴레이션 어커런스, 릴레이션 외연이라 하며, 어느 한 시점에서 릴레이션 스킴에 따라 실제 데이터로 입력된 튜플들의 집합을 의미하는 개념으로 시간에 가변적이라는 특징이 있다.

(2) 릴레이션의 특징

관계 데이터 모델의 릴레이션에는 4가지 중요한 특성이 있다. 이 4가지 특성을 기본으로 만족시켜야 테이블이 릴레이션으로 인정받을 수 있다. 4가지 특성을 하나씩 살펴보자.

① 튜플의 유일성

하나의 릴레이션에는 동일한 튜플이 존재할 수 없다. 하나의 릴레이션에 똑같은 튜플이 있으면 안 되고, 모든 튜플에는 다른 튜플과 구별되는 유일한 특성이 있어야 한다. 릴레이션을 튜플의 모임인 집합의 개념으로 이해한다면, 하나의 집합에 동일한 원소가 존재할 수 없다는 특성과 연관 지어 생각할 수 있다.

관계 데이터 모델의 릴레이션에서는 하나 또는 여러 개의 속성을 미리 선정해두고 이 속성의 값을 튜플마다 다르게 지정하여 튜플의 유일성을 판단한다. 사이버 강좌의 회원으로 가입하려고 할 때 다른 회원과 아이디가 같아 회원 가입에 실패한 경험이 한 번쯤은 있을텐데 이것은 아이디 속성의 값으로 유일성을 판단하는 경우다.

튜플을 유일하게 구별하기 위해 선정되는 속성(또는 속성들의 모임)을 키(key)라고 부른다. 키를 사용하여 튜플의 유일성이 만족되면 릴레이션에서 원하는 튜플에 쉽게 접근할 수 있다.

② **튜플의 무순서**

하나의 릴레이션에서 튜플 사이의 순서는 중요하지 않다. [그림 4-4]의 회원 릴레이션에서는 정권상 회원 튜플 순서가 바뀐다고 다른 릴레이션이 될 수 없고, 순서와 상관없이 튜플 내용이 같아야 같은 릴레이션이다. 데이터베이스는 위치가 아닌 내용으로 검색되므로 튜플의 순서는 중요하지 않다. 집합과 연관 지어 생각해보면 집합의 원소 사이에 순서가 없다는 특성과 같다. 릴레이션에는 튜플이 삽입 순서에 따라 저장되지만, 효율적인 처리를 위해 튜플의 순서를 임의로 바꾸기도 한다.

③ **속성의 무순서**

하나의 릴레이션에서 속성 사이의 순서는 중요하지 않다. 두 속성의 순서가 바뀌어도 상관 없다. 다시 말해 속성은 순서가 바뀌어도 다른 릴레이션이 될 수 없고, 순서와 상관없이 같은 속성들로 구성되어 있어야 같은 릴레이션이다. 예를 들어, 회원(회원ID, 회원명, 나이, 등급, 직업, 적립금)으로 표현된 릴레이션 스키마와 회원(등급, 나이, 회원명, 적립금, 직업, 회원ID)으로 표현된 릴레이션 스키마는 동일하므로 두 릴레이션은 같다. 속성 값은 릴레이션에서 위치가 아닌 속성의 이름으로 접근하므로 하나의 릴레이션에는 이름이 같은 속성이 존재할 수 없고, 이름도 속성의 의미가 명확히 드러나는 것으로 사용하는 것이 좋다.

④ **속성의 원자성**

속성 값으로 원자 값만 사용할 수 있다. 모든 속성의 값은 더는 분해할 수 없는 하나의 값, 즉 원자 값만을 가질 수 있다. 다시 말해 하나의 속성은 여러 개의 값, 즉 다중 값을 가질 수 없다. 예를 들어, [그림 4-4]의 회원 릴레이션은 (교수, 학생)과 같이 값이 여러 개인 직업 속성을 포함하므로 적합한 관계 데이터 모델의 릴레이션이 아니다. 물론 현실에는 직업이 둘 이상인 회원이 존재할 수 있지만, 관계 데이터 모델은 이런 복잡한 개념을 배제하고 릴레이션을 단순한 구조로 정의하고자 하는 특징이 있어 이를 허용하지 않는다.

3 관계 데이터 모델의 제약조건 중요 ★★★

정보를 정확하게 처리하기 위해서는 우선 데이터베이스의 관계 안에 정보들이 정확해야 한다. 관계 안에 정확한 자료를 저장하려면 다음 두 가지 경우에 대비해야 한다.

- 관계 스키마를 정의할 때 무결성을 유지하도록 제약조건을 정확하게 정의한다.
- 데이터베이스 응용 프로그램이 자료를 입력, 갱신, 삭제하는 경우에는 정의된 무결성 제약조건을 충족하는 경우에만 실행을 허용한다.

관계 데이터 모델에서 정의하고 있는 기본 제약 사항은 키와 관련한 무결성 제약조건(integrity constraint)이다. 무결성은 데이터에 결함이 없는 상태, 즉 데이터를 정확하고 유효하게 유지하는 것이다. 무결성 제약조건의 주요 목적은 데이터베이스에 저장된 데이터의 무결성을 보장하고, 데이터베이스의 상태를 일관되게 유지하는 것이다. 그래서 이를 위해 필요한 세부 규칙도 정의하고 있다.

무결성 제약조건은 어느 시점에 데이터베이스에 저장된 데이터를 의미하는 데이터베이스 상태 또는 데이터베이스 인스턴스가 항상 지켜야 하는 중요한 규칙이라고 할 수 있다. 데이터베이스가 삽입·삭제·수정 연산으로 상태가 변하더라도 무결성 제약조건은 반드시 지켜져야 한다.

데이터베이스 내부의 데이터를 보호한다는 관점에서 무결성은 보안과 유사하다. 하지만 보안이 권한이 없는 사용자로부터 데이터를 보호하는 것이라면, 무결성은 권한이 있는 사용자의 잘못된 요구에 의해 데이터가 부정확해지지 않도록 보호하는 것이다.

[표 4-2] 무결성 제약조건

종류	설명
도메인 제약조건	속성의 자료 값은 소속 도메인의 원자 값이어야 한다.
개체 무결성 제약조건	속성은 null이 아니고 중복이 불가능(유일해야 함)하다.
키 제약조건	키 값은 유일하게 튜플을 식별해야 한다.
참조 무결성 제약조건	외부키 값은 반드시 기본키의 도메인 값이어야 한다.
의미 무결성 제약조건	조건을 명시한 제약조건은 지켜야 한다.

① 개체 무결성 제약조건

개체 무결성 제약조건(entity integrity constraint)은 기본키를 구성하는 모든 속성은 널 값을 가지면 안 된다는 규칙이다. 관계 데이터 모델에서는 릴레이션에 포함되어 있는 튜플들을 유일하게 구별해주고 각 튜플에 쉽게 접근할 수 있도록 릴레이션마다 기본키를 정의한다. 그런데 기본키를 구성하는 속성 전체나 일부가 널 값이 되면 튜플의 유일성을 판단할 수 없어 기본키의 본래 목적을 상실하게 된다.

개체 무결성 제약조건을 만족시키려면 새로운 튜플이 삽입되는 연산과 기존 튜플의 기본키 속성 값이 변경되는 연산이 발생할 때 기본키에 널 값이 포함되는 상황에서는 연산의 수행을 거부하면 된다. 이것은 일반 사용자보다는 데이터베이스 관리 시스템이 자동으로 수행하므로 새로운 릴레이션을 생성할 때마다 기본키를 어떤 속성들로 구성할 것인지를 데이터베이스 관리 시스템에 알려주면 된다.

② 참조 무결성 제약조건

참조 무결성 제약조건(referential integrity constraint)은 외래키에 대한 규칙으로 연관된 릴레이션들에 적용된다. 참조 무결성 제약조건은 외래키는 참조할 수 없는 값을 가질 수 없다는 규칙이다. 외래키는 다른 릴레이션의 기본키를 참조하는 속성이고 릴레이션 간의 관계를 표현하는 역할을 한다. 그런데 외래키가 자신이 참조하는 릴레이션의 기본키와 상관이 없는 값을 가지게 되면 두 릴레이션을 연관시킬 수 없으므로 외래키 본래의 의미가 없어진다. 그러므로 외래키는 자신이 참조하는 릴레이션에 기본키 값으로 존재하는 값, 즉 참조 가능한 값만 가져야 한다.

참조 무결성 제약조건을 만족시키려면 외래키가 참조 가능한 값만 가져야 하지만, 널 값을 가진다고 해서 참조 무결성 제약조건을 위반한 것으로 판단해서는 안 된다.

제 2 절　관계 연산 정의 [중요] ★★★

관계 데이터 모델에서 연산은 원하는 데이터를 얻기 위해 릴레이션에 필요한 처리 요구를 수행하는 것으로, 데이터베이스 시스템의 구성 요소 중 데이터 언어의 역할을 한다. 관계 데이터 모델의 연산을 간단히 관계 데이터 연산(relationship data operation)이라고도 한다. 대표적인 관계 데이터 연산으로 관계 대수와 관계 해석이 있다.

[표 4-3] 관계 데이터 연산

관계 연산	설명
관계 대수	절차적 언어로서 원하는 결과를 얻기 위해 데이터의 처리 과정을 순서대로 기술
관계 해석	비절차적인 언어로서 원하는 결과를 얻기 위해 처리를 원하는 데이터가 무엇인지만 기술

관계 대수와 관계 해석은 원하는 데이터를 얻기 위한 처리 절차를 얼마나 자세히 기술하느냐에서 큰 차이를 보인다. 관계 대수(relational algebra)는 원하는 결과를 얻기 위해 데이터의 처리 과정을 순서대로 기술하는 절차 언어(procedural language)다. 관계 해석(relational calculus)은 원하는 결과를 얻기 위해 처리를 원하는 데이터가 무엇인지만 기술하는 비절차 언어(nonprocedural language)다. 사용자의 입장에서는 처리 과정을 자세히 기술하는 것보다 처리를 원하는 데이터가 무엇인지만 기술하는 비절차 언어가 더 편리하게 느껴질 수 있다.

하지만 데이터를 처리하는 기능과 처리를 요구하는 표현력에서 관계 대수와 관계 해석은 능력이 동등하다. 관계 대수로 기술된 데이터 처리 요구는 관계 해석으로도 기술할 수 있고, 관계 해석으로 기술된 데이터 처리 요구를 관계 대수로도 기술할 수 있다. 데이터에 대한 처리 요구를 일반적으로 질의(query)라 한다. 관계 대수와 관계 해석은 상용화된 관계 데이터베이스에서는 실제로 사용되지 않는 개념적 언어다. 그렇다면 관계 대수와 관계 해석을 공부해야 하는 이유는 무엇일까?

새로운 데이터 언어가 제안되면 해당 데이터 언어의 유용성을 검증해야 하는데 검증의 기준 역할을 하는 것이 관계 대수와 관계 해석이다. 관계 대수나 관계 해석으로 기술할 수 있는 모든 질의를 새로 제안된 데이터 언어로 기술할 수 있으면 관계적으로 완전(relationally complete)하다고 하고, 이를 통해 해당 언어가 어느 정도 검증됐다고 판단한다. 보통 상용화된 관계 데이터베이스에서 사용하는 데이터 언어들도 관계적으로 완전하다고 판단된 것들이다. 그러므로 상용화된 데이터 언어를 공부하기 전에 그것이 제공하는 연산 기능의 기본이 되는 관계 데이터 언어부터 이해하는 것이 도움이 된다.

제 3 절　관계 대수 연산

관계 대수는 원하는 결과를 얻기 위해 릴레이션을 처리하는 과정을 순서대로 기술하는 언어이다. 그리고 관계 대수는 연산자들의 집합으로도 정의할 수 있다. 일반적으로 연산자와 함께 연산의 대상이 되는 피연산자가 존재하기 마련인데 관계 대수에 포함되어 있는 연산자들의 피연산자가 릴레이션이다. 즉, 관계 대수는 릴레이션을 연산한다. 피연산자인 릴레이션에 연산자를 적용해 얻은 결과도 릴레이션이다. 이러한 관계 대수의 특성을 폐쇄 특성(closure property)이라 하는데, 이는 '콩 심은 데 콩나고 팥 심은 데 팥난다.'라는 속담을 떠올리게 한다.

관계 대수에 속하는 대표적인 연산자 8개는 특성에 따라 일반 집합 연산자(set operation)와 순수 관계 연산자(relational operation)로 분류할 수 있다.

첫 번째 그룹은 수학적 집합 이론에서 나온 **일반 집합 연산(set operations)**이다. 이 일반 집합 연산에는 **합집합**(union), **교집합**(intersection), **차집합**(ditterence), **카디션 프로덕트**(cartesian product) 등이 있다.

두 번째 그룹은 관계 데이터베이스에 적용할 수 있도록 특별히 개발한 **순수 관계 연산**(relational operations)들로서 **셀렉트**(select), **프로젝트**(project), **조인**(join), **디비전**(division) 등이 있다.

[그림 4-5] 관계 대수 연산자의 종류

[표 4-4] 관계 대수 연산자

구분	연산자의 종류	기호	설명
관계 연산자	셀렉트	σ	주어진 릴레이션의 수평적 부분집합
	프로젝트	π	주어진 릴레이션의 수직적 부분집합
	조인	⋈	두 릴레이션의 수평적 합집합
	디비전	÷	R ÷ S, R에서 S의 애트리뷰트들의 도메인 값과 일치하는 R의 튜플들을 찾아내는 연산
집합 연산자	합집합	∪	R ∪ S, 합집합을 수행
	교집합	∩	R ∩ S, 교집합을 수행
	차집합	−	R − S, 차집합을 수행
	카디션 프로덕트	×	R × S, 두 릴레이션의 가능한 모든 튜플들의 집합, 차수는 더하고, 카디널리티는 곱함

[표 4-5] 연산 우선순위

우선순위	연산자	기호	연산자	기호
높음 ↑	프로젝션	π	셀렉션	σ
	곱집합	×	조인 디비전	⋈, ÷
낮음 ↓	차집합	−	합집합 교집합	∪, ∩

1 릴레이션에 대한 집합 연산 중요 ★★

일반 집합 연산자에 속하는 합집합, 교집합, 차집합, 카디션 프로덕트는 수학의 집합 연산자를 떠올리면 쉽게 이해할 수 있을 것이다. 그런데 이들을 자세히 살펴보기에 앞서 꼭 알아두어야 할 제약조건이 있다. 첫째, 일반 집합 연산자는 연산을 위해 피연산자가 두 개 필요하다. 즉, 일반 집합 연산자는 두 개의 릴레이션을 연산한다. 둘째, 합집합, 교집합, 차집합은 피연산자인 두 개의 릴레이션이 합병 가능(union-compatible)해야 한다. 그럼 합병 가능하다는 것은 무슨 의미일까? 다음 조건을 만족해야 두 개의 릴레이션은 합병이 가능하다.

① 두 릴레이션의 차수가 같다. 즉, 두 릴레이션은 속성 개수가 같다.
② 두 개의 릴레이션에서 서로 대응되는 속성의 도메인이 같다. 단, 도메인이 같으면 속성의 이름은 달라도 된다.

[표 4-6] 일반 집합 연산자의 특징

연산자	기호	표현	의미
합집합	∪	R ∪ S	릴레이션 R과 S의 합집합을 반환
교집합	∩	R ∩ S	릴레이션 R과 S의 교집합을 반환
차집합	−	R − S	릴레이션 R과 S의 차집합을 반환
카디션 프로덕트	×	R × S	릴레이션 R의 각 튜플과 릴레이션 S의 각 튜플을 모두 연결하여 만들어진 새로운 튜플을 반환

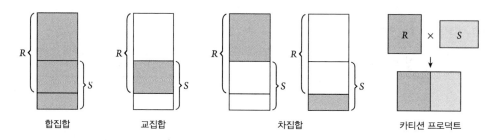

합집합   교집합   차집합   카티션 프로덕트

[그림 4-6] 일반 집합 연산자의 기능

(1) 합집합(UNION, ∪)

이항 연산으로 관계성이 있는 두 개의 릴레이션에 속하는 튜플의 집합을 구하여 하나의 릴레이션으로 만들어 내는 연산을 말한다. 릴레이션은 하나의 집합이 되고 튜플은 각 집합의 원소로 보는 개념이다. 따라서 연산에 참가하는 두 개의 릴레이션은 차수가 같고 대응되는 속성의 도메인이 같아야 가능하다.

- $R \cup S = \{t \mid t \in R \lor t \in S\}$

합집합 연산을 한 후 얻어지는 결과 릴레이션의 차수는 피연산자인 릴레이션 R과 S의 차수와 같다. 그리고 카디널리티(튜플의 전체 개수)는 중복이 없기 때문에 릴레이션 R과 S의 튜플 개수를 더한 것과 같거나 적어진다.

- $|R \cup S| \leq |R| + |S|$

다음 그림들은 릴레이션(R)에 릴레이션(S)을 합집합(R ∪ S)한 연산 결과를 보여주고 있다.

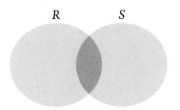

[그림 4-7] 합집합 연산

	R				S				결과		
A	B	C		A	B	C		A	B	C
1	2	3		1	2	3		1	2	3
11	22	33		111	222	333		11	22	33
								111	222	333

[그림 4-8] 합집합 연산

합집합은 교환적 특징이 있다. 릴레이션 R과 S에 합집합 연산을 수행한다면 R ∪ S와 S ∪ R의 결과 릴레이션은 같다. 그리고 결합적 특징도 있다. 릴레이션 R, S, T에 합집합 연산을 수행한다면 어떤 릴레이션에 합집합을 먼저 수행하느냐에 상관없이 결과 릴레이션은 같다. 즉, (R ∪ S) ∪ T와 R ∪ (S ∪ T)의 결과 릴레이션은 같다.

(2) 교집합(INTERSECT, ∩)

이항 연산으로 관계성이 있는 두 개의 릴레이션에서 중복된 튜플을 선택하여 새로운 릴레이션을 만들어 내는 연산을 의미한다. 릴레이션은 하나의 집합이 되고 튜플은 각 집합의 원소로 보는 개념이므로 연산에 참가하는 두 개의 릴레이션은 차수가 같고 대응하는 속성의 도메인 타입이 같아야 한다. 두 릴레이션 R과 S의 교집합(∩), 즉 R ∩ S는 두 릴레이션 R와 S에 중복된, 즉 두 릴레이션에 동시에 속해 있는 튜플 t로만 구성된 릴레이션이다. 교집합의 수학식은 다음과 같다.

- $R \cap S = \{t | t \in R \land t \in S\}$
- $|R \cap S| \leq MIN\{|R|, |S|\}$

다음 그림들은 릴레이션(R)에 릴레이션(S)을 교집합(R ∩ S)한 연산 결과를 보여주고 있다.

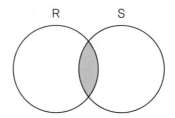

[그림 4-9] 교집합 연산

R				S				결과		
A	B	C		A	B	C		A	B	C
1	2	3	∩	1	2	3	=	1	2	3
11	22	33		111	222	333				

[그림 4-10] 교집합 연산

교집합 연산을 한 후 얻어지는 결과 릴레이션의 차수는 피연산자인 릴레이션 R과 S의 차수와 같다. 그리고 카디널리티는 릴레이션 R과 S의 어떤 카디널리티보다 크지 않다. 즉, 같거나 적다.

교집합에도 교환적 특징이 있다. 릴레이션 R과 S에 교집합 연산을 수행한다면 R ∩ S와 S ∩ R의 결과 릴레이션은 같다. 그리고 결합적 특징도 있다. 릴레이션 R, S, T에 교집합 연산을 수행한다면 어떤 릴레이션에 교집합을 먼저 수행하느냐에 상관없이 결과 릴레이션은 같다. 즉, (R ∩ S) ∩ T와 R ∩ (S ∩ T)의 결과 릴레이션은 같다.

(3) 차집합(DIFFERENCE, −)

이항 연산으로 관계성이 있는 두 개의 릴레이션이 있을 때 그중 하나의 릴레이션에서 또 다른 릴레이션의 튜플과 겹치는 튜플을 제거해서 새로운 릴레이션을 생성하는 연산을 의미한다. 릴레이션은 하나의 집합이 되고 튜플은 각 집합의 원소로 보는 개념이므로 연산에 참가하는 두 개의 릴레이션은 차수가 같고 대응되는 속성의 도메인이 같아야 한다.

- $R - S = \{t | t \in R \land t \not\in S\}$
- $|R - S| \leq |R|$

다음 그림들은 차집합 연산 결과를 보여주고 있다.

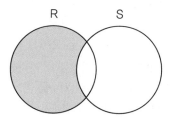

[그림 4-11] 차집합 연산

R				S				결과		
A	B	C		A	B	C		A	B	C
1	2	3	−	1	2	3	=	11	22	33
11	22	33		111	222	333				

[그림 4-12] 차집합 연산

차집합 연산의 결과 릴레이션은 차수가 피연산자인 릴레이션 R과 S의 차수와 같다. 그리고 카디널리티는 릴레이션 R이나 릴레이션 S의 카디널리티와 같거나 적다. 즉, R−S는 릴레이션 R의 카디널리티와 같거나 적고, S−R은 릴레이션 S의 카디널리티와 같거나 적다.

차집합은 피연산자의 순서에 따라 결과 릴레이션이 달라지기 때문에 교환적 특징은 물론 결합적 특징도 없다.

(4) 카디션 프로덕트(CARTESAIN PRODUCT, ×)

이항 연산으로 두 개의 릴레이션이 있을 때 두 릴레이션의 튜플들을 접속(concatenation)하여 순서쌍의 집합을 만들어 새로운 릴레이션을 만들어 내는 연산을 의미한다. 릴레이션 R과 S가 있고, R에 속한 튜플을 r, S에 속하는 튜플을 s라 할 때 카디션 프로덕트의 수학적 표현은 다음과 같다.

- $R \times S = \{r \cdot s | r \in R \land s \in S\}$
- $|R \times S| = |R| \times |S|$

다음 그림들은 카디션 프로덕트 연산 결과를 보여주고 있다.

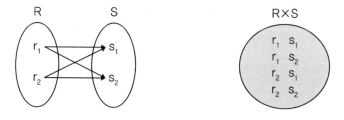

[그림 4-13] 카디션 프로덕트 연산

두 릴레이션 R과 S의 카디션 프로덕트(cartesian product)는 R×S로 표현한다. R×S는 릴레이션 R에 속한 각 튜플과 릴레이션 S에 속한 각 튜플을 모두 연결하여 만들어진 새로운 튜플로 결과 릴레이션을 구성한다. 릴레이션 R에 속한 튜플(r_1, r_2, ⋯, r_n)과 릴레이션 S에 속한 튜플(s_1, s_2, ⋯, s_m)을 연결하여 생성되는 튜플(r_1, r_2, ⋯, r_n, s_1, s_2, ⋯, s_m)을 모아 결과 릴레이션을 구성하는 것이다.

만약 R과 S의 차수가 2, 카디널리티가 4라고 가정할 때 카디션 프로덕트 연산을 한 후 얻어지는 **결과 릴레이션의 차수**는 피연산자인 릴레이션 R과 S의 **차수를 더한 것**과 같다. **카디널리티**는 릴레이션 R과 S의 카디널리티를 곱한 것과 같다. R×S의 결과 릴레이션의 차수는 릴레이션 R의 차수 2와 릴레이션 S의 차수 2를 더한 4가 되고, 카디널리티는 릴레이션 R의 카디널리티 4와 릴레이션 S의 카디널리티 4를 곱한 16이 된다.

2 셀렉션(SELECTION, σ 조건) 종요 ★★

셀렉트(select) 연산은 릴레이션에서 주어진 조건을 만족하는 튜플만 선택하여 결과 릴레이션을 구성한다. 결과 릴레이션은 주어진 릴레이션을 수평으로 절단한 것과 같아 해당 릴레이션의 수평적 부분 집합(horizontal subset)을 생성하는 것과 같다. 셀렉트 연산은 σ(sigma, 시그마) 기호를 이용해 다음과 같이 수학적으로 표현한다.

(1) 셀렉트 연산수식

$$\sigma_{조건식}(릴레이션)$$

셀렉트 연산은 조건수식을 참으로 만드는 **튜플을 선택**하는 것이며, 이러한 조건식은 논리 연산자 ∧ (AND), ∨(OR), NOT 등을 결합시켜 복잡하게 만들 수도 있다. 조건식을 속성과 상수의 비교나 다른 속성들 간의 비교로 표현할 수 있다. 조건식을 속성과 상수의 비교로 구성할 때는 상수의 데이터 타입이 속성의 도메인과 일치해야 한다. 그리고 조건식을 다른 속성들 간의 비교로 구성할 때는 속성들의 도메인이 같아야 비교가 가능하다.

(2) WHERE 조건식

$$릴레이션 \ where \ 조건식$$

셀렉트 연산은 where문을 이용하여 일반적인 데이터 언어의 형식으로도 표현할 수 있다.

(3) 셀렉트 연산의 예

[표 4-7] 회원 릴레이션

회원ID	회원명	나이	등급	직업	적립금
dfdaa	정권상	20	gold	학생	1500
adddd	김경희	25	vip	교수	2500
cadaf	김자영	28	gold	교사	4500
ifdfd	박우찬	22	silver	학생	0

① 회원 릴레이션에서 등급이 gold인 튜플을 검색하시오.

$$\sigma_{\text{등급} = \text{'gold'}}(\text{회원}) \text{ 또는 회원 where 등급} = \text{'gold'}$$

[결과 릴레이션]

회원ID	회원명	나이	등급	직업	적립금
dfdaa	정권상	20	gold	학생	1500
cadaf	김자영	28	gold	교사	4500

② 회원 릴레이션에서 등급이 gold이고, 적립금이 2000 이상인 튜플을 검색하시오.

$$\sigma_{\text{등급} = \text{'gold'} \wedge \text{적립금} \geq 2000}(\text{회원}) \text{ 또는 회원 where 등급} = \text{'gold' and 적립금} \geq 2000$$

[결과 릴레이션]

회원ID	회원명	나이	등급	직업	적립금
cadaf	김자영	28	gold	교사	4500

3 프로젝션(PROJECTION, π) 중요 ★★

프로젝트(project) 연산은 릴레이션에서 **선택한 속성에 해당하는 값**으로 결과 릴레이션을 구성한다. 결과 릴레이션이 주어진 릴레이션의 일부 열로만 구성되어 해당 릴레이션의 수직적 부분 집합(vertical subset)을 생성하는 것과 같다. 프로젝트 연산은 π(pi, 파이) 기호를 사용해 다음과 같이 수학적으로 표현한다.

$$\pi_{\text{속성리스트}}(\text{릴레이션})$$

프로젝트 연산으로 만들어지는 결과 릴레이션은 프로젝트 연산에 명세된 애트리뷰트 값들만 선택하게 된다. 프로젝트 연산을 한 결과 릴레이션에도 동일한 튜플이 중복되지 않고 한 번만 나타난다. 프로젝트 연산의 결과도 릴레이션이기 때문에 중복되는 튜플이 존재할 수 없다는 릴레이션의 기본 특성을 유지하기 때문이다. 그래서 예시 결과 릴레이션에도 gold라는 속성 값이 중복되지 않고 한 번만 나타나고 있다.

① 회원 릴레이션에서 등급을 검색하시오.

$$\pi_{등급}(회원)$$

[회원 릴레이션]

회원ID	회원명	나이	등급	직업	적립금
dfdaa	정권상	20	gold	학생	1500
adddd	김경희	25	vip	교수	2500
cadaf	김자영	28	gold	교사	4500
ifdfd	박우찬	22	silver	학생	0

[결과]

등급
gold
vip
silver

② 회원 릴레이션에서 회원명, 등급을 검색하시오.

$$\pi_{회원명, 등급}(회원)$$

회원명	등급
정권상	gold
김경희	vip
김자영	gold
박우찬	silver

4 조인(JOIN, ⋈) 중요 ★

릴레이션 하나로 원하는 데이터를 얻을 수 없어 관계가 있는 여러 릴레이션을 함께 사용해야 하는 경우 조인 (join) 연산을 이용한다. 조인 연산은 조인 속성(join attribute)을 이용해 두 릴레이션을 조합하여 하나의 결과 릴레이션을 구성한다. 조인 속성은 두 릴레이션이 공통으로 가지고 있는 속성으로, 두 릴레이션이 관계가 있음을 나타낸다. 조인 연산한 결과 릴레이션은 피연산자 릴레이션에서 조인 속성의 값이 같은 튜플만 연결하여 만들어진 새로운 튜플을 포함한다. 조인 연산은 ⋈ 기호를 사용해 다음과 같이 표현한다.

> 회원 ⋈ 주문

[회원 릴레이션]

회원ID	회원명	나이	등급	직업	적립금
dfdaa	정권상	20	gold	학생	1500
adddd	김경희	25	vip	교수	2500
cadaf	김자영	28	gold	교사	4500
ifdfd	박우찬	22	silver	학생	0

[주문 릴레이션]

주문번호	주문ID	제품
A100	dfdaa	티셔츠
A200	adddd	핸드백
A300	cadaf	스커트

[결과]

회원ID	회원명	나이	등급	직업	적립금	주문번호	제품
dfdaa	정권상	20	gold	학생	1500	A100	티셔츠
adddd	김경희	25	vip	교수	2500	A200	핸드백
cadaf	김자영	28	gold	교사	4500	A300	스커트

(1) 세타 조인

두 개의 릴레이션에서 세타(=, ≠, ≤, ≥, 〈, 〉) 조건에 맞는 속성이 들어 있는 튜플을 접속 (Concatenation)하여 새로운 릴레이션을 생성하는 연산 방법을 의미한다.

(2) 동일 조인

동일 조인은 세타 조건식에 의해 조인 중 조건식이 같은 경우의 조인을 의미한다. 동일 조인을 하게 되면 반드시 결과 릴레이션에 같은 속성값이 중복되어 나타나게 된다.

(3) 자연 조인

동일 조인을 하게 되면 중복된 속성이 나타나게 되는데 이 중 중복된 한쪽의 속성을 제거하여 나타낸 것을 자연 조인이라고 한다. 자연 조인은 연산기호 ⋈N이다.

(4) 세미 조인

자연 조인한 결과 릴레이션을 조인에 참여한 임의의 릴레이션 형태로 프로젝션하는 연산이다.

5 디비전(DIVISION, ÷)

두 개의 릴레이션 R과 S가 있을 때 S 릴레이션이 모든 조건을 만족하는 경우의 튜플들을 릴레이션 R에서 분리해 내어 프로젝션하는 연산을 의미한다. 쉽게 설명하자면 두 릴레이션 R과 S의 디비전(division) 연산은 R÷S로 표현한다. R÷S는 릴레이션 S의 모든 튜플과 관련 있는 릴레이션 R의 튜플로 결과 릴레이션을 구성한다. 단, 릴레이션 R이 릴레이션 S의 모든 속성을 포함하고 있어야 R÷S 연산이 가능하다. 하지만 릴레이션 S의 모든 속성과 이름이 같은 속성을 릴레이션 R이 포함하고 있어야 한다는 의미는 아니다. 릴레이션 S의 모든 속성과 도메인이 같은 속성을 릴레이션 R이 포함하고 있어야 한다는 의미다.
디비전 연산은 정수의 나눗셈과 비슷하다. 12÷2, 즉 12를 2로 나눈 결과 값을 찾는 과정을 살펴보면 다음과 같다. 12는 6과 2를 곱한 값이기 때문에 나누는 수인 2를 제외한 6이 결과 값이 된다. 12를 릴레이션 R로, 2를 릴레이션 S로 보고 R÷S 연산을 이해하면 쉽다.

6 집계 함수 중요 ★

애트리뷰트 값의 집합에 적용하는 것을 집계 함수(aggregate function)라 한다. 집계 함수의 종류에는 SUM, AVG, MAX, MIN, COUNT 등이 있다.

> Q1. 모든 회원들의 금액의 합계를 구하시오.
> $SUM_{금액}$(회원)
> Q2. 모든 회원들의 금액의 평균을 구하시오.
> $AVG_{금액}$(회원)
> Q3. 총 몇 명의 회원들이 등록되어 있는지 구하시오.
> $COUNT_{회원번호}$(회원)

릴레이션은 그룹화 애트리뷰트들의 값에 의해 분할되고, 각 그룹에 속하는 튜플들에 대해서 집계 함수를 적용할 수 있다.

7 관계 대수 질의의 예 중요 ★

관계 대수는 사용자 편의에 의한 질의문으로 사용이 가능하다. 다음은 관계 대수의 질의에 대한 예시이다.

Q1. 모든 회원의 ID와 이름을 검색하시오.
   πID, 이름(회원)

Q2. ID가 A3인 상품을 구매한 회원의 이름과 금액은 무엇인가?
   π이름, 금액(σID = 'C413'(회원 ⋈ N구매))

Q3. '스카프' 상품을 판매하는 판매처는 어디인가?
   π판매처명(σ상품명 = '스카프'(판매))

Q4. 모든 판매처에 가입되어 있는 회원의 회원번호와 이름은 무엇인가?
   π회원번호, 이름((π회원번호, 판매처코드(판매) ÷ 판매처코드(판매처)) ⋈ N회원)

Q5. 판매처 '데일리지'를 삭제하라.
   판매처 − (σ판매처명 = '데일리지'(판매처))

8 관계 제약의 대수적 표현

관계 제약의 대수적 표현은 $R = \Phi$로 표시할 수 있다. 이때, R의 관계 대수 조건을 만족하는 튜플이 없음을 나타낸다.

$$R = \Phi(여기서 R은 관계 대수식일 때)$$

예를 들어, Student(sname, year)테이블에서 "학생은 3학년 이상이어야 한다."의 제약을 표현하면 $\sigma_{year < 3}(Student) = \Phi$이다.

제 4 절 관계 해석

관계 해석은 처리를 원하는 데이터가 무엇인지만 기술하는 **비절차 언어**로, 관계 대수처럼 관계 데이터 연산의 한 종류다. 데이터를 처리하는 기능과 처리를 요구하는 표현력 모두에서 관계 대수와 관계 해석은 능력이 모두 동일하다. 관계 해석은 관계 데이터 모델의 제안자인 코드(E.F.Codd)가 수학의 프레디킷 해석 (predicate calculus)에 기반을 두고 제안했으며, 튜플 관계 해석(tuple relational calculus)과 도메인 관계 해석(domain relational calculus)으로 분류된다.

1 특징 중요 ★

① 관계 데이터 모델의 제안자인 코드(E. F. Codd)가 수학의 술어 해석에 기반을 두고 관계 데이터베이스를 위해 제안했다.
② 관계 해석은 관계 데이터의 연산을 표현하는 방법으로, 원하는 정보를 정의할 때는 계산 수식을 사용한다.
③ 관계 해석은 원하는 정보가 무엇이라는 것만 정의하는 비절차적 특징을 지닌다.
④ 튜플 관계 해석과 도메인 관계 해석이 있다.
⑤ 기본적으로 관계 해석과 관계 대수는 관계 데이터베이스를 처리하는 기능과 능력 면에서 동등하며, 관계 대수로 표현한 식은 관계 해석으로 표현할 수도 있다.
⑥ 질의어로 표현한다.

2 튜플 관계 해석(tuple relational calculus)

튜플 관계 해석은 원하는 정보가 무엇인지를 표현하는 데 있어 기본적인 연산 단위를 튜플 단위로 명시하는 방법을 의미한다.
튜플 관계 해석은 튜플 변수들을 이용하여 주어진 관계로부터 원하는 관계를 정의하는 언어이다. 튜플 변수란 특정 관계 스키마의 튜플들을 자료 값으로 갖는 변수이다. 주어진 튜플 변수에 대입되는 자료 값들은 모두 동일한 개수와 형태의 속성을 가진다. 튜플 관계 해석 질의는 다음의 형식으로 정의된다.

$$\{ \, t | P(t) \, \}$$

- P(t) : 정형식
- t : 튜플 변수
- P : 술어(predicate)

튜플 관계 해석에서는 튜플 변수가 있다. 튜플 변수에는 자유 변수와 속박 변수가 있다. 자유 변수는 기호 ∃(some), ∀(all)과 같은 정량자로 한정되지 않는 변수를 의미한다. 속박 변수는 ∃(some), ∀(all)과 같은 정량자로 한정된 변수를 의미한다.

3 영역(도메인) 관계 해석(domain relational calculus)

원하는 정보가 무엇인지를 표현하는 데 있어 기본적인 연산 단위를 도메인 단위로 해서 명시하는 방법을 의미한다. 도메인 관계 해석은 도메인 변수들을 이용하여 원하는 관계를 정의하는 언어이다. 도메인 변수란 특정 관계 스키마의 속성들의 도메인을 자료 값으로 갖는 변수이다.

○×로 점검하자

※ 다음 지문의 내용이 맞으면 ○, 틀리면 ×를 체크하시오. [1 ~ 11]

01 릴레이션의 속성을 튜플이라고 한다. (   )

>>>○ 릴레이션의 속성을 애트리뷰트라고 하고, 릴레이션의 행을 튜플이라고 부른다.

02 속성 하나가 가질 수 있는 모든 값의 집합을 해당 속성의 도메인(domain)이라 하고, 관계 데이터 모델에서는 속성의 값으로 더는 분해할 수 없는 원자 값만 사용할 수 있다. (   )

>>>○ 하나의 속성이 가질 수 있는 값의 범위를 도메인이라고 한다. 예를 들어 성별의 도메인은 '남'과 '여'이다.

03 하나의 릴레이션에서 튜플의 전체 개수를 차수라고 한다. (   )

>>>○ 하나의 릴레이션에서 튜플의 전체 개수를 카디널리티라고 하고, 속성의 개수를 차수라 한다.

04 릴레이션에 있는 특정 튜플의 속성 값을 모르거나, 적합한 값이 없는 경우에는 널(null)이라는 특별한 값을 사용할 수 있고, 널 값은 특정 속성에 해당되는 값이 없음을 나타내므로 숫자 0이나 공백 문자와는 다르다. (   )

>>>○ null이란 아직 정의되지 않은 값을 의미하며 통상적으로 비어 있는 값을 의미한다.

05 최소성과 유일성을 모두 만족하는 키를 수퍼키라고 한다. (   )

>>>○ 최소성과 유일성을 모두 만족하는 키를 후보키라 하고, 수퍼키는 유일성은 만족하나 최소성을 만족하지 않는다.

06 다른 릴레이션의 기본키를 그대로 참조하는 속성의 집합을 외래키라 하고, 외래키는 릴레이션들 사이의 관계를 올바르게 표현하기 위해 필요하다. (   )

>>>○ 관계형 데이터베이스에서는 기본키와 이 기본키를 참조하는 외래키로 관계를 성립시킨다.

07 기본키의 속성은 null이 아니고 중복이 불가능해야 한다. 이를 참조 무결성 제약조건이라고 한다.

(   )

>>>○ 기본키와 관련되어 있는 제약조건을 개체 무결성 제약조건이라 하고, 외래키와 관련되어 있는 제약조건을 참조 무결성 제약조건이라고 한다.

정답 **1** × **2** ○ **3** × **4** ○ **5** × **6** ○ **7** ×

08 절차적 언어로서 원하는 결과를 얻기 위해 데이터의 처리 과정을 순서대로 기술하는 것을 관계 해석이라 한다. (　　)

>>>Q 절차적 언어로서 원하는 결과를 얻기 위해 데이터의 처리 과정을 순서대로 기술하는 것을 관계 대수라 하고, 비절차적인 언어로서 원하는 결과를 얻기 위해 처리를 원하는 데이터가 무엇인지만 기술하는 것을 관계 해석이라 한다.

09 관계 대수에 속하는 대표적 연산자는 일반 집합 연산자인 합집합(union), 교집합(intersection), 차집합(difference), 카디션 프로덕트(cartesian product) 등이 있고, 순수 관계 연산자에는 셀렉트(select), 프로젝트(project), 조인(join), 디비전(division) 등이 있다. (　　)

>>>Q [관계 대수 연산자]

구분	연산자의 종류	기호	설명
관계 연산자	셀렉트	σ	주어진 릴레이션의 수평적 부분집합
	프로젝트	π	주어진 릴레이션의 수직적 부분집합
	조인	$\bowtie$	두 릴레이션의 수평적 합집합
	디비전	$\div$	R ÷ S, R에서 S의 애트리뷰트들의 도메인 값과 일치하는 R의 튜플들을 찾아내는 연산
집합 연산자	합집합	$\cup$	R ∪ S, 합집합을 수행
	교집합	$\cap$	R ∩ S, 교집합을 수행
	차집합	$-$	R − S, 차집합을 수행
	카디션 프로덕트	$\times$	R × S, 두 릴레이션의 가능한 모든 튜플들의 집합, 차수는 더하고, 카디널리티는 곱함

10 릴레이션에서 애트리뷰트 사이에는 일정한 순서가 없고, 튜플 사이에도 순서성은 존재하지 않는다. (　　)

>>>Q [릴레이션의 특성]

튜플의 유일성	하나의 릴레이션에는 동일한 튜플이 존재할 수 없다.
튜플의 무순서	하나의 릴레이션에서 튜플 사이의 순서는 무의미하다.
속성의 무순서	하나의 릴레이션에서 속성 사이의 순서는 무의미하다.
속성의 원자성	속성 값으로 원자 값만 사용할 수 있다.

11 후보키는 기본키와 기본키로 선정되지 않은 대체키로 분류할 수 있고, 대체키는 기본키로 교체될 수 있다. (　　)

>>>Q 후보키(candidate key)는 유일성과 최소성을 만족하는 속성 또는 속성들의 집합이다. 최소성(minimality)은 키를 구성하고 있는 여러 속성 중에서 하나라도 없으면 튜플을 유일하게 구별할 수 없는, 꼭 필요한 최소한의 속성들로만 키를 구성하는 특성이다. 그러므로 하나의 속성으로 구성된 키는 당연히 최소성을 만족한다. 후보키는 기본키와 대체키로 구성된다.

정답 8 × 　9 ○ 　10 ○ 　11 ○

실제예상문제

01 다음 중 릴레이션의 특징으로 거리가 <u>먼</u> 것은?

① 모든 튜플은 서로 다른 값을 갖는다.

② 모든 속성 값은 원자 값이다.

③ 각 속성의 명칭은 중복이 가능하며, 속성의 순서는 큰 의미가 있다.

④ 튜플 사이에는 순서가 없다.

>>>𝒪

릴레이션의 특징	• 모든 튜플은 서로 다른 값을 갖는다. • 각 속성은 릴레이션 내에서 유일한 이름을 가진다. • 하나의 릴레이션 내에서 유일한 이름을 가진다. • 모든 속성 값은 원자 값이다.

01 속성의 명칭은 중복이 불가능하고 속성에 순서는 없다.
[문제 하단의 내용 참고]

02 릴레이션 R에는 7개의 튜플이 있고, 다른 릴레이션 S에는 8개의 튜플이 있을 때, 두 릴레이션 R과 S의 교차 곱(Cartesian Product) 연산을 수행한 후의 튜플의 수는?

① 15

② 5

③ 56

④ 8

02 두 개의 릴레이션의 카디션 곱을 수행할 때 결과 릴레이션의 차수는 두 릴레이션 차수의 합이 되고, 카디널리티는 두 릴레이션의 카디널리티의 곱으로 나타낸다. 튜플의 수를 카디널리티라 하므로 두 릴레이션의 튜플의 수는 $7 \times 8 = 56$이다.

정답 01 ③ 02 ③

03 공백이나 0은 공백이라는 값과 0이라는 값을 가지고 있다. null은 정의되지 않은 정보의 부재를 나타낸다.

03 데이터베이스에서 널(null) 값에 대한 설명으로 옳지 <u>않은</u> 것은?

① 아직 모르는 값을 의미한다.
② 아직 알려지지 않은 값을 의미한다.
③ 공백이나 0(zero)과 같은 의미이다.
④ 정보 부재를 나타내기 위해 사용한다.

04 관계 대수는 원하는 정보와 그 정보를 검색하기 위해 어떻게 유도하는가를 기술하는 절차적인 언어이고, 관계 해석은 원하는 정보가 무엇이라는 것만 정의하는 비절차적 언어이다.

04 다음 중 관계 대수에 대한 설명으로 옳지 <u>않은</u> 것은?

① 원하는 릴레이션을 정의하는 방법을 제공하며 비절차적 언어이다.
② 릴레이션 조작을 위한 연산의 집합으로 피연산자와 결과가 모두 릴레이션이다.
③ 일반 집합 연산과 순수 관계 연산으로 구분된다.
④ 질의에 대한 해를 구하기 위해 수행해야 할 연산의 순서를 명시한다.

05 외래키(foreign key)는 어떤 릴레이션에 소속된 속성 또는 속성 집합이 다른 릴레이션의 기본키가 되는 키다. 다시 말해 다른 릴레이션의 기본키를 그대로 참조하는 속성의 집합이 외래키다.

05 다음 설명에서 괄호 안에 공통으로 들어갈 내용은 무엇인가?

> • 관계형 데이터 모델에서 한 릴레이션의 (   )는 참조되는 릴레이션의 기본키와 대응되어 릴레이션 간에 참조 관계를 표현하는 데 사용되는 중요한 도구이다.
> • (   )를 포함하는 릴레이션이 참조하는 릴레이션이 되고, 대응되는 기본키를 포함하는 릴레이션이 참조 릴레이션이 된다.

① 후보키(candidate key)
② 대체키(alternate key)
③ 외래키(foreign key)
④ 수퍼키(super key)

정답 03 ③ 04 ① 05 ③

06 다음의 SQL 질의를 관계 대수식으로 표현한 것은?(단, P는 WHERE 조건절)

> SELECT A_1 FROM R_1 WHERE P

① $\pi R_1(\sigma P(A_1))$
② $\sigma A_1(\pi P(R_1))$
③ $\pi A_1(\sigma P(R_1))$
④ $\sigma R_1(\pi P(A_1))$

07 다음 중 릴레이션의 특징으로 옳지 <u>않은</u> 것은?

① 한 릴레이션에 포함된 튜플 사이에는 순서가 없다.
② 속성의 값은 논리적으로 더 이상 쪼갤 수 없는 원자 값이다.
③ 한 릴레이션에 포함된 튜플들은 모두 상이하다.
④ 한 릴레이션을 구성하는 속성들 사이의 순서는 존재하며, 중요한 의미를 가진다.

08 공통 속성을 중심으로 두 개의 릴레이션을 하나로 합쳐서 새로운 릴레이션으로 만드는 연산을 무엇이라 하는가?

① Select
② Project
③ Join
④ Division

>>>🔍

구분	연산자의 종류	기호	설명
관계 연산자	셀렉트	σ	주어진 릴레이션의 수평적 부분집합
	프로젝트	π	주어진 릴레이션의 수직적 부분집합
	조인	⋈	두 릴레이션의 수평적 합집합
	디비전	÷	R÷S, R에서 S의 애트리뷰트들의 도메인 값과 일치하는 R의 튜플들을 찾아내는 연산

06 π 속성(σ 조건(테이블 명)
예 $\pi A_1(\sigma P(R_1))$

07 속성들 사이의 순서는 존재하지 않는다.

08 [문제 하단의 표 참고]

정답 06 ③ 07 ④ 08 ③

09 카디션 프로덕트는 두 개의 테이블에서 각각의 레코드들을 서로 결합하여 하나의 레코드로 구성하면서 가능한 모든 조합의 레코드들로 테이블을 만드는 연산이다.

09 다음은 관계 대수의 수학적 표현식이다. 해당되는 연산은?

$$R \times S = \{ r{\cdot}s \,|\, r \in R \wedge s \in S \}$$
$$r = \langle a_1, a_2 \cdots, a_n \rangle,\, s = \langle b_1, b_2 \cdots, b_n \rangle$$

① 합집합
② 교집합
③ 차집합
④ 카디션 프로덕트

10 개체 무결성 : 릴레이션에서 기본키를 구성하는 속성은 널(null) 값이나 중복값을 가질 수 없다.

10 한 릴레이션의 기본키를 구성하는 어떠한 속성 값도 널(null) 값이나 중복 값을 가질 수 없음을 의미하는 것은?

① 개체 무결성 제약 조건
② 참조 무결성 제약 조건
③ 도메인 무결성 제약 조건
④ 키 무결성 제약 조건

11 관계 대수의 대표 연산자 중 집합 연산자는 수학에서 사용되는 일반적인 집합 연산자로서, 합집합(union), 교집합(intersection), 차집합(difference), 카디션 프로덕트(cartesian product)로 구성된다. 특수 연산자는 테이블에만 적용할 수 있는 검색 연산자로서, selection, projection, join, division으로 구성된다.

11 다음 중 관계 대수의 연산자가 <u>아닌</u> 것은?

① join
② project
③ select
④ part

정답 09 ④ 10 ① 11 ④

12 관계 해석 '모든 것에 대하여(for all)'의 의미를 나타내는 것은?

① ∃

② ∈

③ ∀

④ ∪

12 ∃(존재 정량자 : there exist)
∀(전칭 정량자 : for all)

13 다음 관계 대수 중 순수 관계 연산자가 <u>아닌</u> 것은?

① 차집합(difference)

② 프로젝트(project)

③ 조인(join)

④ 디비전(division)

13 관계 대수의 순수 관계 연산자: select, project, join, division

14 다음 중 일반 집합 연산자가 <u>아닌</u> 것은?

① Union

② Intersection

③ Project

④ Cartesian Product

14 [문제 하단의 표 참고]

>>>🔍

구분	연산자의 종류	기호	설명
관계 연산자	셀렉트	σ	주이진 릴레이션의 수평저 부분집합
	프로젝트	π	주어진 릴레이션의 수직적 부분집합
	조인	⋈	두 릴레이션의 수평적 합집합
	디비전	÷	R÷S, R에서 S의 애트리뷰트들의 도메인 값과 일치하는 R의 튜플들을 찾아내는 연산
집합 연산자	합집합 (Union)	∪	R∪S, 합집합을 수행
	교집합 (Intersection)	∩	R∩S, 교집합을 수행
	차집합 (Difference)	–	R–S, 차집합을 수행
	카디션 프로덕트 (Cartesian Product)	×	R×S, 두 릴레이션의 가능한 모든 튜플들의 집합, 차수는 더하고, 카디널리티는 곱함

정답 12 ③ 13 ① 14 ③

15 [참조 무결성 제약조건]

릴레이션과 릴레이션 사이에 대해 참조의 일관성을 보장하기 위한 조건 두 개의 릴레이션이 기본키, 외래키를 통해 참조 관계를 형성할 경우, 참조하는 외래키의 값은 항상 참조되는 릴레이션에 기본키로 존재해야 한다.

15 릴레이션에 R_1에 속한 애튜리뷰트의 조합인 외래키를 변경하려면 이를 참조하고 있는 R_2의 릴레이션의 기본키도 변경해야 하는데 이를 무엇이라 하는가?

① 정보 무결성
② 고유 무결성
③ 키 제약성
④ 참조 무결성

16 • 셀렉트(σ) : 릴레이션에서 조건을 만족하는 튜플을 구한다.
• 프로젝트(π) : 릴레이션에서 주어진 속성들의 값으로만 구성된 튜플을 구한다.
• 조인($\bowtie$) : 공통 속성을 이용해 두 릴레이션의 튜플들을 연결하여 생성된 튜플을 구한다.
• 디비전($\div$) : 나누어지는 릴레이션에서 나누는 릴레이션의 모든 튜플과 관련이 있는 튜플을 구한다.

16 조건을 만족하는 릴레이션의 수평적 부분집합으로 구성하며, 연산자의 기호는 그리스 문자 시그마(σ)를 사용하는 관계 대수 연산은?

① Select
② Project
③ Join
④ Division

17 관계 대수는 절차적 언어이고 관계 해석은 비절차적 언어이다.

17 관계 해석에 대한 설명으로 틀린 것은?

① 튜플 관계 해석과 도메인 관계 해석이 있다.
② 질의에 대한 해를 구하기 위해 수행해야 할 연산의 순서를 명시해야 하는 절차적인 언어이다.
③ 릴레이션을 정의하는 방법을 제공한다.
④ 수학의 predicate calculus에 기반을 두고 있다.

정답　15 ④　16 ①　17 ②

18 데이터 무결성 제약조건 중 '개체 무결성 제약 조건'에 대한 설명으로 옳은 것은?

① 릴레이션 내의 튜플들이 각 속성의 도메인에 지정 값만을 가져야 한다.

② 기본키에 속해 있는 애트리뷰트는 널 값이나 중복 값을 가질 수 없다.

③ 릴레이션은 참조할 수 없는 외래키 값을 가질 수 없다.

④ 키 속성의 모든 값들은 서로 같은 값이 없어야 한다.

19 관계 해석에 대한 설명으로 옳지 <u>않은</u> 것은?

① 수학의 프레디킷 해석에 기반을 두고 있다.

② 관계 데이터 모델의 제안자인 코드(Codd)가 관계 데이터베이스에 적용할 수 있도록 설계하여 제안하였다.

③ 튜플 관계 해석과 도메인 관계 해석이 있다.

④ 원하는 정보와 그 정보를 어떻게 유도하는가를 기술하는 절차적 특성을 가진다.

19 비절차적인 특성을 가진다.

20 관계 대수에 대한 설명으로 옳지 <u>않은</u> 것은?

① 릴레이션을 처리하기 위한 연산의 집합으로 피연산자가 릴레이션이고 결과도 릴레이션이다.

② 원하는 정보와 그 정보를 어떻게 유도하는가를 기술하는 절차적 특징을 가지고 있다.

③ 일반 집합 연산과 순수 관계 연산이 있다.

④ 수학의 Predicate Calculus에 기반을 두고 있다.

20 관계 해석에 대한 내용이다.

정답   18 ②   19 ④   20 ④

21 도메인: 속성이 취할 수 있는 값의 범위로 성별을 예로 들면 '남'과 '여'가 성별의 도메인이다.

21 관계 데이터베이스에서 릴레이션을 구성하고 있는 각각의 속성에서 취할 수 있는 원자값들의 집합을 무엇이라고 하는가?

① 튜플
② 도메인
③ 개체 타입
④ 개체 어커런스

22 null은 아직 정의되지 않은 값으로 비어있는 값을 의미한다.

22 데이터베이스에서 사용되는 널(null)에 대한 설명으로 가장 적절한 것은?

① 널(null)은 비어 있다는 뜻으로 기본값 'A'를 가진다.
② 널(null)은 Space 값을 나타낸다.
③ 널(null)은 Zero 값을 나타낸다.
④ 널(null)은 공백(space)도, 영(zero)도 아닌 부재 정보(missing information)를 나타낸다.

23 후보키는 유일성과 최소성을 만족해야 한다.

23 후보키가 되기 위한 두 가지 성질로 가장 타당한 것은?

① 유일성, 무결성
② 독립성, 최소성
③ 유일성, 최소성
④ 독립성, 무결성

24 수퍼키는 유일성은 만족하나 최소성을 만족하지 않고 유일성과 최소성을 모두 만족하는 키는 후보키이다.

24 릴레이션에 있는 모든 튜플에 대해 유일성은 만족시키지만 최소성은 만족시키지 못하는 키는?

① 후보키
② 수퍼키
③ 기본키
④ 외래키

정답 21② 22④ 23③ 24②

✔ 주관식 문제

01 다음 설명에서 괄호 안에 들어갈 내용을 순서대로 쓰시오.

> 동일한 구조(릴레이션)의 관점에서 모든 데이터를 논리적으로 구성하며 선언적인 질의어를 통한 데이터 접근을 제공하는 데이터 모델을 (㉠)(이)라 하고, 하나의 릴레이션에서 속성의 전체 개수를 릴레이션의 (㉡)(이)라 하고, 하나의 릴레이션에서 튜플의 전체 개수를 릴레이션의 (㉢)(이)라 한다.

01

정답 ㉠ 관계 데이터 모델
㉡ 차수(degree)
㉢ 카디널리티

해설 관계 데이터 모델은 동일한 구조(릴레이션)의 관점에서 모든 데이터를 논리적으로 구성하며 선언적인 질의어를 통한 데이터 접근을 제공한다. 응용 프로그램들은 데이터베이스 내의 레코드들의 순서와 무관하게 작성된다.
차수: 하나의 릴레이션에서 속성의 전체 개수를 릴레이션의 차수(degree)라고 한다. 모든 릴레이션은 최소 1 이상의 차수를 유지해야 한다. 릴레이션의 차수는 일반적으로 자주 변하지 않는다는 정적인 특징이 있다.
카디널리티: 하나의 릴레이션에서 튜플의 전체 개수를 릴레이션의 카디널리티(cardinality)라고 한다. 튜플이 없는 릴레이션이 존재할 수도 있으며 새로운 튜플이 계속 삽입되거나 기존 튜플이 삭제될 수 있으므로 릴레이션의 카디널리티는 일반적으로 자주 변한다는 동적인 특징이 있다.

02 후보키의 종류에 대해 쓰시오.

02

정답 기본키, 대체키

해설 후보키의 조건은 유일성과 최소성을 만족해야 한다.

checkpoint 해설 & 정답

03

정답 ㉠ 기본키
　　 ㉡ 개체 무결성 제약조건

해설 기본키는 특정 튜플을 유일하게 구별
할 수 있는 속성으로 NULL이나 중복
된 값을 가질 수 없다.

04

정답 ㉠ 도메인
　　 ㉡ 참조 무결성 제약조건

해설 도메인은 하나의 속성이 가질 수 있는
값의 범위이다.
참조 무결성 제약조건은 외래키 값
은 NULL이거나 참조 릴레이션의 기
본키의 도메인 값을 가져야 한다는
제약이다.

---

03 다음 설명에서 괄호 안에 들어갈 내용을 순서대로 쓰시오.

> 한 릴레이션에서 특정 튜플을 유일하게 구별할 수 있는 속성으
> 로 중복된 값을 가질 수 없고, NULL값을 가질 수 없는 것을
> (㉠)(이)라 하고, 이것의 제약 조건을 (㉡)(이)라 한다.

04 다음 설명에서 괄호 안에 들어갈 내용을 순서대로 쓰시오.

> 외래키 값은 NULL이거나 참조 릴레이션의 기본키의 (㉠)
> 값을 가져야 한다는 제약조건을 (㉡)(이)라 한다.

05 다음은 후보키의 조건에 대한 것이다. 괄호 안에 들어갈 내용을
순서대로 쓰시오.

> (㉠) : 한 릴레이션에서 모든 튜플은 서로 다른 키 값을
> 가져야 함
> (㉡) : 꼭 필요한 최소한의 속성들로만 키를 구성

05

정답 ㉠ 유일성
　　㉡ 최소성

해설 유일성 : 중복을 배제하고, 모든 튜플
은 서로 다른 값을 가진다.
최소성 : 하나의 속성은 더 이상 쪼개
지지 않는 원자값을 가진다.

여기서 멈출 거예요? 끝자가 바로 눈앞에 있어요.
마지막 한 걸음까지 SD에듀가 함께할게요!

제5장

SQL 언어

I wish you the best of luck!

혼자 공부하기 힘드시다면 방법이 있습니다.
SD에듀의 동영상강의를 이용하시면 됩니다.
www.sdedu.co.kr → 회원가입(로그인) → 강의 살펴보기

제 5 장 SQL 언어

1 개요

왜 데이터베이스 환경에서 질의어를 필요로 하는가? 한글이나 영어와 같은 자연어는 너무 모호하기 때문에 복잡한 질의를 자연어로 표현하면 질의가 정확하게 표현되는지 입증하기 어렵다. 또한 질의의 결과가 실제로 올바른지를 판단하기 어렵다.

데이터베이스 관리 시스템을 통해 데이터베이스에 데이터의 삽입·삭제·수정·검색 등의 작업을 요청하고 싶으면 어떤 언어를 사용해야 할까? SQL(Structured Query Language)은 관계 데이터베이스를 위한 표준 질의어로 많이 사용되는 언어다. SQL은 사용자가 처리를 원하는 데이터가 무엇인지만 제시하고 데이터를 어떻게 처리해야 하는지를 언급할 필요가 없어 비절차적 데이터 언어의 특징을 띤다고 할 수 있다. 질의어를 사용하여 데이터베이스와 릴레이션의 구조를 정의하고, 릴레이션에 튜플을 삽입, 삭제, 수정하고, 간단한 질의는 물론이고 복잡한 질의까지 표현할 수 있어야 한다.

SQL은 데이터베이스 관리 시스템에 직접 접근해 질의를 대화식으로 작성하는 방식으로 사용할 수도 있고, C나 C++ 또는 Java와 같은 언어로 작성한 응용 프로그램에 삽입하여 사용할 수도 있다.

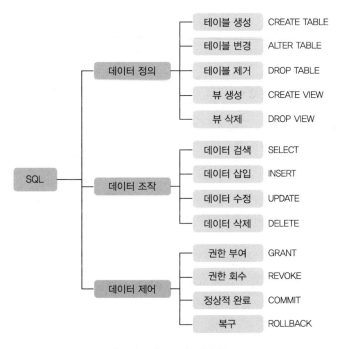

[그림 5-1] SQL 문의 구성

2 SQL의 특징 중요 ★★

① ANSI, ISO에서 선정한 관계 데이터베이스 표준 언어이다.
② 관계 대수와 관계 해석을 기초로 한 혼합 언어이다.
③ 데이터 정의, 조작, 제어 기능을 모두 갖추고 있다.
④ 비절차식 언어이며 대화식 질의어로 사용할 수 있다.
⑤ 다른 프로그램 언어(COBOL, PL/1, C, PASCAL)에 삽입된 형태로 사용 가능하다.

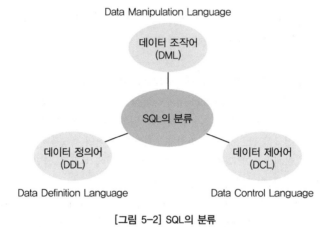

[그림 5-2] SQL의 분류

3 SQL의 장점 중요 ★

(1) 모든 관계 데이터베이스의 언어

Oracle, Informix, Ingress 등 모든 관계 데이터베이스가 사용한다. 과거에는 DBMS마다 다른 언어를
사용했으므로 데이터베이스를 바꾸면 새로운 언어를 배워야 했다.

(2) 우수한 이식성

모든 관계 데이터베이스 회사들은 표준에 따라서 SQL 언어를 제작하므로 SQL 프로그램을 변경하지
않고, 이식해서 사용할 수 있다. 거의 모든 컴퓨터에서 실행된다.

(3) 단일 언어로 여러 가지 기능 수행

SQL 문법 하나만으로 모든 종류의 데이터베이스 연산을 지원한다. 자료 연산뿐만 아니라 사칙연산을
위해 기본적인 자료형인 정수, 실수, 문자열 등의 8가지 자료형을 지원한다.

(4) 내장 언어와 대화식 언어 지원

기존의 자료 언어들은 한 가지만 지원했으나 SQL은 대화식으로도 사용할 수 있고, 다른 프로그래밍 언어 안에서 자료 처리를 위한 내장 언어로도 사용할 수도 있다. SQL을 C, C++, Java 같은 호스트 언어 안에서 사용하는 것은 호스트 언어가 프로그래밍 언어로서 사칙연산과 같은 자료 가공을 섬세하게 잘하기 때문이다.

(5) 집합 단위 연산

관계 데이터베이스는 집합론을 기반으로 하기 때문에 SQL도 집합 연산을 기반으로 한다. 따라서 레코드 단위의 연산도 가능하고, 집합 단위의 연산도 수행한다.

(6) 표현력 풍부, 구조 간단

비절차언어이므로 표현이 간단함에도 불구하고 다양한 연산을 지원한다.

4 SQL의 분류 중요 ★★★

SQL은 기능에 따라 데이터 정의어(DDL), 데이터 조작어(DML), 데이터 제어어(DCL)로 나눈다.

(1) 데이터 정의어(DDL : Data Define Language)

① 스키마, 도메인, 테이블, 뷰, 인덱스를 정의하거나 변경, 삭제할 때 사용하는 언어이다.
② 논리적 데이터 구조와 물리적 데이터 구조의 사상을 정의한다.
③ 데이터베이스 관리자나 데이터베이스 설계자가 사용한다.
④ 데이터 정의어의 세 가지 유형

명령어	기능
CREATE	SCHEMA, DOMAIN, TABLE, VIEW, INDEX를 정의
ALTER	TABLE에 대한 정의를 변경할 때 사용
DROP	SCHEMA, DOMAIN, TABLE, VIEW, INDEX를 삭제

(2) 데이터 조작어(DML : Data Manipulation Language)

① 데이터베이스 사용자가 응용 프로그램이나 질의어를 통하여 저장된 데이터를 실질적으로 처리하는 데 사용되는 언어이다.
② 데이터베이스 사용자와 데이터베이스 관리 시스템 간의 인터페이스를 제공한다.
③ 테이블에 새 데이터를 삽입하거나, 테이블에 저장된 데이터를 수정·삭제·검색하는 기능을 제공한다.

④ 데이터 조작어의 네 가지 유형

명령어	기능
SELECT	테이블에서 조건에 맞는 튜플을 검색
INSERT	테이블에 새로운 튜플을 삽입
DELETE	테이블에서 조건에 맞는 튜플을 삭제
UPDATE	테이블에서 조건에 맞는 튜플의 내용을 변경

(3) 데이터 제어어(DCL : Data Control Language)

① 데이터의 보안, 무결성, 회복, 병행 수행 제어 등을 정의하는 데 사용되는 언어이다.
② 데이터베이스 관리자가 데이터 관리를 목적으로 사용한다.
③ 보안을 위해 데이터에 대한 접근 및 사용 권한을 사용자별로 부여하거나 취소하는 기능을 하는 언어다.
④ 데이터 제어어의 네 가지 유형

명령어	기능
COMMIT	명령에 의해 수행된 결과를 실제 물리적 디스크로 저장하고, 데이터베이스 조작 작업이 정상적으로 완료되었음을 관리자에게 통보
ROLLBACK	데이터베이스 조작 작업이 비정상적으로 종료되었을 때 원래의 상태로 복구
GRANT	데이터베이스 사용자에게 사용 권한을 부여
REVOKE	데이터베이스 사용자의 사용 권한을 취소

앞서 SQL을 관계 데이터베이스를 위한 표준 데이터 언어 또는 표준 질의어로 소개했지만 원래 질의어는 데이터 언어 중 검색 위주의 기능을 하는 비절차적 데이터 조작어를 의미한다. 하지만 SQL은 데이터 조작 기능도 제공하면서 정의 및 제어 기능까지 제공하므로 SQL을 데이터 언어와 같은 의미로 이해해도 무리는 없다.

제 1 절 데이터 정의

데이터 정의 언어는 데이터베이스의 생성, 수정, 삭제를 위한 언어이다. 사용자는 데이터 정의어를 사용하여 릴레이션을 생성·제거할 수 있고 릴레이션에 새로운 어트리뷰트를 추가 또는 제거할 수 있다. 그리고 뷰의 생성과 삭제, 인덱스의 생성과 제거하는 작업 등을 수행한다. 또한 릴레이션을 생성할 때 여러 가지 유형의 무결성 제약조건들을 명시할 수 있다.

SQL의 DDL은 관계뿐만 아니라 다음과 같은 모든 관계에 관한 정보를 명시할 수 있다.

- 각 관계의 스키마
- 각 속성들과 이들의 도메인
- 무결성 제약조건
- 각 관계의 색인
- 각 관계의 보안과 권한 정보
- 각 관계의 물리적 저장구조

데이터 정의 언어는 다음과 같은 기능을 수행한다.

① 스키마의 생성과 제거
② 릴레이션 정의: 테이블, 애트리뷰트의 이름과 데이터 타입을 명시
③ 인덱스 생성과 삭제
④ 도메인 생성
⑤ 뷰(view)의 생성과 삭제

[표 5-1] 데이터 정의어의 종류

CREATE	DOMAIN	도메인 생성
	TABLE	테이블 생성
	VIEW	뷰 생성
	INDEX	인덱스를 생성
ALTER	TABLE	테이블의 구조 변경
DROP	DOMAIN	도메인 제거
	TABLE	테이블 제거
	VIEW	뷰 제거
	INDEX	인덱스 제거

1 데이터 타입 중요 ★

[표 5-2]는 표준 SQL에서 지원하는 속성의 대표적인 데이터 타입이다. 각 속성의 특성을 고려하여 적절한 데이터 타입을 선택하여 정의한다. 테이블을 구성하는 각 속성의 데이터 타입을 선택한 후에는 속성의 널 값 허용 여부와 기본 값 필요 여부를 결정해야 한다. CREATE TABLE 문으로 생성되는 테이블을 구성하는 속성은 기본적으로 널 값이 허용된다. 그러므로 널 값을 허용하지 않으려면 속성을 정의할 때 속성의 이름과 데이터 타입 다음에 NOT NULL 키워드를 포함해야 한다. 특히, 기본키를 구성하는 모든 속성은 널 값을 가질 수 없도록 반드시 NOT NULL 키워드를 표기한다. 이것은 기본키를 구성하는 속성은 널 값을 가질 수 없다는 개체 무결성 제약조건을 실제로 구현하기 위한 방법이다.

[표 5-2] 속성의 데이터 타입

데이터 타입	의미
INT 또는 INTEGER	풀 워드(full word)의 2진 정수형(4byte 정수형)
SMALLINT	INT보다 작은 정수
CHAR(n) 또는 CHARACTER(n)	길이가 n인 고정 길이의 문자열
VARCHAR(n) 또는 CHARACTER VARYING(n)	최대 길이가 n인 가변 길이의 문자열
NUMERIC(p, s) 또는 DECIMAL(p, s)	• 고정 소수점 실수 • p는 소수점을 제외한 전체 숫자의 길이이고, s는 소수점 이하 숫자의 길이
FLOAT(n)	• 더블 워드(double word) 부동 소수점 형 • 길이가 n인 부동 소수점 실수
REAL	부동 소수점 실수
DATETIME 또는 DATE	년, 월, 일로 표현되는 날짜
TIME	시, 분, 초로 표현되는 시간

① 기본키를 구성하는 속성이 아니더라도 값을 꼭 입력해야 된다고 판단되는 속성은 NOT NULL 키워드를 표기한다. 여러분이 온라인이나 오프라인으로 회원 가입을 할 때 필수 입력 사항으로 분류된 항목이 회원 데이터를 저장하고 있는 테이블에서 NOT NULL로 지정된 속성이다.

　　예 회원번호 VARCHAR(10) NOT NULL → 회원 테이블의 회원번호 속성을 길이가 최대 10인 가변 길이의 문자열 데이터로 구성하고, 널 값을 허용하지 않음

② 속성에 기본 값을 지정하려면 DEFAULT 키워드를 사용한다. 속성에 기본값을 지정해두지 않으면 사용자가 속성에 값을 입력하지 않았을 때 해당 속성에 널 값이 기본으로 저장된다. 하지만 DEFAULT 키워드를 사용해 기본 값을 명확히 지정해두면 이 기본 값이 저장된다.

　　예 가중치 INT DEFAULT → 회원 테이블의 가중치 속성을 정수 데이터로 구성하고, 가중치가 입력되지 않으면 0이 기본으로 저장되도록 함

③ DEFAULT 키워드로 기본 값을 지정할 때 숫자 데이터는 그대로 표현하고, 문자열이나 날짜 데이터는 작은 따옴표로 묶어주어야 한다. 작은 따옴표로 묶어진 문자열은 대소문자를 구분한다.

　　예 회원명 VARCHAR(10) DEFAULT '방경아' → 고객 테이블의 담당자 속성은 길이가 최대 10인 가변 길이의 문자열 데이터로 구성하고, 담당자를 입력하지 않으면 방경아가 기본 값으로 지정된다.

　　예 평점 CHAR(2) DEFAULT 'a'와 평점 CHAR(2) DEFAULT 'A' → a와 A는 다른 값으로 취급된다.

> 💡 더 알아두기 🔍
>
> • 워드(word) : 4byte(32bit)의 데이터 단위
> • 더블 워드(double word) : 8byte(64bit)의 데이터 단위

예를 들어 표의 관계형 데이터베이스의 회원 테이블을 보면 다음과 같다.

```
CREATE TABLE 회원        (회원번호   SMALLINT NOT NULL,
                         회원명    CHAR(16),
                         전화번호   CHAR(20),
                         성별     CHAR(8),
                         생년월일   DATE       );
```

2 기본 테이블 중요 ★★★

(1) 테이블의 정의

새로운 테이블을 생성하려면 먼저 테이블의 이름과 테이블을 구성하는 속성의 이름을 의미 있게 정해야
한다. 그런 다음 각 속성의 특성에 맞게 데이터 타입을 결정한다. 테이블을 생성하는 SQL 명령어는
CREATE TABLE이다. CREATE TABLE 문은 생성할 테이블을 구성하는 속성들의 이름과 데이터 타입
및 제약 사항에 대한 정의, 기본키·대체키·외래키의 정의, 데이터 무결성을 위한 제약조건의 정의 등을
포함한다. CREATE TABLE 문의 기본 형식은 다음과 같다.

📁 **테이블 생성의 기본 형식**

CREATE TABLE_테이블_이름 (

① 속성_이름 데이터_타입 [NOT NULL] [DEFAULT 기본_값]
② [PRIMARY KEY (속성_리스트)]
③ [UNIQUE (속성_리스트)]
④ [FOREIGN KEY (속성_리스트) REFERENCES 테이블_이름(속성_리스트)]
   [ON DELETE 옵션] [ON UPDATE 옵션]
⑤ [CONSTRAINT 이름] [CHECK(조건)]

);

---

①은 테이블을 구성하는 각 속성의 이름과 데이터 타입과 기본적인 제약 사항을 정의한다.
②는 기본키로 테이블에 하나만 존재할 수 있다.
③은 대체키로 테이블에 여러 개 존재할 수 있다.
④는 외래키로 테이블에 여러 개 존재할 수 있다.
⑤는 데이터 무결성을 위한 제약조건으로 테이블에 여러 개 존재할 수 있다. 그리고 [ ]로 표시한 항목은
생략이 가능하다.

모든 SQL 문은 세미콜론(;)으로 문장 끝을 표시한다. 그리고 SQL 문에 사용되는 CREATE TABLE, NOT NULL과 같은 키워드는 대소문자를 구분하지 않는다.

예를 들어 표의 관계형 데이터베이스의 회원 테이블을 보면 다음과 같다.

```
CREATE TABLE 회원        (회원번호      SMALLINT NOT NULL,
                          회원명        CHAR(16),
                          전화번호      CHAR(20),
                          성별          CHAR(8),
                          생년월일      DATE          );
```

회원 테이블의 회원명, 전화번호, 성별, 생년월일 필드에는 NOT NULL을 포함하고 있지 않다. 즉, 학년 필드에 어떤 값을 기재하지 않아도 된다는 의미이다. 이는 값이 반드시 필요한 것이 아니라 NULL 값을 허용한다는 것이다. 그러나 회원번호 필드의 경우 NOT NULL이 표시되어 있으므로 반드시 필드 값을 기재해야만 한다는 것을 의미한다. 이는 기본키(primary key)의 기본 개념을 회원번호 필드에 적용한다는 뜻이다.

[표 5-3] 회원 테이블

회원번호	회원명	전화번호	성별	생년월일
1	이미숙	1111-2222	여	
2	정영진	2014-7777	남	

(2) 데이터베이스의 테이블 확장

테이블은 ALTER TABLE 문으로 변경할 수 있다. ALTER TABLE 문을 이용해 새로운 속성 추가, 기존 속성 삭제, 새로운 제약조건 추가, 기존 제약조건 삭제 등이 가능하다.

① 관계형 데이터베이스의 테이블 확장

기존의 관계형 데이터베이스 테이블에 새로운 필드를 추가하는 것을 의미한다.

```
ALTER TABLE 테이블 이름
    ADD 속성 이름 데이터 타입 [NOT NULL] [DEFAULT 기본_값];
```

예를 들어 회원 테이블에 추가로 주소라는 필드를 추가하여 회원 테이블을 확장하려 할 때 다음과 같다.

```
ALTER TABLE 회원
    ADD 주소 CHAR(30);
```

이에 따라 회원 테이블은 다음과 같다.

[표 5-4] 회원 테이블

회원번호	회원명	전화번호	성별	생년월일	주소
1	이미숙	1111-2222	여		
2	정영진	2014-7777	남		

기존의 회원 테이블은 5개의 필드에서 6개의 필드로 확장하며 새로운 필드의 값은 전부 비어 있다. 즉, NULL 상태이다.

② **속성의 삭제**

테이블의 기존 속성을 삭제하는 ALTER TABLE 문의 기본 형식은 다음과 같다.

```
ALTER TABLE 테이블 이름
    DROP 속성 이름 CASCADE | RESTRICT;
```

ALTER TABLE 문을 작성할 때는 삭제할 속성과 관련된 제약조건이 존재하거나 이 속성을 참조하는 다른 속성이 존재하는 경우에 처리하는 방법을 선택할 수 있다. 가능한 처리 방법은 두 가지다. 관련된 제약조건이나 참조하는 다른 속성을 함께 삭제하기 위해 CASCADE를 지정하거나, 관련된 제약조건이나 참조하는 다른 속성이 존재하면 삭제가 수행되지 않도록 RESTRICT를 지정하면 된다.

(3) 데이터베이스 테이블 삭제

데이터베이스의 테이블 삭제(DROP)란 기존에 생성했던 테이블을 삭제하는 것을 의미한다.

```
DROP TABLE 테이블 이름 CASCADE | RESTRICT;
```

DROP TABLE 문을 작성할 때 삭제할 테이블을 참조하는 다른 테이블도 함께 삭제하려면 CASCADE를 지정한다. 반대로 삭제할 테이블을 참조하는 테이블이 있으면 삭제가 수행되지 않도록 하려면 RESTRICT를 지정한다. 예를 들어 회원 테이블이 필요 없게 되면 회원 테이블을 삭제하는데, 형식은 다음과 같다.

```
DROP TABLE 회원 RESTRICT;
```

회원 테이블은 관계형 데이터베이스 시스템에서 삭제된다. 따라서 회원 테이블 안에 있는 각 필드의 값과 필드는 모두 삭제되고 인덱스나 뷰도 함께 삭제된다. 그러나 회원 테이블을 참조하는 다른 테이블이 존재한다면 삭제가 수행되지 않는다.

```
DROP TABLE 회원 CASECADE;
```

회원 테이블은 관계형 데이터베이스 시스템에서 삭제된다. 따라서 회원 테이블 안에 있는 각 필드의 값과 필드는 모두 삭제되고 인덱스나 뷰도 함께 삭제된다. 그리고 회원 테이블을 참조하는 다른 테이블도 함께 삭제된다.

3 색인(INDEX)

색인은 파일에 있는 레코드를 찾아주는 보조적인 파일이다. 색인은 정렬되어 있으며 검색을 빨리하도록 도와준다. CREATE INDEX 문은 SQL의 표준은 아니지만 대부분의 상용 관계 DBMS가 이를 지원한다. CREATE INDEX 문은 릴레이션의 하나 이상의 애트리뷰트에 대해 인덱스를 생성한다. 인덱스는 검색 성능을 향상시키기 위해 사용된다. 하지만 인덱스는 저장 공간을 추가로 필요로 하고 갱신 연산의 속도를 저하시킨다. 인덱스를 생성하면 DEFAULT는 오름차순이다. 인덱스가 정의된 릴레이션의 튜플에 변경이 생기면 DBMS가 자동적으로 인덱스에 반영한다. 찾고자 하는 레코드를 쉽게 검색하기 위해서 각 레코드들의 저장 위치를 목록으로 작성하는데 이를 색인이라고 하며, 색인을 만드는 작업을 색인화(indexing)라고 한다.

(1) 인덱스 생성

CREATE INDEX 문은 이미 생성된 기분 테이블에 색인을 추가할 때 사용하는 것으로 형식은 다음과 같다.

```
CREATE [UNIQUE] INDEX 색인이름
    ON 테이블명(속성 [ASC/DESC])
    [CLUSTER];
```

① **[UNIQUE]** : 색인화되어야 할 하나의 필드나 필드 조합이 중복되어서 같은 값이 나타나지 않도록 하는 옵션이다.
② **[ASC/DESC]** : 명시하지 않으면 오름차순으로 자동 설정되고 내림차순으로 하고자 하면 DESC로 명시한다.
③ **[CLUSTER]** : 색인 값과 물리적인 실제 데이터를 일치시킬 때 사용하는 옵션으로 하나의 테이블에서 한 번밖에 생성할 수 없다.

다음은 인덱스를 정의하는 명령어이다. 자주 검색에 사용되는 속성이나 기본키 또는 외래키 등을 인덱스로 정의하면 편리하다.

```
CREATE UNIQUE INDEX ID ON 회원(회원번호 DESC) CLUSTER;
```

회원 테이블의 회원번호 속성에 따라 ID라는 이름으로 색인을 생성하는데 색인은 중복되지 않아야

(UNIQUE) 한다. 그리고 물리적으로 실제 데이터와 인덱스 순서를 일치시켜(CLUSTER) 내림차순(DESC)
으로 생성하라는 의미이다.

(2) 인덱스 삭제

DROP INDEX 문은 생성된 색인을 제거할 때 사용하는 것으로 형식은 다음과 같다.

> DROP INDEX 인덱스 이름;

DROP은 CREATE 명령에 의해서 생성된 인덱스(INDEX)의 정의를 제거하는 명령문으로 예시는 ID라는
이름의 인덱스를 삭제하는 질의문이다.

> 예 DROP INDEX ID;

제 2 절 데이터 조작

데이터 조작어는 데이터 정의어에 의해서 생성된 테이블에서 원하는 데이터의 추출, 갱신, 삽입, 삭제 등의
연산을 통해 자료를 이용하기 위해 사용하는 명령어이다.
테이블에서 원하는 데이터를 검색하기 위해 필요한 SQL 문은 SELECT이다. SELECT 문은 다양한 검색 유형
을 지원하며, 일반 사용자들이 가장 많이 사용하므로 꼼꼼히 살펴볼 필요가 있다. 이 절에서는 회원, 도서코
드, 도서관리, 대여현황 테이블로 이루어진 도서대여 데이터베이스를 기준으로 예제를 진행한다.

> 데이터 조작 예제에서 사용하는 도서대여 데이터베이스 : 회원, 도서코드, 도서관리, 대여현황 릴레이션

[표 5-5] 도서대여 데이터베이스

[회원 릴레이션]

회원번호	회원명	전화번호	성별	생년월일	우수회원
1	이윤성	010-712-2321	여	1979-03-02	TRUE
2	성인기	010-412-5654	남	1992-03-09	FALSE
3	김민주	011-432-2343	여	1994-06-05	
4	박민성	010-321-2223	남	1997-09-22	FALSE
5	이윤지	010-712-2321	여	1980-02-21	TRUE
6	이민구	010-412-5654	남	1988-04-12	

[도서코드 릴레이션]

도서코드	장르	대여료
S01	일반소설	1,000
S02	로맨스	1,000
S03	무협	1,000
S04	대하소설	1,200
S05	잡지	1,500
S06	코믹스	500
S07	순정만화	500
S08	성인만화	700

[도서관리 릴레이션]

도서번호	도서명	도서코드	저자	출판사	출판년도
B01	누가 그 많던 고래를 다 먹었을까?	S01	스미스	영광	03-Mar-04
B02	행복은 너	S02	김선	백하	25-Mar-13
B03	사서함 25호	S02	이주연	민선	03-Aug-01
B04	바다의 시작	S02	이영선	백하	08-Mar-07
B05	다락방의 첫사랑	S02	에니카 린	민선	05-Aug-01
B06	샤이닝 미연	S02	박인수	선영미디어	11-Dec-08
B07	상남 5인조	S06	미나쿠리 카	광주미디어	05-Aug-98
B08	맛의 종결자	S06	무라쿠미 사비	이가	25-Nov-03
B09	두근두근 니 삶	S01	김상연	청비	09-Aug-01
B10	삼국사	S01	이문지	신라원	14-Nov-11

[대여현황 릴레이션]

회원번호	도서번호	도서명	대여일자	반납일자	대여료
1	B09	두근두근 니 삶	2014-03-05	2014-03-13	1000
1	B10	삼국사	2014-03-13	2014-03-15	1000
1	B05	다락방의 첫사랑	2014-03-15	2014-03-29	1000
1	B06	샤이닝 미연	2014-03-29	2014-04-01	1000
1	B07	상남 5인조	2014-04-01	2014-04-14	500
2	B09	두근두근 니 삶	2014-04-03	2014-04-06	1000
3	B02	행복은 너	2014-03-25	2014-03-28	1000
3	B09	두근두근 니 삶	2014-04-02	2014-04-04	1000
3	B10	삼국사	2014-04-04	2014-04-07	1000
4	B03	사서함 25호	2014-05-19	2014-05-21	1000

4	B04	바다의 시작	2014-05-28	2014-06-01	1000
5	B08	맛의 종결자	2014-06-07	2014-06-09	500
6	B01	누가 그 많던 고래를 다 먹었을까?	2014-05-14	2014-05-16	1000
6	B02	행복은 너	2014-05-16	2014-05-25	1000

1 단순 질의 중요 ★★★

(1) 조건이 없는 기본 검색

기본 검색을 위한 SELECT 문의 기본 형식은 다음과 같다.

```
SELECT [ ALL | DISTINCT ] 속성_리스트
FROM 테이블_리스트;
```

SELECT 키워드와 함께 검색하고 싶은 속성의 이름을 콤마(,)로 구분하여 차례로 나열한다. 그리고 FROM 키워드와 함께 검색하고 싶은 속성이 있는 테이블의 이름을 콤마(,)로 구분하여 차례로 나열한다. SELECT 문은 검색 결과를 테이블 형태로 반환한다. 즉, 테이블을 대상으로 하는 SELECT 문의 수행 결과도 테이블이다.

📄 예 1

회원 테이블에서 회원번호, 회원명, 성별을 검색하시오.

```
SELECT 회원번호, 회원명, 성별
FROM 회원;
```

| 결과 |

회원번호	회원명	성별
1	이윤성	여
2	성인기	남
3	김민주	여
4	박민성	남
5	이윤지	여
6	이민구	남

📄 예 2-1

도서코드 테이블에 존재하는 모든 속성을 검색하시오.

SELECT 도서코드, 장르, 대여료
FROM 도서코드;

| 결과 |

도서코드	장르	대여료
S01	일반소설	1,000
S02	로맨스	1,000
S03	무협	1,000
S04	대하소설	1,200
S05	잡지	1,500
S06	코믹스	500
S07	순정만화	500
S08	성인만화	700

테이블에 존재하는 모든 속성을 검색하기 위해 모든 속성의 이름을 나열하지 않고 *를 사용할 수도 있다. *를 사용하면 결과 테이블의 속성 순서가 원본 테이블이 정의한 속성 순서와 같다.

📄 예 2-2

도서코드 테이블에 존재하는 모든 속성을 검색하시오.

SELECT *
FROM 도서코드;

| 결과 |

도서코드	장르	대여료
S01	일반소설	1,000
S02	로맨스	1,000
S03	무협	1,000
S04	대하소설	1,200
S05	잡지	1,500
S06	코믹스	500
S07	순정만화	500
S08	성인만화	700

📄 예 3-1

도서코드 테이블에서 대여료 속성을 검색하시오.

```
SELECT 대여료
FROM 도서코드;
```

| 결과 |

대여료
1,000
1,000
1,000
1,200
1,500
500
500
700

결과 테이블을 보면 같은 대여료가 여러 번 중복된다. 이와 같이 SELECT 문의 결과 테이블은 관계 데이터 모델의 일반 릴레이션과 큰 차이가 있다. 관계 데이터 모델의 일반 릴레이션은 튜플의 집합 개념으로 이해할 수 있으며 튜플의 유일성을 만족해야 하기 때문에 릴레이션 하나에서 동일한 튜플이 중복되면 안 된다. 그러나 SELECT 문의 수행 결과로 반환되는 결과 테이블에서는 동일한 튜플이 중복될 수 있다. 결과 테이블이 중복을 허용하도록 ALL 키워드를 명시적으로 사용해도 된다. [예 3-1]은 [예 3-2]와 결과가 같다.

📄 예 3-2

도서코드 테이블에서 대여료를 검색하되, ALL 키워드를 사용하여 검색하시오.

```
SELECT ALL 대여료
FROM 도서코드;
```

| 결과 |

대여료
1,000
1,000
1,000
1,200
1,500
500
500
700

결과 테이블에서 튜플의 중복을 제거하고 한 번씩만 출력되도록 하려면 DISTINCT 키워드를 사용한다.

📄 예 3-3

도서코드 테이블에서 대여료 속성을 중복을 제거하고 검색하시오.

SELECT DISTINCT 대여료
FROM 도서코드;

| 결과 |

대여료
1,000
1,200
1,500
500
700

결과 테이블에 출력되는 속성의 이름을 다른 이름으로 바꾸어 출력할 수도 있다. AS 키워드를 변경할 이름과 함께 지정하면 된다. 원래 테이블의 속성 이름이 실제로 바뀌는 것은 아니다. SELECT 문의 결과 테이블에서만 지정한 이름으로 출력되는 것뿐이다. 지정하는 이름에 공백이 포함되어 있으면 작은따옴표나 큰따옴표로 묶어주어야 한다. 그리고 AS 키워드는 생략할 수 있다.

📄 예 4

도서코드 테이블에서 도서코드와 대여료를 검색하되, 대여료를 단가로 변경하여 검색하시오.

SELECT 도서코드, 대여료 AS 단가
FROM 도서코드;

| 결과 |

도서코드	단가
S01	1,000
S02	1,000
S03	1,000
S04	1,200
S05	1,500
S06	500
S07	500
S08	700

(2) 조건이 있는 기본 검색

조건을 만족하는 데이터만 검색하는 SELECT 문의 기본 형식은 다음과 같다.

```
SELECT [ ALL | DISTINCT ] 속성_리스트
FROM 테이블
[ WHERE 조건 ];
```

WHERE 키워드와 함께 비교 연산자와 논리 연산자를 이용한 검색 조건을 제시하면 된다. 조건에서는
비교 연산자를 이용해 숫자뿐만 아니라 문자나 날짜 값을 비교할 수 있다. 예를 들어 'A'와 'C'를 비교하면
'C'가 더 큰 값으로 판단된다. 그리고 '2013-12-01'과 '2013-12-02'를 비교하면 '2013-12-02'가 더
큰 값으로 판단된다. 단, 조건에서 숫자 값은 그대로 작성해도 되지만 문자나 날짜 값은 속성의 이름과
구별할 수 있도록 작은 따옴표로 묶어야 한다. 그리고 논리 연산자는 조건을 여러 개 결합하거나 조건을
만족하지 않는 데이터를 검색하고자 할 때 이용한다.

[표 5-6] 비교 연산자

연산자	의미
=	같다.
〈 〉	다르다.
〈	작다.
〉	크다.
〈=	작거나 같다.
〉=	크거나 같다.

[표 5-7] 논리 연산자

연산자	의미
AND	모든 조건을 만족해야 검색한다.
OR	여러 조건 중 한 가지만 만족해도 검색한다.
NOT	조건을 만족하지 않는 것만 검색한다.

예 5

도서관리 테이블에서 도서코드가 S02인 도서명, 저자, 출판사를 검색하시오.

SELECT 도서명, 저자, 출판사
FROM 도서관리
WHERE 도서코드 = 'S02';

| 결과 |

도서명	저자	출판사
행복은 너	김선	백하
사서함 25호	이주연	민선
바다의 시작	이영선	백하
다락방의 첫사랑	에니카 린	민선
샤이닝 미연	박인수	선영미디어

예 6-1

대여현황 테이블에서 회원번호가 1이고 대여료가 1,000원 이상인 도서명, 대여일자, 반납일자를 검색하시오.

SELECT 도서명, 대여일자, 반납일자
FROM 대여현황
WHERE 회원번호 = 1 AND 대여료 >= 1000;

| 결과 |

도서명	대여일자	반납일자
두근두근 니 삶	2014-03-05	2014-03-13
삼국사	2014-03-13	2014-03-15
다락방의 첫사랑	2014-03-15	2014-03-29
샤이닝 미연	2014-03-29	2014-04-01

📋 예 6-2

대여현황 테이블에서 회원번호가 1이거나 대여료가 1,000원 이상인 도서명, 대여일자, 반납일자를 검색하시오.

SELECT 도서명, 대여일자, 반납일자
FROM 대여현황
WHERE 회원번호 = 1 OR 대여료 >= 1000;

| 결과 |

도서명	대여일자	반납일자
두근두근 니 삶	2014-03-05	2014-03-13
삼국사	2014-03-13	2014-03-15
다락방의 첫사랑	2014-03-15	2014-03-29
샤이닝 미연	2014-03-29	2014-04-01
상남 5인조	2014-04-01	2014-04-14
두근두근 니 삶	2014-04-03	2014-04-06
행복은 너	2014-03-25	2014-03-28
두근두근 니 삶	2014-04-02	2014-04-04
삼국사	2014-04-04	2014-04-07
사서함 25호	2014-05-19	2014-05-21
바다의 시작	2014-05-28	2014-06-01
누가 그 많던 고래를 다 먹었을까?	2014-05-14	2014-05-16
행복은 너	2014-05-16	2014-05-25

(3) 산술식을 이용한 검색

SELECT 키워드와 함께 산술식을 제시할 수 있다. 산술식은 속성의 이름과 +, -, *, / 등의 산술 연산자와 상수로 구성한다.

📋 예 7

도서코드 테이블에서 도서코드와 대여료를 검색하되, 대여료에 300원을 더해 인상대여료라는 새 이름으로 검색하시오.

SELECT 도서코드, 대여료 + 300 AS 인상대여료
FROM 도서코드;

| 결과 |

도서코드	인상대여료
S01	1,300
S02	1,300
S03	1,300
S04	1,300
S05	1,800
S06	800
S07	800
S08	1,000

대여코드 테이블의 대여료 속성의 값이 실제로 변경되는 것은 아니고 결과 테이블에서만 계산한 결과 값을 출력한 것이다. 그리고 300원을 더한 금액은 도서코드 테이블에 원래 존재하던 속성의 값이 아니기 때문에 AS 키워드와 함께 인상대여료라는 이름으로 결과 테이블에 출력하였다.

(4) LIKE를 사용한 검색

검색 조건을 정확히 몰라 부분적으로 일치하는 데이터를 검색하고 싶다면 LIKE 키워드를 이용한다. 검색 조건을 정확히 알면 = 연산자로 조건을 표현하면 되지만 부분적으로만 알고 있다면 = 대신 LIKE 키워드를 사용할 수 있다. 단, LIKE 키워드는 문자열을 이용하는 조건에만 사용할 수 있다. LIKE 키워드와 함께 사용할 수 있는 대표 기호로는 [표 5-8]이 있다. 그리고 [표 5-9]는 LIKE 키워드를 사용해 문자열 조건을 표현한 예다.

[표 5-8] LIKE 키워드와 함께 사용할 수 있는 기호

기호	설명
%	0개 이상의 문자(문자의 내용과 개수는 상관없음)
_	한 개의 문자(문자의 내용은 상관없음)

[표 5-9] LIKE 키워드의 사용 예

사용 예	설명
LIKE '데이터%'	데이터로 시작하는 문자열(데이터로 시작하기만 하면 길이는 상관없음)
LIKE '%데이터'	데이터로 끝나는 문자열(데이터로 끝나기만 하면 길이는 상관없음)
LIKE '%데이터%'	데이터가 포함된 문자열
LIKE '데이터_ _ _'	데이터로 시작하는 6자 길이의 문자열
LIKE '_ _한%'	세 번째 글자가 '한'인 문자열

📄 예 8

회원 테이블에서 성이 이씨인 회원의 회원명, 성별, 생년월일을 검색하시오.

SELECT 회원명, 성별, 생년월일
FROM 회원
WHERE 회원명 LIKE '이%';

| 결과 |

회원명	성별	생년월일
이윤성	여	1979-03-02
이윤지	여	1980-02-21
이민구	남	1988-04-12

📄 예 9

도서코드 테이블에서 장르가 4자인 도서코드 테이블의 모든 열을 검색하시오.

SELECT *
FROM 도서코드
WHERE 장르 LIKE '____';

| 결과 |

도서코드	장르	대여료
S01	일반소설	1,000
S04	대하소설	1,200
S07	순정만화	500
S08	성인만화	700

(5) NULL을 이용한 검색

검색 조건에서 특정 속성의 값이 널 값인지를 비교하려면 IS NULL 키워드를 사용한다. 마찬가지로 특정 속성의 값이 널 값이 아닌지를 비교하려면 IS NOT NULL 키워드를 사용한다.

📋 **예 10**

> 회원 테이블에서 우수회원이 아직 입력되지 않은 회원번호, 회원명을 검색하시오.

SELECT 회원번호, 회원명
FROM 회원
WHERE 우수회원 IS NULL;

| 결과 |

회원번호	회원명
3	김민주
6	이민구

검색 조건에서 우수회원이 아직 입력되지 않았다는 것은 우수회원 속성이 널 값임을 의미한다. 이러한 검색 조건은 '우수회원 = NULL'의 형태로 표현하면 안 되고 반드시 IS NULL 키워드를 이용하여 '우수회원 IS NULL'의 형태로 표현해야 한다.

📋 **예 11**

> 회원 테이블에서 우수회원이 입력된 회원번호, 회원명을 검색하시오.

SELECT 회원번호, 회원명
FROM 회원
WHERE 우수회원 IS NOT NULL;

| 결과 |

회원번호	회원명
1	이윤성
2	성인기
4	박민성
5	이윤지

검색 조건에서 우수회원이 이미 입력되었다는 것은 우수회원 속성이 널 값이 아님을 의미한다. 이러한 검색 조건은 '우수회원 〈 〉 NULL'의 형태로 표현하지 않고 반드시 IS NOT NULL 키워드를 사용하여 '우수회원 IS NOT NULL'의 형태로 표현해야 한다.

(6) 정렬 검색

SELECT 문의 검색 결과 테이블은 일반적으로 DBMS가 정한 순서로 출력된다. 결과 테이블의 내용을 사용자가 원하는 순서로 출력하려면 ORDER BY 키워드를 사용한다. 결과 테이블의 내용을 원하는 기준에 따라 정렬하여 출력하는 SELECT 문의 기본 형식은 다음과 같다.

```
SELECT [ ALL | DISTINCT ] 속성
FROM 테이블
[ WHERE 조건 ]
[ ORDER BY 속성_리스트 [ ASC | DESC ] ];
```

ORDER BY 키워드와 함께 정렬 기준이 되는 속성을 지정하고, 오름차순 정렬이면 ASC, 내림차순 정렬이면 DESC로 표현한다. 기본 정렬 방법은 오름차순이므로 특별히 지정하지 않으면 오름차순으로 기본 정렬한다.

오름차순은 가장 작은 값을 먼저 출력하고 더 큰 값을 나중에 출력하는 방식이다. 문자 데이터를 오름차순으로 정렬하면 알파벳이나 사전 순으로 출력된다. 예를 들어, A로 시작하는 문자열이 B로 시작하는 문자열보다 먼저 출력된다. 날짜 데이터는 빠른 날짜가 먼저 출력되어 2019-05-01이 2019-05-02보다 먼저 출력된다. 내림차순은 오름차순 반대로 출력된다. 널 값은 오름차순에서는 맨 마지막에 출력되고 내림차순에서는 맨 먼저 출력된다. 결과를 여러 기준에 따라 정렬하려면 ORDER BY 키워드와 함께 정렬 기준이 되는 속성을 차례로 제시하면 된다.

📄 예 12

회원 테이블에서 생년월일을 기준으로 내림차순이 되도록 모든 열을 검색하시오.

SELECT *
FROM 회원
ORDER BY 생년월일 DESC;

| 결과 |

회원번호	회원명	전화번호	성별	생년월일	우수회원
4	박민성	010-321-2223	남	1997-09-22	FALSE
3	김민주	011-432-2343	여	1994-06-05	
2	성인기	010-412-5654	남	1992-03-09	FALSE
6	이민구	010-412-5654	남	1988-04-12	
5	이윤지	010-712-2321	여	1980-02-21	TRUE
1	이윤성	010-712-2321	여	1979-03-02	TRUE

결과 테이블처럼 생년월일을 기준으로 내림차순 정렬되도록 지정하였다. 1997-09-22인 회원이 먼저 출력되고, 생년월일이 가장 빠른 1979-03-02인 회원은 맨 마지막에 출력되었다.

📄 예 13

> 회원 테이블에서 성별이 남인 고객의 모든 열을 검색하시오. 단 생년월일은 오름차순으로 검색하시오.

```
SELECT *
FROM 회원
WHERE 성별 = '남'
ORDER BY 생년월일;
```

| 결과 |

회원번호	회원명	전화번호	성별	생년월일	우수회원
6	이민구	010-412-5654	남	1988-04-12	
2	성인기	010-412-5654	남	1992-03-09	FALSE
4	박민성	010-321-2223	남	1997-09-22	FALSE

회원 테이블에서 성별이 남인 회원들을 검색하는데 생년월일을 기준으로 오름차순 정렬하였다. 오름차순은 오래된 날부터 시작하여 최근 날짜 순으로 검색하는 것으로, ORDER BY 생년월일; 또는 ORDER BY 생년월일 ASC; 둘 다 가능하다.

2 집계 함수 중요 ★★★

(1) 집계 함수

특정 속성 값을 통계적으로 계산한 결과를 검색하기 위해 집계 함수(aggregate function)를 이용할 수 있다. 집계 함수는 열 함수(column function)라고도 하며 개수, 합계, 평균, 최댓값, 최솟값의 계산 기능을 제공한다. SELECT 문과 함께 자주 사용하는 5가지 집계 함수는 [표 5-10]과 같다. SUM과 AVG 함수는 숫자 데이터 타입의 속성에만 적용할 수 있고, 나머지 함수는 숫자뿐만 아니라 문자와 날짜 데이터 타입의 속성에도 적용할 수 있다.

[표 5-10] 집계 함수

함수	의미	사용 가능한 속성의 타입
COUNT	속성 값의 개수	모든 데이터
MAX	속성 값의 최댓값	
MIN	속성 값의 최솟값	
SUM	속성 값의 합계	숫자 데이터
AVG	속성 값의 평균	

집계 함수는 사용할 때 NULL인 속성 값은 제외하고 계산하며, Where 절에서는 사용할 수 없고 Select 절이나 Having 절에서만 사용할 수 있다는 점을 주의해야 한다.

① AVG 함수

📄 예 14

대여현황 테이블에서 모든 회원의 대여료의 평균을 검색하시오.

SELECT AVG(대여료)
FROM 대여현황;

| 결과 |

	(열 이름 없음)
1	929

모든 회원의 대여료 평균을 계산하기 위해 대여료 속성에 AVG 함수를 적용하였다. 14개의 도서의 대여료 평균은 929원이다. 집계 함수는 특정 속성의 여러 값으로부터 개수, 합계, 평균, 최댓값, 최솟값을 계산하여 결괏값 하나로 반환한다.

회원번호	도서번호	도서명	대여일자	반납일자	대여료
1	B09	두근두근 니 삶	2014-03-05	2014-03-13	1000
1	B10	삼국사	2014-03-13	2014-03-15	1000
1	B05	다락방의 첫사랑	2014-03-15	2014-03-29	1000
1	B06	샤이닝 미연	2014-03-29	2014-04-01	1000
1	B07	상남 5인조	2014-04-01	2014-04-14	500
2	B09	두근두근 니 삶	2014-04-03	2014-04-06	1000
3	B02	행복은 너	2014-03-25	2014-03-28	1000
3	B09	두근두근 니 삶	2014-04-02	2014-04-04	1000
3	B10	삼국사	2014-04-04	2014-04-07	1000
4	B03	사서함 25호	2014-05-19	2014-05-21	1000
4	B04	바다의 시작	2014-05-28	2014-06-01	1000
5	B08	맛의 종결자	2014-06-07	2014-06-09	500
6	B01	누가 그 많던 고래를 다 먹었을까?	2014-05-14	2014-05-16	1000
6	B02	행복은 너	2014-05-16	2014-05-25	1000

AVG(대여료)
↓
929

[그림 5-3] 모든 회원의 대여료 평균을 계산(대여현황 릴레이션)

[예 14]의 결과 테이블을 보면 속성의 이름이 별도로 지정되어 있지 않다. 이는 집계 함수의 결과가 테이블에 원래 있던 내용이 아니라 계산에 의해 새로 생성된 값이기 때문이다. 집계 함수를 이용해 계산된 결괏값을 출력할 때는 앞서 배운 AS 키워드를 사용하여 새 이름을 설정하는 것을 권장한다.

② SUM 함수

> 📋 예 15

> 대여현황 테이블에서 1번 회원의 대여료의 합계를 검색하시오.

SELECT SUM(대여료) AS '대여료합계'
FROM 대여현황
WHERE 회원번호 = '1';

| 결과 |

회원번호	대여료합계
1	4500

[예 15]에서는 회원번호가 1번인 회원이 대여한 도서 5권의 대여료 합계를 계산한 후 이 값에 대여료합계라는 새 이름을 부여하여 출력하였다.

③ COUNT 함수

COUNT 함수는 다른 함수와 달리 테이블의 모든 속성에 적용하여 개수를 계산할 수 있다. 고객 테이블에 고객이 몇 명 등록되어 있는지를 검색하는 [예 16]을 통해 COUNT 함수의 특징을 살펴보자.

> 📋 예 16-1

> 회원 테이블에서 회원이 몇 명 등록되어 있는지 회원 수를 검색하시오.

SELECT COUNT(회원번호) AS '회원 수'
FROM 회원;

| 결과 |

회원 수
6

회원번호를 이용하여 회원 수를 검색한 경우로 회원 수는 6명이다.

📄 **예 16-2**

회원 테이블에서 회원이 몇 명 등록되어 있는지 회원 수를 검색하시오.

SELECT COUNT(전화번호) AS '회원 수'
FROM 회원;

| 결과 |

회원 수
6

두 번째로 전화번호를 이용하여 회원 수를 검색한 경우에도 회원 수는 6명으로 계산된다.

📄 **예 16-3**

회원 테이블에서 회원이 몇 명 등록되어 있는지 회원 수를 검색하시오.

SELECT COUNT(*) AS '회원 수'
FROM 회원;

| 결과 |

회원 수
6

마지막으로 *를 이용한 회원 수를 검색한 예이다. *는 모든 속성을 의미하는 기호이므로 모든 속성 값으로 구성된 튜플(행)을 대상으로 개수를 계산한다. COUNT(*)의 결과는 회원 테이블에 있는 모든 튜플의 개수이므로 6이다. 개수를 정확히 계산하려면 널 값이 없는 속성에 COUNT 함수를 적용하는 것이 좋기 때문에 보통 기본키 속성이나 *를 이용해 계산한다.

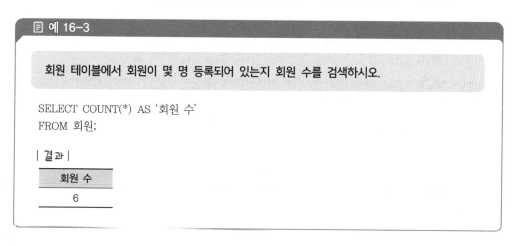

[그림 5-4] 회원 수를 계산하는 과정

DISTINCT 키워드를 사용해 특정 속성 값의 중복을 없애고 집계 함수를 적용할 수도 있다.

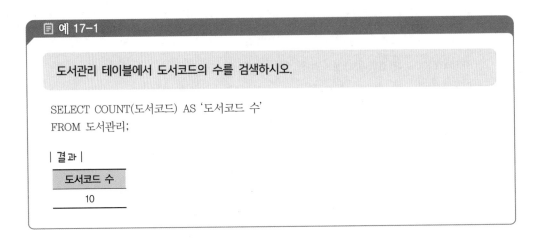

도서코드 10개가 계산되어 출력된다. 중복된 모든 도서코드가 검색된다.

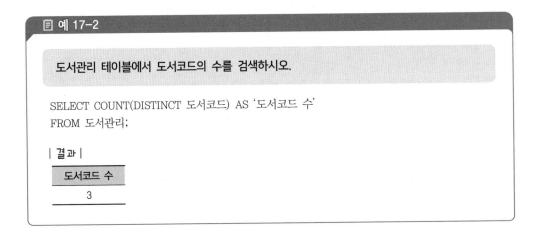

도서코드 3개가 계산되어 표시된다. 중복된 도서코드는 1개만 COUNT되고 나머지는 계산되지 않기 때문
에 S1, S2, S6이 한 번씩만 더해져 3이 출력된다.

도서번호	도서명	도서코드	저자	출판사	출판년도
B01	누가 그 많던 고래를 다 먹었을까?	S01	스미스	영광	03-Mar-04
B02	행복은 너	S02	김선	백하	25-Mar-13
B03	사서함 25호	S02	이주연	민선	03-Aug-01
B04	바다의 시작	S02	이영선	백하	08-Mar-07
B05	다락방의 첫사랑	S02	에니카 린	민선	05-Aug-01
B06	샤이닝 미연	S02	박인수	선영미디어	11-Dec-08
B07	상남 5인조	S06	미나쿠리 카	광주미디어	05-Aug-98
B08	맛의 종결자	S06	무라쿠미 사비	이가	25-Nov-03
B09	두근두근 니 삶	S01	김상연	청비	09-Aug-01
B10	삼국사	S01	이문지	신라원	14-Nov-11

```
COUNT(도서코드)        COUNT(DISTINCT 도서코드)
     ↓                          ↓
    10                          3
```

[그림 5-5] 중복을 허용한 COUNT와 중복을 제거한 COUNT

(2) 그룹 검색

테이블에서 특정 속성의 값이 같은 튜플을 모아 그룹을 만들고, 그룹별로 검색을 하기 위해 GROUP BY 키워드를 사용한다. 그룹에 대한 조건을 추가하려면 GROUP BY 키워드를 HAVING 키워드와 함께 사용하면 된다. GROUP BY 키워드가 없는 SELECT 문에서는 테이블 전체를 하나의 그룹으로 하여 검색을 진행하는 것으로 이해할 수 있다. 그룹별로 검색하는 SELECT 문의 기본 형식은 다음과 같다.

```
SELECT [ ALL | DISTINCT ] 속성
FROM 테이블
[ WHERE 조건 ]
[ GROUP BY 속성_리스트 [ HAVING 조건 ] ]
[ ORDER BY 속성_리스트 [ ASC | DESC ] ];
```

GROUP BY 키워드와 함께 그룹을 나누는 기준이 되는 속성을 지정한다. 그리고 **그룹에 대한 조건은 HAVING 키워드와 함께 작성한다.**

예 18-1

> 대여현황 테이블에서 회원별 대여료의 합계를 검색하시오.

SELECT 회원번호, SUM(대여료) AS 대여료 합계
FROM 대여현황
GROUP BY 회원번호;

| 결과 |

회원번호	대여료 합계
1	4500
2	1000
3	3000
4	2000
5	500
6	2000

회원번호별 대여료의 합계를 구하기 위해 동일한 회원들을 그룹으로 만들어 그룹별로 대여료의 합계를 계산한 것이다. 필드명은 'AS 대여료 합계'로 직접 지정해주어야 한다.

회원번호	도서번호	도서명	대여일자	반납일자	대여료	
1	B09	두근두근 니 삶	2014-03-05	2014-03-13	1000	
1	B10	삼국사	2014-03-13	2014-03-15	1000	
1	B05	다락방의 첫사랑	2014-03-15	2014-03-29	1000	1번 회원 대여료 합계 : 4500
1	B06	샤이닝 미연	2014-03-29	2014-04-01	1000	
1	B07	상남 5인조	2014-04-01	2014-04-14	500	
2	B09	두근두근 니 삶	2014-04-03	2014-04-06	1000	2번 회원 대여료 합계 : 1000
3	B02	행복은 너	2014-03-25	2014-03-28	1000	
3	B09	두근두근 니 삶	2014-04-02	2014-04-04	1000	3번 회원 대여료 합계 : 3000
3	B10	삼국사	2014-04-04	2014-04-07	1000	
4	B03	사서함 25호	2014-05-19	2014-05-21	1000	4번 회원 대여료 합계 : 2000
4	B04	바다의 시작	2014-05-28	2014-06-01	1000	
5	B08	맛의 종결자	2014-06-07	2014-06-09	500	5번 회원 대여료 합계 : 500
6	B01	누가 그 많던 고래를 다 먹었을까?	2014-05-14	2014-05-16	1000	6번 회원 대여료 합계 : 2000
6	B02	행복은 너	2014-05-16	2014-05-25	1000	

[그림 5-6] 회원번호별 대여료의 합계를 계산

📋 예 18-2

대여현황 테이블에서 회원별 대여료의 합계를 검색하시오.

```
SELECT SUM(대여료) AS 대여료 합계
FROM 대여현황
GROUP BY 회원번호;
```

| 결과 |

대여료 합계
4500
1000
3000
2000
500
2000

그룹별로 검색할 때는 그룹을 나누는 기준이 되는 속성을 SELECT 절에도 작성하는 것이 좋다. SELECT 절에 그룹을 나누는 기준 속성을 작성하지 않아도 실행은 되지만 어떤 그룹에 대한 검색 결과인지를 결과 테이블에서 확인하기 어렵기 때문이다. 예를 들어, 회원변호별 대여료의 합계를 구하는 SELECT 문을 [예 18-2]와 같이 작성하면 결과 테이블에는 대여료 합계만 나타나기 때문에 어떤 회원에 해당하는 대여료 합계인지 알 수 없다. 그러므로 [예 18-1]과 같이 SELECT 절에 회원번호 속성을 함께 작성해주는 것이 좋다.

📋 예 19

대여현황 테이블에서 회원별 대여횟수와 대여료의 평균을 검색하시오.

```
SELECT 회원번호, COUNT(*) AS 대여횟수, AVG(대여료) AS 대여료 평균
FROM 대여현황
GROUP BY 회원번호;
```

| 결과 |

회원번호	대여횟수	대여료 평균
1	5	900
2	1	1000
3	3	1000
4	2	1000
5	1	500
6	2	1000

일반적인 검색 조건은 WHERE 절에 작성하지만 그룹에 대한 조건은 HAVING 절에 작성한다. 앞서 설명한 집계 함수는 WHERE 절에는 사용할 수 없지만 HAVING 절에는 사용할 수 있다.

📄 예 20

대여현황 테이블에서 대여횟수가 3개 이상인 회원별 대여횟수와 대여료의 평균을 검색하시오.

```
SELECT 회원번호, COUNT(*) AS 대여횟수, AVG(대여료) AS 대여료 평균
FROM 대여현황
GROUP BY 회원번호
HAVING COUNT(*)>= 3;
```

| 결과 |

회원번호	대여횟수	대여료 평균
1	5	900
3	3	1000

[예 20]에서는 대여횟수가 3개 이상인 회원만 그룹으로 구성해야 하므로 HAVING 절에 개수를 계산하는 COUNT 함수를 이용했다. [예 19]에서는 그룹에 대한 조건이 없어 모든 회원의 대여횟수와 대여료 평균이 출력되었지만, 여기서는 대여횟수가 5개인 1번 회원과 대여횟수가 3인 3번 회원만 출력되었다.

그룹별로 검색할 때는 집계 함수나 GROUP BY 절에 있는 속성 외의 속성은 SELECT 절에 사용할 수 없다. 예를 들어, 각 회원별 대여한 대여료의 평균을 도서번호별로 검색하기 위해 SELECT 문을 다음과 같이 작성하면 오류가 발생한다.

📄 예 21-1

대여현황 테이블에서 도서번호별 회원이 대여한 대여료의 평균을 검색하시오.

```
SELECT 회원번호, 도서번호, AVG(대여료) AS 대여료 평균
FROM 대여현황
GROUP BY 회원번호
```

| 결과 |

GROUP BY 절에 없는 도서번호 속성을 SELECT 절에서 사용했기 때문이다. [예 21-2]와 같이 도서번호 속성을 GROUP BY 절에 함께 사용해야 올바른 결과 테이블을 구할 수 있다.

📋 예 21-2

대여현황 테이블에서 도서번호별 회원이 대여한 대여료의 평균을 검색하시오.

SELECT 회원번호, 도서번호, AVG(대여료) AS 대여료 평균
FROM 대여현황
GROUP BY 회원번호, 도서번호;

| 결과 |

회원번호	도서번호	대여료 평균
1	B09	1000	← 각각이 하나의 그룹
1	B10	1000
1	B05	1000
1	B06	1000
1	B07	500
2	B09	1000
3	B02	1000
3	B09	1000
3	B10	1000
4	B03	1000
4	B04	1000
5	B08	500
6	B01	1000
6	B02	1000

[예 21-2]에서 회원번호를 기준으로 1차로 그룹을 나누고, 각 그룹에서 도서번호로 더 작게 2차로 그룹지어 대여료의 평균을 계산한다. GROUP BY 절에는 그룹을 나누는 기준이 되는 회원번호와 도서번호 속성을 순서대로 작성한다.

3 조인 질의 중요 ★

여러 개의 테이블을 연결하여 데이터를 검색하는 것을 조인 검색이라 한다. 조인 검색을 하려면 테이블을 연결해주는 속성이 필요하고 이 속성을 조인 속성이라 한다. 테이블을 연결하려면, 조인 속성의 이름은 달라도 되지만 도메인은 반드시 같아야 한다. 일반적으로 테이블의 관계를 나타내는 외래키를 조인 속성으로 이용한다.

📋 예 22

대여한 회원명과 도서명을 검색하시오.

SELECT 회원명, 도서명
FROM 회원 JOIN 대여현황
ON 회원.회원번호 = 대여현황.회원번호;

| 결과 |

회원명	도서명
이윤성	두근두근 니 삶
이윤성	삼국사
이윤성	다락방의 첫사랑
이윤성	샤이닝 미연
이윤성	상남 5인조
성인기	두근두근 니 삶
김민주	행복은 너
김민주	두근두근 니 삶
김민주	삼국사
박민성	사서함 25호
박민성	바다의 시작
이윤지	맛의 종결자
이민구	누가 그 많던 고래를 다 먹었을까?
이민구	행복은 너

[예 22]에서는 FROM 절에는 JOIN 절을 이용한 검색에 필요한 회원 테이블과 대여현황 테이블을 모두 나열하였다. 그리고 ON 절에는 조인 속성인 회원 테이블의 회원번호 속성의 값과 대여현황 테이블의 회원번호 속성의 값이 같아야 함을 의미하는 조인 조건을 제시하였다. 이때 조인 조건값을 구분자 '.'를 이용하여 테이블명과 필드명을 지정한다.

테이블 이름이 길면 속성 이름 앞에 소속 테이블을 표기하는 일이 번거로울 수 있다. 이 경우 테이블의 이름을 대신하는 단순한 별명을 사용할 수 있다. FROM 절에 테이블의 이름과 별명을 함께 제시하면 된다.

4 기타 기능 중요 ★★

SELECT 문 안에 또 다른 SELECT 문을 포함할 수도 있다. 다른 SELECT 문 안에 내포된(nested) SELECT 문을 부속 질의문 또는 서브 질의문(sub query)이라 한다. 그리고 다른 SELECT 문을 포함하는 SELECT 문을 상위 질의문 또는 주 질의문(main query)이라 한다. 부속 질의문은 괄호로 묶어 작성하고 ORDER BY 절을 사용할 수 없으며, 상위 질의문보다 먼저 수행된다. 부속 질의문을 이용한 검색은 이어 달리기처럼 부속 질의문을 먼저 수행하고, 그 결과를 이용해 상위 질의문을 수행하여 최종 결과 테이블을 반환한다.

부속 질의문은 하나의 행을 결과로 반환하는 단일 행 부속 질의문과, 하나 이상의 행을 결과로 반환하는 다중 행 부속 질의문으로 분류한다. 부속 질의문과 상위 질의문을 연결하는 연산자가 필요한데 부속 질의문의 종류에 따라 사용할 수 있는 연산자가 다르므로 주의해야 한다. 단일 행 부속 질의문은 일반 비교 연산자를 사용할 수 있지만, 다중 행 부속 질의문은 일반 비교 연산자를 사용할 수 없다.

[표 5-11] 다중 행 부속 질의문에 사용 가능한 연산자

연산자	설명
IN	부속 질의문의 결과 값 중 일치하는 것이 있으면 검색 조건이 참
NOT IN	부속 질의문의 결과 값 중 일치하는 것이 없으면 검색 조건이 참
EXISTS	부속 질의문의 결과 값이 하나라도 존재하면 검색 조건이 참
NOT EXISTS	부속 질의문의 결과 값이 하나도 존재하지 않으면 검색 조건이 참
ALL	부속 질의문의 결과 값 모두와 비교한 결과가 참이면 검색 조건을 만족(비교 연산자와 함께 사용)
ANY 또는 SOME	부속 질의문의 결과 값 중 하나라도 비교한 결과가 참이면 검색 조건을 만족(비교 연산자와 함께 사용)

(1) IN을 사용한 검색

📄 예 23

우수회원이 대여한 도서코드와 도서명을 검색하시오.

```
SELECT 도서코드, 도서명
FROM 대여현황
WHERE 회원번호 IN (SELECT 회원번호
        FROM 회원
        WHERE 우수회원 = TRUE);
```

| 결과 |

도서코드	도서명
B09	두근두근 니 삶
B10	삼국사
B05	다락방의 첫사랑
B06	샤이닝 미연
B07	상남 5인조
B08	맛의 종결자

[예 23]에서는 회원 테이블에서 우수회원이 TRUE인 회원번호를 부속 질의문으로 먼저 검색하고 그 결과를 이용해 대여현황 테이블에서 도서코드와 도서명을 상위 질의문으로 검색한다. 부속 질의문의 결과로 반환되는 우수회원이 TRUE인 회원번호는 1, 5이므로 최종적으로는 다음과 같은 SELECT 문을 수행한 결과가 반환된다.

```
SELECT 도서코드, 도서명
  FROM 대여현황
  WHERE 회원번호 IN (1, 5);
```

[예 23]의 부속 질의문은 결과 값을 여러 개 반환하는 다중 행 부속 질의문이다. 그러므로 = 연산자 대신 IN 연산자를 함께 사용해야 한다. IN 연산자는 부속 질의문의 결과 값들 중에서 하나라도 일치하는 것이 있으면 검색 조건이 참이 되는, 수학의 집합에 사용되는 ∈ 연산자와 같은 역할을 한다. 부속 질의문의 결과 값 중에서 일치하는 것이 없어야 조건이 참이 되는 NOT IN 연산자도 [예 24]와 같이 다중 행 부속 질의문과 함께 사용할 수 있다.

📋 **예 24**

> 우수회원이 대여한 도서코드와 도서명을 검색하시오.

SELECT 도서코드, 도서명
FROM 대여현황
WHERE 회원번호 NOT IN (SELECT 회원번호
            FROM 회원
            WHERE 우수회원 = TRUE);

| 결과 |

도서코드	도서명
B09	두근두근 니 삶
B02	행복은 너
B09	두근두근 니 삶
B10	삼국사
B03	사서함 25호
B04	바다의 시작
B01	누가 그 많던 고래를 다 먹었을까?
B02	행복은 너

---

(2) ALL을 사용한 검색

📋 **예 25**

> 대여현황 테이블에서 회원번호가 1인 회원의 모든 대여료보다 큰 도서의 도서코드, 장르, 대여료를 검색하시오.

SELECT 도서코드, 장르, 대여료
FROM 도서코드
WHERE 대여료 〉 ALL (SELECT 대여료
            FROM 대여현황
            WHERE 회원번호 = 1);

| 결과 |

도서코드	장르	대여료
S04	대하소설	1,200
S05	잡지	1,500

도서코드 테이블에서 회원번호가 1인 대여료는 1000원 4개와 500원 하나이다. 그러므로 [예 25]의 부속 질의문이 결과로 반환하는 단가는 1000원과 500원이고, 두 대여료보다 비싼 대여료는 1200원과 1500원 이므로 이에 해당하는 도서코드, 장르, 대여료가 결과 테이블에 최종 결과로 출력된다.

(3) EXISTS를 사용한 검색

📄 예 26

> 회원 테이블에서 대여일자가 '2014-05-28'인 회원명을 검색하시오.

```
SELECT 회원명
FROM 회원
WHERE EXISTS (SELECT *
        FROM 대여현황
        WHERE 대여일자 = '2014-05-28' AND 회원번호 = 회원.회원번호);
```

| 결과 |

회원명
박민성

EXISTS 절은 EXISTS 절 이후의 절이 만족하는 데이터가 있으면 조건이 성립하는 것으로 대여일자가 '2014-05-28'인 회원번호는 4번이므로 4번에 해당하는 박민성이 출력된다.

(4) UNION을 이용한 검색

📄 예 27

> 도서코드 테이블에서 대여료가 1000보다 큰 도서코드와 도서관리 테이블에서 출판사가 민선인 도서코드를 통합하여 검색하시오.

```
SELECT 도서코드
FROM 도서코드
WHERE 대여료 > 1000
UNION
SELECT 도서코드
```

FROM 도서관리
WHERE 출판사 = '민선';

| 결과 |

도서코드
S4
S5
S2

UNION 절은 병합을 의미한다. 도서코드 테이블에서 대여료가 1000보다 큰 것은 1200원과 1500원이다. 이 대여료에 해당하는 S4, S5가 검색되고, 도서관리 테이블에서 출판사가 민선인 것은 사서함 25호와 다락방의 첫사랑이다. 이 두 도서의 도서코드는 S2이므로 두 테이블의 도서코드를 병합한 결과가 출력된다.

(5) ANY를 이용한 검색

📋 예 28-1

우수회원이 대여한 도서코드와 도서명을 검색하시오.

SELECT 도서코드, 도서명
FROM 대여현황
WHERE 회원번호 = ANY (SELECT 회원번호
                FROM 회원
                WHERE 우수회원 = TRUE);

| 결과 |

도서코드	도서명
B09	두근두근 니 삶
B10	삼국사
B05	다락방의 첫사랑
B06	샤이닝 미연
B07	상남 5인조
B08	맛의 종결자

ANY는 IN과 사용용도가 같다. [예 28-1]에서는 회원 테이블에서 우수회원이 TRUE인 회원번호를 부속 질의문으로 먼저 검색하고 그 결과를 이용해 대여현황 테이블에서 도서코드와 도서명을 상위 질의문으로 검색한다. 부속 질의문의 결과로 반환되는 우수회원이 TRUE인 회원번호는 1, 5이므로 최종적으로는 [예 28-2]와 같은 SELECT 문을 수행한 결과가 반환된다.

📄 **예 28-2**

```
SELECT 도서코드, 도서명
 FROM 대여현황
 WHERE 회원번호 IN (1, 5);
```

5 갱신 연산 중요 ★★★

(1) 데이터 삽입

테이블에 새로운 튜플을 삽입하기 위해 필요한 SQL 문은 INSERT이다. INSERT 문을 이용해 튜플을 삽입하는 방법은 두 가지다. 첫째는 테이블에 튜플을 직접 삽입하는 방법이고, 둘째는 부속 질의문을 이용해 튜플을 삽입하는 방법이다.

① 직접 삽입

```
INSERT
INTO 테이블_이름[(속성_리스트)]
VALUES (속성값_리스트);
```

INTO 키워드와 함께 튜플을 삽입할 테이블의 이름을 제시한 후, 속성의 이름을 나열하는데 이 나열 순서대로 VALUES 키워드 다음의 속성 값들이 차례로 삽입된다. INTO 절의 속성 이름과 VALUES 절의 속성 값은 순서대로 일대일 대응되고 개수도 같아야 한다. INTO 절에서 속성 이름의 리스트는 생략할 수 있는데, 생략한 경우에는 테이블을 정의할 때 지정한 속성의 순서대로 VALUES 절의 속성 값이 삽입된다. VALUES 절에 나열되는 속성 값은 문자나 날짜 타입의 데이터인 경우에는 작은 따옴 표로 묶어야 한다.

📄 **예 29**

회원 테이블에 회원번호가 7, 회원명이 정권상, 전화번호가 010-3311-6865, 성별에 남, 생년월일에 2005-09-16, 우수회원이 TRUE인 새로운 튜플을 삽입하시오.

```
INSERT INTO 회원(회원번호, 회원명, 전화번호, 성별, 생년월일, 우수회원)
VALUES (7, '정권상', '010-3311-6865', '남', '2005-09-16', TRUE);
```

INSERT 문에서 속성 이름과 속성 값의 일대일 대응 관계는 다음과 같다.

회원번호	회원명	전화번호	성별	생년월일	우수회원
↕	↕	↕	↕	↕	↕
7	정권상	010-3311-6865	남	2005-09-16	TRUE

INSERT 문의 INTO 절에 나열된 속성의 순서가 고객 테이블의 속성 순서와 같으므로 INTO 절의 속성 이름을 다음과 같이 생략해도 된다.

> INSERT INTO 회원
> VALUES (7, '정권상', '010-3311-6865', '남', '2005-09-16', TRUE);

회원번호	회원명	전화번호	성별	생년월일	우수회원
1	이윤성	010-712-2321	여	1979-03-02	TRUE
2	성인기	010-412-5654	남	1992-03-09	FALSE
3	김민주	011-432-2343	여	1994-06-05	NULL
4	박민성	010-321-2223	남	1997-09-22	FALSE
5	이윤지	010-712-2321	여	1980-02-21	TRUE
6	이민구	010-412-5654	남	1988-04-12	NULL
7	정권상	010-3311-6865	남	2005-09-16	TRUE

[그림 5-7] INSERT를 이용하여 튜플 삽입

예 30

회원 테이블에 회원번호가 8, 회원명이 박우찬, 전화번호가 010-3322-2145, 성별에 남, 생년월일에 1999-08-16, 우수회원은 아직 모르는 새로운 튜플을 삽입하시오.

INSERT INTO 회원(회원번호, 회원명, 전화번호, 성별, 생년월일)
VALUES (8, '박우찬', '010-3322-2145', '남', '1999-08-16');

[예 30]에서는 회원의 우수회원 여부와 관련하여 INTO 절에서는 우수회원의 속성, VALUES 절에서는 우수회원 속성의 값을 표시하지 않았다. 다음과 같이 VALUES 절에서 우수회원 속성의 값으로 널 값을 직접 제시해도 결과는 같다.

> INSERT INTO 회원
> VALUES (8, '박우찬', '010-3322-2145', '남', '1999-08-16', NULL);

회원번호	회원명	전화번호	성별	생년월일	우수회원
1	이윤성	010-712-2321	여	1979-03-02	TRUE
2	성인기	010-412-5654	남	1992-03-09	FALSE
3	김민주	011-432-2343	여	1994-06-05	NULL
4	박민성	010-321-2223	남	1997-09-22	FALSE
5	이윤지	010-712-2321	여	1980-02-21	TRUE
6	이민구	010-412-5654	남	1988-04-12	NULL
7	정권상	010-3311-6865	남	2005-09-16	TRUE
8	박우찬	010-3322-2145	남	1999-08-16	NULL

[그림 5-8] 우수회원이 NULL인 튜플의 삽입

② **질의문을 이용한 데이터 삽입**

질의문인 SELECT 문을 이용해 다른 테이블에서 검색한 데이터를 튜플로 삽입하는 INSERT 문의 기본 형식은 다음과 같다.

```
INSERT INTO 테이블_이름[(속성_리스트)]
SELECT 문;
```

도서코드, 장르, 대여료 속성으로 구성된 백화도서 테이블이 존재한다고 가정하고, 부속 질의문을 이용한 INSERT 문의 예를 살펴보자.

📋 예 31

백하 출판사에서 출간한 도서의 도서코드, 장르, 대여료를 도서코드 테이블에서 검색하여 백화도서 테이블에 삽입하시오.

```
INSERT INTO 백화도서(도서코드, 장르, 대여료)
SELECT 도서코드, 장르, 대여료
FROM 도서코드
WHERE 출판사 = '백하';
```

(2) 데이터 갱신

테이블에 저장된 데이터를 수정하기 위해 필요한 SQL 명령어는 UPDATE이다. UPDATE 문의 기본 형식은 다음과 같다.

```
UPDATE 테이블_이름
SET 속성_이름1 = 값1, 속성_이름2 = 값2, …
[WHERE 조건];
```

UPDATE 문은 테이블에 저장된 튜플에서 특정 속성의 값을 수정한다. 값을 어떻게 수정할 것인지는 SET 키워드 다음에 지정한다. WHERE 절에 제시된 조건을 만족하는 튜플만 속성 값을 수정하는데, WHERE 절을 생략하면 테이블에 존재하는 모든 튜플을 대상으로 SET 절에서 지정한대로 속성 값을 수정한다.

📑 예 32

도서코드 테이블에서 도서코드가 S05인 대여료를 2000으로 수정하시오.

UPDATE 도서코드
SET 대여료 = 2000
WHERE 도서코드 = 'S05';

| 결과 |

도서코드	장르	대여료
S01	일반소설	1,000
S02	로맨스	1,000
S03	무협	1,000
S04	대하소설	1,200
S05	잡지	2,000
S06	코믹스	500
S07	순정만화	500
S08	성인만화	700

[예 32]의 UPDATE 문을 수행한 후 도서코드 테이블에 있는 모든 내용을 검색하면 도서코드 S05의 대여료가 2000으로 수정된 것을 확인할 수 있다. SET 절에 수정할 속성 값을 직접 제시할 수도 있지만 [예 33]과 같이 산술식을 사용해 수정할 속성 값을 제시할 수도 있다.

📑 예 33

도서코드 테이블에서 대여료를 500원 인상하여 표시하시오.

UPDATE 도서코드
SET 대여료 = 대여료 + 500

| 결과 |

도서코드	장르	대여료
S01	일반소설	1,500
S02	로맨스	1,500
S03	무협	1,500
S04	대하소설	1,700
S05	잡지	2,000
S06	코믹스	1,000
S07	순정만화	1,000
S08	성인만화	1,200

[예 33]의 UPDATE 문에는 WHERE 절이 없기 때문에 도서코드 테이블에 존재하는 모든 튜플의 대여료 속성의 값이 수정된다. UPDATE 문을 수행한 후 도서코드 테이블에 있는 모든 내용을 검색하면 모든 대여료가 500원 인상된 것을 확인할 수 있다.

📋 **예 34**

도서코드 테이블에서 출판사가 민선인 대여료를 500원 인상하여 표시하시오.

UPDATE 도서코드
SET 대여료 = 대여료 + 500
WHERE 도서코드 IN (SELECT 도서코드
　　　　　　 FROM 도서관리
　　　　　　 WHERE 출판사 = '민선');

| 결과 |

도서코드	장르	대여료
S01	일반소설	1,000
S02	로맨스	1,500
S03	무협	1,000
S04	대하소설	1,200
S05	잡지	1,500
S06	코믹스	500
S07	순정만화	500
S08	성인만화	700

---

(3) 데이터 삭제

테이블에 저장된 데이터를 삭제하기 위해 필요한 SQL 명령어는 DELETE이다. DELETE 문의 기본 형식은 다음과 같다.

```
DELETE
FROM 테이블_이름
[WHERE 조건];
```

DELETE 문은 WHERE 절에 제시한 조건을 만족하는 튜플만 삭제한다. [예 35]에서처럼 WHERE 절을 생략하면 테이블에 존재하는 모든 튜플을 삭제하여 빈 테이블이 된다.

📄 예 35

도서코드 테이블의 모든 튜플을 삭제하시오.

DELETE
FROM 도서코드

| 결과 |

도서코드	장르	대여료

📄 예 36

도서코드 테이블에서 대여료가 1000원인 도서코드를 삭제하시오.

DELETE
FROM 도서코드
WHERE 대여료 = 1000;

| 결과 |

도서코드	장르	대여료
~~S01~~	~~일반소설~~	~~1,000~~
~~S02~~	~~로맨스~~	~~1,000~~
~~S03~~	~~무협~~	~~1,000~~
S04	대하소설	1,200
S05	잡지	1,500
S06	코믹스	500
S07	순정만화	500
S08	성인만화	700

⇨

도서코드	장르	대여료
S04	대하소설	1,200
S05	잡지	1,500
S06	코믹스	500
S07	순정만화	500
S08	성인만화	700

DELETE 문을 수행한 후 도서코드 테이블에 있는 모든 내용을 검색하면 대여료가 1,000원인 튜플이 삭제된 것을 확인할 수 있다.

예 37

도서코드 테이블에서 출판사가 백하 또는 이가인 레코드를 삭제하시오.

DELETE
FROM 도서코드
WHERE 도서코드 IN (SELECT 도서코드
　　　　　FROM 도서관리
　　　　　WHERE 출판사 = '백하' OR 출판사 = '이가');

| 결과 |

도서코드	장르	대여료
S01	일반소설	1,000
~~S02~~	~~로맨스~~	~~1,000~~
S03	무협	1,000
S04	대하소설	1,200
S05	잡지	1,500
~~S06~~	~~코믹스~~	~~500~~
S07	순정만화	500
S08	성인만화	700

DELETE 문을 수행한 후 도서코드 테이블에 있는 모든 내용을 검색하면 출판사가 백하나 이가인 튜플이 모두 삭제된 것을 확인할 수 있다.

제 3 절　뷰(view)

1 개요 중요 ★★★

뷰(view)는 원칙적으로 하나 이상의 기본 테이블로부터 유도된 이름을 가진 가상 테이블(virtual table)을 말한다. 즉, 기본 테이블(base table)은 물리적으로 구현되어 데이터가 실제로 저장되지만, 뷰는 물리적으로 구현되어 있지 않다. 다만 뷰의 정의만 시스템 내에 저장하였다가 필요 시 실행 시간에 테이블을 구축하는 것이다.

데이터 검색에 있어서 시스템은 일반 사용자에게 뷰와 기본 테이블 사이에 차이가 없게 만들어 주지만, 뷰에 대한 데이터 갱신 연산에는 약간의 제한이 있다. 뷰는 사용자에게 접근이 허용된 자료만을 제한적으로 보여주기 위해 사용된다. 뷰는 저장장치 내에 물리적으로 존재하지 않지만 사용자에게는 마치 있는 것처럼 보인다. 뷰는 데이터 보정 작업, 처리 작업 시험 등 임시적인 작업을 위한 용도로 활용되고 있다.

뷰는 궁극적으로 기본 테이블로부터 유도되지만, 일단 정의된 뷰가 또 다른 뷰의 정의에 기초가 될 수도 있다. 그러나 이것도 기본 테이블을 기초로 한다는 원칙에 위배되는 것은 아니다. 왜냐하면 새로 정의된 뷰가 기초로 한 기존의 뷰도 궁극적으로는 기본 테이블에 기초를 둔 것이기 때문이다.

(1) 뷰의 특징

① 뷰는 기본 테이블로부터 유도된 가상의 테이블이기 때문에 기본 테이블과 같은 형태의 구조를 사용하며, 조작도 기본 테이블과 거의 같다.

② 뷰는 가상 테이블이므로 물리적으로 구현되지 않는다.

③ 데이터의 논리적 독립성을 제공할 수 있다.

④ 필요한 데이터만 뷰로 정의해서 처리할 수 있기 때문에 관리가 용이하고 명령문이 간단해진다.

⑤ 뷰를 통해서만 데이터에 접근하게 하면 뷰에 나타나지 않은 데이터를 안전하게 보호하는 효율적인 기법으로 사용할 수 있다.

⑥ 일단 정의된 뷰는 다른 뷰의 정의에 기초가 될 수 있다.

⑦ 뷰가 정의된 기본 테이블이나 뷰를 삭제하면 그 테이블이나 뷰를 기초로 정의된 다른 뷰도 자동으로 삭제된다.

⑧ 기본 테이블의 검색과 동일하게 검색할 수 있으나, 삽입, 갱신, 삭제 시 제약을 받는다.

(2) 뷰의 장점

① 논리적인 독립성을 제공한다.

② 동일 데이터에 대해 동시에 여러 사용자의 상이한 응용이나 요구를 지원해준다.

③ 사용자의 데이터 관리를 간단하게 해준다.

④ 접근 제어를 통한 자동 보안을 제공한다.

(3) 뷰의 단점

① 독립적인 인덱스를 가질 수 없다.

② ALTER VIEW 문을 사용할 수 없다. 즉, 뷰의 정의를 변경할 수 없다.

③ 뷰로 구성된 내용에 대한 삽입, 삭제, 갱신 연산에 제약이 따른다.

2 뷰 정의 중요 ★★

SQL에서 뷰는 다른 테이블에서 유도된 단일 테이블로서 다른 테이블들은 기본 테이블이거나 이전에 정의된 뷰일 수도 있다. 뷰는 물리적인 형태로 존재하지 않으나 SQL에서 뷰를 생성할 때는 다음과 같은 형식의 정의문을 사용한다.

CREATE VIEW 뷰_이름[(열_이름 리스트)]
AS SELECT문
[WITH CHECK OPTION];

CREATE VIEW 명령어와 함께 새로 생성할 뷰의 이름과, 뷰를 구성하는 속성의 이름을 괄호 안에 나열한다. 그리고 AS 키워드와 함께 기본 테이블에 대한 SELECT문을 제시한다. SELECT 문은 생성하고자 하는 뷰의 정의를 담고 있는데, ORDER BY를 사용할 수 없다는 점만 제외하면 일반 SELECT 문과 동일하다. 뷰를 구성하는 속성의 이름 리스트는 생략할 수 있는데, 생략하면 SELECT 절에 나열된 속성의 이름을 뷰에서도 그대로 사용한다. WITH CHECK OPTION은 생성한 뷰에 삽입이나 수정 연산을 할 때 SELECT 문에서 제시한 뷰의 정의 조건을 위반하면 수행되지 않도록 하는 제약조건을 제시한다.

📄 예 38

대여현황 테이블에서 회원번호가 1인 회원의 회원번호, 도서명, 대여일자를 나타내는 VIEW를 대여회원의 이름으로 만드시오.

CREATE VIEW 대여회원(회원번호, 도서명, 대여일자)
AS SELECT 회원번호, 도서명, 대여일자
FROM 대여현황
WHERE 회원번호 = 1
WITH CHECK OPTION;

| 결과 |

회원번호	도서명	대여일자
1	두근두근 니 삶	2014-03-05
1	삼국사	2014-03-13
1	다락방의 첫사랑	2014-03-15
1	샤이닝 미연	2014-03-29
1	상남 5인조	2014-04-01

[예 38]의 CREATE VIEW 문을 실행하면 회원번호, 도서명, 대여일자 속성으로 구성된 대여회원 뷰가 생성된다. 대여회원 뷰를 구성하는 속성의 이름은 기본 테이블인 대여현황 테이블에서 검색한 속성의 이름과 같으므로 다음과 같이 속성의 이름 리스트를 생략해도 무방하다.

```
CREATE VIEW 대여회원
AS SELECT 회원번호, 도서명, 대여일자
FROM 대여현황
WHERE 회원번호 = 1
WITH CHECK OPTION;
```

CREATE VIEW 문은 WITH CHECK OPTION을 포함하고 있다. 그러므로 뷰가 생성된 후에 대여회원 뷰에 회원번호가 1이 아닌 데이터를 삽입하거나 뷰의 정의 조건을 위반하는 수정 및 삭제 연산을 시도하면 실행하지 않고 거부한다.

📄 **예 39**

대여현황 테이블에서 회원별 대여횟수를 나타내는 VIEW를 회원별 대여횟수의 이름으로 만드시오.

```
CREATE VIEW 회원별 대여횟수(회원번호, 대여횟수)
AS SELECT 회원번호, count(*)
FROM 대여현황
GROUP BY 회원번호
WITH CHECK OPTION;
```

| 결과 |

회원번호	대여횟수
1	5
2	1
3	3
4	2
5	1
6	2

[예 39]에서의 CREATE VIEW 문에는 뷰를 구성하는 속성의 이름을 생략할 수 없다. 대여횟수 속성이 기본 테이블인 대여현황 테이블에 원래 있던 속성이 아니라 집계 함수를 통해 새로 계산된 것이기 때문이다. 이런 경우에는 뷰를 구성하는 속성의 이름을 명확히 제시해야 한다.

3 뷰에 관한 DML 연산

CREATE VIEW 문으로 만들어진 뷰는 일반 테이블과 같이 원하는 데이터를 검색할 수 있다.

📋 예 40

대여회원 뷰에서 대여일자가 2014-03-14 이후의 모든 내용을 검색하시오.

SELECT * FROM 대여회원 WHERE 대여일자 〉 '2014-03-14';

| 결과 |

회원번호	도서명	대여일자
1	다락방의 첫사랑	2014-03-15
1	샤이닝 미연	2014-03-29
1	상남 5인조	2014-04-01

뷰가 데이터를 실제로 저장하고 있지 않은 가상 테이블임에도 SELECT 문을 이용해 데이터를 검색할 수 있는 것은, 뷰에 대한 SELECT 문이 내부적으로는 기본 테이블에 대한 SELECT 문으로 변환되어 수행되기 때문이다.

📋 예 41

회원번호가 1인 회원이 2014-04-30일에 이미 지난 계절을 대여하는 것을 대여회원 뷰에 삽입하시오.

INSERT INTO 대여회원 VALUES (1, '이미 지난 계절', '2014-04-30');

| 결과 |

회원번호	도서명	대여일자
1	두근두근 니 삶	2014-03-05
1	삼국사	2014-03-13
1	다락방의 첫사랑	2014-03-15
1	샤이닝 미연	2014-03-29
1	상남 5인조	2014-04-01
1	이미 지난 계절	2014-04-30

대여회원 뷰에 대한 삽입 연산은 기본 테이블인 대여현황 테이블의 내용을 변하게 한다. 대여현황 테이블의 모든 내용을 검색하는 다음과 같은 SELECT 문을 실행하면 이미 지난 계절 도서명이 새로운 튜플로 대여현황 테이블에 삽입된 것을 확인할 수 있다. 물론 뷰를 통해 값을 제시하지 않은 도서번호 속성과 반납일자, 대여료 속성에는 널 값이 저장된다.

INSERT 문, UPDATE 문, DELETE 문도 뷰를 대상으로 수행할 수 있다. 물론 뷰에 대한 삽입·수정·삭제 연산도 기본 테이블에 수행되기 때문에 결과적으로는 기본 테이블이 변한다. 그러나 삽입·수정·삭제 연산이 모든 뷰에 허용되는 것은 아니다. 뷰는 기본 테이블을 들여다보는 창의 역할을 하기 때문에 뷰를 통한 기본 테이블의 변화는 제한적이다. 적어도 다음과 같은 경우에는 뷰의 변경이 허용되지 않는다.

---

① 뷰의 열이 상수나 산술 연산자 또는 함수가 사용된 산술식으로 만들어지는 경우
② 집단 함수로 만들어진 열을 가진 뷰
③ DISTINCT, GROUP BY 또는 HAVING이 사용되어 정의된 뷰
④ 뷰 정의문의 FROM 절에서 범위 테이블이 둘 이상 관련된 뷰
⑤ 변경할 수 없는 뷰를 기초로 정의된 뷰

제 4 절　권한 부여와 철회

객체의 소유자가 다른 사용자에게 객체에 대한 사용 권한을 부여하기 위해 필요한 SQL 명령어는 GRANT이고, 부여한 권한을 회수하기 위해 필요한 SQL 명령어는 REVOKE이다. 이는 데이터베이스의 보안과 무결성을 유지하기 위해 사용하는 필수적인 명령어이다. 이 절에서는 권한 부여 및 철회 방법에 대해 살펴보기로 한다.

1 권한 부여 중요 ★★

객체의 소유자가 다른 사용자에게 객체에 대한 사용 권한을 부여하기 위해 필요한 SQL 명령어는 GRANT이다. GRANT 문의 기본 형식은 다음과 같다.

GRANT 권한 ON 객체 TO 사용자 [WITH GRANT OPTION];

데이터베이스에 존재하는 모든 유형의 객체에 다른 사용자 권한을 부여할 수 있다. 하지만 일반적으로 테이블에 권한을 부여하는 경우가 많으므로 여기서는 테이블을 대상으로 하는 권한 부여를 중심으로 설명한다. 테이블과 관련하여 다른 사용자에게 부여할 수 있는 주요 권한으로는 INSERT, DELETE, UPDATE, SELECT, REFERENCES가 있는데, 여러 권한을 동시에 부여할 수도 있다. REFERENCES는 외래키 제약조건을 정의할 수 있는 권한이다. REFERENCES 권한을 부여받은 사용자는 권한 부여 대상인 테이블의 기본키를

참조하는 외래키를 자신이 생성하는 테이블에 포함할 수 있다.

GRANT는 기본적으로 테이블을 구성하는 모든 속성에 권한을 부여하지만, UPDATE와 SELECT는 테이블을 구성하는 속성들 중 일부 속성만 수정 또는 검색하는 권한을 부여할 수도 있다. 일부 속성만 권한을 부여하려면 권한과 함께 권한을 부여하고 싶은 속성의 이름을 () 안에 나열하면 된다. 모든 사용자에게 권한을 똑같이 부여하고 싶다면 특정 사용자를 지정하는 대신 PUBLIC 키워드를 이용하여 GRANT 문을 작성한다.

GRANT 명령어로 부여받은 권한은 기본적으로 다른 사용자에게 부여할 수 없다. 하지만 WITH GRANT OPTION을 포함하면 권한을 부여받은 사용자가 자신이 부여받은 권한을 다른 사용자에게도 부여할 수 있다. GRANT 문을 이용해 테이블에 대한 사용 권한을 부여하는 예제를 몇 개 살펴보자. 대여현황 테이블의 소유자는 JUNG이라 가정한다.

(1) 특정 사용자에게 테이블 접근 권한 부여

GRANT SELECT ON 테이블명 TO 사용자

📋 예제 42

대여현황 테이블에 대한 검색 권한을 사용자 JUNG에게 부여하시오.

풀이

GRANT SELECT ON 대여현황 TO JUNG;

[예 42]의 GRANT 문이 실행되면 사용자 JUNG이 대여현황 테이블에 접근하여 원하는 데이터를 검색할 수 있는 권한을 가지게 된다. 하지만 사용자 JUNG은 부여받은 권한을 다른 사용자에게는 부여할 수 없다.

(2) 모든 사용자에게 테이블의 특정 권한 부여

GRANT 권한 ON 테이블명 TO PUBLIC;

📋 예제 43

대여현황 테이블에 대한 삽입과 삭제 권한을 모든 사용자에게 부여하시오.

풀이

GRANT INSERT, DELETE ON 대여현황 TO PUBLIC;

[예] 43]의 GRANT 문이 실행되면 데이터베이스의 모든 사용자가 대여현황 테이블에 접근하여 새로운 데이터를 삽입하거나 기존의 데이터를 삭제하는 작업을 수행할 수 있게 된다. 이처럼 여러 권한을 한 번에 부여할 수도 있다.

(3) 테이블의 특정 속성의 수정 권한 부여

> GRANT 권한(속성) ON 테이블명 TO 사용자;

> 📄 **예제 44**
>
> > 회원 테이블을 구성하는 속성 중 전화번호와 우수회원 속성에 대한 수정 권한을 사용자 KIM에게 부여하시오.
>
> 풀이
> GRANT UPDATE(전화번호, 우수회원) ON 회원 TO KIM;

[예] 44]의 GRANT 문이 실행되면 사용자 KIM이 회원 테이블의 전화번호와 우수회원 속성의 데이터를 수정할 수 있게 된다.

(4) 다른 사용자에게 권한 부여

> GRANT 권한 ON 테이블명 TO 사용자 WITH GRANT OPTION;

> 📄 **예제 45**
>
> > 회원 테이블에 대한 검색 권한을 WITH GRANT OPTION을 포함하여 사용자 JUNG에게 부여하시오.
>
> 풀이
> GRANT SELECT ON 회원 TO JUNG WITH GRANT OPTION;

[예] 45]의 GRANT 문이 실행되면 사용자 JUNG이 회원 테이블에 접근하여 데이터를 검색할 수 있을 뿐만 아니라, 부여받은 검색 권한을 GRANT 문을 통해 다른 사용자에게 부여할 수도 있다. 그리고 사용자 JUNG도 WITH GRANT OPTION을 포함하여 GRANT 문을 작성할 수 있다.

보안을 강화하기 위해 뷰를 이용할 수도 있다. 뷰를 이용하면 테이블에 직접 접근하지 못하게 하면서 필요한 테이블의 일부분만 사용자에게 제공할 수 있어, 관련 없는 테이블의 다른 부분을 숨겨 보안을 유지하는 데 도움이 된다. 테이블에서 사용자가 업무를 수행하는 데 필요한 테이블의 일부분을 뷰로 생성한 후 사용자에게 이 뷰에 대한 권한을 부여하는 것도 보안을 유지하는 데 도움이 될 수 있다. 객체에 대한 권한은 해당 객체의 소유자가 부여하지만 시스템 권한은 데이터베이스 관리자가 부여할 수 있다. 시스템 권한은 특정 객체에 대한 작업보다는 데이터베이스 관리와 관련된 작업에 대한 권한이다. 테이블을 생성할 수 있는 CREATE TABLE, 뷰를 생성할 수 있는 CREATE VIEW 등 데이터 정의어(DDL)와 관련된 작업에 대한 권한들이 시스템 권한에 속한다. 데이터베이스 관리자가 시스템 권한을 부여할 때도 GRANT 명령어를 이용한다. 단, 특정 객체에 대한 권한을 부여하는 것이 아니므로 시스템 권한을 부여할 때는 객체를 지정할 필요가 없다.

(5) 테이블 생성 권한 부여

> GRANT CREAT TABLE TO 사용자;

📋 예제 46

> 테이블을 생성할 수 있는 시스템 권한을 사용자 KIM에게 부여하시오.

풀이

GRANT CREATE TABLE TO KIM;

[예 46]의 GRANT 문이 실행되면 사용자 KIM이 데이터베이스에 새로운 테이블을 생성할 수 있게 된다.

(6) 뷰 생성 권한 부여

> GRANT CREAT VIEW TO 사용자;

📋 예제 47

> 뷰를 생성할 수 있는 시스템 권한을 사용자 Young에게 부여하시오.

풀이

GRANT CREATE VIEW TO Young;

[예 47]의 GRANT 문이 실행되면 사용자 Young이 데이터베이스에 새로운 뷰를 생성할 수 있게 된다.

2 권한 철회 중요 ★

GRANT 명령어를 통해 다른 사용자에게 권한을 부여한 사용자가 자신이 부여한 권한을 취소할 수도 있다. 다른 사용자에게 부여된 객체의 사용 권한을 취소하기 위해 필요한 SQL 명령어는 REVOKE이다. REVOKE 문의 기본 형식은 다음과 같다.

> REVOKE 권한 ON 객체 FROM 사용자 CASCADE | RESTRICT;

앞서 WITH GRANT OPTION을 포함하여 GRANT 문을 수행하면 권한을 부여받은 사용자가 자신이 부여받은 권한을 다른 사용자에게도 부여할 수 있었다. 이 경우 사용자의 권한이 취소되었을 때, 권한이 취소된 사용자가 다른 사용자에게 부여한 권한을 처리하는 방법이 중요한 문제로 남는다.

대여현황 테이블의 소유자인 JUNG이 대여현황 테이블에 대한 검색 권한을 WITH GRANT OPTION과 함께 KIM에게 부여했고, KIM은 부여받은 권한을 Young에게 부여했다고 가정하자. JUNG이 REVOKE 문을 이용해 KIM에게 부여한 대여현황 테이블에 대한 검색 권한을 취소한다면 Young에게 부여된 검색 권한은 어떻게 처리해야 할까?

권한을 취소할 사용자가 다른 사용자에게 같은 권한을 부여한 경우에 처리하는 방법은 REVOKE 문을 작성할 때 선택할 수 있다. 권한을 취소할 사용자가 다른 사용자에게 부여한 권한도 연쇄적으로 함께 취소하고자 한다면 REVOKE 문을 작성할 때 CASCADE 옵션을 지정하면 된다. 반면, 권한을 취소할 사용자가 다른 사용자에게 부여한 권한은 취소되지 않도록 하려면 RESTRICT 옵션을 지정한다.

📋 **예제 48**

> JUNG이 KIM에게 부여한 대여현황 테이블에 대한 검색 권한을 취소하되, KIM이 다른 사용자에게 부여한 회원 테이블에 대한 검색 권한도 함께 취소하시오.

풀이

REVOKE SELECT ON 대여현황 FROM KIM CASCADE;

[예 48]과 같이 CASCADE 옵션을 포함한 REVOKE 문을 이용해 사용자 KIM이 Young에게 부여한 회원 테이블에 대한 검색 권한을 취소하면 Park에게 부여했던 검색 권한도 함께 취소된다.

📄 예제 49

> KIM이 다른 사용자에게 권한을 부여한 적이 없는 경우에만 JUNG이 KIM에게 부여한 대여현황 테이블에 대한 검색 권한을 취소하시오.

풀이

REVOKE SELECT ON 대여현황 FROM KIM RESTRICT;

[예 49]와 같이 RESTRICT 옵션을 포함하여 REVOKE 문을 작성하여 수행하면 JUNG이 KIM에게 부여한 권한을 취소할 수 없게 된다. KIM이 YOUNG에게 권한을 부여한 내용이 남아있기 때문이다.

CASCADE 옵션을 포함하여 권한을 취소하면 연관된 다른 사용자들의 권한도 함께 취소가 되므로 권한 취소 전에는 신중히 판단해야 한다. 테이블의 소유주는 사용자들에게 각 테이블에 대해 어떤 권한을 부여했는지, 그리고 WITH GRANT OPTION을 포함하여 권한을 부여했는지 등의 여부도 기록해둘 필요가 있다. 특히 데이터베이스 전반에 대한 관리를 책임지고 있는 데이터베이스 관리자는 [표 5-12]와 같이 각 사용자별로 테이블에 부여된 권한 목록을 작성해두고 관리하는 것이 좋다.

[표 5-12] 테이블 및 뷰에 대한 각 사용자의 권한 목록

구분		권한
		테이블에 대한 권한
사용자	JUNG	소유자
	KIM	INSERT / DELETE / SELECT
	YOUNG	INSERT / DELETE / UPDATE

데이터베이스 관리자가 다른 사용자에게 부여한 시스템 권한을 취소할 때도 REVOKE 문을 이용한다. 단, 특정 객체에 대한 권한을 취소하는 것이 아니므로, 시스템 권한을 취소하고자 할 때는 REVOKE 문에서 객체를 지정할 필요가 없다.

📄 예제 50

> KIM에게 부여한 테이블 생성 권한을 취소하시오.

풀이

REVOKE CREATE TABLE FROM KIM;

○×로 점검하자

※ 다음 지문의 내용이 맞으면 ○, 틀리면 ×를 체크하시오. [1 ~ 10]

01 SQL 질의문의 종류에는 데이터 정의어, 데이터 조작어, 데이터 절차어가 있다. (   )

》》○ SQL 질의문의 종류에는 데이터 정의어, 데이터 조작어, 데이터 제어어가 있다.

02 VIEW는 물리적으로 구현되어 있는 테이블이다. (   )

》》○ VIEW는 물리적으로 구현되어 있지 않고 논리적으로만 존재하는 가상의 테이블이다.

03 DDL의 종류에는 CREATE, ALTER, DELETE가 있다. (   )

》》○ DDL의 종류에는 CREATE, ALTER, DROP이 있다.

04 SELECT * WHERE 학년 = 3 FROM 학생; (   )

》》○ SELECT 필드명 FROM 테이블명 WHERE 조건으로 SELECT * FROM 학생 WHERE 학년 = 3;이다.

05 데이터의 보안, 무결성, 회복, 병행 수행 제어 등을 정의하는 데 사용되는 언어는 DML이다.

(   )

》》○ DML(데이터 조작어)은 데이터베이스 사용자가 응용 프로그램이나 질의어를 통하여 저장된 데이터를 실질적으로 처리하는 데 사용되는 언어로 데이터베이스 사용자와 데이터베이스 관리 시스템 간의 인터페이스를 제공한다. 테이블에 새 데이터를 삽입하거나, 테이블에 저장된 데이터를 수정 · 삭제 · 검색하는 기능을 제공한다.

정답 **1** × **2** × **3** × **4** × **5** ×

06 기본키는 NOT NULL 속성을 반드시 포함한다. (   )

>>>◯ 기본키 제약조건에서 기본키는 반드시 값을 가지고 있어야 하는 NOT NULL 속성을 만족해야 하며, 중복을 허용하지 않는다.

07 테이블을 정의할 때 ALTER TABLE 명령을 이용한다. (   )

>>>◯ ALTER TABLE은 테이블의 구조를 변경할 때 쓰이는 것이고 테이블을 정의할 경우에는 CREATE TABLE 명령어를 사용한다.

08 관계형 데이터베이스에서 테이블을 삭제할 때에는 DROP TABLE 테이블 이름 명령어를 사용한다.

(   )

>>>◯ DROP은 삭제할 때 사용하는 명령어로 테이블을 삭제할 때 사용한다.

09 중복된 레코드가 한 번만 검색되도록 하는 명령어로 DISTINCT를 사용한다. (   )

>>>◯ 중복을 제거하고 싶은 필드 앞에 DISTINCT를 입력하면 중복된 값이 제거된다.

10 GROUP BY 절의 조건으로 WHERE 절을 쓸 수 있다. (   )

>>>◯ GROUP BY 절의 조건으로 WHERE 절이 아닌 HAVING 절을 사용하여 조건을 입력한다.

checkpoint 해설 & 정답

01 GRANT = DCL(제어어)
DML(조작어)
= SELECT, INSERT, DELETE, UPDATE

01 다음 중 DML에 해당하는 것으로만 나열된 것은?

> ㉠ SELECT   ㉡ UPDATE
> ㉢ INSERT   ㉣ GRANT

① ㉠, ㉡, ㉢
② ㉠, ㉡, ㉣
③ ㉠, ㉢, ㉣
④ ㉠, ㉡, ㉢, ㉣

02 뷰는 가상 테이블이기 때문에 물리적으로 구현되어 있지 않다.

02 다음 중 뷰에 대한 설명으로 옳지 <u>않은</u> 것은?

① 뷰는 삽입, 삭제, 갱신 연산에 제약사항이 따른다.
② 뷰는 데이터 접근 제어로 보안을 제공한다.
③ 뷰는 물리적으로 구현되는 테이블이다.
④ 뷰는 데이터의 논리적 독립성을 제공한다.

03 CASCADES는 참조하고 모든 데이터까지 삭제할 수 있는 연쇄 삭제 명령이다. 참조되고 있는 데이터를 삭제할 수 없게 하는 명령은 RESTRICTED이다.

03 관계 데이터베이스에서 main table의 데이터를 삭제 시 외래키에 대해 부합되는 모든 데이터를 삭제하는 참조 무결성의 법칙은?

① RESTRICTED
② CASCADES
③ SET NULL
④ CUSTOMIZED

정답 01 ① 02 ③ 03 ②

04 다음 중 SELECT 문에 대한 설명으로 옳지 <u>않은</u> 것은?

① FROM 절에는 SELECT 문에 나열된 필드를 포함하는 테이블 이나 쿼리를 지정한다.

② 검색 결과에 중복되는 레코드를 없애기 위해서는 'DISTINCT' 조건자를 사용한다.

③ AS 문은 필드 이름이나 테이블 이름에 별명을 지정할 때 사용 한다.

④ GROUP BY 문으로 레코드를 결합한 후에 WHERE 절을 사용 하면 그룹화된 레코드 중 WHERE 절의 조건을 만족하는 모든 레코드가 표시된다.

05 다음 중 뷰(View)에 대한 설명이 옳은 것만 나열한 것은?

ⓐ 뷰는 저장장치 내에 물리적으로 존재한다.
ⓑ 뷰가 정의된 기본 테이블이 삭제되더라도 뷰는 자동적 으로 삭제되지 않는다.
ⓒ DBA는 보안 측면에서 뷰를 활용할 수 있다.
ⓓ 뷰로 구성된 내용에 대한 삽입, 삭제, 갱신 연산에는 제약이 따른다.

① ⓐ, ⓑ, ⓒ, ⓓ
② ⓐ, ⓒ, ⓓ
③ ⓑ, ⓓ
④ ⓒ, ⓓ

해설 & 정답   checkpoint

04 GROUP BY 절에 대한 조건식을 지 정할 때 사용하는 예약어는 HAVING 절이다.
[그룹 지정 질의문]

> SELECT [DISTINCT] 필드이름
> FROM 테이블이름
> [WHERE 조건식]
> [GROUP BY 필드 이름]
> [HAVING 그룹 조건식]

• GROUP BY 절: 특정 필드를 기준 으로 그룹화하여 검색할 때 사용함
• HAVING 절: 그룹에 대한 조건을 지정할 때 사용함
일반적으로 GROUP BY는 SUM, AVG, COUNT 같은 그룹 함수와 함께 사용한다.

05 ⓐ 가상 테이블이므로 물리적으로 존재하지 않는다.
ⓑ 하나의 뷰를 삭제하면 그 뷰를 기 초로 정의된 다른 뷰도 자동으로 삭제된다.

정답 04 ④ 05 ④

06 DELETE → 레코드를 삭제함
FROM 영업 → 영업 테이블의 레코드를 삭제함
WHERE 사원번호 = 123; → 사원번호가 123인 레코드를 삭제함
영업 테이블에서 사원번호가 123인 사원의 레코드를 삭제한다.

06 다음 SQL 문에 대한 설명으로 옳은 것은?

> DELETE FROM 영업 WHERE 사원번호 = 123;

① 영업 테이블에서 사원번호가 123인 사원의 레코드를 검색한다.
② 영업 테이블에서 사원번호가 123인 사원의 필드를 검색한다.
③ 영업 테이블에서 사원번호가 123인 사원의 레코드를 삭제한다.
④ 영업 테이블에서 사원번호가 123인 사원의 필드를 삭제한다.

07 SELECT 필드명 FROM 테이블명 WHERE 조건문 ORDER BY 정렬 조건

㉠ 지점명과 판매액을 판매실적 테이블에서 검색
→ SELECT 지점명, 판매액 FROM 판매실적
㉡ 서울 지역을 검색
→ WHERE 도시 = '서울'
㉢ 판매액을 기준으로 내림차순 정렬
→ ORDER BY 판매액 DESC;

07 다음 표와 같은 판매실적 테이블에서 서울지역에 한하여 판매액 내림차순으로 지점명과 판매액을 출력하고자 한다. 가장 적절한 SQL 구문은?

[테이블명 : 판매실적]

도시	지점명	판매액
서울	강남지점	330
서울	강북지점	168
광주	강북지점	168
서울	강서지점	197
서울	강동지점	158
대전	대전지점	165

① SELECT 지점명, 판매액 FROM 판매실적 WHERE 도시 = '서울' ORDER BY 판매액 DESC;
② SELECT 지점명, 판매액 FROM 판매실적 ORDER BY 판매액 DESC;
③ SELECT 지점명, 판매액 FROM 판매실적 WHERE 도시 = '서울' ASC;
④ SELECT * FROM 판매실적 WHEN 도시 = '서울' ORDER BY 판매액 DESC;

정답 06 ③ 07 ①

08 다음 중 뷰(View)에 대한 설명으로 옳지 <u>않은</u> 것은?

① 뷰는 독자적인 인덱스를 가질 수 없다.

② 뷰는 논리적 독립성을 제공한다.

③ 뷰로 구성된 내용에 대한 삽입, 갱신, 삭제 연산에는 제약이 따른다.

④ 뷰가 정의된 기본 테이블이 삭제되더라도 뷰는 자동적으로 삭제되지 않는다.

08 뷰의 기본 테이블이 삭제되면 뷰도 연쇄적으로 삭제된다.

09 어떤 컬럼 데이터를 조건 검색하는 SQL 문에서 <u>틀린</u> 부분은 몇 번째 line인가?(단, 테이블 : player 컬럼 : player_name, team_id, height)

> ⓐ SELECT player_name, height
> ⓑ FROM player
> ⓒ WHERE team_id = 'korea'
> ⓓ AND height BETWEEN 170 OR 180;

① ⓐ

② ⓑ

③ ⓒ

④ ⓓ

09 BETWEEN A AND B : A에서 B 사이 이므로 BETWEEN 170 AND 180

10 SQL은 사용 용도에 따라 DDL, DML, DCL로 구분할 수 있다. 다음 중 성격이 <u>다른</u> 하나는?

① UPDATE

② ALTER

③ DROP

④ CREATE

10 • DDL : CREATE, ALTER, DROP
• DML : SELECT, DELETE, UPDATE, INSERT
• DCL : GRANT, REVOKE, COMMIT, ROLLBACK

정답   08 ④   09 ④   10 ①

11

```
SELECT 필드명
FROM 테이블명
WHERE 조건절
```

FROM 테이블명에서 학생 테이블을 A, 성적 테이블을 B로 명명해서 사용한다.
학생 테이블과 성적 테이블에서 학번이 같고 과목이름이 DB인 학생, 이름, 학점을 출력한다.

11 다음 SQL 문의 실행 결과로 옳은 것은?

```
SELECT A. 학번, A. 이름, B. 학점
FROM 학생 A, 성적 B
WHERE A. 학번 = B. 학번 AND B. 과목이름 = 'DB'
```

[학생 테이블]

학번	이름	학년	학과	주소
1000	김철수	1	전산	서울
2000	고영준	1	전기	경기
3000	유진호	2	전자	경기
4000	김영진	2	전산	경기
5000	정현영	3	전자	서울

[성적 테이블]

학번	과목번호	과목이름	학점	점수
1000	A100	자료구조	A	91
2000	A200	DB	A+	99
3000	A100	자료구조	B+	88
3000	A200	DB	B	85
4000	A200	DB	A	94
4000	A300	운영체제	B+	89
5000	A300	운영체제	B	88

①

학번	이름	학점
3000	유진호	B
4000	김영진	A

②

학번	이름	학점
2000	고영준	A+
3000	유진호	B
5000	정현영	B

③

학번	이름	학점
2000	고영준	A+
3000	유진호	B

④

학번	이름	학점
2000	고영준	A+
3000	유진호	B
4000	김영진	A

정답 11 ④

12 다음 중 뷰에 대한 설명으로 옳지 <u>않은</u> 것은?

① 뷰에 대한 사용자의 권한을 제한할 수 있다.

② 뷰 테이블에 행이나 열을 추가할 때에는 ALTER 문을 사용하여야 한다.

③ 뷰는 다른 뷰를 대상으로 설정될 수 있다.

④ 뷰 테이블은 물리적으로 구현된 것은 아니다.

12 뷰는 물리적으로 구현되어 있지 않아 ALTER 문을 사용하여 변경할 수 없다. 필요한 경우는 삭제한 후 재 생성한다.

13 다음 중 스키마, 도메인, 테이블을 정의할 때 사용되는 SQL 문은?

① SELECT

② UPDATE

③ MAKE

④ CREATE

13 데이터 정의 언어(DDL) – 스키마, 도메인, 테이블, 뷰, 인덱스를 정의하고 변경하며 삭제할 수 있다.

14 다음 중 SQL에서 VIEW를 삭제할 때 사용하는 명령은?

① ERASE

② KILL

③ DROP

④ DELETE

14 테이블, 뷰를 삭제할 때는 DROP으로 삭제한다.

정답 12 ② 13 ④ 14 ③

15 NULL 값을 비교할 때의 연산자는 IS NOT NULL을 사용한다.

15 학적 테이블에서 전화번호가 Null값이 아닌 학생명을 모두 검색할 때, SQL 구문으로 옳은 것은?

① SELECT 학생명 FROM 학적 WHERE 전화번호 DON'T NULL;

② SELECT 학생명 FROM 학적 WHERE 전화번호 ! = NULL;

③ SELECT 학생명 FROM 학적 WHERE 전화번호 IS NOT NULL;

④ SELECT 학생명 FROM 학적 WHERE 전화번호 IS 0;

16 SELECT * FROM 공급자 WHERE 조건문에서 공급자명에 '신'자가 들어가는 모든 필드를 검색하라는 문제이다.
① LIKE '%신%' : '신'자를 포함하는
② LIKE '신%' : '신'으로 시작하는
③ LIKE '%신' : '신'으로 끝나는
④ LIKE '_신' : '신'으로 끝나는 두 음절의 단어

16 다음과 같은 결과를 만들어내는 SQL 문은?

[공급자 Table]

공급자 번호	공급자명	위치
16	대신공업사	수원
27	삼진사	서울
39	삼양사	인천
62	진아공업사	대전
70	신촌상사	서울

[결과]

공급자 번호	공급자명	위치
16	대신공업사	수원
70	신촌상사	서울

① SELECT * FROM 공급자 WHERE 공급자명 LIKE '%신%'

② SELECT * FROM 공급자 WHERE 공급자명 LIKE '대%'

③ SELECT * FROM 공급자 WHERE 공급자명 LIKE '%사'

④ SELECT * FROM 공급자 WHERE 공급자명 LIKE '_사'

정답 15 ③ 16 ①

17 다음 SQL 문에서 괄호 안에 들어갈 내용으로 옳은 것은?

> UPDATE 인사급여 (   ) 호봉＝15 WHERE 성명＝'홍길동'

① SET
② FROM
③ INTO
④ IN

17 UPDATE … SET … 갱신문의 구조

18 SQL 구문에서 HAVING 절은 반드시 어떤 구문과 사용되어야 하는가?

① GROUP BY
② ORDER BY
③ UPDATE
④ JOIN

18 HAVING은 GROUP BY에서 조건절을 쓸 때 사용하는 것으로, GROUP BY 절 뒤에는 WHERE 절이 올 수 없다.

19 다음 질의를 SQL 문으로 가장 잘 변환한 것은?

> 3학년 이상의 전자계산과 학생들의 이름을 검색하시오.

① SELECT * FROM 학생 WHERE 학년 ＞＝ 3 AND 학과 ＝ '전자계산'
② SELECT 이름 FROM 학생 WHERE 학년 ＞＝ 3 OR 학과 ＝ '전자계산'
③ SELECT * FROM 학생 FOR 학년 ＞＝ 3 AND 학과 ＝ '전자계산'
④ SELECT 이름 FROM 학생 WHERE 학년 ＞＝ 3 AND 학과 ＝ '전자계산'

19 SELECT 다음에 구할 필드명으로 이름만 표현해야 한다. *는 모든 필드를 표현하라는 것이고, 조건을 둘 다 만족해야 하므로 AND로 묶여야 한다.

정답 17 ① 18 ① 19 ④

checkpoint 해설 & 정답

20 필드명 앞에 DISTINCT는 중복된 레코드를 하나만 표시하라는 의미이다.

20 다음 SQL 문에서 DISTINCT의 의미는?

> SELECT DISTINCT DEPT FROM STUDENT

① 검색 결과에서 레코드의 중복을 제거하라.
② 모든 레코드를 검색하라.
③ 검색 결과를 순서대로 정렬하라.
④ DEPT의 처음 레코드만 검색하라.

21 INSERT … INTO … VALUES를 이용하여 레코드를 추가한다.

21 다음 중 SQL의 기술이 옳지 <u>않은</u> 것은?

① SELECT … FROM … WHERE …
② INSERT … ON … VALUES …
③ UPDATE … SET … WHERE …
④ DELETE … FROM … WHERE …

22 UPDATE 테이블명 SET 속성명 = 데이터 WHERE 조건

22 학생 테이블에서 학번이 300인 학생의 학년을 3으로 수정하기 위한 SQL 질의어는?

> 학생(학번, 이름, 학년, 학과)

① UPDATE 학년 = 3 FROM 학생 WHERE 학번 = 300
② UPDATE 학생 SET 학년 = 3 WHERE 학번 = 300
③ UPDATE FROM 학생 SET 학년 = 3 WHERE 학번 = 300
④ UPDATE 학년 = 3 SET 학생 WHERE 학번 = 300

정답 20 ① 21 ② 22 ②

23 다음 설명을 만족하는 SQL 문장은?

> 학번이 1000번인 학생을 학생 테이블에서 삭제하시오.

① DELETE FROM 학생 WHERE 학번 = 1000;
② DELETE FROM 학생 IF 학번 = 1000;
③ SELECT * FROM 학생 WHERE 학번 = 1000;
④ SELECT * FROM 학생 CONDITION 학번 = 1000;

23 DELETE FROM 테이블명 WHERE 조건;

24 다음 질의문 실행의 결과로 옳은 것은?

> SELECT 가격 FROM 도서가격 WHERE 책번호 =
> (SELECT 책번호 FROM 도서 WHERE 책명 = '운영체제');

(도서 테이블)

책번호	책명
1111	운영체제
2222	세계지도
3333	생활영어

(도서가격 테이블)

책번호	가격
1111	15000
2222	23000
3333	7000
4444	5000

① 5000
② 7000
③ 15000
④ 23000

24 운영체제의 책 가격을 구하는 문제인데 도서가격 테이블에는 책명이 없으므로 도서가격 테이블과 도서 테이블의 같은 필드명인 책번호를 이용하여 운영체제의 책번호에 해당하는 가격을 구하는 질의문이다.

25 권한을 부여하기 위해 사용하는 명령어는 GRANT이고, 부여된 권한을 회수하기 위한 명령어는 REVOKE이다.

25 객체의 소유자가 다른 사용자에게 객체에 대한 사용 권한을 부여하기 위해 필요한 SQL 명령어는?

① ROLLBACK
② GRANT
③ REVOKE
④ UPDATE

26 권한을 취소할 사용자가 다른 사용자에게 부여한 권한도 연쇄적으로 함께 취소하고자 한다면 REVOKE 문을 작성할 때 CASCADE 옵션을 사용해야 한다.

26 권한을 취소할 사용자가 다른 사용자에게 부여한 권한도 연쇄적으로 함께 취소하고자 한다면 REVOKE 문을 작성할 때 함께 지정할 옵션은?

① ROLLBACK
② RESTRICT
③ CASCADE
④ UPDATE

정답 25 ② 26 ③

✅ 주관식 문제

01 사원 테이블에서 이름이 홍길동인 사원의 주소를 퇴계동으로 수정하는 SQL 문을 작성하시오.

01

정답 UPDATE 사원 SET 주소 = '퇴계동' WHERE 이름 = '홍길동';

해설
UPDATE 테이블_이름
SET 속성_이름1 = 값1, 속성_이름2 = 값2, …
[WHERE 조건];

02 DDL에 해당하는 명령어의 종류를 쓰시오.

02

정답 CREATE, ALTER, DROP

해설

명령어	기능
CREATE	SCHEMA, DOMAIN, TABLE, VIEW, INDEX를 정의
ALTER	TABLE에 대한 정의를 변경할 때 사용
DROP	SCHEMA, DOMAIN, TABLE, VIEW, INDEX를 삭제

checkpoint 해설 & 정답

03

정답 (1) DCL(데이터 제어어)
(2) COMMIT, ROLLBACK, GRANT, REVOKE

03 (1) 데이터의 보안, 무결성, 회복, 병행수행 제어 등을 정의하는 데 사용하는 언어를 무엇이라 하는가? (2) 해당 명령어의 종류를 순서에 상관없이 쓰시오.

해설

명령어	기능
COMMIT	명령에 의해 수행된 결과를 실제 물리적 디스크로 저장하고, 데이터베이스 조작 작업이 정상적으로 완료되었음을 관리자에게 통보
ROLLBACK	데이터베이스 조작 작업이 비정상적으로 종료되었을 때 원래의 상태로 복구
GRANT	데이터베이스 사용자에게 사용 권한을 부여
REVOKE	데이터베이스 사용자의 사용 권한을 취소

04

정답 ㉠ INSERT INTO
㉡ VALUES

해설 삽입문
INSERT INTO 테이블명(속성1, 속성2, …)
VALUES (속성1_값, 속성2_값, …)

VALUES 다음에는 추가할 레코드를 입력한다.

04 사원 테이블에서 사원을 추가하기 위한 SQL 문이다. 괄호 안에 들어갈 내용을 쓰시오.

(㉠) 사원(사원번호, 이름, 부서)
(㉡) ('A002', '유재민', '영업부');

제6장

질의 처리 및 최적화

I wish you the best of luck!

제 6 장 질의 처리 및 최적화

고수준(high-level)의 질의(query)를 처리하고, 최적화하고, 실행하기 위해서 DBMS가 사용하는 기술들에 대해 알아보도록 한다. SQL과 같은 고수준의 질의어로 표현된 질의는 어휘 분석과 구문 분석을 거친 뒤 검증 과정을 거쳐야 한다. 스캐너는 질의에서 질의어로 토큰, 예를 들어 SQL 키워드, 애트리뷰트 이름, 릴레이션 이름들을 식별한다. 파서는 질의의 구문이 질의어의 문법 규칙에 맞게 작성되었는지 검사한다. 또한 질의는 질의에 사용된 모든 애트리뷰트와 릴레이션의 이름들이 질의의 대상이 되는 특정 데이터베이스의 스키마에서 유효하고 의미적으로 합당한지를 검사함으로써 검증해야 한다. 그러고 나서 질의의 내부 표현을 만들어 질의 트리(query tree)라고 하는 트리 자료 구조로 나타낸다. 질의를 질의 그래프(query graph)라고 하는 그래프 자료 구조를 이용하여 표현할 수도 있다. 그 다음에 DBMS는 데이터베이스 파일에서 질의 결과를 검색하기 위해 실행전략을 만들어야 한다. 하나의 질의는 다수의 실행전략을 가질 수 있으며, 그 질의를 처리하기 위해 하나의 적절한 실행전략을 선택하는 과정을 질의 최적화(query optimization)라고 한다.

데이터베이스의 목적은 사용자로 하여금 최적의 질의가 가능하도록 하는 데 있다. 사용자는 요구를 신속하게 처리할 수 있고, 원하는 양식으로 제공되어야 한다. 고급언어인 SQL로 작성된 질의를 기계에서 실행하기 위해서는 여러 처리 단계를 거쳐야 한다. 질의 처리의 적절한 수행을 위해 질의 처리기는 다양한 처리 전략을 사용한다. 분산 환경에서 여러 사이트의 데이터베이스를 취합하여 질의 결과를 도출하는 것은 많은 기술이 요구되는데 질의 처리기는 메타 데이터가 저장된 시스템 카탈로그를 사용하여 효과적인 질의를 수행한다.

이번 장에서는 사용자의 질의가 입력되었을 때 질의 처리의 기본적인 절차를 논의한다. 사용자 질의를 관계 대수로 번역하고, 효과적인 질의 처리를 위하여 자료를 정렬하고 조인하는 방법에 대해 살펴보며 효율적인 질의 처리의 최적화 기법을 알아보도록 한다.

제 1 절   간단한 질의 최적화의 예

$$\pi_{name}(\sigma_{title = \text{'빨간머리앤'}}(CUSTOMER \bowtie (ORDER \bowtie ORDER\_BOOKS)))$$

[식 6-1] 관계 대수식

[식 6-1]의 관계 대수식의 최적화 과정을 살펴보면 세 테이블을 조인하기 때문에 중간 생성 파일의 크기가 크다. 중간 생성 파일의 크기를 줄이기 위해 셀렉트와 프로젝트 연산을 미리 수행하도록 한다. 다시 말해 ORDER_BOOKS 테이블에서 title이 '빨간머리앤'인 튜플을 먼저 셀렉트하고, CUSTOMER 테이블에서는 결과적으로 얻을 name 속성만 미리 프로젝션한다. 세 테이블을 이퀴 조인(equi-join)하는데 필요한 속성들만 프로젝트한다. 셀렉트와 프로젝트를 미리 수행하여 중간 생성 파일의 크기를 줄이는 최적화된 관계 대수식은 다음과 같다.

$$\pi_{name}((\pi_{CID,name}(CUSTOMER) \bowtie_{CID}((\pi_{OID,CID}(ORDER) \bowtie_{OID}(\sigma_{title=\text{'빨간머리앤'}}(\pi_{OID,title}(ORDER\_BOOKS))))))$$

[식 6-2] 최적화된 관계 대수식

이 최적화된 관계 대수식을 질의 그래프로 그린 것이 [그림 6-1]이다. 이 질의 그래프는 각 테이블에서 필요한 속성들을 우선적으로 프로젝션 한 후, 셀렉션과 조인을 수행하고, 최종적으로 필요한 속성을 프로젝트하였다.

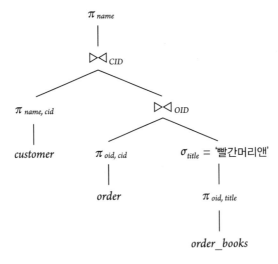

[그림 6-1] 최적화된 관계 대수식

제 2 절 질의 최적화 과정 중요 ★

1 질의 처리 과정(절차)

[그림 6-2]는 고수준 질의의 구성과 처리하는 여러 단계를 보여준다. 사용자가 원하는 질의를 SQL로 입력하면 질의 처리기는 4단계의 처리 과정을 거쳐 결과를 사용자에게 알려준다.
질의 최적화기(query optimaizer) 모듈은 실행 계획을 만들며 코드 생성기(code generator)는 실행 계획을 실행하기 위한 코드를 생성한다.

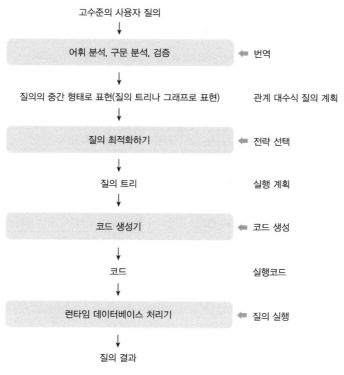

[그림 6-2] 질의 처리 과정

(1) 번역 단계

구문 분석기는 SQL에서 1차적으로 문법을, 2차적으로 의미를 검사하고 오류의 발생이 없으면 내부 형식으로 변환한다. 구문 분석기는 컴파일러에서 주로 취급하는 주체이므로 언급하지 않는다. 구문 분석기가 작성한 내부 형식은 관계 대수식으로 질의 계획(query plan)이라 하고, 질의 그래프(query graph) 형태로 작성된다. 질의 계획은 색인과 파일 읽기를 위한 순서와 방법을 결정하는 전략이다.
질의 그래프는 질의 처리 과정을 조인 연산, 프로젝트 연산, 셀렉트 연산 등 연산자 중심으로 표시한다. 결과적으로 구문 분석기는 관계 해석식을 입력받아 관계 대수식으로의 변환을 수행한다.

(2) 최적화 단계

SQL은 관계해석 언어이기 때문에 원하는 자료를 지정만 하고 자료접근 방법에 대해서는 명시할 필요가 없다. 구문 분석기가 작성한 질의 그래프가 효율적이라는 보장이 없기 때문에 질의 최적화기가 여러 가지 자료 접근 방법 중에서 가장 효율적인 방법을 선택하여 관계 대수식으로 변환한다. 이때 사용하는 전략은 기존의 시스템 카탈로그와 통계 파일을 참고하여 선택하고 질의 최적화기가 생성한 질의 트리를 접근 계획 또는 실행 계획(execution plan)이라고 부른다.

(3) 코드 생성 단계

코드 생성기는 실행 계획을 생성하기 위한 코드를 생성한다.

(4) 실행 단계

실행시간 처리기는 데이터베이스를 대상으로 질의 실행 코드를 실행하여 결과를 사용자에게 제공한다.

[표 6-1] 질의 처리 절차

순서	내역	기능	처리내용
1	번역 단계 (구문 분석기)	문법 검사	구문 분석에 의한 오류 검사
		의미 검사	의미 무결성 검사
		내부 형식 변환	오류가 없으면 관계 대수식 생성
2	최적화 단계	전략 선택	카탈로그와 통계 파일에 의한 효율적 접근방식 선택
		실행계획 변환	등가의 효율적인 접근계획 : 질의 트리 생성
3	코드 생성 단계	코드 생성	관계 대수식을 기계어로 변환
4	실행 단계	자료처리	자료처리 및 질의 결과 제공

2 질의 처리 비용

질의 최적화기가 경험적 규칙들에만 전적으로 의존해서는 안 된다. 질의 최적화기는 서로 다른 실행 전략들의 사용에 따르는 질의의 실행 비용을 추정하고 비교하여 최저의 비용 추정치를 가지는 전략을 선택할 수 있어야 한다. 이 방법이 동작하기 위해서는 서로 다른 실행 전략들을 공정하고 실제적으로 비교할 수 있도록 각 실행 전략에 대한 정확한 비용 계산이 필요하다. 이와 더불어 고려해야 할 실행 전략들의 수를 제한할 필요가 있다.

질의 처리 비용 계산을 하기 위해서는 카탈로그에 저장된 정보를 활용하고, 비용 계산을 위해 통계 파일에 기존에 수행한 질의 비용들을 저장하고 이를 활용한다.

(1) 질의 실행 비용의 요소

데이터베이스 비용은 자료 구축 비용과 질의 처리 비용으로 나뉜다. 질의 처리 비용을 검토하여 질의 성능을 향상할 수 있다. 질의 처리 비용은 일반적으로 질의에 응답하는 데 소요되는 시간을 말한다. 질의 처리 비용의 요소들은 다음 표와 같이 구분할 수 있다.

[표 6-2] 질의 처리 비용의 요소

기능	처리내용
CPU 비용	포함하지 않음
메모리 접근비용	사칙연산, 레코드 탐색, 정렬, 조인 등
디스크 접근비용	데이터 블록의 위치 탐색, 블록 자료 읽기, 쓰기
통신비용	자료나 요구 메시지 전송 및 수신 비용

① CPU 비용

CPU는 레지스터라는 가장 빠른 메모리를 이용하여 자료를 처리한다. 그러므로 CPU에서의 처리시간 은 매우 작아 질의 처리 비용에 포함시키지 않는다.

② 메모리 접근비용

질의를 실행하는 동안 주기억장치에서 연산을 수행하는 데 드는 비용을 의미한다. 이들 연산은 사칙 연산, 레코드의 탐색, 정렬, 조인 등을 포함한다. 그리고 질의를 실행하는 동안 필요한 메모리 버퍼의 개수와 관련된 비용을 의미한다.

③ 디스크 접근비용

디스크에 상주하는 데이터 블록들을 탐색하고, 읽고, 기록하는 데 드는 비용을 뜻한다. 한 파일에 있는 레코드들을 탐색하는 비용은 순서화(정렬), 해싱, 기본 인덱스 및 보조 인덱스 등과 같은 접근 구조들의 유형에 따라 달라진다. 이밖에 파일의 블록들이 같은 디스크 실린더에 연속적으로 할당됐는 지 또는 디스크에 산재하여 존재하는지 등의 요인들노 섭근 비용에 엉향을 비진다. 디스크에 접근하 는데 발생하는 비용 요소는 다음 [표 6-3]과 같다.

[표 6-3] 디스크 비용 요소

기능	처리 내용
블록 위치 접근	헤드 이동시간 + 디스크 회전시간
블록 읽기	1페이지를 읽을 때 소요되는 시간
블록 쓰기	블록 읽기의 2배
블록 전송	BUS(데이터 이동 통로)로 메모리까지 통신시간

④ 통신비용

질의를 전송하고 질의의 결과를 데이터베이스가 있는 사이트로부터 질의가 입력된 사이트 또는 터미 널로 전송하는 데 드는 비용을 뜻한다. 통신비용은 외부 통신 선로를 이용하는 비용이므로 상대적으 로 더 많은 시간비용을 소요한다.

(2) 비용 계산에 이용하는 정보

데이터베이스의 자료 접근 방법은 다양하며, 가장 효과적인 방법을 선택하기 위해서는 질의 비용을 계산한다. 질의 처리기는 카탈로그 정보 및 통계 정보를 이용해 질의 비용을 추산한다.

① 카탈로그 정보

DBMS는 모든 테이블 및 색인에 관한 정보를 유지하고 관리한다. 데이터베이스의 자료 자체가 아니라 자료에 대한 정보이므로 이를 메타 데이터라 하고, 카탈로그 테이블이라는 특수한 테이블에 저장된다. 이 저장된 정보를 자료 사전이라 부르고 다른 말로 카탈로그라 부른다.

카탈로그에는 기본적으로 데이터베이스가 생성될 때 테이블, 색인, 뷰 별로 각각의 이름과 내용이 데이터 정의어(DDL)에 의해 저장된다. 테이블에는 테이블 이름, 속성 이름, 속성의 자료형 및 자료 길이, 색인의 이름, 테이블의 무결성 제약시간들이 저장되고 색인에는 색인의 이름, 색인의 구조, 탐색키 속성 이름 등이 저장되며 뷰 테이블에는 뷰의 이름 및 속성들의 정보가 저장된다.

[표 6-4] 카탈로그 정보

요소	내용
테이블의 튜플 수	테이블에 저장된 튜플의 수
테이블의 크기	각 테이블의 페이지 수
색인의 튜플 수	색인 엔트리의 수
색인의 크기	각 색인의 페이지 수
색인의 높이	트리 색인의 경우 잎 노드의 높이
색인의 범위	각 색인의 최소값과 최대값

② 통계 정보

질의 처리기는 질의를 처리한 후 처리비용을 통계 파일에 저장한다. 질의 처리기는 좋은 접근방법을 선택하기 위해 카탈로그 정보뿐만 아니라 통계 정보들을 분석하여 가장 최선의 전략을 선택해야 한다. 질의를 처리한 후에는 질의 처리에 소요된 시간과 질의 처리로 인해 변경된 사항 등의 정보를 다시 통계 정보에 반영한다. 질의를 처리할 때마다 통계 정보의 유용성이 향상되는 이유는 통계 정보가 갱신되기 때문이다.

질의 변환 규칙 중요 ★★

1 질의를 관계 대수로 번역

실제로 SQL은 대부분의 상업용 관계 DBMS에서 사용되는 질의어이다. 하나의 SQL 질의는 먼저 이와 동등한 확장된 관계 대수식으로 번역된 후, 즉 질의 트리 자료 구조로 표현되고 나서 최적화된다. 전형적으로 SQL 질의는 질의 블록(query block)들로 분해된다. 질의 블록은 대수 연산자들로 번역되어 최적화되는 기본 단위 이다. 하나의 질의 블록은 하나의 SELECT-FROM-WHERE 식을 포함하며, 만일 GROUP BY 절과 HAVING 절이 그 블록의 일부분이라면 이들도 함께 포함한다. 따라서 하나의 질의 안에 중첩된 질의는 별개의 질의 블록으로 취급한다.

질의 최적화란 질의를 처리하는 방법들 중에서 가장 효율적인 질의 수행 계획을 찾는 방법이다. 사용자들이 작성하는 질의 계획은 효율적인 것과 비효율적인 것 등으로 제시된다. 질의 계획을 등가의 저렴한 질의 계획 으로 바꾸기 위해 질의를 표현하는 질의 트리를 이용하고, 질의 트리를 저렴한 트리로 바꾸는 것이 질의 최적화의 핵심이다. [표 6-5]는 질의 최적화 전략의 기능을 나타낸다.

[표 6-5] 질의 최적화 전략 기능

순서	주요기능	산출물
1	디스크 접근 횟수 줄이기	등가의 관계 대수식
2	중간 생성 파일 크기 줄이기	등가의 관계 대수식
3	통신 전송 횟수 줄이기	실행 계획(EXECUTION PLAN)

예로 '빨간머리앤'이라는 책을 구입한 고객의 이름을 검색하는 질의에 대해서 질의 번역기가 다음과 같은 관계 대수식을 생성한다.

$$\pi_{name}\left(\sigma_{title = \text{'빨간머리앤'}}\left(CUSTOMER \bowtie \left(ORDER \bowtie ORDER\_BOOKS\right)\right)\right)$$

이 관계 대수식은 세 테이블을 조인하므로 큰 테이블이 생성될 수밖에 없다. 하지만 이 질의 결과로 소수의 튜플들이 얻어질 것이다. 더구나 세 테이블이 조인하여 얻어진 16개의 속성들 중에서 질의가 요구하는 속성은 한 개이다. 또한 ORDER_BOOKS 테이블에서 title이 '빨간머리앤'이 아닌 튜플들은 연산에 참여할 필요가 없다. 따라서 불필요한 튜플들을 제외하여 가급적 중간 생성 파일의 크기를 줄이면서 동일한 결과를 얻을 수 있는 관계 대수식은 다음과 같다.

$$\pi_{name}\left(CUSTOMER \bowtie \left(ORDER \bowtie \left(\sigma_{title = \text{'빨간머리앤'}} ORDER\_BOOKS\right)\right)\right)$$

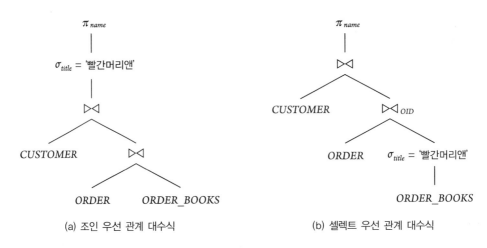

(a) 조인 우선 관계 대수식   (b) 셀렉트 우선 관계 대수식

[그림 6-3] 등가이 관계 대수식 변환

[그림 6-3]은 세 테이블을 조인하여야 원하는 질의 결과를 얻을 수 있는 관계 대수식을 2가지로 표현한 질의 트리이다. (a)는 세 테이블들을 먼저 모두 조인하므로 중간에 생성되는 중간 생성 파일의 크기가 크다. (b)는 셀렉트 연산을 먼저 수행하여 ORDER_BOOKS 테이블의 크기를 많이 줄여 놓은 상태에서 나머지 테이블 들과 조인하므로 (a)보다 중간 생성 파일의 크기가 작아진다. 질의의 결과는 같아도 질의 수행 계획에 따라서 중간 생성 파일의 크기가 작아질 수도, 커질 수도 있다. 중간 생성 파일의 크기가 작아지면 공간이 절약되고, 질의 처리 과정에서 디스크의 접근비용이 감소된다. 이상과 같은 기법을 이용하는 이유는 주어진 관계 대수식으 로 최소 비용을 이용해서 동일한 질의 결과를 얻기 위함이다. 질의 최적기는 최소 비용의 계획을 선택하기 위해 다음과 같은 3가지 단계를 이용한다.

① 주어진 관계 대수식과 동등한 대수식을 만든다.
② 각 수행비용을 계산한다.
③ 질의 수행 계획을 작성한다.

최적화 기법은 디스크 접근방식을 이용하여 비용을 줄이는 기법과 중간 생성 파일의 크기를 줄이는 2가지 방식으로 나타낸다.

(1) 디스크 접근비용 줄이기

[표 6-6] 디스크 접근비용 줄이기

종류	내용
알고리즘 선택	여러 알고리즘 중 최적의 방식을 선택
색인 선택	여러 색인 중 가장 효율적인 색인 선택
카탈로그 및 통계 파일 활용	기존 메타 자료를 활용

① 알고리즘 선택

디스크에서 원하는 레코드의 탐색을 위해 선형 탐색, 이진 탐색, 기본키 탐색, 해시 탐색 등의 알고리즘 중 최적의 방식을 선택해야 한다.

② 색인 선택

데이터베이스 테이블에는 여러 목적의 색인이 생성되어, 그중 가장 적합한 색인을 선택하고 탐색 방법을 결정하는 것이 중요하다.

③ 카탈로그 및 통계 파일 활용

알고리즘 및 색인 선택할 때 카탈로그 및 통계 파일에 저장되어 있는 비용 추산의 기본 자료를 잘 활용해야 한다.

(2) 중간 생성 파일 줄이기

중간 생성 파일의 크기를 줄이는 방법은 조인 연산을 수행하기 전에 셀렉션과 프로젝션 연산을 가급적 빨리 수행하여 작은 크기의 테이블을 만든 다음 조인 연산을 수행하는 것이다. 이보다 좋은 방법은 아예 중간 생성 파일을 생성하지 않는 것이다. 이 방법이 바로 파이프라인 연산이다.

[표 6-7] 중간 생성 파일 크기 줄이기

종류	내용
셀렉션 먼저 수행	불필요한 튜플의 제거
프로젝션 먼저 수행	불필요한 속성의 제거
파이프라인 기법 수행	중간 생성 파일을 생성하지 않고 연산 수행

① 셀렉션 먼저 수행하기

전체 테이블의 알고리즘 적용보다 셀렉션을 먼저 수행하여 대상 파일의 크기를 줄이는 것이 효율적이다. 특히 조인 수행 전 셀렉션을 먼저 수행하면 조인 결과로 생성되는 중간 생성 파일의 레코드 수가 작아진다.

② 프로젝션 먼저 수행하기

전체 테이블의 알고리즘 적용보다 프로젝션을 먼저 수행하여 대상 파일의 크기를 줄이는 것이 효율적이다. 이러한 프로젝션을 먼저 수행하면 필요한 속성들만으로 테이블을 구성하기 때문에 테이블의 크기가 작아진다.

③ 파이프라인 기법 수행하기

셀렉션과 프로젝션을 먼저 수행하는 것은 중간 생성 파일의 크기를 줄이기 위해서이다. 이러한 방법보다 더 효과적인 것은 중간 생성 파일을 만들지 않는 파이프라인 기법의 사용이다. 이 기법은 앞의 결과를 다음 연산의 입력으로 사용함으로써 중간 생성 파일을 만들지 않는 방식이다.

(3) 관계 대수식의 등가 변환

질의 비용의 최적화를 위해 관계 대수식을 등가이거나 염가로 변환한다. 이때 등가의 관계 대수식이란 두 식이 동일한 결과의 튜플 집합을 만들어 내는 대수식이다. 이러한 대수식의 결과는 집합이기 때문에 튜플의 순서와는 상관없이 등가이다.

두 관계 대수식이 등가라는 것은 2가지 형태의 식의 실행 결과가 동일하다는 것을 의미한다. 두 식이 모두 유효한 데이터베이스에 대해 동일 결과를 만들어 내기 때문에 첫 번째 형태의 식을 두 번째 형태의 식으로 바꾸거나, 두 번째 형태의 식을 첫 번째 형태의 식으로 바꿀 수 있다. 따라서 등가의 저렴한 관계 대수식을 얻기 위해서는 다음과 같은 등가 규칙을 이용하여 변경할 필요가 있다.

> **⚡ 더 알아두기 Q**
>
> **등가 규칙**
> ① 논리곱이 포함된 셀렉트 연산이다.
> ② 셀렉트 연산은 교환적이다.
> ③ 일련의 프로젝트 연산 중에서 마지막 연산만이 필요하고 나머지는 생략될 수 있다.
> ④ 조인 연산은 교환적이다.
> ⑤ 합집합과 교집합은 교환적이다.
> ⑥ 합집합과 교집합은 결합적이다.
> ⑦ 셀렉트 연산은 합집합, 교집합, 차집합 연산에 배분될 수 있다.
> ⑧ 프로젝트 연산은 합집합 연산에 배분될 수 있다.

제 4 절 비용계산을 통한 질의 최적화 중요 ★

1 카탈로그 정보의 이용

다양한 실행 전략의 비용을 측정하려면 비용 함수가 필요로 하는 정보를 유지해야 한다. 이런 정보는 DBMS의 카탈로그에 저장되며 질의 최적화기에 의해 접근된다. 첫째, 각 파일의 크기를 알아야 한다. 같은 유형의 레코드들을 가지는 파일에서는 레코드 수(r), 레코드 크기(R), 블록의 수(b)가 필요하다. 파일의 블록킹 인수(bfr)도 필요할 수 있다. 각 파일에 대해 기본 접근 방법과 기본 접근 애트리뷰트들도 유지해야 한다. 모든 보조 인덱스와 인덱싱 애트리뷰트에 대한 정보가 유지된다. 각 다단계 인덱스(기본 인덱스, 보조 인덱스, 또는 클러스터링 인덱스)의 단계 수(x)는 질의를 수행하는 동안 발생하는 블록 접근 수를 측정하는 비용 함수를 위해 필요하다. 어떤 비용 함수는 첫 번째 단계의 인덱스 블록 수를 필요로 한다.

인덱스의 단계 수와 같은 정보는 자주 변경되는 것이 아니므로 쉽게 유지할 수 있다. 그러나 다른 정보들은 자주 변경될 수 있다. 예를 들어, 파일의 레코드 수 r은 레코드가 삽입되거나 삭제될 때마다 변한다. 질의 최적화기는 다양한 실행 전략들의 비용을 측정하기 위해 이런 매개변수들에 대해서 어느 정도 정확한 값을 필요로 한다. 그러나 완전히 정확한 값을 필요로 하지는 않는다.

2 선택 연산에 대한 비용계산 함수

선택(select) 연산은 테이블에서 조건에 맞는 튜플들을 메모리로 읽어오는 연산이며 질의에서 가장 많이 사용하는 연산이다. 셀렉트 연산은 선택 조건이 하나인 단순 셀렉트 연산과 선택 조건이 여러 개인 복합 셀렉트 연산으로 구분한다.

주기억장치와 디스크 사이에 전송되는 블록 수의 관점에서 탐색 알고리즘에 대한 비용 함수를 만든다면 계산비용, 저장 비용, 기타 요인들을 무시한 추정치이다.

[표 6-8] 선택 연산 기법

탐색 기법	방법	비고
선형 탐색	첫 레코드부터 끝까지 탐색	O(n), n: number of record
이진 탐색	한번에 1/2씩 탐색	O(nLogn)
기본 키 탐색	직접 레코드 탐색	1 ~ 수번(색인 구조에 따라)
기본 키 복수 탐색	직접 접근 + 순차 접근	트리 구조 색인
클러스터링 키 탐색	부분 탐색	트리 구조 보조 색인
보조 키 탐색	부분 탐색	트리 구조 색인

(1) 선형 탐색

선형 탐색(linear search)은 선택 조건을 만족하는 모든 레코드를 검색하기 위해서 모든 파일 블록을 순차적으로 검색하는 방법이다. 각 블록들이 연속되어 있지 않다면 부가적인 탐색이 필요하다. 선형 탐색은 다른 알고리즘보다 느리지만 전체 레코드들을 읽어야 하는 응용에서는 오히려 더 효율적이다. 예를 들어, 연봉 계산이나 학점 처리 같은 업무는 직원과 학생들의 모든 레코드를 읽어 정보처리를 수행하므로 선형 탐색이 더 효율적이다.

(2) 이진 탐색

테이블이 특정한 속성에 따라 정렬되어 있고, 특정 조건에 그 속성에 대한 동등한 비교가 포함되어 있으면 선형 탐색보다 이진 탐색이 더 효율적이다. 원하는 레코드를 찾기 위해 가장 중간에 위치하는 블록을 찾고 그 블록의 자료 값보다 크면 그 블록부터 끝까지 중간 블록을 탐색하고, 작으면 그 블록부터 처음까지의 중간 블록을 탐색하여 확인한다. 이와 같이 탐색하면 한번 접근할 때마다 탐색할 자료의 반을 제거하기 때문에 탐색 속도가 매우 우수하며, 이 과정을 원하는 레코드를 찾을 때까지 반복한다. 원하는 레코드를 저장하고 있는 블록을 찾기 위해 읽어야 하는 블록의 개수는 $[\log_2 N]$이다. 여기서 N은 파일 안의 블록의 수를 의미한다.

(3) 기본 키 탐색(Primary Key search)

키를 이용하는 탐색은 자료 블록에 앞서서 색인을 먼저 읽고 자료 블록의 위치를 읽어야 한다. 선택 조건에 기본 키 속성에 대한 동등 비교가 포함되어 있으면 해당 튜플을 검색하기 전에 기본 키 색인 파일을 읽어서 해당 블록을 탐색한다.

(4) 기본 키에 의한 복수 레코드 탐색

기본 키에 해당하는 필드에 대해 〉, ≥, ≤, 〈 와 같은 비교 연산을 수행하면 여러 개의 레코드들을 검색할 때 사용할 수 있다. 부분 탐색을 하려면 기본 키를 이용하여 특정 튜플을 탐색하고 그 튜플의 다음 레코드들을 검색한다. 예를 들어, 회사 사원의 사번이 7000번 이상인 사원을 찾으려면 EID = 7000인 레코드를 기본 키로 찾고 그 다음의 모든 레코드들을 읽으면 된다.

(5) 클러스터링 키 탐색

선택 조건이 클러스터링 키 속성에 대하여 동등 비교를 포함한다면 해당 튜플을 검색한다. 예를 들어, 부서번호 DID 순으로 정렬되어 있는 사원 테이블에서 부서번호가 20인 사원들을 검색한다면 소속되는 여러 사원들의 레코드들이 모두 검색될 것이다.

(6) 보조(B⁺ tree) 키 탐색

선택 조건이 보조 키 속성에 대해 동등 비교를 포함한다면 해당 튜플을 검색한다. 보조 키가 중복을 허용한다면 조건에 맞는 여러 개의 튜플들을 검색할 수 있다. 예를 들어, 학과번호가 보조 키로 설정된 학생 테이블에서 학과번호가 20인 학생들을 탐색한다면 소속되는 여러 학생들을 검색할 수 있을 것이다.

3 조인 연산에 대한 비용계산 함수

조인 연산은 질의 처리에서 가장 시간(비용)이 많이 소요되는 연산이다. 질의 연산의 대부분은 동등 조인과 자연 조인의 변형이다. 조인 질의를 내부 형식으로 변환할 때 얻어지는 대표적인 관계대수식의 형태는 다음과 같고, 조인 연산은 R ⋈ rS의 형태로 표현된다.

$$R \bowtie_{A\,=\,B} S$$

[표 6-9] 조인을 구현하는 알고리즘

순서	알고리즘	내역
1	중첩 루프 조인	이중 루프 안에서 두 테이블을 순차 탐색하면서 연결
2	단일 루프 조인	한 테이블은 순차 탐색하고 한 테이블은 색인 탐색
3	정렬-합병 조인	정렬된 테이블을 순차 탐색하면서 연결
4	해시 조인	두 테이블을 각각의 해시 함수로 탐색하면서 조인

(1) 중첩 루프 조인(nested loop join)

외부 루프 파일의 각 레코드에 대하여 내부 루프 파일의 모든 레코드를 검색하고 두 레코드가 조인 조건을 만족시키는지를 검사한다. 처리 효율은 조인에서 외부 루프를 어느 테이블로 설정하는가에 따라서 달라진다. 외부 루프를 ORDER 테이블로 가정하여 설정하면 조인 조건에 맞는 ORDER 튜플의 경우에만 내부 루프를 실행하므로 상대적으로 효율적이다. 만약 금액이 50,000원을 초과하는 고객의 수가 40%라면 내부 루프는 60%로 절약된다.

(2) 단일 루프 조인(Single loop join)

조인 속성 중의 하나에 색인이 있다면 다른 파일을 순차 탐색하면서 색인을 이용하여 조인 조건을 만족시키는지를 검사한다. 두 테이블의 조인 속성을 CID라 하고 CID는 CUSTOMER 테이블의 기본 키라고 가정할 때 ORDER 테이블을 읽고 조건에 맞으면 CID를 기본 키로 CUSTOMER 테이블을 읽는다. ORDER 테이블의 모든 튜플을 읽으면서 조인 조건을 만족하면 CUSTOMER 테이블을 기본 키로 읽을 수 있다.

(3) 정렬-합병 조인(sort-merge join)

두 파일들이 조인 속성에 대하여 물리적으로 정렬되어 있다면 두 파일을 조인 속성의 순서대로 읽으면서 두 레코드가 동일한 값을 갖는지를 검사한다. 두 파일이 정렬되어 있다면 매우 효율적이다. 정렬되어 있지 않다면 외부 정렬을 이용하여 정렬시킬 수 있다. 조인 속성이 두 파일에서 키라면 각 블록들의 쌍을 순서대로 메모리에 복사한 뒤 각 파일의 레코드들을 다른 파일과 부합하는 것에 한하여 한번만 스캔한다. 두 테이블을 차례대로 읽으면서 킷값이 같으면 조인 조건을 검사하고 킷값이 작은 쪽의 튜플을 읽어서 다시 킷값을 비교하는 절차이다. 전체적으로 모든 튜플을 한 번만 읽기 때문에 효율이 높다.

(4) 해시 조인(hash join)

해시 조인의 핵심은 두 테이블의 조인 속성 값이 동일하다면 해시 값도 동일하다는 데 있다. 속성이 해시 값이 같다면 같은 해시 버킷에 저장될 것이다. 따라서 같은 버킷 번호에 저장되어 있는 두 속성들은 조인할 수 있다. 두 파일의 레코드들은 조인 속성을 해시 키로 하고 동일한 해시 함수를 사용해서 동일한 해시 파일로 해시한다.

① 분할 단계
작은 크기의 첫째 파일에 대해 모든 레코드들이 해시 파일 버킷을 해시한다.

② 조사 단계
둘째 파일에 대해 한 번에 패스를 거치면서 적절한 버킷을 조사하기 위해 각 레코드를 해시한다. 둘째 파일의 각 레코드를 해시할 때마다 첫째 파일에서 동일한 해시 주소를 갖는 버킷의 레코드들이 조인 조건을 만족하면 두 레코드를 결합한다.

제 5 절 　경험적 규칙을 통한 최적화의 예

경험적 규칙들을 사용하여 질의의 내부 표현(일반적으로 질의 트리 또는 질의 그래프 자료 구조)을 변형하여 실행할 때 기대되는 성능 향상의 최적화 기술에 대해 논의한다. 고수준의 질의를 위한 파서는 먼저 기초 내부 표현을 생성하고 이는 경험적 규칙들에 따라 최적화된다. 그 다음에, 질의에 포함된 파일들에서 사용가능한 접근 경로들에 근거하여 연산들의 집단을 실행하기 위한 질의 실행 규칙을 생성한다.

주요 경험적 규칙들 중 하나는 카디션 곱, 조인이나 기타 이진 연산들을 수행하기 전에 셀렉트나 프로젝트 연산을 수행하는 것이다. 그 이유는 조인과 같은 이진 연산의 결과로 생성되는 파일의 크기가 입력 파일들의 크기의 곱하기 함수로 결정되는 것이 보편적이기 때문이다. 셀렉트와 프로젝트 연산은 한 파일의 크기를 줄이므로 이 두 연산을 조인이나 기타 이진 연산보다 먼저 적용하는 것이 좋다.

질의 트리와 질의 그래프는 질의를 내부적으로 표현하기 위한 자료 구조의 근간으로 사용될 수 있다. 질의 트리는 관계 대수나 확장된 관계 대수식을 표현하는 데 사용되고, 질의 그래프는 관계 해석식을 표현하는 데 사용된다.

○×로 점검하자

※ 다음 지문의 내용이 맞으면 ○, 틀리면 ×를 체크하시오. [1 ~ 6]

01 질의 처리 비용은 질의에 응답하는 데 소요되는 비용을 말한다. (　　)

》》Ｏ 질의 처리 비용은 질의에 응답하는 데 소요되는 시간을 말한다.

02 질의 처리 절차 중 번역 단계의 기능은 문법 검사, 전략 선택, 코드 생성이다. (　　)

》》Ｏ 질의 처리 절차 중 번역 단계의 기능은 문법 검사, 의미 검사, 내부 형식 변환이다.

03 질의 처리 과정은 번역 → 전략 선택 → 질의 실행 → 코드 생성으로 처리된다. (　　)

》》Ｏ 질의 처리 과정은 번역→ 전략 선택→ 코드 생성→ 질의 실행으로 처리된다.

04 질의 처리 비용에는 CPU 비용, 메모리 접근 비용, 디스크 접근 비용, 통신비용이 있다.

(　　)

》》Ｏ CPU 비용, 메모리 접근 비용, 디스크 접근 비용, 통신비용은 질의 처리 비용에 해당한다.

05 질의 최적화 전략 기능에는 디스크 접근 횟수 줄이기, 중간 생성 파일 크기 줄이기, 셀렉트 먼저 수행이 있다. (　　)

》》Ｏ 질의 최적화 전략 기능에는 디스크 접근 횟수 줄이기, 중간 생성 파일 크기 줄이기, 통신 전송 횟수 줄이기가 있다.

06 카탈로그 정보를 이용한 비용계산을 통한 질의 최적화에는 구문 분석과 선형 탐색 방법이 있다.

(　　)

》》Ｏ 카탈로그 정보를 이용한 비용계산을 통한 질의 최적화에는 구문 분석과 의미 분석 방법이 있다.

정답 **1** × **2** × **3** × **4** ○ **5** × **6** ×

01 실행 계획의 입력을 받아 기계어로 실행 코드를 생성하는 단계는 코드 생성 단계이다.

01 실행 계획의 입력을 받아 기계어로 실행 코드를 생성하는 단계는?

① 번역 단계
② 최적화 단계
③ 코드 생성 단계
④ 실행 단계

02 전략 선택은 최적화 단계의 기능이다.
[문제 하단의 표 참고]

02 다음 중 번역 단계의 기능이 아닌 것은?

① 문법 검사
② 의미 검사
③ 내부 형식 변환
④ 전략 선택

»»»○

순서	내역	기능	처리내용
1	번역 단계 (구문 분석기)	문법 검사	구문 분석에 의한 오류 검사
		의미 검사	의미 무결성 검사
		내부 형식 변환	오류가 없으면 관계 대수식 생성
2	최적화 단계	전략 선택	카탈로그와 통계 파일에 의한 효율적 접근방식 선택
		실행계획 변환	등가의 효율적인 접근계획: 질의 트리 생성
3	코드 생성 단계	코드 생성	관계 대수식을 기계어로 변환
4	실행 단계	자료처리	자료처리 및 질의 결과 제공

정답 01 ③ 02 ④

03 SQL에서 1차적으로 문법 검사를 수행하고 2차적으로 의미를 검사하는 단계는?

① 번역 단계
② 최적화 단계
③ 코드 생성 단계
④ 실행 단계

04 질의 최적기가 여러 가지 자료 접근 방법 중에서 가장 효율적인 방법을 선택하여 관계 대수식으로 변환하는 단계는?

① 번역 단계
② 최적화 단계
③ 코드 생성 단계
④ 실행 단계

05 데이터베이스 시스템에서 실행시간 처리기가 데이터베이스를 대상으로 질의 실행 코드를 실행하여 결과를 사용자에게 다양한 수단으로 제공하는 단계는?

① 번역 단계
② 최적화 단계
③ 코드 생성 단계
④ 실행 단계

06 질의 처리 비용은 CPU 비용, 메모리 접근비용, 디스크 접근비용, 통신비용을 뜻한다.

06 **다음 중 질의 처리 비용의 구성요소로 옳지 <u>않은</u> 것은?**

① CPU 비용
② 메모리 접근비용
③ 디스크 접근비용
④ 데이터 처리비용

07 디스크 접근비용 : 디스크의 블록을 탐색하거나 블록을 읽거나 갱신, 기록하는 비용

07 **디스크의 블록을 탐색하거나 블록을 읽거나 갱신, 기록하는 비용을 무엇이라고 하는가?**

① CPU 비용
② 메모리 접근비용
③ 디스크 접근비용
④ 통신비

08 질의비용 계산에 이용되는 정보에는 카탈로그 정보, 통계 정보, 질의 최적화가 있다.

08 **다음 중 질의비용 계산에 이용되는 정보에 속하지 <u>않는</u> 것은?**

① 카탈로그 정보
② 통계 정보
③ 데이터 처리 정보
④ 질의 최적화

정답 06 ④ 07 ③ 08 ③

09 다음 중 중간 생성 파일을 줄이는 방법이 <u>아닌</u> 것은?

① 셀렉트 먼저 수행하기
② 프로젝트 먼저 수행하기
③ 파이프라인 기법
④ 디스크 접근 회수 줄이기

09 중간 생성 파일을 줄이는 방법에는 셀렉트 먼저 수행하기, 프로젝트 먼저 수행하기, 파이프라인 기법이 있다.

10 디스크 접근방식을 이용하여 비용을 줄이는 기법이 <u>아닌</u> 것은?

① 알고리즘 선택
② 색인 선택
③ 프로젝트 먼저 수행하기
④ 카탈로그 및 통계 파일 활용

10 프로젝트 먼저 수행하기는 중간 생성 파일을 줄이는 방법이다.

11 데이터베이스 질의를 최적화할 때 고려해야 할 사항 중 가장 거리가 <u>먼</u> 것은?

① 하드디스크에 접근하는 시간 비용
② 질의 처리 중간에 방생하는 임시 파일 저장 비용
③ 질의 계산 시간 및 메모리 비용
④ 원본 테이블의 정규화 비용

11 [문제 하단의 표 참고]

기능	처리내용
CPU 비용	고려하지 않음
메모리 접근비용	사칙연산, 검색, 정렬, 조인 등
디스크 접근비용	블록 위치 탐색, 블록 자료 읽기, 쓰기
통신비용	자료 및 요구 메시지 전송 및 수신 비용

정답 09 ④ 10 ③ 11 ④

01

정답 번역 단계→ 최적화 단계→ 코드 생성
단계→ 실행 단계

✔ **주관식 문제**

01 질의 처리 과정의 단계를 순서대로 나열하시오.

해설

순서	내역	기능	처리내용
1	번역 단계 (구문 분석기)	문법 검사	구문 분석에 의한 오류 검사
		의미 검사	의미 무결성 검사
		내부 형식 변환	오류가 없으면 관계 대수식 생성
2	최적화 단계	전략 선택	카탈로그와 통계 파일에 의한 효율적 접근방식 선택
		실행계획 변환	등가의 효율적인 접근계획: 질의 트리 생성
3	코드 생성 단계	코드 생성	관계 대수식을 기계어로 변환
4	실행 단계	자료처리	자료처리 및 질의 결과 제공

02

정답 파이프라인 기법

해설 파이프라인 기법은 앞의 결과를 다음
연산의 입력으로 사용함으로써 중간
생성 파일을 만들지 않는 방식이다.

02 질의 변환 규칙에서 중간 생성 파일을 만들지 않는 방식을 무엇
이라고 하는가?

03 질의 최적화 전략의 주요 기능을 쓰시오.

정답 디스크 접근 횟수 줄이기, 중간 생성 파일의 크기 줄이기, 통신 전송 횟수 줄이기

해설

순서	주요기능	산출물
1	디스크 접근 횟수 줄이기	등가의 관계 대수식
2	중간 생성 파일 크기 줄이기	등가의 관계 대수식
3	통신 전송 횟수 줄이기	실행계획

04 질의 처리 절차 중 번역 단계에서 수행하는 기능에 내해 쓰시오.

04
정답 문법 검사, 의미 검사, 내부 형식 변환

해설

내역	기능	처리내용
번역 단계 (구문 분석기)	문법 검사	구문 분석에 의한 오류 검사
	의미 검사	의미 무결성 검사
	내부 형식 변환	오류가 없으면 관계 대수식 생성

여기서 멈출 거예요? 고지가 바로 눈앞에 있어요.
마지막 한 걸음까지 SD에듀가 함께할게요!

제7장

정규화

I wish you the best of luck!

혼자 공부하기 힘드시다면 방법이 있습니다.
SD에듀의 동영상강의를 이용하시면 됩니다.
www.sdedu.co.kr ➡ 회원가입(로그인) ➡ 강의 살펴보기

제 7 장 정규화

데이터베이스 설계에서 중요한 사항은 무엇보다도 현실 세계를 가장 정확하게 표현할 수 있는 데이터의 논리적 구조를 결정하는 것이다. 특히 관계 데이터베이스에서는 데이터 값들을 테이블 형태로 표현하므로 현실 세계를 정확하게 표현하기 위해서 어떤 릴레이션들이 필요하고, 또 그 릴레이션들은 어떤 어트리뷰트들로 구성해야 하는가를 결정하는 문제가 중요한데 이것이 곧 관계 스킴(relation scheme)의 설계가 된다.

데이터베이스를 잘못 설계하면 불필요한 데이터 중복이 발생하여 릴레이션에 대한 데이터의 삽입·수정·삭제 연산을 수행할 때 부작용들이 발생할 수 있다. 이러한 부작용을 이상(anomaly) 현상이라 한다. 이상 현상을 제거하면서 데이터베이스를 올바르게 설계해 나가는 과정을 정규화라고 한다.

정규화란 데이터베이스의 데이터를 최적화하여 데이터의 중복과 의존성을 없애는 것을 말한다. 정규화는 릴레이션의 형태에 따라 제1정규형(1NF : First Normal Form), 제2정규형(2NF : Second Normal Form), 제3정규형(3NF : Third Normal Form), 보이스-코드 정규형(BCNF : Boyce-Codd Normal Form), 제4정규형(4NF : Fouth Normal Form), 제5정규형(5NF : Fifth Normal Form)으로 나눌 수 있다.

데이터의 중복에 따른 이상 현상과 함수의 종속에 대해 알아보고, 정규화의 필요성과 정규화를 통해 데이터베이스를 최적화하는 방법 및 정규화 과정에 대해 알아보도록 한다.

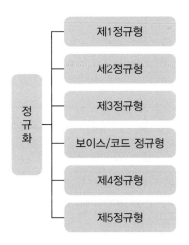

[그림 7-1] 정규화의 종류

정규화의 필요성

[표 7-1]의 자격증 릴레이션에 여러 이상 현상이 발생하는 이유는 무엇일까? 관련이 없는 데이터, 즉 속성들을 하나의 릴레이션에 모아두고 있기 때문이다. 이상 현상이 발생하지 않도록 하려면, 관련 있는 속성들로만 릴레이션을 구성해야 하는데 이를 위해 필요한 것이 정규화다. 정규화는 이상 현상이 발생하지 않도록, 릴레이션을 관련이 있는 속성들로만 구성하기 위해 릴레이션을 분해(decomposition)하는 과정이다. 정규화를 통해 올바른 릴레이션의 설계를 완성할 수 있다.

정규화를 수행하려면 먼저 릴레이션을 구성하는 속성들 간의 관련성을 판단할 수 있어야 한다. 정규화 과정에서 고려해야 하는 속성들 간의 관련성을 함수적 종속성(FD : Functional Dependency)이라고 한다. 일반적으로 릴레이션에 함수적 종속성이 하나 존재하도록 정규화를 통해 릴레이션을 분해한다. 그러므로 정규화를 본격적으로 살펴보기에 앞서 함수적 종속성의 의미와 함수적 종속성을 판단하는 방법과 이상 현상에 대해 알아보자.

[표 7-1] 자격증 릴레이션

학번	자격증코드	취득여부	학년	가중치
20178444	A001	Y	3	20%
20178444	A003	N	3	20%
20178444	A008	N	3	20%
20192511	A003	Y	1	10%
20192511	A008	Y	1	10%
20192511	A010	N	1	10%
20182354	A001	Y	2	15%
20182354	A004	Y	2	15%
20182354	A007	N	2	15%
20182354	A009	Y	2	15%
20172514	A002	Y	1	10%

[표 7-2] 이상 현상의 종류

삽입 이상	새 데이터를 삽입하기 위해 불필요한 데이터도 함께 삽입해야 하는 문제
갱신 이상	중복 튜플 중 일부만 변경하여 데이터가 불일치하게 되는 모순의 문제
삭제 이상	튜플을 삭제하면 꼭 필요한 데이터까지 함께 삭제되는 데이터 손실의 문제

1 삭제 이상(deletion anomaly) 중요 ★★

어떤 릴레이션 R에서 특정한 한 튜플을 삭제할 경우 유지되어야 할 정보까지도 삭제되는 연쇄 삭제 현상을 삭제 이상이라 한다. 이때 원하지 않는 정보까지도 삭제되므로 정보의 손실을 가져오게 된다. 유용한 정보를 함께 삭제하지 않고는 원하는 정보를 삭제하는 것이 불가능하다는 말이다. 삭제 이상은 릴레이션이 잘못 설계되어 임의의 튜플을 삭제했을 때 그것과 관계를 형성하고 있는 관계성까지 모두 삭제되는 현상이 발생할 수 있다. 예로 [표 7-1]의 자격증 릴레이션에서 만일 학번이 20172514인 학생의 자격증 코드를 삭제한다고 할 때, 이 학번의 자격증 취득여부나 학년, 가중치가 모두 삭제될 것이다. 왜냐하면 이 튜플은 학번별로 자격증 취득여부, 학년 가중치를 가진 유일한 튜플이기 때문이다.

학번	자격증 코드	취득여부	학년	가중치
20178444	A001	Y	3	20%
20178444	A003	N	3	20%
20178444	A008	N	3	20%
20192511	A003	Y	1	10%
20192511	A008	Y	1	10%
20192511	A010	N	1	10%
20182354	A001	Y	2	15%
20182354	A004	Y	2	15%
20182354	A007	N	2	15%
20182354	A009	Y	2	15%
~~20172514~~	~~A002~~	~~Y~~	~~1~~	~~10%~~	← 데이터 손실 발생

[그림 7-2] 자격증 릴레이션의 삭제 이상

2 삽입 이상(insertion anomaly) 중요 ★★

릴레이션에 새 데이터를 삽입할 때, 원치 않는 불필요한 데이터도 함께 삽입해야 하는 문제를 삽입 이상(insertion anomaly)이라 한다. 예를 들어 학번이 20184417이고, 학년이 2, 가중치가 15%인 신규 학생이 가입하여, [표 7-1]의 자격증 릴레이션에 이 학생에 대한 데이터를 삽입해야 한다고 해보자. 이 학생이 참여한 시험이 없어 자격증코드와 취득여부가 아직 없다면 자격증 릴레이션에 이 학생에 대한 데이터를 삽입할 수 없다.

학번	자격증 코드	취득여부	학년	가중치
20178444	A001	Y	3	20%
20178444	A003	N	3	20%
20178444	A008	N	3	20%
20192511	A003	Y	1	10%
20192511	A008	Y	1	10%
20192511	A010	N	1	10%
20182354	A001	Y	2	15%
20182354	A004	Y	2	15%
20182354	A007	N	2	15%
20182354	A009	Y	2	15%
20172514	A002	Y	1	10%
20184417	NULL	NULL	2	15%	← 삽입 불가

[그림 7-3] 자격증 릴레이션의 삽입 이상

자격증 릴레이션의 기본키는 학번과 자격증코드 속성이고, 기본키를 구성하는 속성은 널 값을 가질 수 없다는 제약이 존재하기 때문이다. 즉, 학번과 자격증코드가 모두 존재해야 자격증 릴레이션에 새 학생의 데이터를 삽입할 수 있다. 따라서 학번이 20184417인 학생에 대한 데이터를 자격증 릴레이션에 삽입하려면 실제로 참여하지 않은 임시 자격증코드를 삽입해야 하므로 자격증 릴레이션에는 삽입 이상이 발생하게 된다. 즉, 참여하지 않은 자격증코드가 들어가므로 불필요한 데이터가 함께 삽입해야만 되는 현상인 삽입 이상이 발생한다. 잘못 설계한 릴레이션에서 삽입 연산을 할 때 삽입 이상 현상이 발생할 수 있다.

3 갱신 이상(update anomaly) 중요 ★★

갱신 이상은 임의의 데이터를 갱신했을 때 그것과 관계를 맺고 있는 데이터에 대해 일관성을 유지할 수 없는 현상이다. 예를 들어, [표 7-1]의 자격증 릴레이션에서 만일 학번이 20178444인 학생의 학년을 3학년에서 4학년으로 갱신하려 한다고 하자. 그러나 갱신을 위한 학번 20178444는 이 릴레이션에 3개의 튜플로 저장되어 있으므로 3개의 튜플에 대한 학년의 값을 모두 갱신해야만 한다. 왜냐하면 일부만 갱신하게 되면 학번 20178444의 학년은 3학년과 4학년, 즉 2가지 값을 갖게 되어 일관성을 잃게 되기 때문이다.

학번	자격증 코드	취득여부	학년	가중치	
20178444	A001	Y	3	20%	
20178444	A003	N	3	20%	← 데이터 불일치 발생
20178444	A008	N	3	20%	
20192511	A003	Y	1	10%	
20192511	A008	Y	1	10%	
20192511	A010	N	1	10%	
20182354	A001	Y	2	15%	
20182354	A004	Y	2	15%	
20182354	A007	N	2	15%	
20182354	A009	Y	2	15%	
20172514	A002	Y	1	10%	

[그림 7-4] 자격증 릴레이션의 갱신 이상

그러면 이와 같은 이상들이 일어나는 근본적인 이유는 무엇인가? 그것은 여러 가지 상이한 종류의 정보를 하나의 릴레이션으로 표현하기 때문이다. 즉, 어트리뷰트들 간에 존재하는 여러 가지 데이터 종속 관계를 무리하게 하나의 릴레이션으로 표현하려는 데에서 이런 이상 현상들이 발생하게 된다. 따라서 문제의 해결은 이러한 어트리뷰트들 간의 종속성(dependency)을 분석해서 하나의 릴레이션에는 기본적으로 하나의 종속성이 표현되도록 분해하면 되는 것이다. 이러한 분해 과정을 정규화라 한다.

우리가 데이터의 관계성을 분석하는 목적은 데이터의 의미를 활용해서 좋은 데이터베이스 스키마를 설계하는데 있다. 스키마 설계는 간단히 말해서 먼저 관련된 어트리뷰트를 수집하고 이들 간에 존재하는 제약조건(데이터 종속성)을 식별한 다음에 이 제약조건을 기본으로 해서 어트리뷰트들을 릴레이션으로 그룹화하는 것이다. 이 과정에서 일단 만들어진 릴레이션들도 보다 바람직한 형태의 릴레이션들로 다시 변환할 수 있을 것이다. 이것을 스키마 변환(schema transformation)이라 한다.

관계 데이터베이스의 논리적 구조는 바로 이 스키마 변환을 통해 얻어진 스키마를 말한다. 이 스키마 변환은 다음 세 가지 원리에 기초를 두고 있다.

첫째, 정보 표현의 무손실(nonloss representation of information)이다. 하나의 스키마에서 다른 스키마로 변환시킬 때 정보의 손실이 있어서는 안 된다. 즉, 변환된 스키마가 표현하는 정보는 기본적으로 변화되기 전 스키마가 표현하는 정보를 모두 포함하고 있어야 된다. 그리고 구조상으로는 더 바람직한 형태가 되어야 한다.

둘째, 최소의 데이터 중복(minimal data redundancy)이 허용되어야 한다. 이것은 앞에서 본 바와 같이 중복으로 인한 여러 가지 이상을 제거할 수 있기 때문이다.

셋째, 분리의 원칙(principle of separation)이다. 하나의 독립된 관계성은 별도의 릴레이션으로 분리시켜 표현하는 것이다. 이것은 릴레이션들을 독립적으로 처리할 수 있게 해주는 기초가 된다.

그러면 먼저 데이터들 간에 존재하는 함수 종속(functional dependency)에 대해 알아본 다음에 여러 가지 정규형에 대해 살펴보자.

제 2 절 함수적 종속성 중요 ★

먼저 함수 종속(FD : Functional Dependency)에 대한 정의부터 살펴보자. 함수 종속(FD)이란 어떤 릴레이션 R에서 X와 Y를 각각 R의 어트리뷰트 집합의 부분 집합이라고 할 경우 어트리뷰트 X의 값 각각에 대해 시간에 관계없이 항상 어트리뷰트 Y의 값이 오직 하나만 연관되어 있을 때 Y는 X에 함수 종속이라 말한다. 그리고 "X가 Y를 함수적으로 결정한다." 또는 "Y가 X에 함수적으로 종속되어 있다."라고 표현하기도 한다. 함수 종속 관계는 X → Y로 표현하고 X를 결정자, Y를 종속자라고 한다.

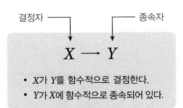

[그림 7-5] 함수적 종속

[표 7-3] 학생 릴레이션

학번	학생이름	학년
20178444	이미소	3
20192511	정덕희	1
20182354	정권상	2
20172514	박우찬	1

[표 7-3]의 학생 릴레이션에서 각 학번 속성 값에 대응되는 학생이름 속성과 학년 속성의 값이 단 하나이므로, 학번이 학생이름과 학년을 결정한다고 볼 수 있다. 예를 들어, 학번이 20178444이고 학생 이름이 이미소, 학년이 3인 학생은 한 명밖에 없다. 그러므로 학생 릴레이션에서 학생이름과 학년 속성은 학번 속성에 함수적으로 종속되어 있고, 학번은 결정자가 되고 학생이름과 학년은 종속자가 된다. 학년 릴레이션에 존재하는 함수 종속 관계는 다음과 같이 기호로 표현할 수 있다.

학번 → 학생이름
학번 → 학년　　또는　　학번 → (학생이름, 학년)

하나의 릴레이션을 구성하는 속성들 간의 함수 종속 관계를 도식화하여 표현할 수 있는데 이를 함수 종속 다이어그램이라고 한다. 함수 종속 다이어그램은 복잡한 함수 종속 관계를 더 직관적으로 이해하는 데 도움이 된다. 예로 제시한 학생 릴레이션의 함수 종속 다이어그램은 [그림 7-6]과 같다.

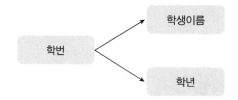

[그림 7-6] 학생 릴레이션의 함수 종속 다이어그램

함수 종속 관계를 판단할 때 유의할 점은, 현재 시점의 속성값뿐만 아니라 릴레이션의 속성 값은 계속 변화하기 때문에 속성 자체가 가지고 있는 특성과 의미를 가지고 판단해야 한다는 것이다. 학생 릴레이션에서 함수 종속 관계를 판단할 때도 마찬가지다. 학생 릴레이션에 현재 저장되어 있는 속성 값이 아닌 속성 자체의 특성을 고려하여 함수 종속 관계를 판단해야 한다. 학생 릴레이션에서 학번은 학생을 구별해주는 기본키 속성이기 때문에 학번이 같은 서로 다른 학생이 존재할 수 없다. 그러므로 학번이 정해지면 오직 하나의 이름과 학번이 결정된다.

일반적으로 튜플을 유일하게 구별하는 기본키와 후보키는 그 특성 때문에 릴레이션을 구성하는 다른 모든 속성들을 함수적으로 결정한다. 하지만 이러한 특성으로 인해 함수 종속 관계 X → Y에서 기본키나 후보키만 결정자인 X가 될 수 있는 것은 아니다. 기본키나 후보키가 아니더라도 속성 Y 값을 유일하게 결정하는 속성 X는 함수 종속 관계에서 모두 결정자가 될 수 있다. 물론 릴레이션 내의 여러 튜플에서 속성 X 값이 같으면 이 값과 연관된 속성 Y 값도 모두 같아야 결정자로 인정받을 수 있다. [표 7-4]의 자격증 릴레이션을 대상으로 좀 더 복잡한 속성들 간의 함수 종속 관계를 판단해보자.

[표 7-4] 자격증 릴레이션

학번	자격증코드	취득여부	학생이름
20178444	A001	Y	이미소
20178444	A003	N	이미소
20178444	A008	N	이미소

20192511	A003	Y	정덕희
20192511	A008	Y	정덕희
20192511	A010	N	정덕희
20182354	A001	Y	정권상
20182354	A004	Y	정권상
20182354	A007	N	정권상
20182354	A009	Y	정권상
20172514	A002	Y	박우찬

[표 7-4]의 자격증 릴레이션에서는 학번이 학생이름을 유일하게 결정한다. 학번이 같으면 모든 튜플에서 학생이름이 반드시 같은 값을 가지기 때문이다. 그러므로 학생이름은 학번에 종속되어 있고, 학번이 결정자가 되고 학생이름이 종속자가 된다. 그리고 기본키인 {학번, 자격증코드} 속성 집합은 취득여부 속성을 유일하게 결정한다. 학번이 20178444인 학생이 실시한 A001 자격증의 취득여부는 Y만 존재하기 때문이다. 그러므로 취득여부는 {학번, 자격증코드}에 종속되어 있고, {학번, 자격증코드}가 결정자가 되고 취득여부가 종속자가 된다. 물론 취득여부뿐만 아니라 학생이름도 기본키인 {학번, 자격증코드}에 종속되어 있다. 자격증 릴레이션에 존재하는 함수 종속 관계를 기호로 표현하면 다음과 같다.

> **🗃 자격증 릴레이션에 존재하는 함수 종속 관계**
>
> 학번 → 학생이름
> {학번, 자격증코드} → 취득여부
> {학번, 자격증코드} → 학생이름

자격증 릴레이션에 존재하는 함수 종속 관계에서 {학번, 자격증코드}에 종속되어 있는 학생이름은 {학번, 자격증코드}의 일부분인 학번에도 종속되어 있다. 이런 경우는 학생이름 속성이 {학번, 자격증코드} 속성 집합에 부분 함수 종속되었다고 한다. 반면, 취득여부 속성은 {학번, 자격증코드}의 일부분이 아닌 속성 집합 전체에 종속되어 있는데 이런 경우는 취득여부 속성이 {학번, 자격증코드} 속성 집합에 완전 함수 종속되었다고 한다.

완전 함수 종속(FFD : Full Functional Dependency)은 릴레이션에서 속성 집합 Y가 속성 집합 X에 함수적으로 종속되어 있지만, 속성 집합 X의 전체가 아닌 일부분에는 종속되지 않음을 의미한다. 이와 반대로 부분 함수 종속(PFD : Partial Functional Dependency)은 속성 집합 Y가 속성 집합 X의 전체가 아닌 일부분에도 함수적으로 종속됨을 의미하므로, 부분 함수 종속 관계가 성립하려면 결정자가 여러 개의 속성들로 구성되어 있어야 한다.

일반적으로 함수 종속이라고 하면 완전 함수 종속을 의미하지만, 정규화를 수행하는 과정 중에 릴레이션이 부분 함수 종속 관계를 포함하고 있는지를 확인하는 경우가 있으므로 부분 함수 종속도 의미를 정확히 이해해 둘 필요가 있다.

[표 7-4]의 자격증 릴레이션에서 학생이름은 학번에 완전 함수 종속되어 있지만 {학번, 자격증코드}에는 부분 함수 종속되어 있다. 그리고 취득여부는 {학번, 자격증코드}에 완전 함수 종속되어 있다. 완전 함수 종속과 부분 함수 종속을 모두 포함하고 있는 자격증 릴레이션에 대한 함수 종속 다이어그램은 [그림 7-7]과 같다.

[그림 7-7] 자격증 릴레이션의 함수 종속 다이어그램

릴레이션에 존재하는 함수 종속 관계에서는 결정자와 종속자가 같거나, 결정자가 종속자를 포함하는 것처럼 당연한 함수 종속 관계는 고려하지 않는다. 예를 들어, 자격증 릴레이션에 존재하는 다음과 같은 함수 종속 관계는 당연하게 판단되는 함수 종속 관계이므로 고려하지 않는다.

> 📁 **고려할 필요가 없는 함수 종속 관계의 예**
> 학번 → 학생이름
> {학번, 자격증코드} → 취득여부

제 3 절 기본 정규형

함수 종속성을 이용하여 릴레이션을 연관성이 있는 속성들로만 구성되도록 분해해서, 이상 현상이 발생하지 않는 올바른 릴레이션으로 만들어 나가는 과정을 정규화(normalization)라고 한다. 정규화의 기본 목표는 관련이 없는 함수 종속성은 별개의 릴레이션으로 표현하는 것이다. 릴레이션이 정규화된 정도는 정규형(NF : Normal Form)으로 표현한다. 정규형에는 기본 정규형과 진보된 정규형이 있다. 기본 정규형에는 제1정규형, 제2정규형, 제3정규형, 보이스/코드 정규형, 진보된 정규형에는 제4정규형, 제5정규형이 있다.

[그림 7-8] 정규형의 유형

정규화는 중복과 이상 현상을 최소화하기 위하여 함수적 종속성과 기본 키를 기반으로 주어진 관계 스키마를 분석하는 과정이다. 이때 데이터가 손실되는 것을 방지하기 위한 릴레이션의 구조를 정의한다. 각 정규형마다 만족시켜야 하는 제약조건이 존재한다. 릴레이션이 특정 정규형의 제약조건을 만족하면 릴레이션이 해당 정규형에 속한다고 표현한다. 정규형의 차수가 높아질수록 요구되는 제약조건이 많아지고 엄격해진다. 일반적으로 차수가 높은 정규형에 속하는 릴레이션일수록 데이터 중복이 줄어 데이터 중복에 의한 이상 현상이 발생하지 않는 바람직한 릴레이션일 수 있다.

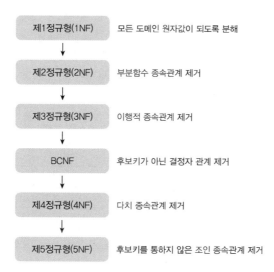

[그림 7-9] 정규화 종류별 제약조건

하지만 모든 릴레이션이 제5정규형에 속해야 되는 것은 아니므로 릴레이션의 특성을 고려해서 적합한 정규형을 선택해야 한다. 그리고 일반적으로 기본 정규형에 속하도록 릴레이션을 정규화하는 경우가 대부분이므로 기본 정규형의 제약조건은 정확히 파악해둘 필요가 있다. 그래서 여기서는 기본 정규형을 중심으로 정규화 과정을 알아본다. 정규형들 간의 관계를 그림으로 표현하면 다음과 같다. 정규형 중 가장 바깥쪽에 위치하는 제1정규형부터 살펴보자.

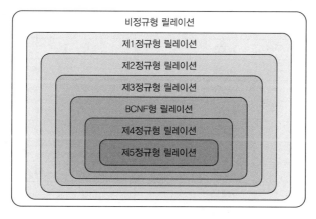

[그림 7-10] 정규형의 포함 관계

1 제1정규형 중요 ★★★

> 📇 **제1정규형**
>
> 릴레이션에 속한 **모든 속성의 도메인이 원자값만으로 구성**되어 있으면 제1정규형에 속한다.

릴레이션이 제1정규형에 속하기 위해서는 릴레이션에 속한 모든 속성이 더는 분해되지 않는 원자 값만 가져야 한다. [표 7-5]의 자격증 릴레이션에서 자격증코드 속성과 취득여부 속성은 하나의 학번에 해당하는 값이 여러 개다. 한 명의 학생이 여러 자격증에 참여할 수 있어 자격증코드와 취득여부가 다중값 속성으로 표현된 것이다. 다중값을 가지는 속성을 포함하고 있는 자격증 릴레이션은 제1정규형의 제약조건을 만족하지 못하므로 제1정규형에 속하지 않는다.

[표 7-5] 자격증 릴레이션(다중값 속성을 포함)

학번	자격증코드	취득여부	학년	가중치
20178444	A001, A003, A008	Y, N, N	3	20%
20192511	A003, A008, A010	Y, Y, N	1	10%
20182354	A001,A004, A007, A009	Y, Y, N, Y	2	15%
20172514	A002	Y	1	10%

자격증 릴레이션이 제1정규형에 속하게 하려면 튜플마다 자격증코드와 취득여부 속성 값을 하나씩만 포함하도록 분해하여, 모든 속성이 원자 값을 가지도록 해야 한다. 자격증 릴레이션이 제1정규형을 만족하도록 정규화를 수행한 결과는 [표 7-6]과 같다. 관계 데이터베이스의 릴레이션은 모든 속성이 원자 값을 가지는 특성이 있다고 설명했다. 그러므로 이와 같이 최소한 제1정규형을 만족해야 관계 데이터베이스의 릴레이션이 될 자격이 있다고 말할 수 있다.

[표 7-6] 제1정규형에 속하는 자격증 릴레이션

학번	자격증코드	취득여부	학년	가중치
20178444	A001	Y	3	20%
20178444	A003	N	3	20%
20178444	A008	N	3	20%
20192511	A003	Y	1	10%
20192511	A008	Y	1	10%
20192511	A010	N	1	10%
20182354	A001	Y	2	15%
20182354	A004	Y	2	15%
20182354	A007	N	2	15%
20182354	A009	Y	2	15%
20172514	A002	Y	1	10%

제1정규형에는 속하지만, 불필요한 데이터 중복으로 인해 이상 현상이 발생하는 릴레이션이 있을 수 있다. [표 7-6]의 자격증 릴레이션도 제1정규형을 만족하지만 이상 현상이 발생할 수 있기 때문에 바람직한 릴레이션이라고 할 수 없다. 자격증 릴레이션에 발생하는 이상 현상을 살펴보고, 이런 이상 현상이 발생하는 이유를 생각해보자.

[표 7-6]의 자격증 릴레이션이 가지는 특성을 파악하기 위해 함수 종속 관계를 판단해보자. 자격증 릴레이션은 5개의 속성으로 구성되어 있고, {학번, 자격증코드} 속성 집합이 기본키 역할을 담당한다. 학생 한 명이 하나의 학년과 가중치를 가질 수 있으므로 학번이 자격증코드와 가중치를 유일하게 결정한다. 그리고 학년에 따라 가중치가 결정되고, {학번, 자격증코드} 속성 집합이 취득여부 속성을 유일하게 결정한다. 이러한 분석에 따라 자격증 릴레이션에 포함된 함수 종속 관계를 다음과 같이 판단하여 표현할 수 있다.

> 📂 **자격증 릴레이션에 존재하는 함수 종속 관계**
>
> 학번 → 학년
> 학번 → 가중치
> 학년 → 가중치
> {학번, 자격증코드} → 취득여부

[표 7-6]의 자격증 릴레이션에 대한 함수 종속 다이어그램은 [그림 7-11]과 같다.

[그림 7-11] 자격증 릴레이션의 함수 종속 다이어그램

[표 7-6]의 자격증 릴레이션에는 학년과 가중치 속성의 값이 중복되어 나타나는 경우가 많다. 이러한 불필요한 데이터 중복으로 인해 다음과 같은 삽입·갱신·삭제 이상 현상이 발생할 수 있다. 발생하는 이유와 함께 하나씩 살펴보자.

(1) 삽입 이상

자격증 릴레이션의 기본키는 {학번, 자격증코드}이므로 자격증에 무조건 참여해야 새 학생에 대한 데이터를 삽입할 수 있다. 학번이 20184417인 새 학생의 학년이 2이고, 가중치가 15%라는 데이터만 삽입할 수는 없다. 자격증에 참여하지 않으면 기본키를 구성하는 자격증코드 속성이 널 값이므로 개체 무결성 제약조건을 위반하기 때문이다.

학번	자격증 코드	취득여부	학년	가중치
20178444	A001	Y	3	20%
20178444	A003	N	3	20%
20178444	A008	N	3	20%
20192511	A003	Y	1	10%
20192511	A008	Y	1	10%
20192511	A010	N	1	10%
20182354	A001	Y	2	15%
20182354	A004	Y	2	15%
20182354	A007	N	2	15%
20182354	A009	Y	2	15%
20172514	A002	Y	1	10%
20184417	NULL	NULL	2	15%

← 삽입 불가

[그림 7-12] 자격증 릴레이션의 삽입 이상

(2) 갱신 이상

자격증 릴레이션에는 학번이 20178444인 학생에 대한 튜플이 세 개 존재하기 때문에 이 학생의 학년과 가중치 속성 값이 중복되어 있다. 만약 이 학생의 학년이 3에서 4로 변경되면 세 튜플의 학년 속성의 값을 4로 변경해야 한다. 그렇지 않고 일부 튜플만 학년 속성의 값을 변경하면 동일한 학생이 두 개의 학년 값을 가져 데이터 일관성을 유지할 수 없게 된다.

학번	자격증 코드	취득여부	학년	가중치
20178444	A001	Y	4	20%
20178444	A003	N	4	20%
20178444	A008	N	3	20%
20192511	A003	Y	1	10%
20192511	A008	Y	1	10%
20192511	A010	N	1	10%
20182354	A001	Y	2	15%
20182354	A004	Y	2	15%
20182354	A007	N	2	15%
20182354	A009	Y	2	15%
20172514	A002	Y	1	10%

← 데이터 불일치 발생

[그림 7-13] 자격증 릴레이션의 갱신 이상

(3) 삭제 이상

자격증 릴레이션에서 학번이 20172514인 학생에 관련된 튜플은 단 하나다. 그러므로 이 학생이 A002 자격증에 응시한 기록에 대한 삭제를 요구하면 이 튜플을 삭제해야 한다. 그런데 이 튜플을 삭제하면 자격증과 관련이 없는 데이터, 즉 20172514 학생의 학년과 가중치 같은 학생 정보도 함께 삭제되므로 이 학생과 관련해 꼭 필요한 데이터도 유지할 수 없게 된다.

학번	자격증 코드	취득여부	학년	가중치
20178444	A001	Y	3	20%
20178444	A003	N	3	20%
20178444	A008	N	3	20%
20192511	A003	Y	1	10%
20192511	A008	Y	1	10%
20192511	A010	N	1	10%
20182354	A001	Y	2	15%
20182354	A004	Y	2	15%
20182354	A007	N	2	15%
20182354	A009	Y	2	15%
20172514	A002	Y	1	10%	← 데이터 손실 발생

[그림 7-14] 자격증 릴레이션의 삭제 이상

[표 7-6]의 자격증 릴레이션에 다양한 이상 현상이 발생하는 이유는, 이 릴레이션이 부분 함수 종속을 포함하고 있기 때문이다. 즉, 기본키인 {학번, 자격증코드}에 완전 함수 종속되지 못하고 일부분인 학번에 종속되는 학년과 가중치 속성 때문이다. 기본키에 완전 함수 종속되지 못한 학년과 가중치 속성의 값이 릴레이션에서 여러 번 중복되어 나타나는 것은 물론, 관련이 없는 자격증코드·취득여부 속성이 하나의 릴레이션에 존재하기 때문에 여러 이상 현상이 발생하고 있다. 이러한 문제를 해결하기 위해서는 부분 함수 종속이 제거되도록 자격증 릴레이션을 분해해야 한다. 릴레이션을 분해하여 부분 함수 종속을 제거하면, 분해된 릴레이션들은 제2정규형에 속하게 되고 앞서 제시한 이상 현상이 더는 발생하지 않게 된다.

학번	자격증 코드	취득여부	학년	가중치	
20178444	A001	Y	4	20%	
20178444	A003	N	4	20%	← 데이터 불일치로 인한 갱신 이상
20178444	A008	N	3	20%	
20192511	A003	Y	1	10%	
20192511	A008	Y	1	10%	
20192511	A010	N	1	10%	
20182354	A001	Y	2	15%	
20182354	A004	Y	2	15%	
20182354	A007	N	2	15%	
20182354	A009	Y	2	15%	
~~20172514~~	~~A002~~	~~Y~~	~~1~~	~~10%~~	← 데이터 손실로 인한 삭제 이상 발생
20184417	NULL	NULL	2	15%	← 삽입 불가로 인한 삽입 이상

[그림 7-15] 자격증 릴레이션의 삽입ㆍ갱신ㆍ삭제 이상

2 제2정규형 중요 ★★★

> 📇 **제2정규형(2NF)**
> 릴레이션이 **제1정규형에 속하고, 기본키가 아닌 모든 속성이 기본키에 완전 함수 종속되면 제2정규형에** 속한다.

제1정규형에 속하는 릴레이션이 제2정규형을 만족하게 하려면, 부분 함수 종속을 제거하고 모든 속성이 기본키에 완전 함수 종속되도록 릴레이션을 분해하는 정규화 과정을 거쳐야 한다. [표 7-6]의 자격증 릴레이션은 제1정규형에 속하지만 기본키인 {학번, 자격증코드}에 완전 함수 종속되지 않는 학년ㆍ가중치 속성이 존재하므로 제2정규형에 속하지 않는다. 학년ㆍ가중치 속성이 관련이 없는 자격증코드ㆍ취득여부 속성과 같은 릴레이션에 존재하지 않도록 [그림 7-16]과 같이 두 개의 릴레이션으로 분해하면, 분해된 학생 릴레이션과 자격증 릴레이션은 모두 제2정규형에 속하게 된다. 릴레이션이 둘로 분해되면서 학년과 가중치 속성에 대한 데이터 중복이 줄어듦을 확인할 수 있다.

[표 7-7] 분해 전의 자격증 릴레이션

학번	자격증코드	취득여부	학년	가중치
20178444	A001	Y	3	20%
20178444	A003	N	3	20%
20178444	A008	N	3	20%
20192511	A003	Y	1	10%
20192511	A008	Y	1	10%
20192511	A010	N	1	10%
20182354	A001	Y	2	15%
20182354	A004	Y	2	15%
20182354	A007	N	2	15%
20182354	A009	Y	2	15%
20172514	A002	Y	1	10%

부분 함수 종속을 제거하려고 분해

자격증 릴레이션

학번	자격증 코드	취득여부
20178444	A001	Y
20178444	A003	N
20178444	A008	N
20192511	A003	Y
20192511	A008	Y
20192511	A010	N
20182354	A001	Y
20182354	A004	Y
20182354	A007	N
20182354	A009	Y
20172514	A002	Y

학생 릴레이션

학번	학년	가중치
20178444	3	20%
20192511	1	10%
20182354	2	15%
20172514	1	10%

[그림 7-16] 제2정규형을 만족하도록 분해된 두 개의 릴레이션

[그림 7-17]의 함수 종속 다이어그램에서 확인할 수 있듯이, 릴레이션 분해 과정을 통해 학생 릴레이션에는 기본키인 학번과 기본키에 완전 함수 종속된 학년·가중치 속성만 존재한다. 그러므로 제2정규형에 속한다. 마찬가지로 자격증 릴레이션에도 기본키인 {학번, 자격증코드}와 기본키에 완전 함수 종속된 취득여부 속성만 존재하므로 제2정규형에 속한다.

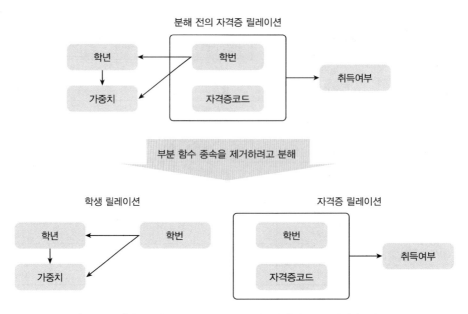

[그림 7-17] 학생 릴레이션과 자격증 릴레이션의 함수 종속 다이어그램

정규화 과정에서 릴레이션을 분해할 때 주의할 점은, 분해된 릴레이션들을 자연 조인하여 분해 전의 릴레이션으로 다시 복원할 수 있어야 한다는 것이다. 즉, 릴레이션이 의미적으로 동등한 릴레이션들로 분해되어야 하고, 릴레이션의 분해로 인해 정보의 손실이 발생하지 않아야 한다. [표 7-6]의 자격증 릴레이션은 [그림 7-16]과 같이 두 개의 릴레이션으로 분해되었지만, 자연 조인을 통해 A001 자격증코드 학생의 학년과 가중치를 검색할 수 있다. 이렇게 자연 조인을 하면 원래의 릴레이션으로 다시 복원할 수 있도록, 정보의 손실 없이 릴레이션을 분해하는 것을 **무손실 분해**(nonloss decomposition)라고 한다. 정규화 과정 중에 수행되는 릴레이션의 분해는 무손실 분해여야 함을 기억하자. 제2정규형에 속하더라도 릴레이션에 이상 현상이 발생할 수 있다. [그림 7-18]의 자격증 릴레이션은 함수 종속성을 단 하나만 포함하므로 이상 현상이 더는 발생하지 않는다. 하지만 학생 릴레이션은 부분 함수 종속 대신 함수 종속성을 아직도 여러 개 포함하고 있어 이상 현상이 발생할 수 있다.

자격증 릴레이션

학번	자격증 코드	취득여부
20178444	A001	Y
20178444	A003	N
20178444	A008	N
20192511	A003	Y
20192511	A008	Y
20192511	A010	N
20182354	A001	Y
20182354	A004	Y
20182354	A007	N
20182354	A009	Y
20172514	A002	Y

학생 릴레이션

학번	학년	가중치
20178444	3	20%
20192511	1	10%
20182354	2	15%
20172514	1	10%

함수 종속성을 여러 개 포함하여
이상 현상이 발생할 수 있음

함수 종속성을 하나만 포함하여
이상 현상이 발생하지 않음

부분 함수 종속 해소

[그림 7-18] 자격증 릴레이션의 분해 결과

(1) 삽입 이상

새로운 학년과 가중치에 대한 정보는 해당 학년에 속하는 학생이 있어야 학생 릴레이션에 삽입할 수 있다. 가중치가 25%인 4학년이라는 학년이 생겼지만 학년에 속하는 학생이 없으면 학생 릴레이션에 삽입할 수 없다. 학생 릴레이션의 기본키가 학번이기 때문에 4학년에 속하는 학생이 없으면 기본키인 학번이 NULL 값이므로 개체 무결성 제약조건을 위반하여 해당 학년을 삽입할 수 없다.

학생 릴레이션

학번	학년	가중치
20178444	3	20%
20192511	1	10%
20182354	2	15%
20172514	1	10%
NULL	4	25%

← 삽입 불가

[그림 7-19] 학생 릴레이션의 삽입 이상

(2) 삭제 이상

학생의 전학으로 인해 학생 릴레이션에서 튜플의 삭제가 발생하면 학년과 가중치에 대한 정보까지 삭제된다. 학번이 20182354인 학생이 전학을 희망하고, 학생 릴레이션에서 이 학생에 대한 튜플을 삭제하면 2학년의 가중치인 15%라는 정보도 함께 삭제되기 때문에 2학년에 관련된 데이터가 사라지게 된다.

학생 릴레이션

학번	학년	가중치	
20178444	3	20%	
20192511	1	10%	
20182354	2	15%	← 데이터 손실 발생
20172514	1	10%	

[그림 7-20] 학생 릴레이션의 삭제 이상

(3) 갱신 이상

학년에 대한 가중치가 변경되면 해당 학년에 관련된 모든 튜플에서 가중치 속성 값을 똑같이 변경해야
한다. 그렇지 않으면 같은 학년에 대해 가중치가 여러 개 존재하는 모순이 발생하게 된다. 학생 릴레이션
에서 1학년의 가중치가 13%로 변경되면 1학년을 포함하고 있는 두 개의 튜플을 모두 변경해야 한다.
한 튜플만 가중치를 변경하면 데이터 불일치의 문제가 발생한다.

학생 릴레이션

학번	학년	가중치	
20178444	3	20%	
20192511	1	13%	데이터의 불일치
20182354	2	15%	
20172514	1	10%	

[그림 7-21] 학생 릴레이션의 갱신 이상

분해된 학생 릴레이션에 [그림 7-22]와 같은 여러 이상 현상이 발생하는 이유는, 함수적 종속 관계를
여러 개 포함하고 있어 결과적으로 이행적 함수 종속이 존재하기 때문이다. 릴레이션을 분해하여 이행적
함수 종속을 제거하면, 분해된 릴레이션들은 제3정규형에 속하게 되고 앞서 제시한 이상 현상들이 더는
발생하지 않게 된다.

학생 릴레이션

학번	학년	가중치	
20178444	3	20%	
20192511	1	13%	데이터 손실로 인한 삭제 이상
20182354	2	15%	데이터의 불일치로 인한 갱신 이상
20172514	1	10%	
NULL	4	25%	← 삽입 불가로 인한 삽입 이상

[그림 7-22] 학생 릴레이션의 삽입 · 삭제 · 갱신 이상

3 제3정규형 중요 ★★★

> 📇 **제3정규형(3NF)**
> 릴레이션이 **제2정규형**에 속하고, 기본키가 아닌 모든 속성이 기본키에 이행적 함수 종속이 되지 않으면
> 제3정규형에 속한다.

제3정규형을 살펴보기에 앞서 이를 이해하기 위해 필요한 이행적 함수 종속(transitive FD)를 먼저 잠깐
살펴보자. 릴레이션을 구성하는 세 개의 속성 집합 X, Y, Z에 대해 함수 종속 관계 X → Y와 Y → Z가
존재하면 논리적으로 X → Z가 성립하는데, 이를 속성 집합 Z가 속성 집합 X에 이행적으로 함수 종속되었다
고 한다. [그림 7-23]은 이행적 함수 종속성을 함수 종속 다이어그램으로 표현한 것이다.

[그림 7-23] 이행적 함수 종속

제2정규형을 만족하더라도 하나의 릴레이션에 함수 종속 관계가 여러 개 존재하고, 논리적으로 이행적 함수
종속 관계가 유도되면 이상 현상이 발생할 수 있다. 릴레이션에서 이행적 함수 종속을 제거해서, 모든 속성이
기본키에 이행적 함수 종속이 되지 않도록 릴레이션을 분해하는 정규화 과정을 거쳐야 제3정규형을 만족할
수 있다.

제2정규형의 [그림 7-18]의 분해된 학생 릴레이션은 학번이 기본키이므로 학년과 가중치 속성이 학번에 함수
적으로 종속된다. 그런데 학번이 학년을 결정하고 학년이 가중치를 결정하는 함수 종속 관계로 인해, 학번이
학년을 통해 가중치를 결정하는 이행적 함수 종속 관계도 존재한다. 즉, 가중치가 기본키인 학번에 함수적으
로 종속됨과 동시에 학년을 통해서 학번에 이행적으로 종속된다.

이러한 이행적 함수 종속이 나타나는 이유는 함수 종속 관계가 하나의 릴레이션에 여러 개 존재하기 때문이
다. 사실 학년에 따라 가중치가 달라지지 학번에 따라 가중치가 달라지는 것은 아니다. 그런데 학번·학년·
가중치 속성을 모두 하나의 릴레이션에 모아놓다 보니, 학번이 가중치를 결정하게 되고 이로 인해 이상 현상
이 발생하게 된 것이다. 학생 릴레이션에 이상 현상이 발생하지 않도록 하려면 이행적 함수 종속이 나타나지
않도록 두 개의 릴레이션으로 분해해야 된다.

일반적으로 세 개의 X, Y, Z 속성 집합으로 구성된 릴레이션에 X → Y와 Y → Z라는 함수 종속 관계와
이로 인한 X → Z라는 이행적 함수 종속 관계가 존재한다면, 함수 종속 관계의 의미를 유지하도록 X와 Y
속성 집합의 릴레이션과 Y와 Z 속성 집합의 릴레이션으로 분해한다. 제2정규형의 [그림 7-18]의 분해된
학생 릴레이션은 학번 → 학년, 학년 → 가중치의 함수 종속 관계를 유지할 수 있도록 [그림 7-24]와 같이
두 개의 릴레이션으로 분해하면 된다. 새로 분해된 학생 릴레이션과 학년 릴레이션은 모두 제3정규형에 속하
게 된다.

학생 릴레이션

학번	학년	가중치
20178444	3	20%
20192511	1	10%
20182354	2	15%
20172514	1	10%

이행적 함수 종속을 제거하려고 분해

학생 릴레이션

학번	학년
20178444	3
20192511	1
20182354	2
20172514	1

학년 릴레이션

학년	가중치
3	20%
2	15%
1	10%

[그림 7-24] 제3정규형을 만족하도록 분해된 두 개의 릴레이션

다음 그림의 함수 종속 다이어그램에서 확인할 수 있듯이 릴레이션을 분해하면 하나의 릴레이션에 하나의 관계만이 존재하게 되어 이행적 함수 종속으로 인한 이상 현상이 발생하지 않게 된다. 학생 릴레이션은 기본키인 학번이 학년을 직접 결정하므로 제3정규형에 속한다. 마찬가지로 학년 릴레이션도 기본키인 학년이 가중치를 직접 결정하므로 제3정규형에 속한다.

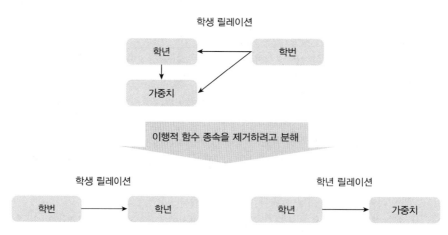

[그림 7-25] 학생 릴레이션과 학년 릴레이션의 함수 종속 다이어그램

학생 릴레이션

학번	학년	가중치
20178444	3	20%
20192511	1	10%
20182354	2	15%
20172514	1	10%

이행적 함수 종속을 제거하려고 분해

학생 릴레이션

학번	학년
20178444	3
20192511	1
20182354	2
20172514	1

학년 릴레이션

학년	가중치
3	20%
2	15%
1	10%

[그림 7-26] 제3정규형을 만족하도록 분해된 두 개의 릴레이션

4 보이스/코드 정규형 중요 ★★★

> 📁 **보이스/코드 정규형(BCNF)**
>
> 릴레이션이 함수 종속 관계에서 **모든 결정자가 후보키이면 보이스/코드 정규형**에 속한다.

지금까지 살펴본 릴레이션들은 모두 하나의 기본키, 그리고 하나의 후보키를 가지고 있었다. 즉, 후보키 속성이 하나밖에 없어 이를 기본키로 선정한 경우다. 하지만 실제로는 하나의 릴레이션에 여러 개의 후보키가 존재할 수도 있는데, 이 경우에는 제3정규형까지 모두 만족하더라도 이상 현상이 발생할 수 있다. 후보키를 여러 개 가지고 있는 릴레이션에 발생할 수 있는 이상 현상을 해결하기 위해 제3정규형보다 좀 더 엄격한 제약조건을 제시한 것이 보이스/코드 정규형이다.

보이스/코드 정규형을 강한 제3정규형(strong 3NF)이라고도 한다. 이유는 보이스/코드 정규형에 속하는 모든 릴레이션은 제3정규형에 속하지만, 제3정규형에 속하는 릴레이션이라고 해서 보이스/코드 정규형에 속하는 것은 아니기 때문이다. 그래서 보이스/코드 정규형이 제3정규형보다 더 강력한 제약조건을 가지고 있다고 볼 수 있다.

앞서 다룬 제3정규형을 만족하는 릴레이션들이 보이스/코드 정규형에도 속하는지 살펴보자. {학번, 자격증코드} → 취득여부의 함수 종속 관계를 포함하고 있는 [그림 7-18]의 분해된 자격증 릴레이션은 {학번, 자격증코드}가 유일한 후보키이자 기본키이면서 함수 종속 관계에서도 유일한 결정자다. 그러므로 제3정규형에 속하는 자격증 릴레이션은 보이스/코드 정규형에도 속한다.

학번 → 학년의 함수 종속 관계를 포함하고 있는 [그림 7-26]의 분해된 학생 릴레이션도 제3정규형에 속하면
서 기본키인 학번이 함수 종속 관계에서 유일한 결정자이므로 보이스/코드 정규형에 속한다. 마찬가지로
학년 → 가중치의 함수 종속 관계를 포함하고 있는 학년 릴레이션도 제3정규형에 속하면서 기본키인 학년이
함수 종속 관계에서 유일한 결정자므로 보이스/코드 정규형에 속한다.

이제 제3정규형에는 속하지만 보이스/코드 정규형에는 속하지 않는 릴레이션의 예를 통해, 후보키가 여러
개인 릴레이션에서 어떠한 이상 현상이 발생할 수 있는지를 알아보자. [표 7-8]의 수강과목 릴레이션은 학생
이 수강과목을 신청하면 해당 과목의 담당교수에 대한 데이터를 저장한다.

수강과목 릴레이션에서는 한 학생이 수강과목을 여러 개 신청할 수 있지만 동일한 수강 과목을 여러 번 신청
할 수는 없다. 그리고 교수 한 명이 수강과목을 하나만 담당할 수 있고, 하나의 수강과목을 여러 교수가
담당할 수 있다. 그러므로 튜플을 구별할 수 있는 후보키로는 {학번, 수강 과목}과 {학번, 교수코드}가 있고,
이 중에서 {학번, 수강과목}을 기본키로 선정하였다.

[표 7-8] 수강과목 릴레이션

학번	수강과목	교수코드
20178444	데이터베이스	C01
20178444	컴퓨터 개론	C02
20192511	데이터베이스	C01
20192511	컴퓨터 개론	C02
20182354	데이터베이스	C03
20182354	컴퓨터 개론	C02
20182354	소프트웨어 공학	C05
20184417	데이터베이스	C01

[표 7-8]의 수강과목 릴레이션에서 기본키인 {학번, 수강과목}이 교수코드 속성을 함수적으로 결정하는 것은
당연하다. 그리고 교수 한 명이 수강과목을 하나만 담당하므로 교수코드가 수강과목을 함수적으로 결정한다고
볼 수 있다. 수강과목 릴레이션의 함수 종속 다이어그램은 [그림 7-27]과 같다.

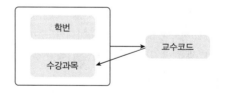

[그림 7-27] 수강과목 릴레이션의 함수 종속 다이어그램

[표 7-8]의 수강과목 릴레이션은 모든 속성이 원자 값으로만 구성되어 있으므로 제1정규형에 속한다. 그리고
기본키가 아닌 속성인 교수코드가 기본키에 완전 함수 종속되는 것은 물론, 이행적 함수 종속을 포함하고
있지 않으므로 제2정규형과 제3정규형에도 속한다. 하지만 교수코드 속성이 후보키가 아님에도 수강과목
속성을 결정하므로 수강과목 릴레이션은 보이스/코드 정규형에는 속하지 않는다. 보이스/코드 정규형에 속
하지 않는 수강과목 릴레이션은 다음과 같은 삽입·갱신·삭제 이상 현상이 발생할 수 있다. 발생하는 이유
는 함께 하나씩 살펴보자.

(1) 삽입 이상

C06 교수가 네트워크 과목을 담당하게 되었지만, 이 강좌를 신청한 학생이 없다면 이 내용을 수강과목 릴레이션에 삽입할 수 없다. 수강과목 릴레이션의 기본키가 {학번, 수강과목}이므로 학번 속성이 널 값을 가질 수 없기 때문이다.

학번	수강과목	교수코드
20178444	데이터베이스	C01
20178444	컴퓨터 개론	C02
20192511	데이터베이스	C01
20192511	컴퓨터 개론	C02
20182354	데이터베이스	C03
20182354	컴퓨터 개론	C04
20182354	소프트웨어 공학	C05
20184417	데이터베이스	C01
NULL	네트워크	C06	← 삽입 불가

[그림 7-28] 삽입 이상

(2) 갱신 이상

데이터베이스를 담당하는 교수의 코드가 C01에서 D04로 변경될 경우, 과목이 데이터베이스면서 교수코드가 C01인 튜플은 모두 3개이다. 교수가 변경되어 교수코드를 변경할 경우 모두 바꾸어주어야 한다. 만약 두 개만 변경하면 나머지 하나는 변경되지 않아 무결성이 깨지게 된다.

학번	수강과목	교수코드
20178444	데이터베이스	D04
20178444	컴퓨터 개론	C02
20192511	데이터베이스	D04
20192511	컴퓨터 개론	C02
20182354	소프트웨어 공학	C05
20182354	컴퓨터 개론	C04
20182354	소프트웨어 공학	C05
20184417	데이터베이스	C01

[그림 7-29] 갱신 이상

(3) 삭제 이상

학번이 20182354인 학생의 수강 신청을 취소해서 해당 학생에 대한 튜플을 삭제하면, C05 교수가 소프트웨어 공학 과목을 담당하고 있다는 정보도 함께 삭제된다. 그런데 이 튜플은 C05 교수에 대한 정보를 담고 있는 유일한 튜플이므로 삭제하면 수강과목 릴레이션에 C05 강사에 대한 데이터를 더는 유지할 수 없게 된다.

학번	수강과목	교수코드
20178444	데이터베이스	C01
20178444	컴퓨터 개론	C02
20192511	데이터베이스	C01
20192511	컴퓨터 개론	C02
20182354	데이터베이스	C03
20182354	컴퓨터 개론	C02
20182354	소프트웨어 공학	C05
20184417	데이터베이스	C01

[그림 7-30] 삭제 이상

[표 7-8]의 수강과목 릴레이션에 여러 이상 현상이 발생하는 이유는, 후보키가 아니면서 함수 종속 관계에서 다른 속성을 결정하는 교수코드 속성이 존재하기 때문이다. 그러므로 이상 현상이 발생하지 않도록 하려면 모든 결정자가 후보키가 될 수 있도록 수강과목 릴레이션을 두 개의 릴레이션으로 분해해야 된다.

수강신청 릴레이션

학번	수강과목	교수코드
20178444	데이터베이스	C01
20178444	컴퓨터 개론	C02
20192511	데이터베이스	C01
20192511	컴퓨터 개론	C02
20182354	데이터베이스	C03
20182354	컴퓨터 개론	C04
20182354	소프트웨어 공학	C05
20184417	데이터베이스	C01

후보키가 아닌 결정자를 제거하려고 분해

수강학생 릴레이션

학번	교수코드
20178444	C01
20178444	C02
20192511	C01
20192511	C02
20182354	C03
20182354	C04
20182354	C05
20184417	C01

과목담당 릴레이션

교수코드	수강과목
C01	데이터베이스
C02	컴퓨터 개론
C01	데이터베이스
C02	컴퓨터 개론
C03	데이터베이스
C04	컴퓨터 개론
C05	소프트웨어 공학
C01	데이터베이스

[그림 7-31] 보이스/코드를 만족하도록 분해된 두 개의 릴레이션

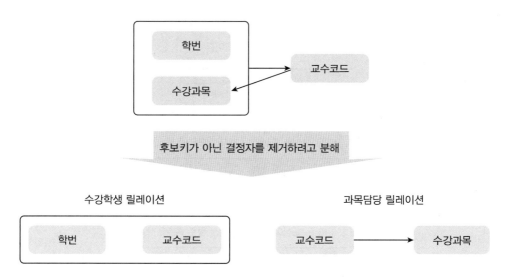

[그림 7-32] 수강학생 릴레이션과 과목담당 릴레이션의 함수 종속 다이어그램

5 기본 정규형의 정리

릴레이션이 최종적으로 보이스/코드 정규형을 만족하도록 정규화를 수행하는 각 단계를 간단히 요약한 것이다. 릴레이션을 분해하여 모든 속성의 도메인이 원자 값으로만 구성되도록 하면 제1정규형이 된다. 제1정규형에 속하는 릴레이션에서 부분 함수 종속을 제거하여 기본키가 아닌 모든 속성이 기본키에 완전 함수 종속이 되면 제2정규형이 된다. 제2정규형 릴레이션에서 이행적 함수 종속을 제거하면 제3정규형이 된다. 제3정규형 릴레이션에서 후보키가 아닌 결정자를 제거하면 보이스/코드 정규형이 된다.

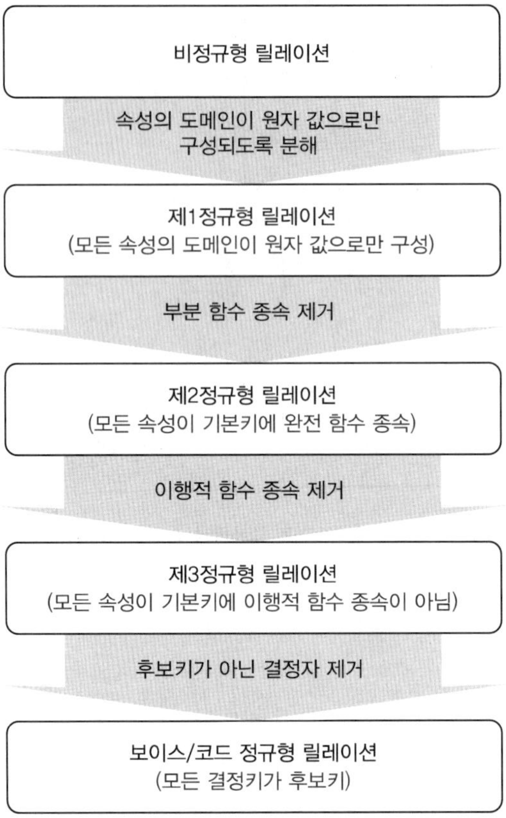

```
┌─────────────────────────────────────┐
│           비정규형 릴레이션            │
└─────────────────────────────────────┘
        속성의 도메인이 원자 값으로만
             구성되도록 분해
┌─────────────────────────────────────┐
│          제1정규형 릴레이션           │
│  (모든 속성의 도메인이 원자 값으로만 구성)  │
└─────────────────────────────────────┘
           부분 함수 종속 제거
┌─────────────────────────────────────┐
│          제2정규형 릴레이션           │
│   (모든 속성이 기본키에 완전 함수 종속)   │
└─────────────────────────────────────┘
          이행적 함수 종속 제거
┌─────────────────────────────────────┐
│          제3정규형 릴레이션           │
│ (모든 속성이 기본키에 이행적 함수 종속이 아님) │
└─────────────────────────────────────┘
         후보키가 아닌 결정자 제거
┌─────────────────────────────────────┐
│        보이스/코드 정규형 릴레이션        │
│        (모든 결정키가 후보키)          │
└─────────────────────────────────────┘
```

[그림 7-33] 정규화 과정

(1) 정규화의 개요

① 정규화란 함수적 종속성 등의 종속성 이론을 이용하여 잘못 설계된 관계형 스키마를 더 작은 속성의 세트로 쪼개어 바람직한 스키마로 만들어 가는 과정이다.

② 하나의 종속성이 하나의 릴레이션에 표현될 수 있도록 분해하는 과정이라 할 수 있다.

③ 정규형에는 제1정규형, 제2정규형, 제3정규형, BCNF형, 제4정규형, 제5정규형이 있으며, 차수가 높아질수록 만족시켜야 할 제약 조건이 늘어난다.

④ 정규화는 데이터베이스의 논리적 설계 단계에서 수행한다.

⑤ 정규화는 논리적 처리 및 품질에 큰 영향을 미친다.

(2) 정규화의 목적

① 데이터 구조의 안정성을 최대화한다.

② 어떠한 릴레이션이라도 데이터베이스 내에서 표현이 가능하게 만든다.

③ 효과적인 검색 알고리즘을 생성할 수 있다.

④ 중복을 배제하여 삽입, 삭제, 갱신 이상의 발생을 방지한다.

⑤ 데이터 삽입 시 릴레이션을 재구성할 필요성을 줄인다.

(3) 정규화 원칙

① 정보의 무손실 표현, 즉 하나의 스키마를 다른 스키마로 변경할 때 정보의 손실이 있어서는 안 된다.
② 분리의 원칙, 즉 하나의 독립된 관계성은 하나의 독립된 릴레이션으로 분리시켜 표현해야 한다.
③ 데이터의 중복성이 감소되어야 한다.

(4) 정규화의 효과

① 데이터의 중복을 제거하고 데이터의 일관성을 유지할 수 있다.
② 데이터 모형의 단순화가 가능하다.
③ 속성의 배열 검증이 가능하다. 즉, 식별자와 속성과의 종속성 여부를 판단할 수 있다.
④ 데이터베이스 설계가 용이하며, 엔티티(Entity)와 관계(Relationship)의 누락을 방지할 수 있다.

(5) 정규화의 문제점

① 정규화로 인한 테이블의 개수 증가로 인하여 Join이 많이 발생하여 응답속도의 지연이 있을 수 있다
② 특정시점의 정보를 표현하기 위해 이력관리 엔티티의 발생 및 업무규칙 수용 난이도가 증가할 수 있다.
③ 데이터 공간의 비효율적인 활용이 발생할 수 있다(제3정규화 이상의 정규화를 수행하는 경우). 따라서 대부분 현업에서는 제3정규화까지만을 수행하고 필요에 따라 비정규화(Denormalization) 과정을 수행한다.

제 4 절 진보된 정규형

1 제4정규형 중요 ★★

> 🚃 **제4정규형**
>
> 릴레이션 R에 A →→ B가 성립하는 경우 R의 모든 속성이 A에 함수적 종속이면 이 릴레이션 R은 제4정규형에 속한다.

제4정규형은 릴레이션에서 다치종속(MVD : Multi Valued Dependency) 관계가 성립되는 경우 분해하는 정규형을 말한다.
• 함수 종속은 'A →→ B'인 경우 A의 속성값은 B의 속성값 하나를 결정하게 된다.

강좌 릴레이션에서 데이터베이스의 과목코드는 G3, G4이고, 학과코드는 A3, A4일 때, 강좌 릴레이션에는 4개의 튜플이 포함되어야 한다. 이렇게 릴레이션을 구성하면 많은 데이터의 중복을 발생시켜 이상현상을 야기한다.

강좌 릴레이션

과목	과목코드	학과코드
멀티미디어	G1	A1
멀티미디어	G1	A2
멀티미디어	G2	A1
데이터베이스	G3	A3
데이터베이스	G4	A3
데이터베이스	G3	A4
데이터베이스	G4	A4

과목

과목	과목코드
멀티미디어	G1
멀티미디어	G2
데이터베이스	G3
데이터베이스	G4

학과

과목	학과코드
멀티미디어	A1
멀티미디어	A2
데이터베이스	A3
데이터베이스	A4

따라서 강좌 릴레이션에서는 MVD 과목 →→ 과목코드 | 학과코드가 존재하므로 두 개의 릴레이션 즉, 과목(과목, 과목코드)와 학과(과목, 학과코드)로 무손실 분해할 수 있다.

> **더 알아두기** 🔍
>
> **다치 종속(MVD : Multi Valued Dependency)**
> A, B, C 세 개의 속성을 가진 릴레이션 R에서 어떤 복합 속성(A, C)에 대응하는 B 값의 집합이 A 값에만 종속되고 C 값에는 무관할 때 다치 종속 R · A →→ R · B가 존재한다.

2 제5정규형 중요 ★★

> 📇 **제5정규형**
> 릴레이션 R의 모든 조인 종속성(JD)의 만족이 R의 후보키를 통해서만 만족될 때 그 릴레이션 R은 제5정규형 또는 PJ/NF에 속한다.

지금까지는 문제가 발생하는 릴레이션은 프로젝션을 통해 동등한 두 개의 릴레이션으로 분해하여 해결하는 정보 무손실 분해만 생각해 왔다. 특히 4NF까지는 이러한 방법이 성공적이었으나 어떤 릴레이션은 두 개의 릴레이션이 아니고 세 개 또는 그 이상의 릴레이션으로 분해하여야만 정보 무손실 분해가 된다는 것이 밝혀졌다. 관계 데이터베이스에서 제4정규형을 일반화한 것으로, 정규형, 관계 R이 제4정규형이고 관계 중에서 성립되는 모든 결합 종속성(Join Dependency)이 그 관계의 후보키만으로 논리적으로 함축되어 있는 경우에 그 관계를 제5정규형이라고 한다.

> **조인 종속(JD : Join Dependency)**
> 어떤 릴레이션 R이 자신의 Projection(X, Y, …, Z)에 대한 조인의 결과가 자신과 같은 때 조인 종속(JD)(X, Y, …, Z)은 R의 속성의 부분집합이다.

제 5 절 정규형 간의 관계 중요 ★★

정규형들 간의 관계를 그림으로 표현하면 다음과 같다. 정규형은 차수가 높아질수록 많은 제약조건을 만족해야 한다.

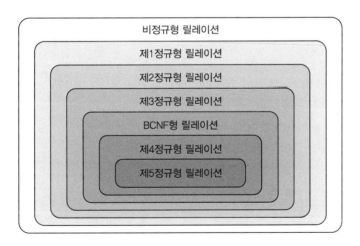

[그림 7-34] 정규형의 포함 관계

지금까지 데이터베이스 설계의 한 방법으로 무손실 분해를 살펴보았다. 이 분해의 기본적 아이디어는 어떤 정규화 릴레이션 R과 이 R에 적용되는 제약조건들이 주어졌을 때 이 릴레이션 R을 작은 릴레이션으로 체계적으로 분해하는 것이다. 이 분해된 릴레이션들은 정보 표현이라는 의미에서 원래의 R과 동등하면서도 보다 바람직한 구조가 된다. 각 단계의 분해 과정은 앞 단계의 분해 결과를 다시 프로젝션하는 것인데 이 프로젝션 방법은 주어진 제약조건을 이용하여 결정한다.

계략적으로 이 일련의 프로젝션 과정을 종합해보면 다음과 같다.

① 릴레이션이 1NF에 속하기 위해서는 릴레이션에 속한 모든 속성이 **원자값**을 가져야 한다.

② 원래의 1NF 릴레이션에 **부분 함수 종속**을 제거하기 위해 프로젝션을 한다. 그 결과는 모두 2NF에 속하는 릴레이션이 된다.

③ 2NF에 속하는 릴레이션에 **이행 함수 종속**을 제거하기 위해 프로젝션을 한다. 그 결과는 3NF에 속하는 릴레이션이 된다.

④ 3NF에 속하는 릴레이션에 **결정자가 후보키가 아닌 함수 종속**을 제거하기 위해 프로젝션을 한다. 그 결과는 모두 BCNF에 속하는 릴레이션이 된다.

⑤ BCNF에 속하는 릴레이션에서 함수 종속(FD)이 아닌 **다치 종속(MVD)**을 제거하기 위해 프로젝션을 한다. 그 결과 모두 4NF이 된다.

⑥ 4NF에 속하는 릴레이션에서 후보키를 통하지 않는 **조인 종속(JD)**이 있을 때 이를 제거하기 위해 프로젝션을 한다. 그 결과는 5NF가 된다.

O×로 점검하자

※ 다음 지문의 내용이 맞으면 O, 틀리면 ×를 체크하시오. [1 ~ 10]

01 정규화를 거치지 않으면 릴레이션 조작 시 데이터 중복에 따른 예기지 못한 곤란한 현상이 발생할 수 있다. 이러한 현상을 이상 현상이라 한다. (   )

>>>◯ 데이터베이스를 잘못 설계하면 불필요한 데이터 중복이 발생하여 릴레이션에 대한 데이터의 삽입·수정·삭제 연산을 수행할 때 부작용들이 발생할 수 있다. 이러한 부작용을 이상(anomaly) 현상이라 한다.

02 이상 현상에는 삽입 이상, 삭제 이상, 조회 이상이 있다. (   )

>>>◯

삽입 이상	불필요하고 원하지 않는 데이터도 함께 삽입해야 되거나 삽입이 되지 않는 경우
삭제 이상	한 튜플을 삭제함으로써 연쇄 삭제 현상으로 인한 정보의 손실
갱신 이상	튜플 중에서 일부 속성만을 갱신함으로써 정보의 모순성이 발생하는 현상

03 "Y가 X에 함수적으로 종속되어 있다."는 것의 함수 종속 관계는 Y → X로 표현하고 X를 결정자, Y를 종속자라고 한다. (   )

>>>◯ "Y가 X에 함수적으로 종속되어 있다."는 것의 함수 종속 관계는 X → Y로 표현하고 X를 결정자, Y를 종속자라고 한다.

04 함수 종속성을 이용하여 릴레이션을 연관성이 있는 속성들로만 구성되도록 분해해서, 이상 현상이 발생하지 않는 올바른 릴레이션으로 만들어 나가는 과정을 정규화(normalization)라고 한다.
(   )

>>>◯ 정규화(normalization) : 함수 종속성을 이용하여 릴레이션을 연관성이 있는 속성들로만 구성되도록 분해해서, 이상 현상이 발생하지 않는 올바른 릴레이션으로 만들어 나가는 과정

정답 **1** ◯ **2** × **3** × **4** ◯

05 릴레이션에 속한 모든 속성의 도메인이 원자값만으로 구성되어 있으면 제2정규형에 속한다.

( )

>>>◯ 릴레이션에 속한 모든 속성의 도메인이 원자값만으로 구성되어 있으면 제1정규형에 속한다.

06 릴레이션이 제1정규형에 속하고, 기본키가 아닌 모든 속성이 기본키에 완전 함수 종속되면 제2정규형에 속한다. ( )

>>>◯ 제2정규형은 제1정규형(도메인이 원자값으로만 구성)을 만족하고, 기본키가 아닌 모든 속성이 기본키에 완전 함수 종속된 것을 말한다.

07 릴레이션이 제2정규형에 속하고, 기본키가 아닌 모든 속성이 기본키에 이행적 함수 종속이 되지 않으면 보이스/코드 정규형에 속한다. ( )

>>>◯ 릴레이션이 제2정규형에 속하고, 기본키가 아닌 모든 속성이 기본키에 이행적 함수 종속이 되지 않으면 제3정규형에 속한다.

08 릴레이션의 함수 종속 관계에서 모든 결정자가 수퍼키이면 보이스/코드 정규형에 속한다.

( )

>>>◯ 릴레이션의 함수 종속 관계에서 모든 결정자가 후보키이면 보이스/코드 정규형에 속한다.

09 정규화란 함수적 종속성 등의 종속성 이론을 이용하여 잘못 설계된 관계형 스키마를 더 작은 속성의 세트로 쪼개어 바람직한 스키마로 만들어 가는 과정이다. ( )

>>>◯ 정규화(normalization)는 함수 종속성을 이용하여 릴레이션을 연관성이 있는 속성들로만 구성되도록 분해해서, 이상 현상이 발생하지 않는 올바른 릴레이션으로 만들어 나가는 과정이다.

10 릴레이션 R에 A → B가 성립하는 경우 R의 모든 속성이 A에 함수적 종속이면 이 릴레이션 R은 제5정규형에 속한다. ( )

>>>◯ 릴레이션 R에 A → B가 성립하는 경우 R의 모든 속성이 A에 함수적 종속이면 이 릴레이션 R은 제4정규형에 속한다.

정답 **5** × **6** ◯ **7** × **8** × **9** ◯ **10** ×

해설 & 정답 checkpoint

01 어떤 릴레이션 R에서 X와 Y를 각각 R의 애트리뷰트 집합의 부분 집합이라고 할 경우 애트리뷰트 X의 값 각각에 대해 시간에 관계없이 항상 애트리뷰트 Y의 값이 오직 하나만 연관되어 있을 때 Y는 X에 함수 종속이라고 한다. 이 함수 종속의 표기로 옳은 것은?

① $X \rightarrow X$
② $Y \subset X$
③ $X \rightarrow Y$
④ $X \subset Y$

01 함수적 종속 관계를 말한다. Y는 X에 함수 종속적이라고 하면 $X \rightarrow Y$로 표기한다.

02 다음 중 정규화에 관한 설명으로 옳지 <u>않은</u> 것은?

① 릴레이션 R의 도메인의 값이 원자 값만을 가지면 릴레이션 R은 제1정규형에 해당된다.
② 정규화는 차수가 높을수록(제1정규형 → 제5정규형) 만족시켜야 할 제약조건이 많아진다.
③ 릴레이션 R이 제1정규형을 만족하면서, 키가 아닌 모든 속성이 기본키에 완전 함수 종속이면 릴레이션 R은 제2정규형에 해당한다.
④ 릴레이션 R이 제2정규형을 만족하고, 결정자이면서 후보키가 아닌 것을 제거하면 제3정규형에 해당된다.

02 제3정규형은 이행적 종속을 제거한 것이다. 결정자이면서 후보키가 아닌 것을 제거하면 BCNF이다.

정답 01 ③ 02 ④

03 [문제 하단의 내용 참고]

03 다음 중 정규화에 대한 설명으로 옳지 <u>않은</u> 것은?

① 한 테이블에 너무 많은 정보를 포함해서 발생하는 이상 현상을 제거한다.

② 정규화를 실행하면 모든 테이블의 필드 수가 동일해진다.

③ 정규화를 실행하면 테이블이 나누어져 최종적으로는 일관성을 유지하게 된다.

④ 정규화를 실행하는 목적 중 하나는 데이터 중복의 최소화이다.

정규화	• 정규화는 이상 현상이 발생하지 않도록 중복성 및 종속성을 배제하는 원칙을 공식화한 이론이다. • 정규화는 중복되는 값을 일정한 규칙에 의해 보다 단순한 형태를 가지는 다수의 테이블로 분리한다. • 데이터베이스의 논리적 설계 단계에서 수행한다. • 정규화를 수행해도 데이터의 중복을 완전히 제거할 수는 없다. • 이해하기 쉽고 확장하기 쉽도록 테이블을 구성하며, 무결성 제약조건의 구현을 용이하게 한다. • 정규형에는 제1~5정규형까지 있으며, 단계가 높아질수록 만족시켜야 할 제약조건이 늘어나 높은 수준으로 간주된다.

04 일반적으로 함수 종속 관계 $A \to B$와 $B \to C$가 성립되면 논리적 결과도 $A \to C$가 성립된다. 이때 attribute C는 A에 이행적 함수 종속이라고 한다.

04 다음 중 이행적 함수 종속 관계를 의미하는 것은?

① $A \to B$이고 $B \to C$일 때, $A \to C$를 만족하는 관계

② $A \to B$이고 $B \to C$일 때, $C \to A$를 만족하는 관계

③ $A \to B$이고 $B \to C$일 때, $B \to A$를 만족하는 관계

④ $A \to B$이고 $B \to C$일 때, $C \to B$를 만족하는 관계

정답 03② 04①

05 다음 중 정규화의 목적으로 옳지 <u>않은</u> 것은?

① 어떠한 릴레이션이라도 데이터베이스 내에서 표현이 가능하게 만든다.

② 중복을 배제하여 삽입, 삭제, 갱신 이상의 발생을 도모한다.

③ 데이터 삽입 시 릴레이션을 재구성할 필요성을 줄인다.

④ 효과적인 검색 알고리즘을 생성할 수 있다.

>>>Q

정규화의 목적	• 어떤 관계라도 데이터베이스 내에서 표현이 가능하도록 만드는 것 • 관계에서 바람직하지 않은 삽입, 삭제, 갱신 이상이 발생하지 않도록 함 • 새로운 형태의 데이터가 삽입될 때 관계를 재구성할 필요성을 줄일 수 있음 • 보다 간단한 관계 연산에 기초하여 검색을 보다 효율적으로 할 수 있음

05 [문제 하단의 내용 참고]

06 정규화 과정 중 1NF에서 2NF가 되기 위한 조건은?

① 1NF를 만족하고 모든 도메인이 원자 값이어야 한다.

② 1NF를 만족하고 키가 아닌 모든 어트리뷰트들이 기본키에 이행적으로 함수 종속되지 않아야 한다.

③ 1NF를 만족하고 다치 종속이 제거되어야 한다.

④ 1NF를 만족하고 키가 아닌 모든 속성이 기본키에 완전 함수 종속되어야 한다.

06 [부분적 함수 종속 제거]
② 3NF의 조건
③ 4NF의 조건
④ 2NF의 조건

07 어떤 릴레이션 R의 모든 조인 종속성의 만족이 R의 후보키를 통해서만 만족된다. 이 릴레이션 R은 어떤 정규형의 릴레이션인가?

① 제5정규형

② 제4정규형

③ 제3정규형

④ 보이스-코드 정규형

07 [제5정규형]

제4정규형을 일반화한 것으로, R. 페이건이 도입한 정규형이다. 관계 R이 제4정규형이고 관계 중에서 성립되는 모든 결합 종속성(join dependency)이 그 관계의 후보키만으로 논리적으로 함축되어 있는 경우에 그 관계를 제5정규형이라고 한다.

정답 05 ② 06 ④ 07 ①

08 정규화의 필요성은 데이터의 의존성과 중복성을 최소화하기 위함이다.

08 다음 중 정규화의 필요성에 대한 설명으로 옳지 <u>않은</u> 것은?

① 데이터 구조의 안정성 최대화
② 중복 데이터의 활성화
③ 수정, 삭제 시 이상 현상의 최소화
④ 테이블 불일치 위험의 최소화

09 3NF는 1NF와 2NF를 만족하면서 이행적 함수 종속 제거하는 단계를 의미한다.

09 정규화 과정에서 $A \rightarrow B$ 이고 $B \rightarrow C$ 일 때 $A \rightarrow C$ 인 관계를 제거하는 단계는?

① 1NF → 2NF
② 2NF → 3NF
③ 3NF → BCNF
④ BCNF → 4NF

10 릴레이션 R에 존재하는 모든 조인 종속이 릴레이션 R의 후보키를 통해서만 성립된다면 릴레이션 R은 제5정규형에 속한다.

10 릴레이션 R에 존재하는 모든 조인 종속성이 오직 후보키를 통해서만 성립되는 경우, 이러한 릴레이션은 어떤 정규형에 해당하는가?

① 제2정규형
② 제3정규형
③ 제4정규형
④ 제5정규형

정답 08 ② 09 ② 10 ④

11 다음 정의에서 말하는 기본 정규형은?

> 어떤 릴레이션 R에 속한 모든 도메인이 원자값(Atomic Value)만으로 되어 있다.

① 제1정규형(1NF)
② 제2정규형(2NF)
③ 제3정규형(3NF)
④ 보이스/코드 정규형(BCNF)

11 [문제 하단의 표 참고]

1NF	릴레이션에 속한 모든 속성의 도메인이 원자값으로만 구성
2NF	기본키가 아닌 모든 속성이 기본키에 완전히 함수 종속적일 경우
3NF	기본키가 아닌 모든 속성이 기본키에 이행적 함수 종속적이 되지 않을 경우
BCNF	3NF를 만족하면서 모든 결정자가 후보키 집합에 속한 정규형

12 다음 중 3NF에서 BCNF가 되기 위한 조건은?

① 이행적 함수 종속 제거
② 부분적 함수 종속 제거
③ 다치 종속 제거
④ 결정자이면서 후보키가 아닌 것 제거

12 [문제 하단의 표 참고]

1NF	릴레이션에 속한 모든 속성의 도메인이 원가값으로만 구성
2NF	기본키가 아닌 모든 속성이 기본키에 완전히 함수 종속적일 경우
3NF	기본키가 아닌 모든 속성이 기본키에 이행적 함수 종속적이 되지 않을 경우
BCNF	3NF를 만족하면서 모든 결정자가 후보키 집합에 속한 정규형
4NF	BCNF를 만족하면서 다치 종속 제거
5NF	4NF를 만족하면서 조인 종속

정답 11 ① 12 ④

13 여러 개의 튜플 중 모두 갱신되지 않고 일부분만 갱신되었을 경우 정보의 불일치, 다른 말로 정보의 모순성이 발생하게 된다.

13 릴레이션 조작 시 정보의 모순성이 발생할 수 있는 이상 현상은?

① 삭제 이상
② 갱신 이상
③ 삽입 이상
④ 검색 이상

14 [문제 하단의 내용 참고]

14 다음 중 이상 현상의 종류에 해당하지 <u>않는</u> 것은?

① 삭제 이상
② 갱신 이상
③ 삽입 이상
④ 검색 이상

》》Q

이상(anomaly) 현상	• 데이터의 중복으로 인해 릴레이션을 처리할 때 발생하는 곤란한 현상 • 데이터베이스 사용자의 의도와는 다르게 다른 데이터가 삽입·삭제·갱신되는 현상으로 삽입 이상, 삭제 이상, 갱신 이상이 있다.

15 함수적 종속성을 살펴보면 기본키가 아닌 속성은 기본키에 충분한 함수 종속 관계를 이루고 있고, 이행적 함수 종속도 없기 때문에 3NF에는 속하지만 결정자인 C 속성이 후보키가 아니기 때문에 보이스/코드 정규형에는 속하지 않는다.

15 다음과 같이 어떤 릴레이션 R과 그 릴레이션에 존재하는 종속성이 주어졌을 때 릴레이션 R은 몇 정규형인가?

$R(A, B, C)$ 기본키 : (A, B)
함수적 종속성 : $\{A, B\} \rightarrow C$, $C \rightarrow B$

① 제1정규형
② 제2정규형
③ 제3정규형
④ 보이스/코드 정규형

정답 13 ② 14 ④ 15 ③

16 제3정규형에서 보이스코드 정규형(BCNF)으로 정규화하기 위한 작업은?

① 원자값이 아닌 도메인을 분해
② 부분 함수 종속 제거
③ 이행 함수 종속 제거
④ 결정자가 후보키가 아닌 함수 종속 제거

16 BCNF : 3NF를 만족하면서 모든 결정자가 후보키 집합에 속한 정규형

17 관계형 데이터베이스의 릴레이션을 조작할 때 발생하는 이상 (Anomaly) 현상에 관한 설명으로 적절하지 않은 것은?

① 데이터의 종속으로 인해 발생하는 이상 현상에는 삭제 이상, 삽입 이상, 갱신 이상이 있다.
② 릴레이션의 한 튜플을 삭제함으로써 연쇄 삭제로 인해 정보의 손실을 발생시키는 현상이 삭제 이상이다.
③ 데이터를 삽입할 때 불필요한 데이터가 함께 삽입되는 현상을 삽입 이상이라 한다.
④ 튜플 중에서 일부 속성을 갱신함으로써 정보의 모순성이 발생하는 현상이 갱신 이상이다.

17 이상은 데이터의 종속으로 인해 발생하는 것이 아니고, 속성(필드) 간 종속 혹은 데이터의 중복으로 인해 발생한다. 데이터 사이에는 종속이 존재하지 않는다.

18 제1정규형에서 제2정규형 수행 시의 작업으로 옳은 것은?

① 이행적 함수 종속성 제거
② 다치 종속 제거
③ 모든 결정자가 후보키가 되도록 분해
④ 부분 함수 종속 제거

18 제1정규형을 만족하면서 부분 함수 종속을 제거하면 제2정규형이 된다.

정답 16 ④ 17 ① 18 ④

checkpoint 해설 & 정답

19 모든 도메인은 원자 값이므로 제1정규형을 만족하고, 키가 아닌 모든 속성들이 기본키에 대해 완전 함수 종속이므로 제2정규형을 만족한다. 그리고 이행적 함수 종속 관계가 제거되었으므로 제3정규형을 만족한다.

20 이상(anomaly) 현상에는 삽입 이상, 삭제 이상, 갱신 이상이 있다.

21 3NF를 만족하면서 모든 결정자가 후보키 집합에 속한 정규형을 BCNF라고 한다.

정답 19 ③ 20 ④ 21 ④

---

19 다음의 조건을 모두 만족하는 정규형은?

> 도메인은 원자 값이고 기본키가 아닌 모든 속성들이 기본키에 대해 완전 함수 종속적이며, 이행적 함수 종속 관계는 제거되었다.

① 제1정규형
② 제2정규형
③ 제3정규형
④ 제1정규형과 제2정규형

20 정규화를 거치지 않으면 릴레이션 조작 시 데이터 중복에 따른 예기치 못한 곤란한 현상이 발생할 수 있다. 이러한 이상 현상에 속하지 <u>않는</u> 것은?

① 삭제 이상
② 갱신 이상
③ 삽입 이상
④ 조회 이상

21 릴레이션 R의 모든 결정자가 후보키이면 릴레이션 R은 어떤 정규형에 속하는가?

① 제1정규형
② 제2정규형
③ 제3정규형
④ 보이스코드(BCNF) 정규형

22 데이터베이스 내에서 데이터들이 불필요하게 중복되어 릴레이션 조작 시 예기치 <u>못한</u> 곤란한 현상을 무엇이라고 하는가?

① Normalization
② Bug
③ Anomaly
④ Error

>>>◯

개념		데이터의 중복으로 인하여 관계 연산을 처리할 때 곤란한 현상이 발생하는 것
종류	삽입 이상	불필요하고 원하지 않는 데이터도 함께 삽입해야 되거나 삽입이 되지 않는 경우
	삭제 이상	한 튜플을 삭제함으로써 연쇄 삭제 현상으로 인한 정보의 손실
	갱신 이상	튜플 중에서 일부 속성만을 갱신함으로써 정보의 모순성이 발생하는 현상

22 **[이상(anomaly) 현상]**

데이터의 중복으로 인해 릴레이션을 처리할 때 발생하는 곤란한 현상. 데이터베이스 사용자의 의도와는 다르게 다른 데이터가 삽입, 삭제, 갱신되는 현상

[문제 하단의 표 참고]

23 다음 중 정규화에 대한 설명으로 옳지 <u>않은</u> 것은?

① 데이터베이스의 개념적 설계 단계에서 수행한다.
② 데이터 구조의 안정성을 최대화한다.
③ 중복을 배제하여 삽입, 삭제, 갱신 이상의 발생을 방지한다.
④ 데이터 삽입 시 릴레이션을 재구성할 필요성을 줄인다.

23 정규화는 데이터베이스의 논리적 설계 단계에서 수행한다.

정답 22 ③   23 ①

checkpoint 해설 & 정답

24 데이터베이스 설계가 용이하며, 엔티티(Entity)와 관계(Relationship)의 누락을 방지할 수 있는 것은 정규화의 효과에 해당한다.

24 다음 중 정규화의 문제점이 **아닌** 것은?

① 정규화로 인한 테이블의 개수 증가로 인하여 Join이 많이 발생하여 응답속도의 지연이 있을 수 있다.

② 특정시점의 정보를 표현하기 위해 이력관리 엔티티의 발생 및 업무규칙 수용 난이도가 증가할 수 있다.

③ 데이터 공간의 비효율적인 활용이 발생할 수 있다(제3정규화 이상의 정규화를 수행하는 경우). 따라서 대부분 현업에서는 제3정규화까지만을 수행하고 필요에 따라 비정규화(Denormalization) 과정을 수행한다.

④ 데이터베이스 설계가 용이하며, 엔티티(Entity)와 관계(Relationship)의 누락을 방지할 수 있다.

 주관식 문제

01
정답 ㉠ 삽입 이상
     ㉡ 삭제 이상
     ㉢ 갱신 이상

01 다음은 이상 현상의 종류에 대한 설명이다. 괄호 안에 들어갈 내용을 쓰시오.

(㉠)	불필요하고 원하지 않는 데이터도 함께 삽입해야 되거나 삽입이 되지 않는 경우
(㉡)	한 튜플을 삭제함으로써 연쇄 삭제 현상으로 인한 정보의 손실
(㉢)	튜플 중에서 일부 속성만을 갱신함으로써 정보의 모순성이 발생하는 현상

해설

삽입 이상	불필요하고 원하지 않는 데이터도 함께 삽입해야 되거나 삽입이 되지 않는 경우
삭제 이상	한 튜플을 삭제함으로써 연쇄 삭제 현상으로 인한 정보의 손실
갱신 이상	튜플 중에서 일부 속성만을 갱신함으로써 정보의 모순성이 발생하는 현상

정답 24 ④

02 다음 설명에서 괄호 안에 들어갈 내용을 쓰시오.

> "Y가 X에 함수적으로 종속되어 있다."는 것의 함수 종속 관계는 (㉠)(으)로 표현하고 X를 (㉡), Y를 (㉢)(이)라고 한다.

02

정답 ㉠ $X \rightarrow Y$
　　㉡ 결정자
　　㉢ 종속자

해설 "Y가 X에 함수적으로 종속되어 있다."는 것의 함수 종속 관계는 $X \rightarrow Y$로 표현하고 X를 결정자, Y를 종속자라고 한다.

03 다음 설명에서 괄호 안에 들어갈 내용을 쓰시오.

> 제2정규형은 (㉠) 종속을 제거한 것이고, 제3정규형은 (㉡) 종속을 제거한 것이다.

03

정답 ㉠ 부분 함수
　　㉡ 이행적 함수

해설

제2정규형	기본키가 아닌 모든 속성이 기본키에 완전 함수 종속(부분 함수 종속 제거)
제3정규형	기본키가 아닌 모든 속성이 기본키에 이행적 함수 종속이 되지 않음

checkpoint 해설 & 정답

04

정답 ㉠ 제3정규형
ⓛ 제1정규형
ⓒ 제2정규형

04 다음의 표에서 괄호 안에 들어갈 정규화의 유형을 쓰시오.

(㉠)	기본 키가 아닌 모든 속성이 기본키에 이행적 함수 종속이 되지 않음
(ⓛ)	릴레이션에 속한 모든 속성의 도메인이 원자값만으로 구성
(ⓒ)	기본키가 아닌 모든 속성이 기본키에 완전 함수 종속

해설

제1정규형	릴레이션에 속한 모든 속성의 도메인이 원자값만으로 구성
제2정규형	기본키가 아닌 모든 속성이 기본키에 완전 함수 종속
제3정규형	기본키가 아닌 모든 속성이 기본키에 이행적 함수 종속이 되지 않음

※ 제3정규형은 제 1, 2정규형을 모두 만족해야 한다.

제8장

회복

I wish you the best of luck!

회복

컴퓨터로 작업을 하다가 예상치 못한 문제로 자료를 날린 적이 있는가? 밤새워 작성한 과제가 컴퓨터에 문제가 생겨 모두 사라진다면 어떨까? 아마 생각조차 하고 싶지 않을 것이다. 하지만 이런 사고는 여러분의 실수가 아니더라도 컴퓨터의 문제, 응용 프로그램의 문제 등 다양한 이유로 언제든 발생할 수 있다. 데이터베이스에 문제가 생겨 데이터가 손실되면 조직에는 더 심각한 영향을 준다. 그래서 데이터베이스 관리 시스템은 중요한 데이터가 손실되지 않도록 문제가 발생했을 때 원래의 정상 상태로 복구하는 여러 기능을 제공한다.

트랜잭션의 특성을 보장하고, 데이터베이스를 모순이 없는 일관된 상태로 유지하기 위해 데이터베이스 관리 시스템은 회복 기능을 제공한다. 데이터베이스가 조직의 중요한 데이터를 저장하고 있는 만큼 데이터베이스 관리 시스템의 회복 기능은 매우 중요한 기능이다.

회복(recovery)은 장애가 발생했을 때 데이터베이스를 장애가 발생하기 전의 일관된 상태로 복구시키는 것이다. 데이터베이스 관리 시스템이 제공하는 다양한 회복 기능을 본격적으로 살펴보기에 앞서 어떤 경우에 회복 기능이 필요하고, 데이터베이스가 저장 장치에 어떤 연산을 통해 저장되는지 이해하기 위해 데이터베이스 시스템에서 발생할 수 있는 장애의 유형과 데이터베이스의 저장 연산을 살펴보자.

제 **1** 절 ⏐ 장애와 회복

1 장애 유형 중요 ★★★

시스템이 제대로 동작하지 않는 상태를 장애(failure)라고 한다. 장애가 발생하는 원인은 사용자의 실수, 정전 등으로 인한 하드웨어 고장, 소프트웨어의 논리적인 오류 등 매우 다양하다. 데이터베이스 시스템에서 발생할 수 있는 장애는 네 가지 유형으로 분류할 수 있다.

[표 8-1] 장애의 유형

유형		설명
트랜잭션 장애	의미	트랜잭션 수행 중 오류가 발생하여 정상적으로 수행을 계속할 수 없는 상태
	원인	트랜잭션의 논리적 오류, 잘못된 데이터 입력, 시스템 자원의 과다 사용 요구, 처리 대상 데이터의 부재 등
시스템 장애	의미	하드웨어의 결함으로 정상적으로 수행을 계속할 수 없는 상태
	원인	하드웨어 이상으로 메인 메모리에 저장된 정보가 손실되거나 교착 상태가 발생한 경우 등

미디어 장애	의미	디스크 장치의 결함으로 디스크에 저장된 데이터베이스의 일부 혹은 전체가 손상된 상태
	원인	디스크 헤드의 손상이나 고장 등
통신 장애	의미	네트워크 통신망의 파손으로 인해 시스템을 사용할 수 없는 상태
	원인	네트워크 통신망의 파손

(1) 트랜잭션 장애

트랜잭션 내의 논리적 오류나 내부 조건 즉, 입력 데이터의 불량, 데이터의 불명, 시스템 자원의 과다 사용 요구 등으로 정상적인 실행을 계속할 수 없는 상태로 트랜잭션이 성공적으로 완료되지 못하고 중간에 중단되는 경우를 의미한다. 이런 경우에는 데이터베이스의 내용은 트랜잭션 실행 이전으로 되돌아가야 한다. 따라서 데이터베이스 관리 시스템에서는 데이터 복구를 위해 트랜잭션이 시작되기 전에 로그파일에 갱신 전의 값을 데이터베이스에 재기록함으로써 트랜잭션이 성공적으로 완료되지 못할 경우 데이터베이스를 원래대로 복구할 수 있도록 한다.

(2) 시스템 장애

하드웨어의 오작동(시스템의 정전, 하드웨어 장치의 고장, 컴퓨터의 기능적 고장 등과 같은 비정상작인 요인 때문에 작동이 중단된 경우)으로 메인 메모리에 있는 정보의 손실이나 교착 상태가 발생하여 더 이상 실행을 계속할 수 없는 상태로 작동이 중단된 경우를 말한다.

(3) 미디어 장애

디스크 헤드 붕괴나 고장으로 인해 저장장치의 데이터베이스 일부 또는 전부가 손상된 상태로, 저장장치라 함은 하드디스크를 의미한다. 미디어 장애에 대비하기 위해 데이터베이스를 복사하여 관리한다. 특정한 시점마다 데이터베이스의 내용을 백업 파일(back-up file)에 기록하여 저장하는 방법과 데이터베이스의 내용을 그대로 다른 미디어에 저장하여 장애 시 그대로 복제시키는 방법이 있다.

(4) 통신 장애

네트워크 통신망의 일시적 장애나 파손으로 시스템을 사용할 수 없는 상태를 의미한다.

2 회복 중요★★★

회복은 장애가 발생했을 때 데이터베이스를 장애가 발생하기 전의 모순이 없고 일관된 상태로 복구시키는 것으로, 데이터베이스 관리 시스템에 있는 **회복 관리자**(recovery manager)가 담당한다. 회복 관리자는 장애 발생을 탐지하고, 장애가 탐지되면 데이터베이스를 복구하는 기능을 제공한다. 일반적으로 장애로부터 데이터베이스를 복구하는 동안에는 데이터베이스에 접근하여 업무를 처리할 수 없으므로, 데이터베이스를 회복시키는 작업은 빠른 시간 내에 이루어져야 한다. 데이터베이스 회복의 기본 원리는 정보 중복에 있다. 즉, 데이터베이스에 포함된 정보를 시스템의 어디엔가 별도로 중복해서 저장해 두었다가 불의의 사고가 일어났을 때, 이 정보를 이용하여 다시 복원하는 것이다.

(1) 중복 기법

① **덤프** : 주기적으로 데이터베이스 전체를 다른 저장 장치에 복제하는 것을 말한다.

② **로그** : 데이터베이스에서 변경 연산이 실행될 때마다 데이터를 변경하기 이전 값과 변경한 이후의 값을 별도의 파일에 기록하는 방법을 말한다.

(2) 회복 유형

① **Redo** : 가장 최근에 저장한 데이터베이스 복사본을 가져온 후 로그를 이용해 복사본이 만들어진 이후에 실행된 모든 변경 연산을 재실행하여 장애가 발생하기 직전의 데이터베이스 상태로 복구(전반적으로 손상된 경우에 주로 사용)

② **Undo** : 로그를 이용해 지금까지 실행된 모든 변경 연산을 취소하여 데이터베이스를 원래의 상태로 복구(변경 중이었거나 이미 변경된 내용만 신뢰성을 잃은 경우에 주로 사용)

(3) 회복 관리기의 개념

① 회복 관리기는 로그, 메모리, 덤프 등을 이용하여 회복 기능을 수행하는데, 일반적으로 REDO와 UNDO를 위해 [트랜잭션 ID, 데이터 아이템, 이전 값, 이후 값] 형식을 가진다.

② 회복 관리기는 트랜잭션 실행이 성공적으로 완료되지 못하면 로그를 이용하여 트랜잭션이 데이터베이스에 수행하였던 모든 변경을 취소(Undo)시켜 트랜잭션 실행 이전의 원래 상태로 되돌리는 역할을 담당한다.

③ 트랜잭션 실행이 성공적으로 종료되어 로그에는 기록되었지만 디스크에는 반영되지 않았을 경우 회복 시에 로그를 이용하여 재작업을 수행한다.

제 2 절 저장연산

데이터베이스는 기본적으로 저장 장치에 저장된다. 그리고 저장 장치는 장애가 발생했을 때 대응하는 방법에 따라 [표 8-2]와 같이 세 종류로 분류할 수 있다.

[표 8-2] 저장 장치의 종류

저장 장치	설명
휘발성(volatile) 저장 장치(소멸성)	장애가 발생하면 저장된 데이터가 손실됨 ⑩ 메인 메모리 등
비휘발성(nonvolatile) 저장 장치(비소멸성)	장애가 발생해도 저장된 데이터가 손실되지 않음. 단, 디스크 헤더 손상 같은 저장 장치 자체에 이상이 발생하면 데이터가 손실될 수 있음 ⑩ 디스크, 자기 테이프, CD/DVD 등
안정(stable) 저장 장치	비휘발성 저장 장치를 이용해 여러 개 데이터 복사본을 만드는 방법으로, 어떤 장애가 발생해도 데이터가 손실되지 않고 데이터를 영구적으로 저장할 수 있음

일반적으로 데이터베이스는 비휘발성 저장 장치인 디스크에 상주한다. 하지만 트랜잭션이 데이터베이스의 데이터를 처리하려면, 다음 그림과 같이 데이터를 디스크에서 메인 메모리로 가져와 이를 처리한 후 그 결과를 다시 디스크로 보내는 작업이 필요하다.

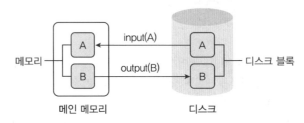

[그림 8-1] 디스크와 메인 메모리 간의 데이터 이동 연산

일반적으로 디스크와 메인 메모리 간의 데이터 이동은 블록(block) 단위로 수행된다. 디스크에 있는 블록을 디스크 블록이라고 하고 메인 메모리에 있는 블록은 버퍼 블록이라고 한다. 디스크와 메인 메모리 간의 데이터 이동은 다음 두 연산으로 수행된다.

[표 8-3] 디스크와 메인 메모리 간의 데이터 이동 연산

input(X)	디스크 블록에 저장되어 있는 데이터 X를 메인 메모리 버퍼 블록으로 이동시키는 연산
output(X)	메인 메모리 버퍼 블록에 있는 데이터 X를 디스크 블록으로 이동시키는 연산

사용자의 요구에 따라 응용 프로그램에서 트랜잭션의 수행을 지시하면 메인 메모리 버퍼 블록에 있는 데이터를 프로그램의 변수로 가져오고 데이터를 처리한 결과를 저장하고 있는 변수 값을 메인 메모리 버퍼 블록으로 옮기는 작업이 추가로 필요하다. 메인 메모리의 버퍼 블록과 프로그램 변수 간의 데이터 이동은 다음 두 연산으로 수행된다.

[표 8-4] 메인 메모리의 버퍼 블록과 프로그램 변수 간의 데이터 이동 연산

read(X)	메인 메모리 버퍼 블록에 저장되어 있는 데이터 X를 프로그램의 변수로 읽어오는 연산
write(X)	프로그램의 변수 값을 메인 메모리 버퍼 블록에 있는 데이터 X에 기록하는 연산

응용 프로그램에 의해 수행된 트랜잭션이 데이터베이스에 접근하여 처리할 데이터를 가져올 때 read(X) 연산이 실행된다. 그런데 read(X) 연산이 정상적으로 실행되려면 먼저 데이터베이스가 상주하고 있는 디스크에서 메인 메모리 버퍼 블록으로 데이터를 가져와야 한다. 그래서 내부적으로 input(X) 연산의 실행이 요구된다. read(X) 연산이 실행되어 디스크에 존재하는 데이터베이스의 데이터가 프로그램 변수에 저장되면 해당 데이터에 대한 모든 연산은 프로그램 변수를 대상으로 처리된다. 트랜잭션이 성공적으로 완료되려면 트랜잭션의 모든 연산을 처리한 후 결과 값을 디스크의 데이터베이스에 반영해야 하는데, 이를 위해 write(X) 연산이 실행된 후 output(X) 연산이 실행된다. 응용 프로그램이 실행한 트랜잭션을 수행하는 데 필요한 데이터 이동 연산들의 관계는 다음 [그림 8-2]와 같다.

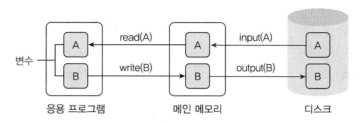

[그림 8-2] 응용 프로그램이 실행한 트랜잭션의 수행을 위해 필요한 데이터 이동 연산

데이터베이스 로그

redo 연산과 undo 연산을 실행하는 데는 로그가 중요하게 사용된다. 데이터베이스 관리 시스템이 로그를 기록하는 방법을 좀 더 자세히 살펴보자.

로그는 데이터베이스에 대한 변경 연산과 관련하여, 데이터를 변경하기 이전의 값과 변경한 이후의 값을 기록한 것이다. 로그를 저장한 파일을 로그 파일이라고 하는데, 로그 파일은 레코드 단위로 기록된다. 로그는 데이터베이스 회복 작업을 수행하기 위해 필요한 중요한 정보를 가지고 있으므로 데이터 손실이 발생하지 않는 저장 장치에 저장해둔다.

[표 8-5] 갱신 로그를 위한 정보

번호	자료 항목	내역
1	트랜잭션 식별자	write 연산을 수행하는 고유 식별자
2	사료 항목 식별자	갱신하는 자료를 식별하는 디스크 상의 자료 이름
3	이전의 값	갱신하기 이전의 자료 값
4	새로운 값	갱신 이후의 자료 값

일반적으로 로그 파일을 구성하는 레코드는 [표 8-6]과 같이 네 종류로 분류한다. 데이터베이스에 대한 변경 연산은 트랜잭션 단위로 실행되므로 로그 레코드도 트랜잭션의 수행과 함께 기록된다.

[표 8-6] 로그 레코드의 종류

로그 레코드		설명
〈Ti, start〉	의미	트랜잭션 Ti가 수행을 시작했음을 기록
	예	〈T1, start〉
〈Ti, X, old_value, new_value〉	의미	트랜잭션 Ti가 데이터 X를 이전 값(old_value)에서 새로운 값(new_value)으로 변경하는 연산을 실행했음을 기록
	예	〈T1, X, 70000, 3000〉

⟨Ti, commit⟩	의미	트랜잭션 Ti가 성공적으로 완료되었음을 기록
	예	⟨T1, commit⟩
⟨Ti, abort⟩	의미	트랜잭션 Ti가 철회되었음을 기록
	예	⟨T1, abort⟩

다음 그림은 잔액 7,000원인 계좌를 소유한 지연이가 잔액이 0원인 계좌를 소유한 권상이에게 3,000원을 이체하는, 인터넷뱅킹 트랜잭션의 수행 시작부터 완료까지를 기록한 로그의 예이다.

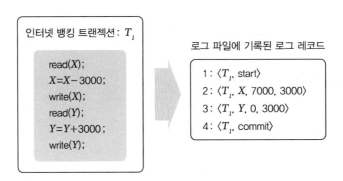

[그림 8-3] 인터넷 뱅킹 트랜잭션이 수행되면서 기록된 로그

트랜잭션이 자료를 갱신할 때마다 로그 레코드를 생성한다. 로그 레코드가 존재하면 로그를 이용하여 디스크에 있는 데이터베이스 자료를 갱신하는 것은 언제든지 가능하다(redo). 또한 데이터베이스에 이미 갱신된 자료라도 로그 레코드에 있는 옛 값을 이용하여 언제든지 갱신을 취소하고 옛 값으로 되돌릴 수 있다(undo). 로그 파일은 일반적으로 트랜잭션이 시작할 때, 데이터의 입력이나 갱신, 삭제 등이 발생할 때 또는 트랜잭션을 완료하였을 때, 트랜잭션의 복귀 시점에 생성된다.

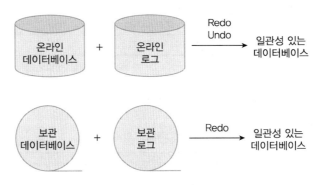

[그림 8-4] 데이터베이스 로그를 이용한 회복

제 4 절 로그를 이용한 회복

로그를 이용한 회복 기법은 데이터를 변경한 연산 결과를 데이터베이스에 반영하는 시점에 따라 지연 갱신 회복 기법과 즉시 갱신 회복 기법으로 나눈다.

1 지연 갱신 회복 중요 ★★

지연 갱신(deferred update) 회복 기법은 트랜잭션이 수행되는 도중 데이터 변경 연산의 결과를 데이터베이스에 즉시 반영하지 않고 로그 파일에만 기록해두었다가, 트랜잭션이 부분 완료된 후에 로그에 기록된 내용을 이용해 데이터베이스에 한 번에 반영한다. 트랜잭션이 수행되는 도중에 장애가 발생하면 데이터베이스에 아직 반영되기 전이므로 로그에 기록된 내용을 버리기만 하면 데이터베이스가 원래 상태를 그대로 유지하게 된다. 지연 갱신 회복 기법에서는 undo 연산은 필요 없고 redo 연산만 필요하므로 로그 레코드에 변경 이전 값을 기록할 필요가 없다. 그러므로 변경 연산 실행에 대한 로그 레코드는 〈Ti, X, new_value〉 형식으로 기록된다.

장애가 발생했을 때 지연 갱신 회복 기법이 취하는 조치는 [그림 8-5]의 기준에 따라 결정한다. 이 기준에 따라 장애가 발생했을 때 지연 갱신 회복 기법을 적용하는 방법을 [그림 8-6]의 예를 통해 살펴보자.

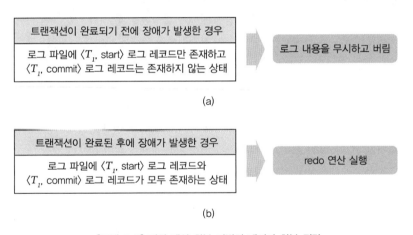

[그림 8-5] 지연 갱신 회복 기법의 데이터 회복 전략

두 개의 계좌이체 트랜잭션이 순차적으로 수행되면서 로그 파일에 기록된 내용과, 데이터베이스에 데이터 변경 연산의 결과가 반영된 모습이다. 두 계좌이체 트랜잭션에 장애가 발생했을 때 지연 갱신 회복 기법을 적용하는 방법을 생각해보자.

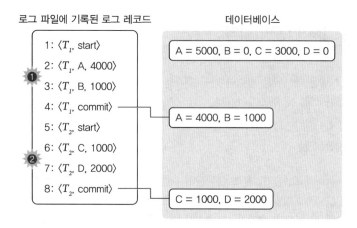

[그림 8-6] 순차적으로 수행되는 두 트랜잭션의 로그 파일 내용과 데이터베이스 반영 결과

[그림 8-6]에서 T_1 트랜잭션이 수행 중인 ❶시점에 장애가 발생했을 때 지연 갱신 회복 기법을 적용하면 데이터베이스가 어떻게 복구될까? ❶시점에서는 T_1 트랜잭션의 수행이 아직 완료되기 전이므로 로그 파일에 $\langle T_1,\ \text{start} \rangle$ 로그 레코드만 존재하고 $\langle T_1,\ \text{commit} \rangle$ 로그 레코드는 존재하지 않는다. 트랜잭션이 실행한 데이터 변경 연산의 결과를 아직 데이터베이스에 반영하기 전이므로 로그에 기록된 내용만 무시하여 버리면 다른 회복 조치를 하지 않아도 된다. 트랜잭션의 수행을 다시 시작하기만 하면 된다.

[그림 8-6]에서 T_2 트랜잭션이 수행 중인 ❷시점에 장애가 발생했을 때 지연 갱신 회복 기법을 적용하면 데이터베이스가 어떻게 복구될까? ❷시점에서는 T_1 트랜잭션의 수행이 이미 완료되었으므로 로그 파일에 $\langle T_1,\ \text{start} \rangle$ 로그 레코드와 $\langle T_1,\ \text{commit} \rangle$ 로그 레코드가 모두 존재한다. 하지만 T_2 트랜잭션은 아직 완료되기 전이므로 $\langle T_2,\ \text{start} \rangle$ 로그 레코드만 존재하고 $\langle T_2,\ \text{commit} \rangle$ 로그 레코드는 존재하지 않는다. 그러므로 아직 완료되지 않은 T_2 트랜잭션에 대한 로그 레코드를 무시하고 T_2 트랜잭션에는 별다른 회복 조치를 하지 않아도 된다. 하지만 수행이 완료된 T_1 트랜잭션에는 redo(T_1) 연산을 실행하여 데이터베이스에서 A계좌의 잔액이 변경 연산 이후의 값인 4,000원, B계좌의 잔액이 변경 연산 이후의 값인 1,000원이 되도록 한다.

2 즉시 갱신 회복 중요 ★★

즉시 갱신(immediate update) 회복 기법은 트랜잭션 수행 중에 데이터를 변경한 연산의 결과를 데이터베이스에 즉시 반영한다. 그리고 장애 발생에 대비하기 위해 데이터 변경에 대한 내용을 로그 파일에도 기록한다. 데이터베이스 회복 시 로그를 정상적으로 사용하려면, 트랜잭션에서 데이터 변경 연산이 실행되었을 때 로그 파일에 로그 레코드를 먼저 기록한 후 데이터베이스에 변경 연산을 반영해야 한다.

계좌 잔액이 10,000원인 성호가 계좌 잔액이 0원인 은경이에게 5,000원을 이체하는 계좌이체 트랜잭션이 수행되면서 로그 파일에 기록되는 로그 레코드와, 데이터베이스에 트랜잭션의 수행 결과를 반영한 모습을 순서대로 보여준다.

즉시 갱신 회복 기법은 장애가 발생하면 로그 파일에 기록된 내용을 참조하여, 장애 발생 시점에 따라 redo나 undo 연산을 실행하여 데이터베이스를 복구한다. 트랜잭션에 redo 연산을 실행할 것인지 undo 연산을 실행할 것인지는 [그림 8-7]의 기준에 따라 결정한다. 이 기준에 따라 장애가 발생했을 때 즉시 갱신 회복 기법을 적용하는 방법을 예를 통해 살펴보자.

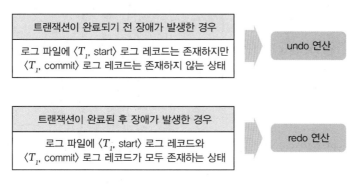

[그림 8-7] 즉시 갱신 기법의 데이터 회복 전략

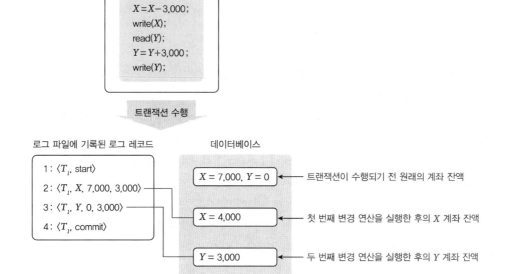

[그림 8-8] 계좌이체 트랜잭션 수행 중 로그 작성 및 데이터베이스 반영 순서

2개의 트랜잭션이 순차적으로 수행되면서 로그 파일에 기록된 내용과, 데이터베이스에 데이터 변경 연산의 결과가 반영된 모습이다. 이 두 계좌이체 트랜잭션에 장애가 발생했을 때 즉시 갱신 회복 기법을 적용하는 방법을 생각해보자.

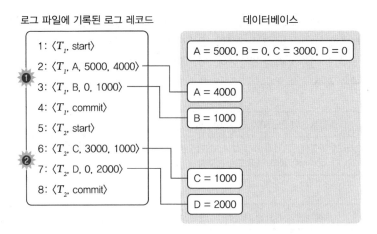

[그림 8-9] 순차적으로 수행되는 두 트랜잭션의 로그 파일 내용과 데이터베이스 반영 결과

T_1 트랜잭션이 수행 중인 ❶시점에 장애가 발생했을 때 즉시 갱신 회복 기법을 적용하면 데이터베이스를 어떻게 복구할까? ❶시점에서는 T_1 트랜잭션의 수행이 아직 완료되기 전이므로 로그 파일에 $\langle T_1,\ \text{start} \rangle$ 로그 레코드만 존재하고 $\langle T_1,\ \text{commit} \rangle$ 로그 레코드는 존재하지 않는다. 그러므로 T_1 트랜잭션에 $\text{undo}(T_1)$ 연산을 실행해야 한다. 즉, 로그 내용을 이용하여 지금까지 변경한 데이터의 값을 변경 연산 이전의 값으로 되돌려야 한다. T_1 트랜잭션에 undo 연산을 실행하면 데이터베이스에서 A계좌의 잔액이 변경 연산 이전의 값인 5,000원으로 되돌아간다. 이전 값으로 되돌려야 하는 데이터가 여러 개인 경우에는 로그에 기록된 순서의 반대로 undo 연산을 실행한다.

[그림 8-9]에서 T_2 트랜잭션이 수행 중인 ❷시점에 장애가 발생했을 때 즉시 갱신 회복 기법을 적용하면 데이터베이스를 어떻게 복구할까? ❷시점에서는 T_1 트랜잭션의 수행이 이미 완료되었으므로 로그 파일에 $\langle T_1,\ \text{start} \rangle$ 로그 레코드와 $\langle T_1,\ \text{commit} \rangle$ 로그 레코드가 모두 존재한다. T_2 트랜잭션은 아직 완료되기 전이므로 $\langle T_2,\ \text{start} \rangle$ 로그 레코드만 존재하고 $\langle T_2,\ \text{commit} \rangle$ 로그 레코드는 존재하지 않는다. 그러므로 T_1 트랜잭션에 $\text{redo}(T_1)$ 연산을, T_2 트랜잭션에 $\text{undo}(T_2)$ 연산을 실행해야 한다. 이렇게 회복을 위해 redo와 undo 연산이 모두 필요할 때는 undo 연산을 먼저 실행한 후 redo 연산을 실행한다.

T_2 트랜잭션에 undo 연산을 실행하면 데이터베이스에서 C계좌의 잔액이 변경 연산 이전의 값인 3,000원으로 되돌아간다. 그런 다음 T_1 트랜잭션에 redo 연산을 실행하면 데이터베이스에서 A계좌의 잔액이 변경 연산 이후의 값인 4,000원, B계좌의 잔액이 변경 연산 이후의 값인 1,000원이 된다. redo 연산이 필요한 데이터가 여러 개인 경우에는 로그에 기록된 순서대로 redo 연산을 실행한다. 즉, A계좌의 잔액을 4,000원으로 지정한 후 B계좌의 잔액을 1,000원으로 지정한다.

검사 시점 회복 중요 ★

로그를 이용한 회복 기법은 로그 전체를 분석하여 로그에 기록되어 있는 모든 트랜잭션을 대상으로 redo나 undo 중에서 적용할 회복 연산을 결정해야 된다. 그런데 로그 전체를 대상으로 회복 기법을 적용하면 데이터 베이스 회복에 너무 많은 시간이 걸리고 redo 연산을 수행할 필요가 없는 트랜잭션에도 redo 연산을 실행하는 일이 발생하기도 한다. 이러한 비효율성의 문제를 해결하기 위해 제안된 방법이 검사 시점 회복 기법이다.

검사 시점 회복 기법은 로그 회복 기법과 같은 방법으로 로그 기록을 이용하되, 일정 시간 간격으로 검사 시점(checkpoint)을 만들어둔다. 그리고 장애가 발생하면 가장 최근 검사 시점 이전의 트랜잭션에는 회복 작업을 수행하지 않고, 이후의 트랜잭션에만 회복 작업을 수행한다. 검사 시점 회복 기법을 이용하면 회복 작업의 범위가 검사 시점으로 정해지므로 불필요한 회복 작업을 수행하지 않아 데이터베이스 회복 시간이 단축되는 장점이 있다.

일정 시간 간격으로 검사 시점이 되면 메인 메모리에 있는 모든 로그 레코드를 안정 저장 장치에 있는 로그 파일에 기록하고, 트랜잭션의 데이터 변경 내용을 데이터베이스에 반영한다. 그 다음, 검사 시점을 표시하는 〈checkpoint L〉 형식의 로그 레코드를 로그 파일에 기록한다. 〈checkpoint L〉 형식에서 L은 현재 실행되고 있는 트랜잭션의 리스트를 의미한다.

장애가 발생하면 로그 파일에서 가장 최근의 〈checkpoint L〉 로그 레코드를 찾아 그 이후의 로그 기록에만 회복 작업을 수행한다. 〈checkpoint L〉 로그 레코드를 이용해 회복 작업의 범위를 정하는 것이다. 회복 작업의 범위가 정해지면 즉시 갱신 회복 기법이나 지연 갱신 회복 기법을 이용해 회복 작업을 수행한다.

[표 8-7] 검사 시점에서 수행되는 작업

번호	자료 항목	설명
1	트랜잭션 정지	검사 시점에서 실행 중인 모든 트랜잭션을 일시 정지
2	로그 출력	모든 로그 레코드들을 안전 기억장치에 출력
3	버퍼 출력	주기억장치의 모든 버퍼 블록들을 디스크에 출력
4	검사 시점 출력	검사 시점 레코드를 로그에 저장하고 안전 기억장치에 출력
5	트랜잭션 재실행	다시 트랜잭션들을 정상적으로 가동

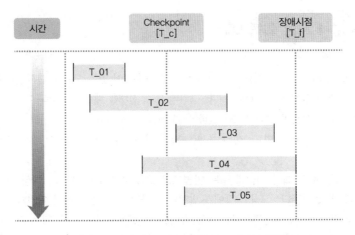

[그림 8-10] 검사 시점 기법에서의 트랜잭션 유형

[표 8-8] 검사 시점 트랜잭션의 회복 처리 절차

트랜잭션	검사 지점 회복 처리 절차
T_01	• 상태 : 검사 시점 T_c 이전에 실행이 완료 • 처리 : 회복 작업을 할 필요가 없음
T_02	• 상태 : 검사 시점 T_c 이전에 시작하여 장애 시점 T_f 이전에 완료 • 처리 : 트랜잭션 전체에 대해 redo 연산 수행
T_03	• 상태 : 검사 시점 T_c 이후에 시작하여 장애 시점 T_f 이전에 완료 • 처리 : 검사 시점 T_c 이후에 변경한 부분에 대해서만 redo 연산 수행
T_04	• 상태 : 검사 시점 T_c 이전에 시작했으나 장애 시점 T_f까지 트랜잭션 미완료 • 처리 : 트랜잭션 전체에 대해 undo 연산 수행
T_05	• 상태 : 검사 시점 T_c 이후에 시작하여 장애 시점 T_f까지 트랜잭션 미완료 • 처리 : 트랜잭션 전체에 대해 undo 연산 수행

제 6 절 그림자 페이징 기법

그림자 페이지 기법은 갱신 이전의 데이터베이스를 일정 크기의 페이지 단위로 구성하여 각 페이지마다 복사본인 그림자 페이지로 별도 보관해 놓고, 실제 페이지를 대상으로 트랜잭션에 의한 갱신 작업을 하다가 장애가 발생하여 트랜잭션 작업을 Rollback시킬 때, 갱신된 이후의 실제 페이지 부분에 그림자 페이지를 대체하여 회복시키는 기법이다. 즉, 트랜잭션이 실행되는 동안 2개의 페이지 테이블(즉, 현재 페이지 테이블과 그림자 페이지 테이블)을 관리하는 회복 기법이다.

그림자 페이지 기법의 핵심은 현재 페이지 테이블 이외의 그림자 페이지 테이블이라는 두 개의 페이지 테이블을 유지하는 데 있다. 그림자 페이지 테이블은 트랜잭션이 실행되기 이전의 초기 상태를 변함없이 유지하고, 현행 페이지 테이블은 트랜잭션의 실행 상태를 반영하므로 계속 변경된다. 그림자 페이징 기법의 단위는 페이지이고, 로그를 이용한 회복 기법을 사용하지 않는다. 초기 상태를 유지하는 그림자 페이지 테이블은 하드디스크에, 계속적으로 실행되고 있는 페이지 테이블은 주기억장치에 저장된다.

트랜잭션이 실행되려면 트랜잭션은 현행 페이지 테이블을 복제하여 동일한 그림자 페이지 테이블을 만든다. 트랜잭션이 실행되는 동안 그림자 페이지는 절대 수정되지 않는다. 쓰기 연산이 수행될 때 데이터베이스의 새로운 사본이 생기지만 그 페이지는 이전 사본을 갱신하지 않는다. 그 대신 사용되지 않은 새 페이지를 갱신한다. 결과적으로 그림자 테이블은 트랜잭션 시작 전과 종료 후에도 동일하고, 현행 페이지 테이블은 변경된다. 그래서 트랜잭션이 실행 중에 고장이 발생했을 때, 트랜잭션이 실행되기 이전 상태로 되돌아가기 위해 현행 페이지 테이블을 폐기하고, 그림자 페이지 테이블을 복제하여 현행 페이지 테이블을 만든다.

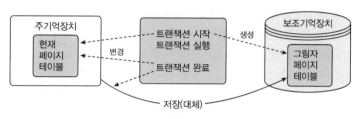

[그림 8-11] 그림자 페이징 기법

(1) 페이지 관리 방법 중요 ★★

트랜잭션 시작 시에 현재 페이지 테이블과 동일한 그림자 페이지 테이블을 생성하여 관리한다. 일반적으로 현재 페이지 테이블은 주기억장치에 저장하고 그림자 페이지 테이블은 보조기억장치에 저장한다.

트랜잭션 실행 중 데이터 항목에 접근할 때는 현재 페이지 테이블만 사용하며 트랜잭션이 변경 연산을 수행할 경우 현재 페이지 테이블 내용만 변경되고 그림자 페이지 테이블 내용은 변경되지 않는다. 트랜잭션이 완료될 경우 현재 페이지 테이블의 내용을 그림자 페이지 테이블에 저장한다.

(2) 트랜잭션 복구 방법 중요 ★

변경된 현재 페이지 테이블을 폐기하며 그림자 페이지 테이블을 현재 페이지 테이블로 설정한다(페이지 교체).

(3) 그림자 페이징 기법의 장·단점 중요 ★

항목	설명
장점	• 단일 사용자 환경에서는 로그 레코드를 출력하는 오버헤드가 없어 디스크 접근 횟수를 줄일 수 있다. • 트랜잭션의 Undo 연산이 아주 간단하고 Redo 연산이 필요 없기 때문에 장애로부터의 회복 작업이 신속하다.
단점	• 병행 수행되는 환경에서는 그림자 페이징 기법만으로는 운영이 어렵고 로그와 검사 시점 기법을 함께 사용해야 한다. • 데이터베이스의 페이지가 변경될 때마다 페이지의 물리적 위치가 변하게 되어 페이지의 집중성이 없어져서 데이터 단편의 문제가 발생한다. • 현 페이지 테이블이 그림자 페이지 테이블이 되는 순간부터 옛 그림자 페이지 테이블은 쓰레기가 되기 때문에 쓰레기 수집 문제도 발생할 수 있다. • 페이지 테이블이 크면 그림자 페이지 테이블을 복사하고 기록하는 데 따른 오버헤드가 커지게 된다.

제 7 절　백업과 미디어 회복

(1) 백업 중요 ★

데이터베이스의 내용 전체를 주기적으로 다른 안전한 저장 장치에 덤프(dump)시키는 것을 말한다. 덤프 작업을 수행하는 동안에는 트랜잭션을 실행할 수 없으며 활동 중인 트랜잭션이 없어야 백업이 가능하다.

(2) 미디어 회복 중요 ★

데이터베이스는 비휘발성 저장 장치인 디스크에 저장된다. 디스크는 휘발성 저장 장치인 메인 메모리보다 장애가 드물게 발생하지만 디스크 헤더의 고장과 같은 원인으로 장애가 발생할 수 있다. 디스크에 발생할 수 있는 장애에 대비한 회복 기법은 미디어 회복 기법이다.

미디어 회복 기법은 전체 데이터베이스의 내용을 일정 주기마다 다른 안전한 저장 장치에 복사해두는 덤프를 이용한다. 디스크 장애가 발생하면 가장 최근에 복사해둔 덤프를 이용해 장애 발생 이전의 일관된 데이터베이스 상태로 복구한다. 그런 다음 필요에 따라 로그의 내용을 토대로 redo 연산을 실행한다. 전체 데이터베이스를 다른 저장 장치에 복사하는 것은 비용이 많이 들고 복사하는 동안에 트랜잭션 수행을 중단해야 하므로 미디어 회복 기법은 CPU가 낭비되는 단점이 있다.

> **더 알아두기** 🔍
>
> **덤프**
> 주기억장치의 내용을 그대로 화면이나 프린터, 파일 따위로 출력하는 것으로 기억 장치의 내용을 확인하기 위한 것이다. 주로 오류 수정 목적으로 사용된다.

(3) 덤프 및 회복 절차의 순서 중요 ★

① 덤프 절차는 메인 메모리에 있는 모든 로그 레코드들을 안전 저장소에 출력시키고 변경된 버퍼 블록들은 모두 디스크에 출력한다. 데이터베이스의 내용을 모두 안전 저장소에 복사한 후 로그 레코드를 안전 저장소에 출력시킨다.

② 회복 절차는 가장 최근의 덤프를 이용해서 디스크에 데이터베이스를 적재하고, 로그를 이용해서 이 덤프 이후에 트랜잭션을 재시작(redo)한다. undo는 수행되지 않는다.

O×로 점검하자

※ 다음 지문의 내용이 맞으면 O, 틀리면 ×를 체크하시오. [1 ~ 10]

01 하나의 트랜잭션에 대한 작업이 성공적으로 끝나고 수행결과를 관리자에게 알려주는 연산을 ROLLBACK이라고 한다. (   )

>>>Q 하나의 트랜잭션에 대한 작업이 성공적으로 끝나고 수행결과를 관리자에게 알려주는 연산을 COMMIT이라고 하고, ROLLBACK 연산은 하나의 트랜잭션 처리가 비정상적으로 종료되어 해당 트랜잭션을 재시작 OR 폐기 하는 것을 말한다.

02 일정 시간 간격으로 검사 시점(checkpoint)을 만들어 두고 장애가 발생하면 가장 최근 검사 시점 이전의 트랜잭션에는 회복 작업을 수행하지 않고, 이후의 트랜잭션에만 회복 작업을 수행하는 회복 기법을 즉각 갱신 기법이라고 한다. (   )

>>>Q 일정 시간 간격으로 검사 시점(checkpoint)을 만들어 두고 장애가 발생하면 가장 최근 검사 시점 이전의 트랜잭션에는 회복 작업을 수행하지 않고, 이후의 트랜잭션에만 회복 작업을 수행하는 회복 기법을 검사 시점 기법이라고 한다.

03 트랜잭션이 실행되는 동안 2개의 페이지 테이블 즉, 현재 페이지 테이블과 그림자 페이지 테이블을 관리하는 회복 기법을 연기 갱신 기법이라고 한다. (   )

>>>Q 트랜잭션이 실행되는 동안 2개의 페이지 테이블 즉, 현재 페이지 테이블과 그림자 페이지 테이블을 관리하는 회복 기법을 그림자 페이징 기법이라고 한다.

04 트랜잭션들을 수행하는 도중 장애로 인해 손상된 데이터베이스를 손상되기 이전의 정상적인 상태로 복구시키는 작업을 회복이라고 한다. (   )

>>>Q 트랜잭션들을 수행하는 도중 장애로 인해 손상된 데이터베이스를 손상되기 이전의 정상적인 상태로 복구시키는 작업을 회복 기법이라 하고, 회복 기법에는 즉시 갱신 기법, 연기 갱신 기법, 검사시점 기법, 그림자 페이징 기법 등이 있다.

05 로그를 이용해 지금까지 실행된 모든 변경 연산을 취소하여 데이터베이스를 원래의 상태로 복구하는 회복 기법을 Redo라고 한다. (   )

>>>Q 로그를 이용해 지금까지 실행된 모든 변경 연산을 취소하여 데이터베이스를 원래의 상태로 복구하는 회복 기법을 Undo라고 한다.

정답 1 × 2 × 3 × 4 O 5 ×

06 데이터베이스에서 변경 연산이 실행될 때마다 데이터를 변경하기 이전 값과 변경한 이후의 값을 별도의 파일에 기록하는 것을 로그라고 한다. (　　)

>>>◯ 데이터베이스에서 변경 연산이 실행될 때마다 데이터를 변경하기 이전 값과 변경한 이후의 값을 별도의 파일에 기록하는 것을 로그라고 한다. Redo와 Undo 시 로그를 이용한다.

07 트랜잭션 수행 중에 데이터를 변경한 연산의 결과를 데이터베이스에 즉시 반영하는 회복 기법을 즉시 갱신 기법이라고 한다. (　　)

>>>◯ log를 이용한 회복 기법 중 트랜잭션 수행 중에 데이터를 변경한 연산의 결과를 데이터베이스에 즉시 반영하는 회복 기법을 즉시 갱신 기법이라 하고, 트랜잭션이 부분 완료된 후 로그에 기록된 내용을 이용해 데이터베이스에 한 번에 기록하는 회복 기법을 지연 갱신 기법이라 한다.

08 트랜잭션이 수행되는 도중 데이터 변경 연산의 결과를 데이터베이스에 즉시 반영하지 않고 로그 파일에만 기록해두었다가, 트랜잭션이 부분 완료된 후에 로그에 기록된 내용을 이용해 데이터베이스에 한 번에 반영하는 회복 기법을 검사 시점 기법이라고 한다. (　　)

>>>◯ 트랜잭션이 수행되는 도중 데이터 변경 연산의 결과를 데이터베이스에 즉시 반영하지 않고 로그 파일에만 기록해두었다가, 트랜잭션이 부분 완료된 후에 로그에 기록된 내용을 이용해 데이터베이스에 한 번에 반영하는 회복 기법을 지연 갱신 기법이라고 한다.

09 시스템이 제대로 동작하지 않는 것을 장애라고 한다. (　　)

>>>◯ 장애란 시스템이 제대로 동작하지 않는 것을 말한다.

10 주기적으로 데이터베이스 전체를 다른 저장 장치에 복제하는 것을 회복이라고 한다. (　　)

>>>◯ 주기적으로 데이터베이스 전체를 다른 저장 장치에 복제하는 것을 덤프라고 한다.

정답 **6** ◯ **7** ◯ **8** ✕ **9** ◯ **10** ✕

실제예상문제

01 다음 중 트랜잭션 실행 중단의 경우가 <u>아닌</u> 것은?

① CPU 고장
② 백업
③ 미디어 고장
④ 네트워크 통신망 파괴

02 트랜잭션들을 수행하는 도중 장애로 인해 손상된 데이터베이스를 손상되기 이전의 정상적인 상태로 복구시키는 작업은?

① Recovery
② Restart
③ Commit
④ Abort

03 트랜잭션이 실행되는 동안 2개의 페이지 테이블 즉, 현재 페이지 테이블과 그림자 페이지 테이블을 관리하는 회복 기법은?

① 연기 갱신 기법
② 즉각 갱신 기법
③ 검사 시점 기법
④ 그림자 페이징 기법

정답 01② 02① 03④

04 [데이터베이스 로그(log)를 필요로 하는 회복 기법의 종류]

> 1. 연기 갱신 기법(Deferred Update)
> 2. 즉각 갱신 기법(Immediate Update)
> 3. 검사 시점 기법(Check Point)

04 다음 중 데이터베이스 로그(log)를 필요로 하는 회복 기법은?

① 즉각 갱신 기법
② 대수적 코딩 방법
③ 타임 스탬프 기법
④ 폴딩 기법

05 [문제 하단의 표 참고]

05 트랜잭션의 실행이 실패하였음을 알리는 연산자로 트랜잭션이 수행한 결과를 원래의 상태로 원상복귀시키는 연산은?

① COMMIT 연산
② BACKUP 연산
③ LOG 연산
④ ROLLBACK 연산

»»🔍

COMMIT 연산	하나의 트랜잭션에 대한 작업이 성공적으로 끝나고 수행결과를 관리자에게 알려주는 연산
ROLLBACK 연산	하나의 트랜잭션 처리가 비정상적으로 종료되어 해당 트랜잭션을 재시작 OR 폐기

06 검사 시점 기법에 대한 설명이다.

06 일정 시간 간격으로 검사 시점(checkpoint)을 만들어 두고 장애가 발생하면 가장 최근 검사 시점 이전의 트랜잭션에는 회복 작업을 수행하지 않고, 이후의 트랜잭션에만 회복 작업을 수행하는 회복 기법은?

① 연기 갱신 기법
② 즉각 갱신 기법
③ 검사 시점 기법
④ 그림자 페이징 기법

정답 04 ① 05 ④ 06 ③

07 다음 중 장애의 유형에 속하지 <u>않는</u> 것은?

① 트랜잭션 장애
② 시스템 장애
③ 미디어 장애
④ 통화 장애

07 통화 장애란 존재하지 않는다.

08 트랜잭션 내의 논리적 오류나 내부 조건 즉, 입력 데이터의 불량, 데이터의 불명, 시스템 자원의 과다 사용 요구 등으로 정상적인 실행을 계속할 수 없는 상태를 무엇이라고 하는가?

① 트랜잭션 장애
② 시스템 장애
③ 미디어 장애
④ 통화 장애

08 트랜잭션 장애란 트랜잭션 수행 중 오류가 발생하여 정상적으로 수행을 계속할 수 없는 상태를 말한다.

09 데이터베이스의 모든 내용을 다른 미디어에 복사하여 저장하는 경우로서, 하나의 미디어가 파괴되어도 따로 저장해놓은 데이터베이스를 이용하여 데이터베이스 시스템을 복구하는 것을 무엇이라고 하는가?

① 장애
② 복구
③ 복제
④ 회복

09 다른 미디어에 따로 저장해 놓은 데이터를 이용하는 것을 복제라고 한다.

정답   07 ④   08 ①   09 ③

10 장애를 이전의 모순이 없고 일관된 상태로 복구하는 것을 회복이라 한다.

10 장애가 발생했을 때 데이터베이스를 장애가 발생하기 전의 모순이 없고 일관된 상태로 복구시키는 것을 무엇이라고 하는가?

① 장애
② 복구
③ 복제
④ 회복

11 Undo는 로그를 이용해 지금까지 실행된 모든 변경 연산을 취소하여 데이터베이스를 원래의 상태로 복구하는 회복 기법이다.

11 로그를 이용해 지금까지 실행된 모든 변경 연산을 취소하여 데이터베이스를 원래의 상태로 복구하는 회복 기법은?

① Redo
② 덤프
③ 로그
④ Undo

12 Redo 연산과 Undo 연산을 실행하는 데 로그는 중요하게 사용된다.

12 다음 중 로그에 대한 설명이 <u>아닌</u> 것은?

① Redo-Undo 알고리즘과 관련이 있다.
② 장애 회복에 쓰인다.
③ 데이터베이스에 대한 변경 연산과 관련하여, 데이터를 변경하기 이전의 값과 변경한 이후의 값을 기록한 것이다.
④ Redo 연산과 Undo 연산을 실행하는 데 필요하지 않다.

정답 10 ④ 11 ④ 12 ④

13 디스크 헤드의 손상이나 고장으로 디스크에 저장된 데이터베이스의 일부 혹은 전체가 손상된 장애는?

① 트랜잭션 장애

② 시스템 장애

③ 미디어 장애

④ 통화 장애

14 데이터베이스에서 변경 연산이 실행될 때마다 데이터를 변경하기 이전 값과 변경한 이후의 값을 별도의 파일에 기록하는 것을 무엇이라고 하는가?

① Redo

② 덤프

③ 로그

④ Undo

15 다음 중 저장 장치의 종류에 속하지 <u>않는</u> 것은?

① 메모리

② 디스크

③ CD/DVD

④ 덤프

정답 13 ③ 14 ③ 15 ④

16 Redo는 체크 포인트부터 장애시점
전에 완료되는 로그를 찾는다.

16 다음 그림에서 장애 발생 시 Redo를 수행하는 트랜잭션은?

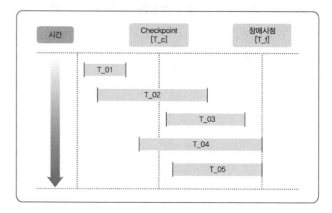

① T_01, T_02
② T_02, T_03
③ T_01, T_05
④ T_04, T_05

17 장애시점에 아직 트랜잭션이 미완료
되었기 때문에 이 경우에는 Undo 연
산을 수행한다.

17 다음 그림에서 장애 발생 시 Undo를 수행하는 트랜잭션은?

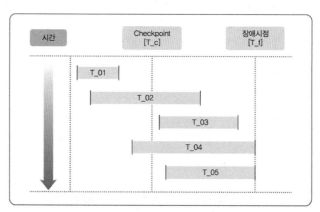

① T_01, T_02
② T_02, T_03
③ T_01, T_05
④ T_04, T_05

18 트랜잭션 수행 중에 데이터를 변경한 연산의 결과를 데이터베이스에 즉시 반영하는 회복 기법은?

① 연기 갱신 기법
② 즉시 갱신 기법
③ 검사 시점 기법
④ 그림자 페이징 기법

18 트랜잭션 수행 중에 데이터를 변경한 연산의 결과를 데이터베이스에 즉시 반영하는 것은 즉시 갱신 기법에 대한 설명이다.

19 트랜잭션이 수행되는 도중 데이터 변경 연산의 결과를 데이터베이스에 즉시 반영하지 않고 로그 파일에만 기록해두었다가, 트랜잭션이 부분 완료된 후에 로그에 기록된 내용을 이용해 데이터베이스에 한 번에 반영하는 회복 기법은?

① 지연 갱신 기법
② 즉시 갱신 기법
③ 검사 시점 기법
④ 그림자 페이징 기법

19 트랜잭션이 수행되는 도중 데이터 변경 연산의 결과를 데이터베이스에 즉시 반영하지 않고 로그 파일에만 기록해두었다가, 트랜잭션이 부분 완료된 후에 로그에 기록된 내용을 이용해 데이터베이스에 한 번에 반영하는 회복 기법은 지연 갱신 기법이다.

20 다음 중 회복 기법에 해당하지 <u>않는</u> 것은?

① 지연 갱신 기법
② 즉시 갱신 기법
③ Redo 기법
④ 그림자 페이징 기법

20 회복 기법에는 지연 갱신 기법, 즉시 갱신 기법, 검사 시점 기법, 그림자 페이징 기법, 미디어에 의한 회복 기법 등이 있다.

정답 18② 19① 20③

21 데이터베이스의 내용 전체를 주기적으로 다른 안전한 저장장치에 덤프(dump)시키는 것을 백업이라고 말한다.

21 데이터베이스의 내용 전체를 주기적으로 다른 안전한 저장장치에 덤프(dump)시키는 것을 무엇이라고 하는가?

① 백업
② 장애
③ 탐지
④ 발견

22 갱신 로그에 대한 정보는 트랜잭션 식별자, 자료 항목 식별자, 이전의 값, 새로운 값이 있다.

22 다음 중 갱신 로그에 대한 정보가 <u>아닌</u> 것은?

① 트랜잭션 식별자
② 자료 항목 식별자
③ 이전의 값
④ 장애 자료

23 백업 파일은 데이터의 안정성 유지를 목적으로 한다.

23 다음 중 백업 파일의 목적에 해당하는 것은?

① 공유성 증가
② 데이터의 일관성 유지
③ 식별성 유지
④ 데이터의 안정성 유지

24 덤프로 인해 트랜잭션의 실행이 중단되지는 않는다.

24 다음 중 트랜잭션 실행 중단의 경우에 해당하지 <u>않는</u> 것은?

① 트랜잭션 내의 논리적 오류
② 입력 데이터의 불량
③ 시스템 자원의 과다 사용
④ 덤프 실행

정답 21 ① 22 ④ 23 ④ 24 ④

✅ 주관식 문제

01 (1) 시스템이 제대로 동작하지 않는 상태를 무엇이라고 하는가? 그리고 (2) 그 유형을 쓰시오.

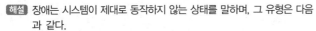

해설 장애는 시스템이 제대로 동작하지 않는 상태를 말하며, 그 유형은 다음과 같다.

유형		설명
트랜잭션 장애	의미	트랜잭션 수행 중 오류가 발생하여 정상적으로 수행을 계속할 수 없는 상태
	원인	트랜잭션의 논리적 오류, 잘못된 데이터 입력, 시스템 자원의 과다 사용 요구, 처리 대상 데이터의 부재 등
시스템 장애	의미	하드웨어의 결함으로 정상적으로 수행을 계속할 수 없는 상태
	원인	하드웨어 이상으로 메인 메모리에 저장된 정보가 손실되거나 교착 상태가 발생한 경우 등
미디어 장애	의미	디스크 장치의 결함으로 디스크에 저장된 데이터베이스의 일부 혹은 전체가 손상된 상태
	원인	디스크 헤드의 손상이나 고장 등
통신 장애	의미	네트워크 통신망의 파손으로 인해 시스템을 사용할 수 없는 상태
	원인	네트워크 통신망의 파손

01
정답 (1) 장애
(2) 트랜잭션 장애, 시스템 장애, 미디어 장애, 통신 장애

02

정답 ㉠ 그림자 페이지 테이블
㉡ 현재 페이지 테이블

해설 그림자 페이징 기법은 갱신 이전의 데이터베이스를 일정 크기의 페이지 단위로 구성하여 각 페이지마다 복사본인 그림자 페이지로 별도 보관해 놓고, 실제 페이지를 대상으로 트랜잭션에 의한 갱신 작업을 하다가 장애가 발생하여 트랜잭션 작업을 Rollback 시킬 때, 갱신된 이후의 실제 페이지 부분에 그림자 페이지를 대체하여 회복시키는 기법이다.
즉, 트랜잭션이 실행되는 동안 2개의 페이지 테이블(즉, 현재 페이지 테이블과 그림자 페이지 테이블)을 관리하는 회복 기법이다.

03

정답 ㉠ Redo ㉡ Undo

---

02 다음 설명에서 괄호 안에 들어갈 내용을 쓰시오.

> 그림자 페이징 기법에서 (㉠)은/는 트랜잭션이 실행되기 이전의 초기 상태를 변함없이 유지하고, (㉡)은/는 트랜잭션의 실행 상태를 반영하므로 계속 변경된다.

03 다음 설명에서 괄호 안에 들어갈 내용을 쓰시오.

> 가장 최근에 저장한 데이터베이스 복사본을 가져온 후 로그를 이용해 복사본이 만들어진 이후에 실행된 모든 변경 연산을 재실행하여 장애가 발생하기 직전의 데이터베이스 상태로 복구하는 회복 유형을 (㉠)(이)라 하고, 로그를 이용해 지금까지 실행된 모든 변경 연산을 취소하여 데이터베이스를 원래의 상태로 복구하는 것을 (㉡)(이)라 한다.

해설 [회복 유형]

Redo	가장 최근에 저장한 데이터베이스 복사본을 가져온 후 로그를 이용해 복사본이 만들어진 이후에 실행된 모든 변경 연산을 재실행하여 장애가 발생하기 직전의 데이터베이스 상태로 복구 (전반적으로 손상된 경우에 주로 사용)
Undo	로그를 이용해 지금까지 실행된 모든 변경 연산을 취소하여 데이터베이스를 원래의 상태로 복구(변경 중이었거나 이미 변경된 내용만 신뢰성을 잃은 경우에 주로 사용)

04 다음 설명에서 괄호 안에 들어갈 내용을 쓰시오.

> 주기적으로 데이터베이스 전체를 다른 저장 장치에 복제하는
> 것을 (㉠)(이)라 하고, 데이터베이스가 변경될 때마다 변
> 경되는 데이터 아이템의 옛 값과 새 값을 별도의 파일에 기록
> 해 두는 것을 (㉡)(이)라 한다.

해설 [중복 기법]

덤프	주기적으로 데이터베이스 전체를 다른 저장 장치에 복제하는 것을 말한다.
로그	데이터베이스가 변경될 때마다 변경되는 데이터 아이템의 옛 값과 새 값을 별도의 파일에 기록해 두는 것을 말한다.

04
정답 ㉠ 덤프 ㉡ 로그

더 많은 정보와 지식을

여기서 멈출 거예요? 그치가 바로 눈앞에 있어요.
마지막 한 걸음까지 SD에듀가 함께할게요!

제9장

동시성 제어

I wish you the best of luck!

혼자 공부하기 힘드시다면 방법이 있습니다.
SD에듀의 동영상강의를 이용하시면 됩니다.
www.sdedu.co.kr ➜ 회원가입(로그인) ➜ 강의 살펴보기

제 9 장 동시성 제어

1 개요

친구들과 음식을 나누어 먹은 적이 있는가? 서로 양보하는 분위기라면 상관없겠지만 자기가 먼저 많이 먹겠다고 욕심을 부리다 보면 아무도 음식을 먹을 수 없게 될 수도 있다. 수많은 사용자들이 동시에 공유하는 데이터베이스도 같은 데이터를 여러 사용자가 서로 사용하겠다고 욕심을 부리면 문제가 발생할 수 있다. 그러므로 규칙을 만든 후 이를 사용자가 지키도록 하여 데이터베이스를 일관된 상태로 유지하기 위한 방법이 필요하다.

많은 사용자들의 질의 요구를 빨리 처리하는 방법의 하나는 여러 트랜잭션을 동시에 실행시키는 병행처리 기술이다. 병행처리는 여러 트랜잭션들을 동시에 실행하면서 동일한 자료에 접근할 수 있는 처리 기법이다. 병행처리는 일관성 위반 등 여러 가지 복잡한 문제를 야기할 수 있다. 병행제어는 병행처리를 일관성 있게 처리하는 기술이다. 데이터베이스에서는 동일한 자료를 동시에 처리해야 할 응용 분야가 많이 있으므로 병행 제어 기술이 요구된다.

트랜잭션의 기본 속성 중 하나가 격리성(isolation)이다. 여러 개의 트랜잭션을 동시에 실행할 때, 격리성이 더 이상 보존되지 않을 수도 있다. 시스템은 동시에 실행되는 트랜잭션들 간의 상호작용을 제어할 필요가 있으며, 이러한 제어는 동시성 제어(concurrency control)라는 다양한 기법 중 하나로 이룰 수 있다. 동시성 제어 기법은 모두 직렬성에 기반을 둔 것이다. 즉, 여기서 설명하는 모든 기법들은 직렬 가능 스케줄을 보장한다. 동시에 실행되는 트랜잭션들의 관리를 고려해야 한다.

이 장에서는 트랜잭션의 개념과 함께 병행처리의 문제점을 살펴보고, 병행처리 트랜잭션의 스케줄링 방법에 대해 알아보도록 한다. 병행처리 시 야기되는 문제점들을 극복하기 위하여 로킹 기법, 타임스탬프 기법과 문제점, 검증 기법과 문제점 등에 대해 논의해보도록 한다.

2 동시성 제어의 목적 중요 ★★

① 프로세스와 디스크 활용(즉, 시스템 활용도)을 최대화한다.
② 트랜잭션 처리도 증가, 즉, 단위 시간당 트랜잭션 처리 건수를 증가시킨다.
③ 트랜잭션의 평균 응답 시간을 최소화한다.
④ 데이터베이스 공유도의 최대화를 보장한다.
⑤ 데이터베이스의 일관성을 유지한다.

제9장 동시성 제어　**325**

3 동시성 제어의 문제 중요 ★★

동시성 제어를 수행할 때 여러 문제가 발생할 수 있다. 대표적인 문제로 갱신 분실, 모순성, 연쇄 복귀가 있다.

① **갱신 분실** : 2개 이상의 트랜잭션이 같은 데이터를 공유하여 갱신할 때, 한 트랜잭션이 갱신한 내용을 다른 트랜잭션의 갱신에 의해 잃어버리게 되는 현상

② **불일치성** : 다수의 사용자가 동시에 데이터베이스에 접근하여 갱신한 결과, 데이터베이스 내의 데이터들이 상호 일치하지 않아 모순된 정보가 발생하는 현상

③ **연쇄 복구** : 다수의 트랜잭션들의 실행 중에 특정 트랜잭션이 처리한 내용을 복구해야 하는 경우, 다른 트랜잭션이 처리한 부분에 대해서도 연쇄적으로 복구해야 하는 현상

④ **부정확한 요약** : 한 트랜잭션이 일부 레코드들을 갱신하고 있는 중에 다른 트랜잭션이 전체 레코드들에 대해 그룹 함수를 수행하고 있을 때, 어떤 값은 갱신 전의 값으로, 어떤 값은 갱신 후의 값으로 계산하는 현상

제 1 절 트랜잭션 직렬화

1 트랜잭션 중요 ★★★

트랜잭션(transaction)은 하나의 작업을 수행하기 위해 필요한 데이터베이스의 연산들을 모아놓은 것으로, 데이터베이스에서 논리적인 작업의 단위가 된다. 트랜잭션은 장애가 발생했을 때 데이터를 복구하는 작업의 단위도 된다. 일반적으로 데이터베이스 연산은 SQL 문으로 표현되므로 트랜잭션을 작업 수행에 필요한 SQL 문들의 모임으로 이해해도 좋다.

트랜잭션은 데이터베이스의 논리적 연산의 집합, 회복의 단위, 작업의 논리적 단위라고 정의한다. 트랜잭션의 4가지 특성을 ACID 속성이라 한다.

[그림 9-1] 트랜잭션의 특성

(1) 원자성(atomicity)

트랜잭션의 원자성(atomicity)은 트랜잭션을 구성하는 연산들이 모두 정상적으로 실행되거나 하나도 실행되지 않아야 한다는 all-or-nothing 방식을 의미한다. 만약 트랜잭션을 수행하다가 장애가 발생하여 작업을 완료하지 못했다면, 지금까지 실행한 연산들 모두 처리를 취소하고 데이터베이스를 트랜잭션 작업 전의 상태로 되돌려 트랜잭션의 원자성을 보장해야 한다. 트랜잭션의 원자성을 보장하면 트랜잭션을 구성하는 연산 중 일부만 처리한 결과를 데이터베이스에 반영하는 일이 없게 된다. 실행 도중에 실패하게 되면 원자성 때문에 부분적인 실행결과를 시스템 내에서 제거해야 한다.

(2) 일관성(consistency)

트랜잭션의 일관성(consistency)은 트랜잭션이 성공적으로 수행된 후에도 데이터베이스가 일관성 있는 상태를 유지해야 함을 의미한다. 즉, 트랜잭션이 수행되기 전에 데이터베이스가 일관된 상태였다면 트랜잭션의 수행이 완료된 후 결과를 반영한 데이터베이스도 또 다른 일관된 상태가 되어야 한다는 의미다. 트랜잭션이 수행되는 과정 중에는 데이터베이스가 일시적으로 일관된 상태가 아닐 수는 있지만 트랜잭션의 수행이 성공적으로 완료된 후에는 데이터베이스가 일관된 상태를 유지해야 한다.

(3) 격리성(isolation)

트랜잭션의 격리성(isolation)은 고립성이라고도 하는데, 현재 수행 중인 트랜잭션이 완료될 때까지 트랜잭션이 생성한 중간 연산 결과에 다른 트랜잭션들이 접근할 수 없음을 의미한다. 일반적으로 데이터베이스 시스템에서는 여러 트랜잭션이 동시에 수행되지만 각 트랜잭션이 독립적으로 수행될 수 있도록 다른 트랜잭션의 중간 연산 결과에 서로 접근하지 못하게 한다.

격리성이란 트랜잭션이 실행되는 중간에는 어떤 예기치 않은 일이 생기더라도 다른 트랜잭션이 접근하지 못한다는 특성을 나타낸다. 여러 개의 트랜잭션이 동시에 처리되어도 그 결과는 순차적으로 시행된 것과 같아야 한다. 이를 동시성 제어라고 한다. 동시성 제어란 트랜잭션의 직렬화 가능성을 유지되도록 하는 것이다. 현재의 트랜잭션에서는 다른 트랜잭션이 완료되기 전 상태의 결과를 볼 수 없다. 즉, 트랜잭션이 완료된 후의 결과는 볼 수 있지만 중간 상태의 결과는 볼 수 없다. 그렇기 때문에 완료하지 않은 트랜잭션의 실행 결과는 다른 트랜잭션이 사용할 수 없다.

(4) 영속성(durability)

트랜잭션의 영속성(durability)은 지속성이라고도 하는데 트랜잭션이 성공적으로 완료된 후 데이터베이스에 반영한 수행 결과는 어떠한 경우에도 손실되지 않고 영구적이어야 함을 의미한다. 즉, 시스템에 장애가 발생하더라도 트랜잭션 작업 결과는 없어지지 않고 데이터베이스에 그대로 남아있어야 한다는 의미다. 트랜잭션의 지속성을 보장하려면 시스템에 장애가 발생했을 때 데이터베이스를 원래 상태로 복구하는 회복 기능이 필요하다.

[표 9-1] ACID 속성

속성	설명
원자성(atomicity)	트랜잭션의 연산은 데이터베이스에 모두 반영되도록 완료되든지 아니면 전혀 반영되지 않도록 복구되어야 한다.
일관성(consistency)	• 트랜잭션이 그 실행을 성공적으로 완료하면 언제나 일관성 있는 데이터베이스 상태로 변환한다. • 시스템이 가지고 있는 고정 요소는 트랜잭션 수행 전과 트랜잭션 수행 완료 후의 상태가 같아야 한다.
격리성(isolation)	• 둘 이상의 트랜잭션이 동시에 병행 실행되는 경우 어느 하나의 트랜잭션 실행 중에 다른 트랜잭션의 연산이 끼어들 수 없다. • 수행 중인 트랜잭션은 완전히 완료될 때까지 다른 트랜잭션에서 수행 결과를 참조할 수 없다.
영속성(durability)	성공적으로 완료된 트랜잭션의 결과는 시스템이 고장 나더라도 영구히 반영되어야 한다.

2 트랜잭션의 특성을 지원하는 DBMS의 기능

트랜잭션의 네 가지 특성을 보장하기 위해 데이터베이스 관리 시스템은 이를 지원하는 기능들을 제공한다.

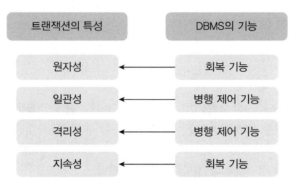

[그림 9-2] 트랜잭션의 특성과 DBMS의 기능

3 트랜잭션의 연산 중요 ★★

트랜잭션의 수행과 관련하여 주로 사용되는 연산에는 **작업 완료를 의미하는 COMMIT 연산과 작업 취소를 의미하는 ROLLBACK 연산**이 있다. 완료 연산은 트랜잭션 실행이 성공적으로 종료되었음을 알리는 연산으로, 트랜잭션이 성공적으로 완료가 되면 데이터베이스는 일관된 상태에 놓이게 된다.

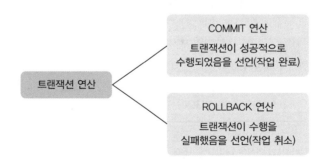

[그림 9-3] 트랜잭션의 연산

COMMIT은 트랜잭션의 수행이 성공적으로 완료되었음을 선언하는 연산이다. COMMIT 연산이 실행된 후에야 트랜잭션의 수행 결과가 데이터베이스에 반영되어 데이터베이스가 일관된 상태를 지속적으로 유지하게 된다. 트랜잭션을 구성하는 모든 연산이 정상적으로 처리되면 COMMIT 연산의 실행을 통해 트랜잭션의 수행이 성공적으로 완료되었음을 선언하고 트랜잭션이 수행한 최종 결과를 데이터베이스에 반영한다.

4 트랜잭션의 상태 중요 ★★★

트랜잭션은 다섯 가지 상태 중 하나에 속하게 된다. 트랜잭션이 수행을 시작하면 활동 상태가 되고, 활동
상태의 트랜잭션이 마지막 연산을 처리하고 나면 부분 완료 상태, 부분 완료 상태의 트랜잭션이 commit
연산을 실행하면 완료 상태가 된다. 활동 상태나 부분 완료 상태에서 여러 원인들로 인해 더는 정상적인
수행이 불가능하게 되면 트랜잭션은 실패 상태가 된다. 실패 상태의 트랜잭션은 rollback 연산의 실행으로
철회 상태가 된다. 트랜잭션이 완료 상태이거나 철회 상태가 되면 트랜잭션이 종료된 것으로 판단한다.

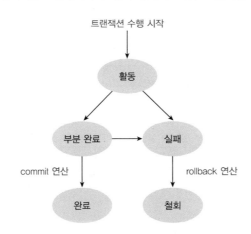

[그림 9-4] 트랜잭션의 다섯 가지 상태

이러한 연산을 가지고 있는 트랜잭션의 상태는 활동, 부분 완료, 실패, 철회, 완료로 구분한다.

① 활동

트랜잭션이 수행을 시작하여 현재 수행 중인 상태를 활동(active) 상태라고 한다. 활동 상태인 트랜잭
션은 상황에 따라 부분 완료 상태나 실패 상태가 된다.

② 부분 완료

트랜잭션의 마지막 연산이 실행된 직후의 상태를 부분 완료(partially committed) 상태라 하는데, 이는 트랜
잭션의 모든 연산을 처리한 상태다. 부분 완료 상태인 트랜잭션은 모든 연산의 처리가 끝났지만 트랜잭
션이 수행한 최종 결과를 데이터베이스에 아직 반영하지 않은 상태이므로, 아직은 트랜잭션의 수행이
성공적으로 완료됐다고 볼 수 없다. 부분 완료 상태의 트랜잭션은 상황에 따라 완료 상태나 실패
상태가 될 수 있다.

③ 완료

트랜잭션이 성공적으로 완료되어 commit 연산을 실행한 상태를 완료(committed) 상태라고 한다.
트랜잭션이 완료 상태가 되면 트랜잭션이 수행한 최종 결과를 데이터베이스에 반영하고, 데이터베이
스가 새로운 일관된 상태가 되면서 트랜잭션이 종료된다.

④ 실패

하드웨어, 소프트웨어의 문제나, 트랜잭션 내부의 오류 등의 이유로 장애가 발생하여 트랜잭션의 수
행이 중단된 상태를 실패(failed) 상태라고 한다. 트랜잭션이 더는 정상적으로 수행을 계속할 수 없을
때 실패 상태가 된다.

⑤ **철회**

트랜잭션의 수행이 실패하여 rollback 연산을 실행한 상태를 철회(aborted) 상태라고 한다. 트랜잭션이 철회 상태가 되면 지금까지 실행한 트랜잭션의 연산을 모두 취소하고 트랜잭션이 수행되기 전의 데이터베이스 상태로 되돌리면서 트랜잭션이 종료된다. 철회 상태로 종료된 트랜잭션은 상황에 따라 다시 수행되거나 폐기된다. 트랜잭션의 내부 문제가 아닌, 하드웨어의 이상이나 소프트웨어의 오류로 트랜잭션의 수행이 중단되고 철회 상태가 된 경우에는 철회된 트랜잭션을 다시 시작한다. 하지만 트랜잭션이 처리하려는 데이터가 데이터베이스에 존재하지 않거나 트랜잭션의 논리적인 오류가 원인인 경우에는 철회된 트랜잭션을 폐기한다.

[표 9-2] 트랜잭션의 상태

상태	설명
활동(active)	트랜잭션이 실행을 시작하여 실행 중인 상태
부분 완료(partially committed)	트랜잭션이 마지막 명령문을 실행한 직후의 상태
장애(failed)	정상적 실행을 더 이상 계속할 수 없어서 중단한 상태
철회(aborted)	트랜잭션이 실행에 실패하여 복귀 연산을 수행한 상태
완료(committed)	트랜잭션이 실행을 성공적으로 완료하여 commit 연산을 수행한 상태

5 트랜잭션 스케줄

트랜잭션들이 병행 처리될 때 여러 트랜잭션들의 액션(action)들의 실행 순서를 스케줄이라고 한다. 액션이란 데이터베이스 접근 연산들의 목록(list)이다. 스케줄의 목적은 트랜잭션들을 병행 처리하지만 결과적으로 직렬 처리와 같은 효과를 얻는 연산 순서를 만드는 것이다. 직렬 처리를 실행하면 다른 트랜잭션들의 간섭을 받지 않기 때문에 처리 결과가 일관성을 가지며 유효하다.

(1) 스케줄의 표현

스케줄은 여러 개의 트랜잭션들의 연산을 순서화한 것을 말한다. 스케줄에 참여하는 각 트랜잭션들 안의 연산들의 순서는 스케줄에서도 트랜잭션 안의 순서와 동일해야 한다. 그러나 스케줄 안의 트랜잭션들의 연산들은 다른 트랜잭션들의 연산들과 섞일 수 있다.

[표 9-3] 스케줄 분류

분류	기능	비고
직렬 스케줄	한 트랜잭션씩 차례대로 실행	이상 무
병행 스케줄	동시에 함께 실행	오류 가능성
직렬화 스케줄	직렬 스케줄처럼 병행처리	새 알고리즘 필요
완전 스케줄	취소와 완료 연산 포함	

① **직렬 스케줄(serial schedule)**

트랜잭션 하나의 실행이 완료되면 다른 트랜잭션을 시작하는 방식으로 하나씩 차례대로 실행하는 스케줄로서 트랜잭션이 실행되는 동안 다른 트랜잭션의 영향을 받을 수 없으므로 모순이 발생하지 않는다.

② **병행 스케줄(concurrent schedule) : 비직렬 스케줄**

트랜잭션들의 자료 접근 연산들을 교차하면서 동시에 실행시키는 스케줄로서 모순 발생으로 인하여 일관성 유지가 쉽지 않다. 병행 스케줄 중에서 오류가 확실한 스케줄을 충돌 스케줄이라고 한다.

③ **직렬화 스케줄(serializable schedule)**

트랜잭션들이 동시에 자료 접근 연산들을 교차하며 실행시키면서도 결과가 직렬 스케줄과 동일한 스케줄이다. 즉, 병행 처리하지만 적절한 제어조치를 취함으로써 일관성을 유지하는 스케줄로서 병행제어에서 필요한 스케줄이다. 병행제어 스케줄로 직렬성을 유지할 수 있다. 직렬성이란 트랜잭션들의 처리 결과가 직렬처리와 동일한 효과를 가지는 스케줄 특성이다.

④ **완전 스케줄(complete schedule)**

각 트랜잭션에 대한 철회와 완료를 포함하는 스케줄이다. 완전 스케줄에서는 오류 발생의 예상과 대책이 마련되어 있으므로 병행제어가 가능하다.

(2) 충돌 스케줄(conflict schedule)

병행처리에서 문제가 되는 것은 충돌 스케줄이다. 충돌 스케줄이란 충돌 연산을 야기하여 트랜잭션의 일관성을 저해하는 스케줄이다. 예를 들어, 한 트랜잭션이 자료를 갱신하는 도중에 다른 트랜잭션이 동일 자료를 갱신하거나 읽으면 모순 가능성이 있다. 항상 문제가 야기되는 것은 자료의 갱신에 있다. 모든 트랜잭션들이 자료를 읽기만 한다면 아무 문제가 없다. 스케줄의 목적은 충돌 스케줄을 찾아내서 직렬화 스케줄을 만드는 것이다. 충돌 스케줄의 형태를 구분하면 [표 9-4]와 같이 세 가지 형태가 있다.

[표 9-4] 충돌 연산의 종류

순서	형태	발생 예상 문제
1	write-read	오류 읽기, 잘못된 요약
2	read-write	오류 읽기, 무결성 제약조건 위반
3	write-write	갱신 유실

동일한 자료에 트랜잭션 두 개가 동시에 접근하고 그중 하나가 갱신 연산이면 충돌 스케줄이다. 충돌 스케줄을 야기하는 충돌 연산의 조건은 [표 9-5]와 같다. 이와 같은 충돌 스케줄에서는 병행처리의 4가지 문제점이 나타나기 때문에 일관성이 무너지기 쉽다.

[표 9-5] 충돌 연산의 조건

조건	기능	비고
1	두 개 이상의 트랜잭션들이 동시에 실행	자료 접근 연산
2	동일한 자료에 접근	read, write
3	그중 하나가 갱신	write

[표 9-4]의 write-read 충돌은 한 트랜잭션이 자료를 갱신하는 도중에 다른 트랜잭션이 자료를 읽는 스케줄이다. 오류 읽기(dirty read)의 가능성과 잘못된 요약(incorrect summary)이 예상된다. read-write 충돌은 한 트랜잭션이 자료를 읽는 도중에 다른 트랜잭션이 자료를 갱신하는 스케줄이다. 오류 읽기의 가능성과 무결성 제약조건 문제의 가능성이 예상된다. write-write 충돌은 한 트랜잭션이 자료를 갱신하는 도중에 다른 트랜잭션이 자료를 갱신하는 스케줄이다. 갱신 유실 문제(lost update problem)의 가능성이 예상된다.

6 직렬화

동시성 제어란 트랜잭션들을 일관성 있게 병행처리하는 제어 기술이다. 병행처리를 실행하면서 일관성이 있으려면 직렬처리를 실행한 결과와 같은 결과를 내도록 스케줄을 조정하는 것이 필요하다. 스케줄을 조정하여 충돌을 방지한다면 직렬성을 확보한 것이므로 직렬화 스케줄이라 할 수 있다. 직렬화 스케줄은 직렬 스케줄은 아니지만 스케줄의 실행 결과가 직렬 스케줄과 같은 결과를 야기하는 스케줄이다. 병행처리 스케줄을 직렬화 스케줄로 만들면서 성공 여부를 확인하기 위한 수단은 충돌 스케줄인지를 확인하는 것이다.

직렬 스케줄(serial schedule)은 인터리빙 방식을 이용하지 않고 각 트랜잭션별로 연산들을 순차적으로 실행시키는 것이다. 트랜잭션을 직렬 스케줄에 따라 수행하면, 모든 트랜잭션이 완료될 때까지 다른 트랜잭션의 방해를 받지 않고 독립적으로 수행된다. 그래서 직렬 스케줄에 따라 트랜잭션이 수행되고 나면 항상 모순이 없는 정확한 결과를 얻는다.

같은 트랜잭션들을 대상으로 하더라도 트랜잭션의 수행 순서에 따라 다양한 직렬 스케줄이 만들어질 수 있고, 직렬 스케줄마다 데이터베이스에 반영되는 최종 결과가 달라질 수 있다. 하지만 직렬 스케줄의 결과는 모두 정확하기 때문에 어떤 직렬 스케줄을 사용하는가는 중요하지 않다.

제 2 절   직렬성 검사

병행제어 기법을 만들 때는 반드시 그 기법으로 만든 스케줄이 직렬성이 있음을 확인해야 한다. 어떤 스케줄에 직렬성이 있으려면 충돌 스케줄이 아님을 증명해야 하는데 그 수단이 선행 그래프(precedence graph)이다. 선행 그래프는 방향 그래프이므로 연산 사이에 선후 관계를 확인하여 트랜잭션들 사이에 순환이 있으면 충돌 스케줄이고 순환이 없으면 일관성 스케줄로 확인한다. 선행 그래프는 트랜잭션을 노드로 하며 접근 연산과 접근 연산 사이의 선후 관계로 표현한다.

트랜잭션의 충돌 스케줄 여부를 검사하려면 우선 먼저 선행 그래프를 만든 다음에 순환 탐색 알고리즘을 실행한다. 이때 각 트랜잭션의 선후 관계가 애매하다면 선후 관계를 알 수 없으므로 일관성을 유지하기 어렵다. 병행처리를 제어하여 일관성을 유지하려면 각 트랜잭션들의 처리 순서를 명확하게 결정해야 한다. 즉, 선행 그래프는 $G = (V, E)$로 구성되는데 V는 트랜잭션을 의미하는 정점들의 집합이고, E는 자료 연산과 연산 사이의 선후 관계를 의미하는 간선들의 집합이다. 선형 그래프의 간선 $T_i \rightarrow T_j$를 작성하는 원칙은 다음과 같다.

> T_j가 read(Q) 또는 write(Q)를 실행하기 전에 T_i가 read(Q) 또는 write(Q)를 실행한다.

두 트랜잭션에서 동일한 자료에 접근하는 연산들이 있으면 시간적으로 선후 관계를 트랜잭션 단위로 연결한다.

제 3 절　로킹 중요 ★★★

로킹(locking) 기법은 병행 수행되는 트랜잭션들이 동일한 데이터에 동시에 접근하지 못하도록 lock과 unlock이라는 두 개의 연산을 이용해 제어한다. 로킹 기법의 기본 원리는 한 트랜잭션이 먼저 접근한 데이터에 대한 연산을 모두 마칠 때까지, 해당 데이터에 다른 트랜잭션이 접근하지 못하도록 상호 배제(mutual exclusion)하여 직렬 가능성을 보장하는 것이다.

로킹 기법에서 lock 연산은 트랜잭션이 사용할 데이터에 대한 독점권을 가지기 위해 사용한다. 반대로 unlock 연산은 트랜잭션이 데이터에 대한 독점권을 반납하기 위해 사용한다. 이 두 연산을 이용하여 다른 트랜잭션의 방해를 받지 않고 데이터에 독점적으로 접근할 수 있게 되는 것이다.

로킹 기법에서 모든 트랜잭션이 지켜야 하는 기본 로킹 규약을 알아보자. 로킹 기법을 사용해 트랜잭션이 데이터베이스에 있는 데이터에 접근하는 연산을 실행하려면 먼저 해당 데이터에 lock 연산을 실행하여 독점권을 획득해야 한다. 일반적으로 데이터베이스에 있는 데이터에 접근이 필요한 연산은 데이터를 읽어오는 read 와 데이터를 기록하는 write다. 그러므로 트랜잭션이 데이터에 read 또는 write 연산을 실행하기 전에 반드시 lock 연산을 실행해야 한다. 하지만 다른 트랜잭션이 이미 lock 연산을 실행한 데이터는 다시 lock 연산을 실행시킬 수 없다. 그리고 트랜잭션이 lock 연산을 통해 독점권을 획득한 데이터에 대한 모든 연산의 수행이 끝나면 unlock 연산을 실행해서 독점권을 반납해야 한다. 그래야 다른 트랜잭션이 해당 데이터에 접근할 수 있다. 그리고 데이터에 lock 연산을 실행한 트랜잭션만 해당 데이터에 대한 unlock 연산을 실행시킬 수 있다. 즉, 데이터에 대한 독점권을 부여받은 트랜잭션만 해당 데이터에 독점권을 반납할 수 있으므로 다른 트랜잭션에 독점권을 뺏기지 않는다.

이번에는 lock 연산을 실행하는 대상 데이터의 크기인 로킹 단위를 생각해보자. lock 연산은 크게는 전체 데이터베이스부터 작게는 데이터베이스를 구성하는 속성에 이르기까지 다양한 크기의 데이터를 대상으로 실행할 수 있다. 릴레이션이나 튜플도 lock 연산의 대상이 될 수 있다. 만약 전체 데이터베이스에 lock 연산을 실행하면 제어가 간단하다는 장점이 있지만 데이터베이스에 하나의 트랜잭션만 수행되므로 병행 수행이라 할 수 없다. 반면, 가장 작은 단위인 속성에 lock 연산을 하면 독점하는 범위가 좁아 많은 수의 트랜잭션이 병행 수행할 수 있다는 장점이 있지만, 제어가 복잡하다는 단점이 있다. 즉, **로킹 단위가 커질수록 병행성은 낮아지지만 제어가 쉽고, 로킹 단위가 작아질수록 제어가 어렵지만 병행성은 높아진다.** 그러므로 시스템에 따라 적절한 로킹 단위를 선택하는 것이 중요하다.

기본 로킹 기법을 사용하면 병행 수행을 제어하는 목표는 이룰 수 있지만 너무 엄격한 제약으로 인해 어떤 순간이든 데이터에 대한 독점권을 하나의 트랜잭션만 가지게 된다. 물론 트랜잭션이 데이터를 변경시키는 write 연산을 실행할 때는 다른 트랜잭션이 방해하지 못하도록 독점권을 가져야 한다. 하지만 데이터를 단순히 읽어오기만 하는 read 연산은 다른 트랜잭션이 같은 데이터에 동시에 read 연산을 실행해도 문제가 생기지는 않는다. 그러므로 트랜잭션들이 하나의 데이터에 read 연산을 동시에 실행할 수 있도록 해서 처리 효율성을 높일 필요가 있다. 같은 데이터에 트랜잭션들이 read 연산을 동시에 실행하는 것을 허용하도록 lock 연산을 [표 9-6]과 같이 두 종류로 구분할 수도 있다.

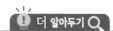

> **로킹 단위**
> 병행제어에서 한꺼번에 로킹할 수 있는 객체의 크기를 의미한다. 데이터베이스, 파일, 레코드, 필드 등은 로킹 단위가 될 수 있다. 로킹 단위가 크면 로크 수가 작아 관리하기 쉽지만 병행성 수준이 낮아지고 로킹 단위가 작으면 로크 수가 많아 관리하기 복잡해 오버헤드가 증가하지만 병행성 수준이 높아진다.

[표 9-6] lock 연산

연산	설명
공유(shared) lock	트랜잭션이 데이터에 대해 공용 lock 연산을 실행하면, 해당 데이터에 read 연산을 실행할 수 있지만 write 연산은 실행할 수 없다. 그리고 해당 데이터에 다른 트랜잭션도 공용 lock 연산을 동시에 실행할 수 있다(데이터에 대한 사용권을 여러 트랜잭션이 함께 가질 수 있음).
배타(exclusive) lock	트랜잭션이 데이터에 전용 lock 연산을 실행하면 해당 데이터에 read 연산과 write 연산을 모두 실행할 수 있다. 그러나 해당 데이터에 다른 트랜잭션은 공용이든 전용이든 어떤 lock 연산도 실행할 수 없다(전용 lock 연산을 실행한 트랜잭션만 해당 데이터에 대한 독점권을 가질 수 있음).

서로 다른 트랜잭션이 동일한 데이터에 [표 9-6]에 제시한 두 가지 lock 연산을 동시에 실행 할 수 있는지를 결정하는 양립성을 알아보자. 공용 lock과 배타 lock 연산 사이의 양립성은 [표 9-7]과 같다. 공용 lock이 양립 가능하다는 것은, 같은 데이터에 서로 다른 트랜잭션이 공용 lock 연산을 동시에 실행시킬 수 있다는 것이다. 하지만 다른 트랜잭션이 전용 lock 연산을 실행한 데이터는, 공용 lock과 전용 lock을 모두 실행할 수 없고 해당 데이터에 unlock 연산이 실행될 때까지 기다려야 한다.

[표 9-7] lock 연산의 양립성

구분	공유 lock	배타 lock
공유 lock	가능	불가능
배타 lock	불가능	불가능

기본 로킹 규약만으로는 트랜잭션 스케줄의 직렬 가능성을 완벽하게 보장할 수 없다. 즉, 모든 트랜잭션이 기본 로킹 규약을 지키더라도 잘못된 결과를 얻을 수도 있다.

제 4 절   타임스탬프 순서 기법 중요 ★

록을 사용하는 기법의 핵심은 경쟁하는 트랜잭션들의 처리 순서를 직렬화하여 자료를 독점적으로 사용하게 하는 것이다. 트랜잭션들의 처리 순서를 록을 얻는 순서로 대체함으로써 트랜잭션들의 직렬처리를 보장한다. 트랜잭션들의 직렬처리를 보장하는 또 다른 방법은 트랜잭션들의 처리 순서를 정하는 기준으로 시간(time stamp)을 이용하는 것이다. 시간을 이용하여 트랜잭션들의 처리 순서를 직렬화하는 방법이 타임스탬프 기법이다.

DBMS는 트랜잭션들의 시스템 진입 시간과 연동하여 타임스탬프를 부여하기 때문에 모든 트랜잭션들의 타임스탬프는 상이하다. 타임스탬프는 컴퓨터 시계를 이용하거나 논리 계수기를 이용하여 부여할 수 있다. 논리 계수기를 이용하면 타임스탬프는 1, 2, 3, …으로 번호가 부여된다. 컴퓨터 시계를 이용하면 같은 시각에 두 개의 타임스탬프가 발생하지 않도록 보장해야 한다. 타임스탬프를 트랜잭션들의 시작 시간으로 간주할 수 있고, 타임스탬프로 트랜잭션들을 순서화할 수 있으며, 트랜잭션들의 식별자 역할도 할 수 있다. 트랜잭션 T_i의 타임스탬프를 $T_s(T_i)$로 표기한다. 타임스탬프를 이용하여 병행제어를 실행하면 록을 걸지 않기 때문에 교착상태가 발생하지 않는다.

타임스탬프는 트랜잭션뿐만 아니라 자료에도 부여한다. 트랜잭션 T_i는 한 개, 자료 Q는 두 개의 타임스탬프를 가진다. 타임스탬프의 종류는 다음과 같다.

[표 9-8] 타임스탬프의 종류

종류	설명
$T_s(T_i)$	T_i가 시스템에 진입한 시간
$R-T_s(Q)$	read(Q)를 마지막으로 실행한 시간
$W-T_s(Q)$	write(Q)를 마지막으로 실행한 시간

이들 타임스탬프는 새로운 read(Q)와 write(Q)가 실행될 때마다 갱신된다.

검증 기법

검증 기법(Verification Method)은 충돌 연산이 적다는 가정 하에 수립한 병행제어 전략이다. 차량 통행이 적은 도로에서는 교통사고가 거의 발생하지 않으므로 교통경찰이나 신호등을 설치하지 않는 것과 마찬가지이다. 대신 문제가 예상되거나 발생하면 교통을 정리하는 것이 경제적이다. **검증 기법이란 트랜잭션들을 실행시키고 사후에 충돌 여부를 확인하는 기법**이다. 록킹 기법을 비관적 기법이라고 하는 대신에 검증 기법은 낙관적 기법이라고 한다.

충돌 연산이란 동일한 자료에 여러 트랜잭션들이 동시에 접근하고 이들 중 하나가 갱신 연산인 경우이다. 트랜잭션들이 읽기 연산만 실행한다면 충돌 연산은 발생하지 않는다. 일반적으로 자료를 한번 생성하고 나면 약간의 갱신과 다수의 읽기 연산만 발생하므로 읽기 연산의 비율은 90%를 초과한다. 따라서 대부분의 응용 분야 업무는 충돌 가능성이 적다. 따라서 병행제어 기법을 선택하는 것은 응용분야에 따라서 적합한 알고리즘 을 선택해야 한다.

[표 9-9] 검증 기법의 3단계

순서	기능	설명
1	읽기 단계	트랜잭션을 주기억장치에서 실행
2	검사 단계	충돌 여부 검사
3	쓰기 단계	충돌이 없으면 데이터베이스에 반영

검증 기법은 트랜잭션의 처리 과정을 표와 같이 읽기, 검사, 쓰기의 3단계로 나누어 진행한다. 읽기 단계에서 는 아무 제약 없이 읽기와 쓰기 연산을 주기억장치에서 실행하고, 검사 단계에서 충돌 여부를 확인하여 충돌 이 없으면 쓰기 단계를 실행한다. 검사 단계의 핵심은 각 단계별로 트랜잭션들의 실행 시각을 타임스탬프로 비교하여 충돌 여부를 확인한다. 충돌이 확인되면 쓰기 단계를 생략함으로써 직렬성을 유지하는 기법이다. 쓰기 단계에서는 주기억장치에서 실행한 결과를 데이터베이스에 반영한다.

(1) 읽기 단계(read phase)

읽기 단계는 트랜잭션이 데이터베이스의 자료를 읽고 그 값들을 트랜잭션 T_i의 지역 변수들에 저장하고, 갱신 결과는 버퍼에 저장한다. 모든 연산이 주기억장치에서 실행되기 때문에 아직 데이터베이스에 갱신 되지 않고 지역 변수에 쓰기 연산을 실행한다. 따라서 트랜잭션의 실행 경로가 외부로 노출되지 않은 단계이다.

(2) 검사 단계(validation phase)

검사 단계는 읽기 단계에서 실행한 write 연산의 결과 값을 데이터베이스에 반영할 것인지를 결정하는 것이 목적이다. 읽기 단계에서 실행한 트랜잭션이 다른 트랜잭션들의 자료 연산에 의하여 간섭을 받았는 지 직렬성 여부를 확인한다. 직렬성을 확인하는 방법은 동일한 자료에 여러 트랜잭션들이 접근하는지를 실행 시간을 기준으로 검사한다. 읽기만 실행하는 트랜잭션들은 충돌이 없으므로 검사 단계에서 작업이 완료된다. 검사를 통과하지 못한 트랜잭션들은 취소된다.

(3) 쓰기 단계(write phase)

트랜잭션 T_i가 검사 단계를 통과했으면 데이터베이스를 갱신한다. 트랜잭션들은 쓰기 단계에서 완료된다. 각 트랜잭션은 위의 세 단계를 거쳐야 하지만, 동시에 실행되는 트랜잭션 간의 위 세 단계는 서로 겹쳐질 수 있다.

[표 9-10] 검증에 필요한 시각

순서	기능	설명	비고
1	Start(T_i)	T_i가 실행을 시작한 시각	begin(T_i)와 동일
2	Validation(T_i)	T_i가 검사 단계를 시작한 시각	close(T_i)와 동일
3	Write(T_i)	T_i가 쓰기 단계를 시작한 시각	
4	Finish(T_i)	T_i가 쓰기 단계를 종료한 시각	

읽기 단계와 쓰기 단계는 전형적인 입·출력 연산이지만 검사 단계는 충돌 연산 여부를 검사하는 복잡한 과정이다. 검사 단계에서는 충돌 여부를 확인하기 위하여 트랜잭션들의 각 단계의 시작 시간을 알아야 한다. [표 9-10]은 각 단계별로 필요한 시간들이다.

검사 단계와 쓰기 단계는 DBMS가 직렬성 여부를 확인하여 데이터베이스에 갱신을 반영하는 시간이다. 만약 읽기 단계에서 read 연산만 있고 write 연산이 없다면 검사 단계가 즉시 종료된다. 읽기 단계에서 write 연산이 발견되면 복잡한 검사 단계가 실행된다.

직렬성 순서는 타임스탬프 Validation(T_i)의 값을 사용하는 타임스탬프 순서 기법에 의해 결정된다.

제 6 절 다중 버전 기법

타임스탬프 개념을 이용하는 기법으로 다중 버전 타임 스탬프 기법이라고도 한다. 타임 스탬프 기법은 트랜잭션 및 데이터들이 이용될 때의 시간을 시간표로 관리하지만 다중 버전 기법은 갱신될 때마다 버전을 부여하여 관리한다.

1 다중 버전 2단계 로킹 중요 ★

기본 로킹 규약의 문제를 해결하고 트랜잭션의 직렬 가능성을 보장하기 위해 lock과 unlock 연산의 수행 시점에 대한 새로운 규약을 추가한 것이 2단계 로킹 규약(2PLP : 2 Phase Locking Protocol)이다. 트랜잭션 스케줄의 모든 트랜잭션이 2단계 로킹 규약을 준수하면 해당 스케줄은 직렬 가능성이 보장된다. 2단계 로킹 규약을 따르려면 모든 트랜잭션이 lock과 unlock 연산을 다음과 같이 2단계로 나누어 실행해야 한다.

[표 9-11] 2단계 로킹 규약의 전략

확장 단계	트랜잭션이 lock 연산만 실행할 수 있고, unlock 연산은 실행할 수 없는 단계
축소 단계	트랜잭션이 unlock 연산만 실행할 수 있고, lock 연산은 실행할 수 없는 단계

트랜잭션이 처음에 수행되면 확장 단계로 들어가 lock 연산만 실행할 수 있다. 그러다가 unlock 연산을 실행하면 축소 단계로 들어가 그때부터는 unlock 연산만 실행할 수 있게 된다. 2단계 로킹 규약을 준수하는 트랜잭션은 첫 번째 unlock 연산을 실행하기 전에 필요한 모든 lock 연산을 실행해야 한다.

[그림 9-5]는 트랜잭션 T_1과 T_2가 모두 2단계 로킹 규약을 준수하므로 직렬 가능성을 보장할 수 있다. 이 스케줄의 수행 결과는 트랜잭션 T_1을 먼저 수행한 후에 트랜잭션 T_2를 수행한 직렬 스케줄의 결과와 같다. 2단계 로킹 규약을 적용하면 트랜잭션 스케줄의 직렬 가능성을 보장할 수 있다. 하지만 교착상태(deadlock)가 발생할 수 있어 이에 대한 해결책이 필요하다.

교착상태는 트랜잭션들이 상대가 독점하고 있는 데이터에 unlock 연산이 실행되기를 서로 기다리면서 트랜잭션의 수행을 중단하고 있는 상태다. 교착상태에 빠지면 트랜잭션들은 더 이상 수행을 계속하지 못하고 상대 트랜잭션이 먼저 unlock 연산을 실행해주기를 한없이 기다리게 된다.

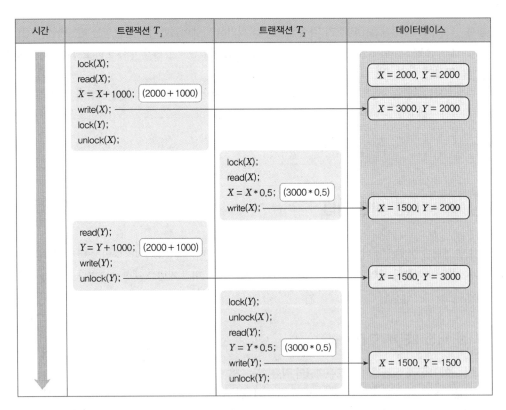

[그림 9-5] 2단계 로킹 규약으로 직렬 가능성이 보장된 스케줄

예를 들어 트랜잭션 T_1과 T_2가 모두 데이터 X와 데이터 Y에 접근하려 하는데, 트랜잭션 T_1이 T_2가 lock한 데이터 X에 접근하기 위해 T_2가 unlock 연산을 실행해주기를 기다리고 있고, T_2는 T_1이 lock한 데이터 Y에 접근하기 위해 T_1이 unlock 연산을 실행해주기를 기다리고 있다면 교착상태가 된다. 교착상태는 처음부터 발생하지 않도록 예방하거나, 발생했을 때 빨리 탐지하여 필요한 조치를 취하는 방법으로 해결한다.

제 7 절 교착상태 처리

실제 세계에서 교착상태란 길이 막혀서 앞으로도 갈 수 없고 뒤로도 갈 수 없는 상태를 말한다. 컴퓨터에서 교착상태란 프로그램들이 자료들을 확보하기 위하여 다른 프로그램들과 경쟁할 때 서로 상대방이 자료의 록을 해제하기를 영원히 기다리는 상태이다. 둘 이상의 프로세스가 서로 남이 가진 자원을 요구하면서 양쪽 모두 작업 수행을 할 수 없이 대기 상태로 놓이는 상태이며 멀티프로그래밍이 가능한 시스템에서 일어날 수 있는 현상으로, A라는 태스크가 B라는 태스크의 종료 후에 실행되기 위해 대기 상태에 있을 때 B라는 태스크도 A의 종료 후에 실행을 종료시키는 상태에 있으면 모두 대기 상태가 된 채 언제까지나 실행이 시작되지 않아 컴퓨터가 마치 정지해 있는 것처럼 되어 버린다. 이 상태를 교착상태라고 하며, 이 경우 어느 태스크를 강제적으로 종료시키지 않으면 처리가 행해지지 않는다. 그림은 태스크 A가 파일 A를 점유하여 파일 B의 점유 해제를 기다리거나 태스크 B가 파일 B를 점유하여 파일 A의 점유 해제를 기다리게 되어 양 A, B 태스크가 모두 이것 이상 처리가 진행되지 않는 상태의 예를 나타낸다.

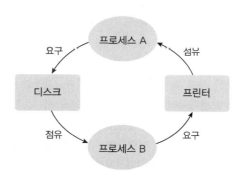

[그림 9-6] 교착상태

이와 같은 교착상태는 데이터베이스뿐만 아니라 운영체제, 통신 등에서 발생하기 쉽다. 교착상태를 해결하는 방법은 많이 있으나 대표적인 기법으로는 교착상태를 발생하지 않도록 조정하는 예방 기법, 교착상태가 예상되면 트랜잭션을 취소하는 회피 기법, 교착상태가 발생하면 탐지하여 해결하는 탐지 기법 등이 있다.

[표 9-12] 교착상태 처리 기법

처리방식	대책	비고
예방 기법	모든 자원이 확보되면 트랜잭션 실행	비관적 기법
회피 기법	교착상태가 예상되면 트랜잭션 취소 후 재시도	중도 기법
탐지 및 해결 기법	교착상태가 발견되면 해결	낙관적 기법

1 교착상태 예방 기법 중요 ★

데이터베이스에서 교착상태는 트랜잭션들이 자료를 서로 배타적으로 확보하려고 경쟁하다가 자료를 모두 확보하지 못했기 때문에 나머지 자료를 확보하려고 기다리는 현상이다. 따라서 트랜잭션들이 실행하기 전에 자료를 전부 확보할 수 있으면 교착상태는 발생하지 않는다.

교착상태 예방 기법이란 트랜잭션들이 실행하기 전에 필요한 자료를 모두 확보한 후 실행하게 하는 방법이다. 자료를 모두 확보하지 못하면 잠시 기다렸다가 다시 확보를 시도하고, 확보되면 트랜잭션을 실행하는 것이다. 교착상태 예방 기법은 교착상태 가능성이 높은 응용 분야에 적합하며, 트랜잭션이 시작되면 반드시 완료한다는 장점이 있다. 교착상태 예방 기법은 교착상태를 확실하게 예방할 수 있으나 자료들이 장시간 록킹되어 있으므로 병행성이 저하되는 단점이 있다. 교착상태가 발생할 가능성이 높다는 전제하에 예방하는 기법이므로 비관적 기법이라고도 한다.

2 교착상태 회피 기법 중요 ★

차량들이 건널목이나 사거리를 지날 때 신호등이 파란불이면 계속 진행하고 노란 불이면 조심하고 빨간 불이면 대기한다. 대기 차량들은 파란 불이 들어오면 다시 출발한다. 지능형 신호등은 차량이 몰리는 정도에 따라서 또는 건널목에 대기 중인 보행자 수에 따라서 신호등의 점등 시간을 조절한다. 이와 같이 도로 사정에 의하여 교통의 흐름을 통제하면서 차량의 흐름을 제어하는 것을 교착상태의 회피 기법이라고 할 수 있다.

교착상태의 회피 기법은 예방 기법과 달리 자료가 필요한 시점에서 록을 걸고 자료를 처리한다. 만약 교착상태가 예상되면 트랜잭션을 취소하므로 교착상태에 걸리지 않는다. 그 대신에 항상 교착상태가 걸리는지 여부를 확인해야 하는 부담이 있다. 병행성이 높지만 트랜잭션이 중간에 취소되는 단점도 있다.

교착상태가 발견된 경우 어느 트랜잭션 하나를 취소하고 확보했던 자원을 해제하면 다른 트랜잭션들이 먼저 실행을 완료하고 자원을 해제하여 모두 실행을 완료할 수 있다. 이 기법은 교착상태 발생 빈도 수가 중간인 응용 분야에 적합하다.

3 교착상태 탐지 및 해결 기법 중요 ★

교통량이 적은 시골길에는 교통사고 위험성이 매우 적으므로 교차로가 있어도 신호등이 없다. 교통 표지판이 있어서 운전자들의 주의를 환기시키는 것으로 사고를 예방하며 교착상태도 발생하지 않는다. 특별히 행사가 있어서 차량이 많이 몰리면 교통경찰이나 자원 봉사자가 교통을 정리하여 해결하기도 한다. 마찬가지로 트랜잭션들의 충돌이 적은 응용 분야에서는 교착상태 예방이나 회피를 위한 조치를 마련하는 것이 오히려 부담이 될 수 있다.

교착상태 탐지 및 해결(deadlock detection and resolution) 기법은 교착상태를 예상하지 않고 트랜잭션들을 실행하며 자료에 접근한다. 트랜잭션들을 처리하는 과정에서 주기적으로 교착상태를 탐지하는 프로그램을 실행하여 충돌여부를 검사한다. 교착상태가 발견되면 교착상태에 걸려있는 트랜잭션 중의 하나를 취소하여 교착상태를 해결한다. 이 기법에서 중요한 것은 교착상태를 탐지하는 도구이다. 대기 그래프(wait-for graph)는 트랜잭션들이 교착상태에 있는지를 확인하는 수단이다.

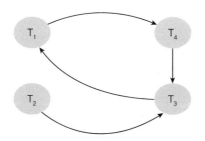

[그림 9-7] 트랜잭션 종료 대기 그래프의 사이클

교착상태 탐지 알고리즘은 대기 그래프에서 순환을 발견하며 교착상태임을 확인하고 가장 비용이 적게 소요되는 트랜잭션을 선택하여 취소시킨다. 가장 비용이 적게 소요되는 트랜잭션이란 가장 오래된 트랜잭션일 수도 있고 가장 최근에 시각된 트랜잭션일 수도 있다. 여러 트랜잭션들 중에서 최소 비용의 트랜잭션을 선택하여 최소화하는 데 있어서도 다양한 알고리즘이 필요하다.

결과적으로 '언제 탐지 알고리즘을 기동시킬 것인가?'라는 의문이 생기게 된다. 이에 대한 대답은 다음과 같은 2가지 요인에 의존한다.

> • 교착상태가 얼마나 자주 발생하는가?
> • 교착상태가 얼마나 많은 트랜잭션에 영향을 주는가?

4 교착상태 검출과 회복 중요 ★★

교착상태 탐지 알고리즘이 교착상태가 존재한다는 것을 알아내면, 시스템은 교착상태로부터 회복하여야 한다. 교착상태에 빠진 프로세스들의 자원 선점을 이용하여 교착상태를 해결하려면 프로세스로부터 자원들을 선점하여 이들 자원을 교착상태가 해결될 때까지 다른 프로세스들에게 할당해야 한다. 교착상태를 회복하기 위하여 자원의 선점권을 이용하려면 자원 선점 시 다음 세 가지 사항들을 해결해야 한다.

(1) 희생자 선정

교착상태에 빠진 프로세스들 중에서 최소의 피해를 주면서 어느 프로세스 자원을 선점할 것인지를 결정해야 한다. 이는 프로세스 중지에서와 같이 비용을 최소화하기 위하여 자원의 선점 순서를 결정해야 한다. 비용 요인으로 교착상태 프로세스가 점유하고 있는 자원의 수나 교착상태 프로세스가 지금까지 실행하는데 소요한 시간과 같은 매개변수들을 고려하여 결정한다.

(2) 복귀

다른 프로세스로부터 자원을 선점당하면 필요한 자원이 부족하기 때문에 이 프로세스를 정상적으로 실행할 수 없게 된다. 따라서 자원을 선점당한 프로세스를 안전 상태로 복귀시키고 중지된 시점부터 다시 재시작해야 한다.

일반적으로 안전 상태가 어떤 것인지를 결정하기 어렵기 때문에 가장 단순한 방법으로 완전 복귀 방법, 즉 그 프로세스를 완전히 중지시키고 처음부터 다시 재시작하는 방법을 사용한다.

(3) 기아

어떤 한 트랜잭션이 무한정 수행되지 않는 반면, 시스템에 있는 다른 트랜잭션들은 정상적으로 수행될 때 발생한다. 자원들이 항상 동일한 프로세스로부터 선점되면 기아 상태가 발생할 수 있다. 희생자의 선택을 기본적으로 비용의 감소에만 국한하여 선정할 경우 어느 한 프로세스가 반복적으로 희생자로 선정될 수 있는 가능성이 있다. 이러한 사항에 대한 해결 방안으로 희생자 반복 선택 횟수의 상한선을 정하여 상한선 이상은 프로세스가 반복적으로 계속 희생자가 되지 못하도록 한다.

O×로 점검하자

※ 다음 지문의 내용이 맞으면 O, 틀리면 ×를 체크하시오. [1 ~ 10]

01 테이블은 하나의 작업을 수행하기 위해 필요한 데이터베이스의 연산들을 모아놓은 것으로, 데이터베이스에서 논리적인 작업의 단위가 된다. (　　)

>>>🔍 트랜잭션(transaction)은 하나의 작업을 수행하기 위해 필요한 데이터베이스의 연산들을 모아놓은 것으로, 데이터베이스에서 논리적인 작업의 단위가 된다.

02 트랜잭션의 일관성은 트랜잭션을 구성하는 연산들이 모두 정상적으로 실행되거나 하나도 실행되지 않아야 한다는 all-or-nothing 방식을 의미한다. (　　)

>>>🔍 트랜잭션의 원자성(atomicity)은 트랜잭션을 구성하는 연산들이 모두 정상적으로 실행되거나 하나도 실행되지 않아야 한다는 all-or-nothing 방식을 의미한다.

03 트랜잭션의 일관성(consistency)은 트랜잭션이 성공적으로 수행된 후에도 데이터베이스가 일관성 있는 상태를 유지해야 함을 의미한다. (　　)

>>>🔍 트랜잭션이 수행되기 전에 데이터베이스가 일관된 상태였다면 트랜잭션의 수행이 완료된 후 결과를 반영한 데이터베이스도 또 다른 일관된 상태가 되어야 한다는 의미이다.

04 트랜잭션의 격리성(isolation)은 고립성이라고도 하는데, 현재 수행 중인 트랜잭션이 완료될 때까지 트랜잭션이 생성한 중간 연산 결과에 다른 트랜잭션들이 접근할 수 없음을 의미한다.

(　　)

>>>🔍 격리성이란 트랜잭션이 실행되는 중간에는 어떤 예기치 않은 일이 생기더라도 다른 트랜잭션이 접근하지 못한다는 특성을 나타낸다.

05 rollback은 트랜잭션의 수행이 성공적으로 완료되었음을 선언하는 연산이다. (　　)

>>>🔍 rollback은 트랜잭션이 수행을 실패했음을 선언하는 것이고 위의 내용은 commit에 대한 설명이다.

정답 **1** × **2** × **3** O **4** O **5** ×

06 트랜잭션이 수행을 시작하여 현재 수행 중인 상태를 부분 완료 상태라고 한다. (　　)

>>>◎ 트랜잭션이 수행을 시작하여 현재 수행 중인 상태를 활동(active) 상태라고 한다. 트랜잭션의 마지막 연산이 실행된 직후의 상태를 부분 완료(partially committed) 상태라 한다.

07 트랜잭션이 성공적으로 완료되어 commit 연산을 실행한 상태를 완료(committed) 상태라고 한다.
(　　)

>>>◎ 완료는 트랜잭션이 성공적으로 완료되어 commit 연산을 실행한 상태를 말한다.

08 트랜잭션이 절대로 업무를 완료할 수 없는 상태를 '복귀'라고 한다. (　　)

>>>◎ 트랜잭션이 절대로 업무를 완료할 수 없는 상태를 '기아'라고 한다.

09 로킹 단위가 작으면 로크 수가 작아 관리하기 쉽지만 병행성 수준이 낮아지고 로킹 단위가 크면 로크 수가 많아 관리하기 복잡해 오버헤드가 증가하지만 병행성 수준이 높아진다. (　　)

>>>◎ 로킹 단위가 크면 로크 수가 작아 관리하기 쉽지만 병행성 수준이 낮아지고 로킹 단위가 작으면 로크 수가 많아 관리하기 복잡해 오버헤드가 증가하지만 병행성 수준이 높아진다.

10 둘 이상의 프로세스가 서로 남이 가진 자원을 요구하면서 양쪽 모두 작업 수행을 할 수 없이 대기 상태로 놓이는 상태로 멀티프로그래밍이 가능한 시스템에서 일어날 수 있는 현상을 모니터라고 한다. (　　)

>>>◎ 둘 이상의 프로세스가 서로 남이 가진 자원을 요구하면서 양쪽 모두 작업 수행을 할 수 없이 대기 상태로 놓이는 상태로 멀티프로그래밍이 가능한 시스템에서 일어날 수 있는 현상을 교착상태라 한다.

정답 **6** × **7** ○ **8** × **9** × **10** ×

01 병행제어 기법 중 잠금(Locking) 기법으로 가장 최소 단위의 병행제어는 어떤 것인가?

① 페이지 차원의 잠금
② 행 차원의 잠금
③ 테이블 차원의 잠금
④ 필드 차원의 잠금

02 병행제어 기법 중 로킹(Locking) 기법에 대한 설명으로 옳지 <u>않은</u> 것은?

① 로킹의 대상이 되는 객체의 크기를 로킹 단위라고 한다.
② 로킹 단위가 작아지면 병행성 수준이 높아진다.
③ 로킹 단위가 커지면 로킹 오버헤드가 증가한다.
④ 데이터베이스도 로킹 단위가 될 수 있다.

03 다음 중 2단계 로킹에 대한 설명으로 옳지 <u>않은</u> 것은?

① 직렬성을 보장한다.
② 확장 단계와 축소 단계의 두 단계가 있다.
③ 교착상태를 예방할 수 있다.
④ 각 트랜잭션의 로크 요청과 해제 요청을 2단계로 실시한다.

01 로킹 단위는 로킹의 대상이 되는 객체의 크기를 의미하는 것으로 주요 단위로는 데이터베이스, DBSPACE, 테이블, 페이지, 행 등이 있다.

02 로킹 단위가 커지면 로킹 오버헤드가 감소한다. 로킹의 단위가 크면 로크 수가 작아 관리하기 쉽지만, 병행성 수준이 낮아지고, 로킹 단위가 작으면 로크 수가 많아져서 관리하기 복잡하지만 병행성 수준이 높아진다.

03 2단계 로킹 규약은 자료의 효율적 분배를 위해 마련해 놓은 규약으로 로크 요청만 할 수 있는 확장 단계(요청 단계)와 로크의 반납만 할 수 있는 축소 단계(반납 단계)로 이루어져 있다. 다만 확장 단계에 있는 두 개 이상의 트랜잭션이 교차 Lock을 요청한 경우는 서로 실행이 완료되기를 무한정 기다리는 교착상태가 발생할 수 있다.

정답 01 ② 02 ③ 03 ③

04 시스템이 고장나더라도 계속 지속되어야 한다는 것을 의미하는 것이 지속성(Durability)이다.

05 파일이나 레코드는 다 로킹의 단위가 될 수 있다.
[로킹(Locking)]

로킹 단위가 크면 로크 수가 적어 관리하기 쉽지만 병행성 수준(공유도)이 낮아지고, 로킹 단위가 작으면 로크 수가 많아 오버헤드가 커지지만 병행성 수준(공유도)이 높아진다. 로킹 대상이 되는 객체의 크기를 로킹 단위라고 한다.

06 응답시간을 최소화해야 한다. 응답시간이 짧을수록 성능이 우수하다.

04 트랜잭션의 특징 중 트랜잭션이 일단 완료되면 그 후에 어떤 형태로 시스템이 고장 나더라도 트랜잭션의 결과는 잃어버리지 않고 지속되는 것은?

① Isolation
② Durability
③ Consistency
④ Atomicity

05 다음 중 로킹(Locking)에 대한 설명으로 옳지 <u>않은</u> 것은?

① 로킹은 데이터의 액세스를 상호 배타적으로 하는 것이다.
② 로킹의 단위가 작아지면 로킹 오버헤드가 증가한다.
③ 파일은 로킹 단위가 될 수 있지만 레코드는 로킹 단위가 될 수 없다.
④ 로킹의 단위가 커지면 데이터베이스 공유도가 저하한다.

06 다음 중 병행제어의 목적으로 옳지 <u>않은</u> 것은?

① 시스템 활용도를 최대화하기 위함이다.
② 데이터베이스 공유도를 최대화하기 위함이다.
③ 사용자에 대한 응답시간을 최대화하기 위함이다.
④ 데이터베이스의 일관성을 유지하기 위함이다.

정답 04 ② 05 ③ 06 ③

07 다음 중 트랜잭션의 특성에 대한 설명으로 옳지 <u>않은</u> 것은?

① 원자성은 트랜잭션의 일부만 수행된 상태로 종료될 수 있다는 특성을 의미한다.

② 일관성은 시스템의 고정 요소는 트랜잭션 수행 전과 수행 완료 후에 같아야 한다는 특성을 의미한다.

③ 고립성은 트랜잭션이 실행될 때마다 다른 트랜잭션의 간섭을 받지 않아야 한다는 성질을 의미한다.

④ 지속성은 트랜잭션의 완료 결과가 데이터베이스에 영구히 기억되는 성질을 의미한다.

07 원자성은 전부가 아니면 아무것도 아니라는 뜻으로 완전히 수행하든지 하나도 수행하지 않든지 일부만 수행될 수 없다는 의미이다.

08 트랜잭션은 자기의 연산에 대하여 전부(All) 또는 전무(Nothing) 실행만이 존재하며, 일부 실행으로는 트랜잭션의 기능을 가질 수 없다는 트랜잭션의 특성은?

① consistency

② atomicity

③ isolation

④ durability

08 ② 원자성
[문제 하단의 표 참고]

»»🔍

일관성 (consistency)	트랜잭션이 실행을 성공적으로 완료하고 나면, 일관성 있는 데이터베이스로 유지되어야 한다.
독립성 (isolation)	둘 이상의 트랜잭션이 동시에 병행 실행되는 경우, 어느 하나의 트랜잭션에서 다른 트랜잭션으로 끼어들 수 없다.
영속성 (durability)	성공적으로 완료된 트랜잭션의 결과는 영구적으로 반영되어야 한다.

정답 07 ① 08 ②

checkpoint 해설 & 정답

09 로킹 단위가 크면 로크 수가 적어 관리하기 쉽지만 병행성이 낮아지고 로킹 단위가 작으면 로크 수가 많아 관리하기는 복잡하지만 병행성 수준이 높아진다.

09 다음 중 로킹(Locking) 단위에 대한 설명으로 옳은 것은?

① 로킹 단위가 크면 병행성 수준이 낮아진다.
② 로킹 단위가 크면 로킹 오버헤드가 증가한다.
③ 로킹 단위가 작으면 로크(lock)의 수가 적어진다.
④ 로킹은 파일 단위로 이루어지며, 레코드 또는 필드는 로킹 단위가 될 수 없다.

10 트랜잭션은 장애가 발생했을 때 데이터를 복구하는 작업의 단위도 된다. 일반적으로 데이터베이스 연산은 SQL 문으로 표현되므로 트랜잭션을 작업 수행에 필요한 SQL 문들의 모임으로 이해해도 좋다.

10 일련의 연산 집합으로 데이터베이스의 상태를 변환시키기 위하여 논리적 기능을 수행하는 하나의 작업 단위는?

① 도메인
② 트랜잭션
③ 모듈
④ 프로시저

11 [원자성(atomicity)]

트랜잭션이 지녀야 할 성질의 하나. 시스템의 어떤 상황 하에서도 한 트랜잭션에 대한 모든 연산들의 결과가 데이터베이스에 모두 반영되든가 아니면 전혀 반응되지 않아야 함을 의미하는 성질

11 다음 설명에 해당하는 트랜잭션의 특성은 무엇인가?

트랜잭션의 연산은 데이터베이스에 모두 반영되든지 아니면 전혀 반영되지 않아야 한다.

① Durability
② Isolation
③ Consistency
④ Atomicity

정답 09 ① 10 ② 11 ④

12 트랜잭션에서 SQL 문들에 의해 수행된 모든 갱신을 취소시켜 데이터베이스를 트랜잭션의 첫 구문이 실행되기 전 상태로 되돌리는 트랜잭션 연산은?

① ROLLBACK
② UPDATE
③ CANCEL
④ COMMIT

12 Rollback 연산은 일부가 정상적으로 처리되었더라도 트랜잭션이 행한 모든 연산을 취소하는 연산이다.

13 다음 중 병행제어(Concurrency Control) 기법의 종류가 <u>아닌</u> 것은?

① 로킹 기법
② 낙관적 기법
③ 타임스탬프 기법
④ 시분할 기법

13 시분할 기법은 병행제어 기법과는 상관없다.

14 로킹 기법에서 2단계 로킹 규약에 대한 설명으로 옳지 <u>않은</u> 것은?

① 트랜잭션이 lock만 수행할 수 있고, unlock은 수행할 수 없는 확장 단계가 있다.
② 트랜잭션이 unlock과 lock을 동시에 수행할 수 있는 단계를 병렬전환 단계라 한다.
③ 한 트랜잭션이 unlock 후 다른 데이터 아이템을 lock 할 수 있다.
④ 교착상태를 일으키지 않는다.

14 2단계 로킹 규약은 교착상태가 일어날 수 있다. 교착상태를 일으키지 않는 것은 타임 스탬프 기법이다.

[2단계 로킹 규약의 정의 및 특징]

• 기본 로킹 기법의 문제점을 해결
• 모든 트랜잭션들이 Lock과 Unlock 연산을 2단계로 구분하여 실행
• 직렬 가능성을 보장하는 규약이나 데드락을 예방할 수 없음

정답 12 ① 13 ④ 14 ④

15 [문제 하단의 표 참고]

15 트랜잭션(Transaction)은 보통 일련의 연산 집합이란 의미로 사용하며 하나의 논리적 기능을 수행하는 작업의 단위이다. 트랜잭션이 가져야 할 특성으로 거리가 <u>먼</u> 것은?

① Atomicity

② Concurrency

③ Isolation

④ Durability

>>>◯

[트랜잭션의 4가지 특성]

원자성 (Atomicity)	트랜잭션의 포함된 오퍼레이션(작업)들은 모두 수행되거나, 아니면 전혀 수행되지 않아야 한다.
일관성 (Consistency)	트랜잭션이 성공적인 경우에는 일관성 있는 상태에 있어야 한다.
독립성 (Isolation)	각 트랜잭션은 다른 트랜잭션과 독립적으로 수행되는 것처럼 보여야 한다.
지속성 (Durability)	성공적으로 수행된 트랜잭션의 결과는 지속성이 있어야 한다.

16 원자성(Automicity)은 트랜잭션의 포함된 오퍼레이션(작업)들은 모두 수행되거나, 아니면 전혀 수행되지 않아야 한다는 것이다.

16 Commit과 Rollback 명령어에 의해 보장받는 트랜잭션의 특성은?

① 병행성

② 보안성

③ 원자성

④ 로그

17 트랜잭션의 특징으로는 원자성, 일관성, 독립성, 영속성이 있다.
[문제 하단의 표 참고]

17 트랜잭션의 특성 중 둘 이상의 트랜잭션이 동시에 병행 실행되는 경우 어느 하나의 트랜잭션 실행 중에 다른 트랜잭션의 연산이 끼어들 수 없음을 의미하는 것은?

① log

② consistency

③ isolation

④ durability

정답 15② 16③ 17③

>>>🔍
[Transaction(트랜잭션)의 특징]

원자성 (Atomicity)	• 트랜잭션의 연산은 데이터베이스에 모두 반영되든지 아니면 전혀 반영되지 않아야 한다. • 트랜잭션 내의 모든 명령은 반드시 완벽히 수행되어야 하며, 모두가 완벽히 수행되지 않고 어느 하나라도 오류가 발생하면 트랜잭션 전부가 취소되어야 한다.
일관성 (Consistency)	• 트랜잭션이 그 실행을 성공적으로 완료하면 언제나 일관성 있는 데이터베이스 상태로 변환한다. • 시스템이 가지고 있는 고정 요소는 트랜잭션 수행 전과 트랜잭션 수행 완료 후의 상태가 같아야 한다.
독립성 (Isolation)	• 둘 이상의 트랜잭션이 동시에 실행되는 경우 어느 하나의 트랜잭션이 실행 중 다른 트랜잭션의 연산에 끼어들 수 없다. • 수행중인 트랜잭션은 완전히 완료될 때까지 다른 트랜잭션에서 수행 결과를 참조할 수 없다.
영속성 (Durability or 지속성)	성공적으로 완료된 트랜잭션의 결과는 영구적으로 반영되어야 한다.

18 병행 수행으로 발생하는 문제점에 해당하지 않는 것은?

① 갱신 분실
② 모순성
③ 연쇄 복귀
④ 직렬성

18 직렬성은 병행 수행된 각각의 트랜잭션 결과가 각 트랜잭션을 독자적으로 수행했을 때의 결과와 같아야 한다는 것을 말한다.

19 동시성 제어를 위한 직렬화 기법으로 트랜잭션 간의 순서를 미리 정하는 방법은?

① 로킹 기법
② 타임스탬프 기법
③ 검증 기법
④ 배타 로크 기법

19 ① 주요 데이터의 액세스를 상호 배타적으로 한다. 트랜잭션들이 어떤 로킹(locking) 단위를 액세스하기 전에 lock(잠금)을 요청해서 lock이 허락되어야만 그 로킹 단위를 액세스할 수 있도록 한다.
③ 병행 수행 하고자 하는 대부분의 트랜잭션이 읽기전용 트랜잭션일 경우 트랜잭션 간의 충돌률이 매우 낮아 동시성 제어를 사용하지 않고 실행되어도 이 중 많은 트랜잭션은 시스템 상태를 일관성 있게 유지한다는 점을 이용한 기법이다.
④ 로킹의 종류 중 하나이다.

정답 18 ④   19 ②

20 2개 이상의 트랜잭션이 서로 실행이 완료되기를 무한정 기다리는 상태를 교착상태라 한다.

20 2개 이상의 트랜잭션이 서로 실행이 완료되기를 무한정 기다리는 상태는?

① 그림자 페이징
② 검증 기법
③ 교착상태
④ 병행제어

✅ **주관식** 문제

01

정답 ① 원자성(atomicity)
② 일관성(consistency)
③ 격리성(isolation)
④ 영속성(durability)

01 트랜잭션의 ACID 속성을 쓰시오.

해설

유형	설명
원자성 (atomicity)	트랜잭션의 연산은 데이터베이스에 모두 반영되도록 완료되든지 아니면 전혀 반영되지 않도록 복구되어야 한다.
일관성 (consistency)	• 트랜잭션이 그 실행을 성공적으로 완료하면 언제나 일관성 있는 데이터베이스 상태로 변환한다. • 시스템이 가지고 있는 고정 요소는 트랜잭션 수행 전과 트랜잭션 수행 완료 후의 상태가 같아야 한다.
격리성 (isolation)	• 둘 이상의 트랜잭션이 동시에 병행 실행되는 경우 어느 하나의 트랜잭션 실행 중에 다른 트랜잭션의 연산이 끼어들 수 없다. • 수행 중인 트랜잭션은 완전히 완료될 때까지 다른 트랜잭션에서 수행 결과를 참조할 수 없다.
영속성 (durability)	성공적으로 완료된 트랜잭션의 결과는 시스템이 고장나더라도 영구히 반영되어야 한다.

정답 20 ③

02 트랜잭션의 상태 변화의 종류에 대해 쓰시오.

02
정답 활동, 부분 완료, 완료, 실패, 철회

해설

활동	트랜잭션이 수행을 시작하여 현재 수행 중인 상태를 활동(active) 상태라고 한다.
부분 완료	트랜잭션의 마지막 연산이 실행된 직후의 상태를 부분 완료(partially committed) 상태라 하는데, 이는 트랜잭션의 모든 연산을 처리한 상태다.
완료	트랜잭션이 성공적으로 완료되어 commit 연산을 실행한 상태를 완료(committed) 상태라고 한다.
실패	하드웨어, 소프트웨어의 문제나, 트랜잭션 내부의 오류 등의 이유로 장애가 발생하여 트랜잭션의 수행이 중단된 상태를 실패(failed) 상태라고 한다.
철회	트랜잭션의 수행이 실패하여 rollback 연산을 실행한 상태를 철회(aborted) 상태라고 한다.

03 다음 설명에서 괄호 안에 들어갈 내용을 쓰시오.

> 트랜잭션의 특징 중에는 트랜잭션의 연산은 데이터베이스에 모두 반영되도록 완료되든지 아니면 전혀 반영되지 않도록 복구되어야 한다는 (㉠), 성공적으로 완료된 트랜잭션의 결과는 시스템이 고장나더라도 영구히 반영되어야 한다는 (㉡)이/가 있다.

03
정답 ㉠ 원자성
㉡ 영속성

해설

속성	설명
원자성 (atomicity)	트랜잭션의 연산은 데이터베이스에 모두 반영되도록 완료되든지 아니면 전혀 반영되지 않도록 복구되어야 한다.
영속성 (durability)	성공적으로 완료된 트랜잭션의 결과는 시스템이 고장나더라도 영구히 반영되어야 한다.

04

정답 공유 LOCK, 배타 LOCK

04 LOCK 연산의 종류에 대해 쓰시오.

해설

연산	설명
공유(shared) lock	트랜잭션이 데이터에 대해 공용 lock 연산을 실행하면, 해당 데이터에 read 연산을 실행할 수 있지만 write 연산은 실행할 수 없다. 그리고 해당 데이터에 다른 트랜잭션도 공용 lock 연산을 동시에 실행할 수 있다(데이터에 대한 사용권을 여러 트랜잭션이 함께 가질 수 있음).
배타(exclusive) lock	트랜잭션이 데이터에 전용 lock 연산을 실행하면 해당 데이터에 read 연산과 write 연산을 모두 실행할 수 있다. 그러나 해당 데이터에 다른 트랜잭션은 공용이든 전용이든 어떤 lock 연산도 실행할 수 없다(전용 lock 연산을 실행한 트랜잭션만 해당 데이터에 대한 독점권을 가질 수 있음).

합격으로 가는 가장 똑똑한 선택 SD에듀!

제10장

객체 데이터베이스와
객체-관계 데이터베이스

I wish you the best of luck!

제10_장 객체 데이터베이스와 객체-관계 데이터베이스

일반적으로 많이 사용되는 관계 데이터베이스는 현실 세계의 데이터를 관계 데이터 모델의 구조적 특성을 만족하면서, 정규화 규칙을 따르는 릴레이션으로 저장하고 관리한다. 사용자는 SQL을 사용해 관계 데이터베이스를 정의하거나 조작 및 제어할 수 있다. 하지만 관계 데이터베이스는 관계 데이터 모델의 기능적 제약조건과 SQL의 표현력 한계로 인해 CAD(Computer-Aided Design), CAM(Computer-Aided Manu- facturing), CAE(Computer-Aided Engineering), CASE(Computer-Aided Software Engineering) 등의 다양한 응용 분야에 부적합하다는 문제가 제기되었다. 이런 이유로 1980년대 초반부터 관계 데이터베이스와 다른 형태의 데이터베이스를 구축하기 위한 새로운 데이터 모델에 대한 연구가 진행되어 왔는데, 이 중 하나가 객체지향 데이터 모델이다.

객체지향 방식은 새로운 응용의 요구사항들을 만족시키기 위하여 기존의 데이터베이스 시스템들이 지원하는 데이터 타입과 질의어에 제한을 받지 않는 유연성을 제공한다. 설계자가 복합 객체(complex object)의 구조와 이 객체에 적용할 수 있는 연산들을 정의할 수 있다는 것이 객체지향 데이터베이스의 핵심 기능이다.

제 1 절 객체지향 데이터 모델

객체 데이터 모델(ODM, Object Data Model)은 객체지향 개념을 지원하는 데이터 모델이다.

객체지향 데이터 모델(Object-Oriented Data Model)은 객체와 객체 식별자, 속성과 메소드, 클래스, 클래스 계층 및 상속, 복합 객체 등을 지원하는 객체지향 개념에 기반을 둔 데이터 모델이다. 객체 데이터베이스는 객체 데이터 모델에 따라 객체의 상태(state)와 형태(behaviour) 그리고 관계가 정의되는 객체의 집합을 말한다.

객체지향 모델은 다양한 응용 분야의 데이터 모델링을 위한 새로운 요구사항을 지원할 뿐만 아니라, 의미적으로 관계가 있는 데이터베이스 구조를 표현하기 위한 강력한 설계 기능을 제공한다. 객체지향 데이터 모델이 지원하는 객체지향 개념을 하나씩 살펴보자.

1 객체와 객체 식별자 중요 ★★

객체지향 시스템에서 취급하는 대상은 모두 객체이다. 이 객체는 유형적인 것도 있고 무형적인 것도 있다. **객체(object)는 현실 세계에 존재하는 개체를 추상적으로 표현한 것이다.** 객체와 개체의 차이점은 개체는 데이터 구성요소(component)와 관계성(relationship)으로 정의되지만 객체는 여기에 연산자(operator)도 함께 정의된다.

객체지향 데이터베이스의 목적은 실세계와 데이터베이스 객체들 사이에 직접적인 연관성을 유지함으로써, 객체들의 무결성과 식별성을 잃지 않고 쉽게 식별 및 조작될 수 있도록 하는 것이다. 객체의 핵심적인 특징 중에 하나는 유일한 식별성(identity)이다. 각 객체는 시스템 전체에서 유일하게 식별될 수 있는 객체 식별자 (OID, Object Identifier)를 가지고, 객체 식별자를 특정 객체에 접근하기 위한 유일한 수단으로 사용한다. 객체 간의 관계는 객체 식별자를 사용해 참조할 수 있다.

객체 식별자란 데이터베이스에 저장된 각 독립적인 객체에 대해 고유한 식별자를 부여하는 것을 말한다. 객체 식별자의 특징은 불변성이다. 즉, 특정 객체에 한번 부여된 OID 값은 바뀔 수 없다. 그래서 실세계 객체의 식별성이 보존된다. 그리고 객체가 삭제된다 해도 한번 사용된 OID를 다른 객체에 부여하지 않는다.

2 속성과 메소드 중요 ★★

객체지향 데이터 모델을 구성하는 기본 요소인 객체는 해당 객체의 상태를 나타내는 하나 이상의 속성과, 객체의 상태를 조작할 수 있는 하나 이상의 메소드로 구성된다.

① **속성(attribute)** : 관계 데이터 모델의 속성과 같은 의미로 볼 수 있다. 하지만 관계 데이터 모델의 속성은 기본으로 제공되는 데이터 타입을 도메인으로 하는 단일(원자) 값만 가질 수 있는 반면, 객체 지향 데이터 모델의 속성은 값을 여러 개 가질 수 있다. 그리고 객체지향 데이터 모델의 속성은 사용자 가 정의한 클래스뿐만 아니라 해당 클래스의 하위 클래스도 도메인으로 정의할 수 있다.

② **메소드(method)** : 객체가 수행할 수 있는 연산이다. 객체의 속성 값을 검색하거나 추가·삭제·수정 하는 데 주로 사용한다. 프로그래밍 언어로 작성한 프로그램의 함수와 유사하다고 볼 수 있다. 특정 객체의 속성과 해당 속성에 대한 메소드에 접근하려면 메시지(message)를 사용해야 한다. 한 객체의 속성 값을 수정하고 싶으면 이 역할을 담당하는 메소드를 실행시키는 메시지를 해당 객체에 보내야 한다. 메시지는 객체에 접근하기 위한 공용 인터페이스 역할을 담당한다.

3 클래스 중요 ★★

클래스(class)는 속성과 메소드를 공유하는 유사한 성질의 객체들을 하나로 그룹화한 것이다. 객체는 클래스 의 구성원으로, 클래스 인스턴스(class instance) 또는 객체 인스턴스(object instance)라고도 한다. 클래스 내부에는 해당 클래스의 객체를 위한 데이터 구조와 메소드 구현의 세부 사항을 기술한다. 예를 들어, [그림 10-1]과 같이 속성 다섯 개와 메소드 두 개를 포함하는 학생 클래스를 정의할 수 있다. 학생 클래스에는 객체가 세 개 속해 있는데, 모두 속성이 같고 같은 메시지에 응답한다.

[그림 10-1] 학생 클래스와 객체 인스턴스

4 상속 중요 ★★

클래스를 단계적으로 세분화(specialization)하면 클래스 간의 계층 관계가 발생하여 결과적으로 클래스 계층(class hierarchy)이 하나 형성된다. 클래스 계층에서 상위에 위치하는 클래스를 상위클래스(superclass)라 하고, 하위에 위치하는 클래스를 하위클래스(subclass)라고 한다. 상위클래스와 하위클래스는 일반적으로 IS-A 관계가 성립한다.

☺ IS-A는 A is B(A는 B다)라는 의미다.

예를 들어, 자동차 클래스는 승용차, 트럭 클래스로 세분화할 수 있다. 승용차, 트럭 클래스를 다시 각각 세분화하면 [그림 10-2]와 같은 클래스 계층 관계가 성립한다. 그림에서 자동차 클래스는 승용차 클래스의 상위클래스이고, 승용차 클래스는 자동차 클래스의 하위클래스다. 그리고 승용차, 트럭 클래스가 자동차 클래스의 세분화된 개념이라면, 자동차 클래스는 승용차, 트럭 클래스의 일반화된 개념이다.

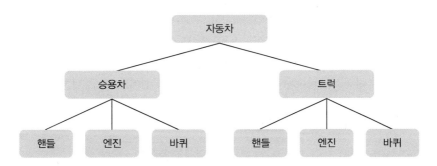

[그림 10-2] 클래스 계층의 예

클래스 계층 개념은 상속(inheritance)이라는 강력한 객체지향 개념을 지원한다. 상속은 상위클래스의 속성과 메소드를 자신의 모든 하위클래스에 물려주는 개념이다. 하위클래스가 단 하나의 상위클래스로부터 속성과 메소드를 상속받는 것을 단일 상속이라 하고, 여러 개의 상위클래스로부터 속성과 메소드를 상속받는 것을 다중 상속이라 한다.

[그림 10-2]에서는 상위클래스가 존재하지 않는 자동차 클래스를 제외한 모든 클래스가 단 하나의 상위클래스로부터 속성과 메소드를 상속받는다. 반면, [그림 10-3]에서는 스마트폰 클래스가 컴퓨터 클래스와 휴대전화 클래스라는 두 개의 상위클래스로부터 속성과 메소드를 상속받는다.

[그림 10-3] 다중 상속의 예

5 복합 객체 중요 ★

객체지향 시스템을 개발하게 된 주요 동기는 복합 객체들을 표현하기 위한 필요성 때문이다. 시스템에서 기본으로 제공하지 않는 사용자 정의 클래스(user-defined class)를 도메인으로 하는 속성을 가진 객체를 복합 객체(composite object)라 한다. 복합 객체에서 사용자 정의 클래스를 도메인으로 가지는 속성은 해당 클래스에 속하는 객체 인스턴스의 객체 식별자(OID)를 값으로 가지게 된다. 즉, 복합 객체는 속성 값으로 다른 객체를 참조한다.

복합 객체에는 구조적 복합 객체와 비구조적 복합 개체의 두 가지 유형이 있다. 구조적 복합 객체는 구성요소 객체들로 구성되며 여러 레벨에서 적절한 타입 생성자들을 반복적으로 적용함으로써 정의된다. 일반적으로 비구조적 복합 객체는 이미지나 대형 텍스트 객체를 나타내는 데이터 타입처럼 대용량의 기억 장소를 필요로 하는 데이터 타입이다. 일반적으로 복합 객체는 Is-Part-Of 관계가 있는 객체를 표현하는 데 사용한다 (✪ Is-Part-Of는 전체와 부분으로 이루어진 포함 관계다).

예를 들어, [그림 10-4]에서 자동차 클래스는 속성이 네 개다. 이 중 제조사 속성은 사용자 정의 클래스인 제조사 클래스가 도메인이므로 자동차 클래스는 복합 객체를 위한 클래스가 된다. 승용차, 트럭, SUV 클래스는 자동차 클래스와 Is-A 관계가 성립하고, 자동차 클래스의 모든 속성과 메소드를 상속받는다. 반면, 자동차 클래스와 제조사 클래스는 상속과 관련이 없는 Is-Part-Of 관계가 성립한다.

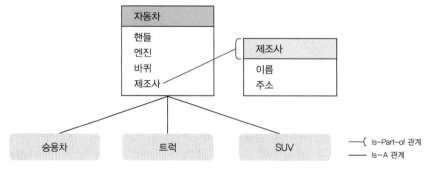

[그림 10-4] 복합 객체 클래스의 예

6 객체지향의 특징 중요 ★★★

(1) 추상화

추상화는 객체들의 공통적인 특징(속성과 기능)을 뽑아내는 것이다. 즉, 우리가 구현하는 객체들이 가진 공통적인 데이터와 기능을 도출해 내는 것을 의미한다. 하나의 새로운 데이터형을 정의하는데 그 안에는 여러 개의 부속 데이터를 둘 수 있다. 이때 데이터를 추상화를 통해 정의한 것이다.

(2) 캡슐화

객체지향에서 캡슐화는 데이터 구조와 데이터를 다루는 방법을 결합시켜 묶는 것을 말한다. 특정 객체가 독립적으로 역할을 제대로 수행하기 위해 데이터와 기능을 하나로 묶어 관리한다. 객체가 맡은 역할을 수행하기 위한 하나의 목적을 위해 데이터와 기능들을 묶는 것이다. 또한 이러한 기능은 다른 의미로 사용되기도 한다. 데이터를 은닉하고 그 데이터를 접근하는 기능을 노출시키지 않는다는 의미로도 캡슐화라는 용어를 사용한다. 즉, 데이터를 캡슐로 보호한다는 것이다.

(3) 상속성

상속이란 상위 개념의 특징을 하위 개념이 물려받는 것을 말한다. 하나의 클래스가 가지고 있는 특징(데이터와 함수)들을 그대로 다른 클래스에 물려주고자 할 때 상속성의 특징을 사용한다.

(4) 다형성

다형성의 의미는 약간 다른 방법으로 일을 하는 메소드를 동일한 이름으로 적용할 수 있는 것을 말한다.

제 2 절 객체지향 질의 중요 ★

관계 데이터베이스에서는 질의 대상과 결과가 모두 릴레이션이지만, 객체지향 데이터베이스에서는 질의 대상이 클래스이고 질의 결과는 클래스에 속하는 객체 집합이다. 객체지향 데이터베이스에서는 객체지향 개념을 기반으로 클래스, 속성, 메소드, 객체 등을 이용해 질의를 표현한다. 객체지향 데이터베이스에서 클래스 하나 또는 클래스 하나와 해당 클래스의 하위클래스 전체를 대상으로 하는 질의를 단일 오퍼랜드(single operand) 질의라 한다. 그리고 여러 클래스를 대상으로 하는 질의를 다중 오퍼랜드(multiple operand) 질의라고 한다. 간단한 예를 통해 객체지향 데이터베이스의 질의 방법을 알아보자. [그림 10-4]에서 정의한 자동차 클래스에 대해 엔진이 4,000 이상이고, 제조사의 이름이 현대인 모든 자동차 객체를 검색하는 객체지향 데이터베이스의 질의문은 다음 예와 같이 작성할 수 있다. 자동차 클래스에 속하는 객체를 P로 선언하고 객체가 가지고 있는 속성에 접근하기 위해 연산자를 이용하였다.

> 예 SELECT P
>   FROM P : 자동차
>   WHERE P.엔진 >= 4,000 AND P.제조사.이름 = '현대';
>   → 엔진이 4,000 이상이고, 제조사의 이름이 현대인 모든 자동차를 검색

관계 데이터베이스와 달리 객체지향 데이터베이스의 데이터 모델과 질의어는 표준화되지 못했다. 특히 객체지향의 개념을 완벽하게 표현하면서도 쉽게 사용할 수 있는 질의어가 개발되지 않아, 널리 사용되지 못하고 특수한 몇몇 분야에서만 사용되고 있다. 그래서 등장한 것이 다음 절에서 살펴볼 객체-관계 데이터베이스다.

제 3 절 객체-관계 데이터베이스

1 객체-관계 개념 중요 ★

객체지향 데이터베이스가 표준화된 질의어가 없어 특수한 몇몇 분야를 중심으로 사용되는 한계를 극복하기 위해, 널리 사용되는 관계 데이터 모델과 다양하고 복잡한 분야의 데이터 모델링에 활용이 가능한 객체지향 데이터 모델의 장점을 모두 가진 새로운 데이터 모델의 필요성이 대두되었다. 이러한 이유로 관계 데이터 모델에 객체지향 개념을 적용한 객체관계 데이터 모델을 사용하는 객체관계 데이터베이스가 차세대 데이터베이스로 주목받고 있다.

객체관계 데이터 모델은 객체지향 개념과 관계 데이터 모델의 개념을 통합한 것으로, 릴레이션, 객체, 메소드, 클래스, 상속, 캡슐화, 복합 객체 등을 모두 지원한다. 그리고 관계 데이터베이스의 표준 질의어인 SQL을 표준으로 채택하여 계속 발전하고 있다. 특히 1999년에 발표된 SQL3부터는 객체지향 개념을 지원해 표준화된 SQL을 객체관계 데이터베이스에 적용할 수 있다. 객체관계 데이터베이스를 위한 SQL은 관계 데이터베이스에서 제공하는 기본 질의어의 기능은 물론 사용자 정의 타입, 객체, 객체 식별자, 메소드 등과 같은 객체지향 특성도 함께 가지고 있다.

2 SQL3의 특징

SQL:1999(SQL3이라고도 함)는 SQL 데이터베이스 쿼리 언어의 네 번째 개정판으로 ISO가 1992년 발표한 SQL 표준안(SQL2 또는 SQL-92)을 중심으로 만들어진 것과 호환되며, 여기에 객체지향 개념을 지원할 수 있도록 확장하였다.

ORDBMS의 공통적인 인터페이스를 제공하는 SQL3은 크게 관계 데이터베이스 관련 기능과 객체지향적 특징으로 구분할 수 있다. 관계 데이터베이스의 특징으로는 새로운 데이터 타입, 조건식, 그리고 타입 시스템을

들 수 있다. 그리고 객체지향적 특징으로는 사용자 정의 타입, 객체, 객체 식별자, 참조 타입, 함수 그리고 메소드를 들 수 있다.

그 외 순환 질의(recursive query)와 같은 새로운 개념을 도입하고, 트리거(trigger)를 지원하는 활동적 데이터베이스 기능을 제공하며 클라이언트-서버 환경 및 보안과 뷰 갱신 기능 강화 등 많은 기능들을 추가, 개선하였다.

> **❗ 더 알아두기 🔍**
>
> **트리거(trigger)**
> 업데이트 시 전체를 업데이트 하는 것이 아니라 갱신된 부분만 업데이트 하는 것을 말한다.

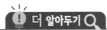

제 4 절   ODBMS와 ORDBMS의 비교

ODBMS와 ORDBMS나 ODMG에서 제시한 다양한 객체지향 개념을 지원하는 타입 시스템이 있고, 또 어떠한 데이터 객체들이라도 영속성이 있도록, 즉 여러 다른 프로그램의 실행을 통해서 데이터베이스에 저장할 수 있도록 해주는 일종의 프로그래밍 시스템이라 볼 수 있다.

ORDBMS(객체-관계 DBMS)란 RDBMS를 SQL:1999/2003의 여러 확장된 새로운 기능을 지원할 수 있도록 확장한 RDBMS이다.

> **❗ 더 알아두기 🔍**
>
> **ODMG(Object Data Management Group)**
> 객체지향 기술의 보급과 표준화를 추진하는 비영리 단체이다. 1989년에 설립되었으며 이종의 컴퓨터 환경 사이의 객체지향 상호운영성을 증진하기 위한 컴퓨터 산업 협력체이다. 그들은 이러한 문제의 많은 국면을 설명하는 사양서들을 개발하는 것을 계속하고 있으며, 이 중 가장 대중적인 것은 CORBA (Common Object Request Broker Architecture)이다. 구성원들은 객체 기술의 선두적인 사용자들뿐만 아니라 모든 주요 하드웨어와 소프트웨어 공급자들을 포함한다.

(1) ODBMS와 ORDBMS의 유사점

① 사용자 정의, 구조화 타입, 객체 식별자와 참조 타입, 상속 등을 지원한다.
② 집단 타입을 조작할 수 있는 질의어를 제공한다.
③ DBMS에 필요한 병행 제어나 복구와 같은 기능을 지원한다.

(2) ODBMS와 ORDBMS의 차이점

ODBMS와 ORDBMS의 근본적인 차이는 두 시스템을 개발한 목적에 있다. ODBMS는 객체 프로그래밍 시스템에 DBMS의 기능을 추가하려고 한 것이고, ORDBMS는 RDBMS에 객체지향 개념을 지원할 수 있는 데이터 타입들을 추가하려고 한 것이다. 두 종류의 객체 데이터베이스들은 기능면에서는 비슷해지고 있지만, 기본적인 철학과 구현 방식이 다르기 때문에 DBMS 설계상의 문제, 여러 가지 기능을 지원하는 효율성의 문제 등에서 차이가 있다.

[표 10-1] ODBMS와 ORDBMS 비교

ODBMS	ORDBMS
C++, Java, Smalltalk와 같은 프로그래밍 언어와 매끄럽게 통합하는 것이 목적	SQL: 1999/2003의 여러 확장된 형태의 프로그래밍 언어 구문들을 지원하는 것이 목적
주 응용들은 대개 객체 중심으로 처리하는 것이 적합한 응용들로 사용자들은 일반적으로 몇 개의 객체들만 검색해서 그 객체와 객체에 관련된 객체들을 다시 추출해 내면서 장기간에 걸쳐 작업하는 형태	• 객체들의 구조가 풍부하고 크기도 비교적 크지만, 결국 대량의 데이터를 처리하는 응용에 초점이 맞추어져 있음 • 트랜잭션들은 비교적 짧으며 병행 제어나 복구에 대해서 전통적인 RDBMS 기법을 통상적으로 사용함
대부분 OQL의 질의 기능들을 효율적으로 지원하지 못함	질의 기능이 핵심임

○×로 점검하자

※ 다음 지문의 내용이 맞으면 ○, 틀리면 ×를 체크하시오. [1 ~ 10]

01 데이터베이스에 저장된 각 독립적인 객체에 대해 고유한 식별자를 타입 식별자라고 한다.

( )

>>>◯ 객체 식별자에 대한 설명이다. 데이터베이스에 저장된 각 독립적인 객체에 대해 고유한 식별자를 객체 식별자라 한다.

02 객체는 현실 세계에 존재하는 개체를 추상적으로 표현한 것이다. ( )

>>>◯ 객체와 개체의 차이점은 개체는 데이터 구성요소(component)와 관계성(relationship)으로 정의되지만 객체는 여기에 연산자(operator)도 함께 정의된다는 것이다.

03 객체에 수행할 수 있는 연산으로 객체의 속성 값을 검색하거나 추가·삭제·수정하는 데 주로 사용하는 것을 클래스라고 한다. ( )

>>>◯ 메소드에 대한 설명이다. 객체에 수행할 수 있는 연산으로 객체의 속성 값을 검색하거나 추가·삭제·수정하는 데 주로 사용하는 것을 메소드라고 한다.

04 캡슐화는 속성과 메소드를 공유하는 유사한 성질의 객체들을 하나로 그룹화한 것이다.

( )

>>>◯ 클래스에 대한 설명이다. 클래스(class)는 속성과 메소드를 공유하는 유사한 성질의 객체들을 하나로 그룹화한 것이다.

05 상속은 상위클래스의 속성과 메소드를 자신의 모든 하위클래스에 물려주는 개념이다.

( )

>>>◯ 하위클래스가 단 하나의 상위클래스로부터 속성과 메소드를 상속받는 것을 단일 상속이라 하고, 여러 개의 상위클래스로부터 속성과 메소드를 상속받는 것을 다중 상속이라 한다.

정답 **1** × **2** ○ **3** × **4** × **5** ○

06 시스템에서 기본으로 제공하지 않는 사용자 정의 클래스(user-defined class)를 도메인으로 하는 속성을 가진 객체를 단일 객체라 한다. (   )

>>>O 복합 객체에 대한 설명이다. 시스템에서 기본으로 제공하지 않는 사용자 정의 클래스(user-defined class)를 도메인으로 하는 속성을 가진 객체를 복합 객체(composite object)라 한다.

07 객체지향에서 캡슐화는 데이터 구조와 데이터를 다루는 방법을 결합시켜 묶는 것을 말한다.
(   )

>>>O 특정 객체가 독립적으로 역할을 제대로 수행하기 위해 데이터와 기능을 하나로 묶어 관리한다. 객체가 맡은 역할을 수행하기 위한 하나의 목적을 위해 데이터와 기능들을 묶는 것이다. 또한 이러한 기능은 다른 의미로 사용되기도 한다. 데이터를 은닉하고 그 데이터에 접근하는 기능을 노출시키지 않는다는 의미로도 캡슐화라는 용어를 사용한다.

08 다형성의 의미는 약간 다른 방법으로 일을 하는 메소드를 동일한 이름으로 적용할 수 있는 것을 말한다. (   )

>>>O 동일한 메서드 이름을 사용하지만 메서드에 대해 클래스마다 모두 다르게 구현되는 개념이 다형성이다.

09 실세계 객체의 식별성이 보존된다. 그리고 객체가 삭제된다 해도 한번 사용된 OID를 다른 객체에 부여할 수 있다. (   )

>>>O 실세계 객체의 식별성이 보존되는 것은 맞다. 그러나 객체가 삭제된다 해도 한번 사용된 OID를 다른 객체에 부여하지는 않는다.

10 객체지향 데이터베이스의 목적은 실세계와 데이터베이스 객체들 사이에 직접적인 연관성을 유지함으로써, 객체들의 무결성과 식별성을 잃지 않고 쉽게 식별 및 조작될 수 있도록 하는 것이다.
(   )

>>>O 객체의 핵심적인 특징 중에 하나는 유일한 식별성(identity)이다. 각 객체는 시스템 전체에서 유일하게 식별될 수 있는 객체 식별자(OID : Object Identifier)를 가지고, 객체 식별자를 특정 객체에 접근하기 위한 유일한 수단으로 사용한다. 객체 간의 관계는 객체 식별자를 사용해 참조할 수 있다.

정답 **6** X **7** O **8** O **9** X **10** O

실제예상문제

01 객체의 속성과 메소드가 뷰에 은닉되는 것을 무엇이라고 하는가?

① 캡슐화
② 상속
③ 다형성
④ 객체 생성자

02 다음 중 객체지향 언어의 특징이 <u>아닌</u> 것은?

① 상속성(inheritance)
② 정보은폐(information hiding)
③ 공유(sharing)
④ 다형성(polymorphism)

03 데이터베이스에 저장된 각 독립적인 객체에 대해 고유한 식별자를 무엇이라고 하는가?

① 객체 은닉자
② 객체 판별자
③ 객체 생성자
④ 객체 식별자

04 한 번 사용된 OID 값은 다른 객체에 부여할 수 없다.

04 다음 중 객체 식별자의 특징이 <u>아닌</u> 것은?

① 객체 식별자의 특징은 불변성이다.

② 특정 객체에 한번 부여된 OID 값은 바뀔 수 없다.

③ 객체가 삭제된다 해도 한번 사용된 OID를 다른 객체에 부여하지 않는다.

④ 객체가 삭제되면 부여된 OID를 다른 객체에 부여할 수 있다.

05 메소드는 객체에 수행할 수 있는 연산이다. 객체의 속성 값을 검색하거나 추가·삭제·수정하는 데 주로 사용한다.

05 다음 중 객체에 수행할 수 있는 연산을 무엇이라고 하는가?

① 메소드

② 상속

③ 은닉

④ 클래스

06 객체는 클래스의 구성원으로, 클래스 인스턴스(class instance) 또는 객체 인스턴스(object instance)라고도 한다.

06 객체지향 데이터베이스에서 동일한 타입을 가지는 객체들의 집합을 무엇이라고 하는가?

① 메소드

② 상속

③ 은닉

④ 클래스

정답 　04 ④ 　05 ① 　06 ④

07 특정 객체의 속성과 해당 속성에 대한 메소드에 접근하기 위해 사용해야 되는 것은 무엇인가?

① 클래스
② 메소드
③ 메시지
④ 상속

07 특정 객체의 속성과 해당 속성에 대한 메소드에 접근하려면 메시지(message)를 사용해야 한다. 한 객체의 속성 값을 수정하고 싶으면 이 역할을 담당하는 메소드를 실행시키는 메시지를 해당 객체에 보내야 한다. 메시지는 객체에 접근하기 위한 공용 인터페이스 역할을 담당한다.

08 같은 메소드가 다른 객체 클래스에서 다른 의미를 가지는 객체지향 데이터베이스의 특징은?

① 메소드(method)
② 다형성
③ 은닉
④ 캡슐화

08 다형성의 의미는 약간 다른 방법으로 일을 하는 메소드를 동일한 이름으로 적용할 수 있는 것을 말한다.

09 하위 클래스가 상위 클래스의 특성을 가지는 것을 무엇이라고 하는가?

① 다형성
② 상속
③ 은닉
④ 캡슐화

09 상속이란 상위개념의 특징을 하위개념이 물려받는 것을 말한다. 하나의 클래스가 가지고 있는 특징(데이터와 함수)들을 그대로 다른 클래스에 물려주고자 할 때 상속성의 특징을 사용한다.

정답　07 ③　08 ②　09 ②

10　처리속도가 느린 것이 단점에 속한다.

11　객체 프로그래밍 시스템에 DBMS의 기능을 추가하려고 한 것은 ODBMS에 대한 내용이다.

12　객체와 개체의 차이점은 개체는 데이터 구성요소(component)와 관계성(relationship)으로 정의되지만 객체는 여기에 연산자(operator)도 함께 정의된다. ③은 개체에 대한 설명이다.

10 다음 중 객체지향 데이터베이스의 장점에 해당하지 <u>않는</u> 것은?

① 재사용이 가능하다.
② 확장성이 우수하다.
③ 풍부한 모델링 능력이 있다.
④ 처리속도가 상대적으로 빠르다.

11 다음 중 ODBMS와 ORDBMS의 유사점이 <u>아닌</u> 것은?

① 사용자 정의, 구조화 타입, 객체 식별자와 참조 타입, 상속 등을 지원한다.
② 집단 타입을 조작할 수 있는 질의어를 제공한다.
③ DBMS에 필요한 병행 제어나 복구와 같은 기능을 지원한다.
④ 객체 프로그래밍 시스템에 DBMS의 기능을 추가하려고 한 것이다.

12 다음 중 객체에 대한 설명으로 옳지 <u>않은</u> 것은?

① 현실 세계에 존재하는 개체를 추상적으로 표현한 것이다.
② 시스템 전체에서 유일하게 식별될 수 있는 객체 식별자(OID, Object Identifier)를 가지고 있다.
③ 데이터의 구성요소와 관계성으로 정의된다.
④ 객체 간의 관계는 객체 식별자를 사용해 참조할 수 있다.

정답　10 ④　11 ④　12 ③

13 객체에 대한 연산의 종류에 해당하지 <u>않는</u> 것은?

① 객체들을 생성하고 제거하기 위해 사용하는 연산

② 객체 값을 갱신하는 연산

③ 검색, 계산, 갱신의 복합 연산에 사용하는 연산

④ 객체의 일부를 갱신하거나 제거하기 위한 연산

13 객체의 일부를 갱신하거나 제거할 수 없다.

14 객체지향 데이터 모델의 속성에 대한 설명으로 <u>틀린</u> 것은?

① 속성은 기본으로 제공되는 데이터 타입을 도메인으로 하는 단일(원자) 값만 가질 수 있다.

② 속성은 값을 여러 개 가질 수 있다.

③ 속성은 사용자가 정의한 클래스를 도메인으로 정의할 수 있다.

④ 속성은 사용자가 정의한 클래스뿐만 아니라 해당 클래스의 하위 클래스도 도메인으로 정의할 수 있다.

14 기본으로 제공되는 데이터 타입을 도메인으로 하는 단일 값만 가질 수 있다는 것은 관계 데이터 모델의 속성에 대한 설명이다.

15 시스템에서 기본으로 제공하지 않는 사용자 정의 클래스(user-defined class)를 도메인으로 하는 속성을 가진 객체를 무엇이라고 하는가?

① 단일 객체

② 복합 객체

③ 클래스 객체

④ 식별자 객체

15 시스템에서 기본으로 제공하지 않는 사용자 정의 클래스(user-defined class)를 도메인으로 하는 속성을 가진 객체를 복합 객체라 한다.

정답 13④ 14① 15②

16 구현하는 객체들이 가진 공통적인 데이터와 기능을 도출해 내는 것을 추상화라고 한다.

16 객체들의 공통적인 특징(속성과 기능)을 뽑아내는 것으로 우리가 구현하는 객체들이 가진 공통적인 데이터와 기능을 도출해 내는 것을 의미하는 것은?

① 다형성
② 상속
③ 추상화
④ 캡슐화

17 객체의 구조를 정의할 수 있는 연산자는 타입 생성자이다.

17 다음 중 객체의 구조를 정의하는 연산은?

① 객체 인식자
② 객체 생성자
③ 타입 생성자
④ 객체 이용자

18 테이블은 관계형 데이터베이스와 관련이 있다.

18 다음 중 객체 데이터베이스와 관련이 <u>적은</u> 것은?

① 메소드
② 메시지
③ 클래스
④ 테이블

정답   16 ③   17 ③   18 ④

19 다음 중 클래스의 구성으로 옳은 것은?

① 속성과 메소드를 공유하는 객체
② 개체
③ 속성
④ 레코드

19 클래스(class)는 속성과 메소드를 공유하는 유사한 성질의 객체들을 하나로 그룹화한 것이다.

20 여러 개의 상위클래스로부터 속성과 메소드를 상속받는 것을 무엇이라고 하는가?

① 단일 상속
② 다중 상속
③ 캡슐화
④ 다형성

20 여러 개의 상위클래스로부터 속성과 메소드를 상속받는 것을 다중 상속이라 한다.

21 다음 중 복합 객체에 대한 설명으로 잘못된 것은?

① 시스템에서 기본으로 제공하지 않는 사용자 정의 클래스 (user-defined class)를 도메인으로 하는 속성을 가진 객체를 말한다.
② 사용자 정의 클래스를 도메인으로 가지는 속성은 해당 클래스에 속하는 객체 인스턴스의 객체 식별자(OID)를 값으로 가지게 된다.
③ 객체지향 시스템을 개발하게 된 주요 동기는 복합 객체들을 표현하기 위한 필요성 때문이다.
④ 시스템에서 기본으로 제공하는 클래스를 도메인으로 하는 속성을 가진 객체를 말한다.

21 시스템에서 기본으로 제공하지 않는 사용자 정의 클래스(user-defined class)를 도메인으로 하는 속성을 가진 객체를 복합 객체라 한다.

정답 19① 20② 21④

01

정답 ㉠ 캡슐화 ㉡ 상속

해설 객체지향에서 캡슐화는 데이터 구조와 데이터를 다루는 방법을 결합시켜 묶는 것을 말한다. 특정 객체가 독립적으로 역할을 제대로 수행하기 위해 데이터와 기능을 하나로 묶어 관리한다. 객체가 맡은 역할을 수행하기 위한 하나의 목적을 위해 데이터와 기능들을 묶는 것이다. 또한 이러한 기능은 다른 의미로 사용되기도 한다. 데이터를 은닉하고 그 데이터를 접근하는 기능을 노출시키지 않는다는 의미로도 캡슐화라는 용어를 사용한다. 즉 데이터를 캡슐로 보호한다는 것이다. 상속이란 상위개념의 특징을 하위개념이 물려받는 것을 말한다. 하나의 클래스가 가지고 있는 특징(데이터와 함수)들을 그대로 다른 클래스에 물려주고자 할 때 상속성의 특징을 사용한다.

02

정답 ㉠ 메소드 ㉡ 메시지

해설 메소드는 객체가 수행할 수 있는 연산이다. 객체의 속성 값을 검색하거나 추가·삭제·수정하는 데 주로 사용한다. 프로그래밍 언어로 작성한 프로그램의 함수와 유사하다고 볼 수 있다. 특정 객체의 속성과 해당 속성에 대한 메소드에 접근하려면 메시지(message)를 사용해야 한다. 한 객체의 속성 값을 수정하고 싶으면 이 역할을 담당하는 메소드를 실행시키는 메시지를 해당 객체에 보내야 한다. 메시지는 객체에 접근하기 위한 공용 인터페이스 역할을 담당한다.

✅ 주관식 문제

01 다음 설명에서 괄호 안에 들어갈 내용을 쓰시오.

> 데이터 구조와 데이터를 다루는 방법을 결합시켜 묶은 것으로 특정 객체가 독립적으로 역할을 제대로 수행하기 위해 데이터와 기능을 하나로 묶어 관리하는 것을 (㉠)(이)라 하고, 하나의 클래스가 가지고 있는 특징(데이터와 함수)들을 그대로 다른 클래스에 물려주는 것을 (㉡)(이)라 한다.

02 다음 설명에서 괄호 안에 들어갈 내용을 쓰시오.

> 객체가 수행할 수 있는 연산을 (㉠)(이)라 하고, 특정 객체의 속성과 해당 속성에 대한 메소드에 접근하려면 (㉡)을/를 사용해야 한다.

03 속성과 메소드를 공유하는 유사한 성질의 객체들을 하나로 그룹
화한 것을 무엇이라고 하는가?

04 다음 설명에서 괄호 안에 들어갈 내용을 쓰시오(단, ㉠과 ㉡의
순서는 상관없다).

> 상속이란 하나 이상의 클래스로부터 (㉠)와/과 (㉡)
> 을/를 받는 것을 나타낸다.

05

정답 ㉠ 객체 ㉡ 객체 식별자

해설 객체(object)는 현실 세계에 존재하는 개체를 추상적으로 표현한 것이다. 객체와 개체의 차이점은 개체는 데이터 구성요소(component)와 관계성(relationship)으로 정의되지만 객체는 여기에 연산자(operator)도 함께 정의된다.
객체 식별자는 데이터베이스에 저장된 각 독립적인 객체에 대해 고유한 식별자를 부여한다. 객체 식별자의 특징은 불변성이다. 즉, 특정 객체에 한번 부여된 OID 값은 바뀔 수 없다. 그래서 실세계 객체의 식별성이 보존된다. 그리고 객체가 삭제된다 해도 한번 사용된 OID를 다른 객체에 부여하지 않는다.

05 다음 설명에서 괄호 안에 들어갈 내용을 쓰시오.

> 클래스의 구성원으로, 클래스 인스턴스라고 하며 현실 세계에 존재하는 개체를 추상적으로 표현한 것을 (㉠)(이)라 하고, 데이터베이스에 저장된 각 독립적인 (㉠)에 대해 고유한 식별자를 부여하는 것을 (㉡)(이)라 한다.

06

정답 객체지향 데이터 모델

해설 객체지향 데이터 모델(Object-Oriented Data Model)은 객체와 객체 식별자, 속성과 메소드, 클래스, 클래스 계층 및 상속, 복합 객체 등을 지원하는 객체지향 개념에 기반을 둔 데이터 모델이다.

06 객체와 객체 식별자, 속성과 메소드, 클래스, 클래스 계층 및 상속, 복합 객체 등을 지원하는 객체지향 개념에 기반을 둔 데이터 모델은?

제11장

네트워크상에서의 데이터베이스 이용

I wish you the best of luck!

제11장
네트워크상에서의 데이터베이스 이용

제1절 클라이언트/서버 데이터베이스

일반적으로 상하 또는 주종 관계로 표현되는 서비스를 공급하는 제공자(서버)와 서비스를 제공받는 고객(클라이언트)의 관계를 의미한다. 호스트 컴퓨터에서 생성된 서비스를 단말기에서 받아 보는 컴퓨터 초기 단계가 발전하여 하나의 컴퓨터가 생성한 서비스를 기업 내 구내 정보 통신망(LAN)에 연결된 여러 컴퓨터가 받아 보는 공급자와 이용자 주종 관계의 분산 시스템 환경이 탄생하였으며, 인터넷의 발달로 현재는 거의 대부분의 서비스가 서비스를 요구하는 클라이언트(C)와 서비스를 제공하는 서버(S)의 C/S 구조에 근거를 두게 되었다. 또한 웹이나 메일, 파일 전송 규약(FTP) 서비스처럼 클라이언트와 서버 시스템이 분리되는 것이 일반적이나 서비스의 발전에 따라 클라이언트가 곧 서버가 되는 P2P도 등장하였다. 한편, 대부분의 컴퓨터는 네트워크의 연결 없이도 동일 컴퓨터 내에서 C/S 구조를 동작시키도록 웹 서버나 메일 서버, FTP 서버 등의 기능이 기본적으로 제공되고 있다. 서비스가 확대됨에 따라 서버의 종류가 다양화되고, 기능은 분산화되거나 모듈화되며, 클라이언트의 기능은 점점 지능화되는 것이 추세이다.

웹 페이지의 구조는 기본적으로 클라이언트/서버 구조로서 서비스를 요청하는 클라이언트와 서비스를 제공하는 서버가 통신망으로 연결되는 구조이다. 웹 구조는 통신망이 인터넷이므로 웹 클라이언트는 HTTP(Hypertext Transfer Protocol)를 이용하여 웹 서버에게 서비스를 요청하고, 웹 서버는 해당 HTML 파일을 이용하여 웹 클라이언트에게 서비스를 제공한다.

1 클라이언트/서버의 구조 중요 ★

[표 11-1] 클라이언트/서버 모델의 소프트웨어 구성요소

구성요소	기능	예시
표현 논리	사용자에게 자료의 내용을 보여주는 프로그램	Form, Browser
응용 논리	현실 문제를 해결하는 프로그램	급여 계산, 상품 주문
자료 논리	자료 연산을 수행하는 프로그램	SQL 프로그램
DBMS	데이터베이스 엔진	Access, Oracle

개인용 컴퓨터와 중앙집중식 슈퍼컴퓨터의 경우는 모든 소프트웨어 구성요소들이 한 곳에 설치되어 있는 단일 계층 모델이다. 단일 계층 모델과 달리 소프트웨어 구성요소들이 클라이언트와 서버로 분산된 것이 클라이언트/서버 모델이다. 클라이언트/서버 구조는 2계층 모델과 3계층 모델로 구분된다. 클라이언트/서버 모델은 2계층으로 시작되어 3계층으로 발전되었으며, 웹 서버 모델은 대표적인 3계층 모델이다. 클라이언트/ 서버 구조의 핵심은 [표 11-1]과 같은 4개의 소프트웨어 구성요소가 어디에 위치하는가에 있다. 기본적으로 표현 논리는 사용자가 있는 클라이언트에 주재해야 하고, 자료를 처리하는 자료 논리와 DBMS는 서버에 주재하는 것이 합리적이다. 결과적으로 응용 논리는 클라이언트와 서버에 모두 주재할 수 있다.

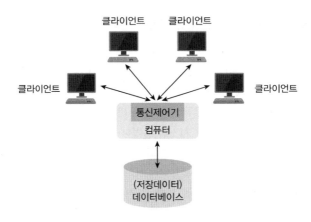

[그림 11-1] 클라이언트/서버 시스템

2 클라이언트/서버의 원리 중요 ★

(1) 2계층 모델

클라이언트/서버 구조의 2계층 모델은 응용 프로그램이 클라이언트에 있는 반면에 3계층 모델은 서버에 위치한다. 클라이언트에 표현 논리와 응용 논리가 탑재되어, 응용 프로그램이 서버의 데이터베이스에 자료를 요청하는 SQL 문장을 전송한다. 서버는 자료를 처리한 실행 결과로 얻어진 해당 레코드들을 클라이언트에 전송하고, 클라이언트는 사용자에게 표현 논리를 통하여 제시한다. 2계층 모델에서 클라이언트는 개인용 컴퓨터의 기능이 우수하기 때문에 사용자 인터페이스를 효과적으로 설계하고 운용할 수 있다.

2계층 모델은 응용 논리가 클라이언트에 있기 때문에 응용 프로그램을 갱신하려면 모든 클라이언트들이 갱신 작업을 수행해야 하는 불편함이 있다. 클라이언트의 수가 많을수록 갱신 작업은 어려워진다. 2계층 모델은 응용 프로그램이 클라이언트에 주재하기 때문에 데이터베이스 자료를 얻기 위하여 클라이언트와 서버 간에 오고 가는 통신 메시지의 횟수가 많고 응답 시간(response time)이 느리다. 따라서 2계층 모델은 클라이언트의 수가 수백 개 이상 되는 업무는 처리하기 곤란하다. 사용자 수가 적고, 자료 처리 규모가 작은 중소기업이나 대기업의 부서업무에 적합하다.

(2) 3계층 모델

클라이언트에 표현 논리가 존재하고, 응용 프로그램과 자료 논리, DBMS 등이 모두 서버에 주재한다. 사용자는 단순히 서버에게 원하는 자료를 요청하고, 서버의 응용 프로그램이 모든 자료 처리를 완료하고 사용자가 원하는 자료만을 클라이언트에게 보내준다. 클라이언트는 서버로부터 꼭 필요한 자료만 받아서 단순하게 사용자에게 보여주는 역할만 수행한다. 따라서 클라이언트와 서버 간에 전송되는 통신 메시지의 수가 적으므로 응답 시간이 짧아진다. 클라이언트는 사용자 인터페이스에 전념할 수 있어서 인터페이스 기능이 우수하다.

응용 프로그램을 갱신할 때는 서버에 있는 하나의 프로그램만 수정하기 때문에 프로그램 갱신 작업이 간단하다. 특히 클라이언트들이 넓은 지역에 분산되어 있는 경우에는 더욱 편리하다. 응용 프로그램을 컴퓨터 성능이 우수한 서버에서 실행하므로 실행 속도가 빠르다. 따라서 3계층 모델은 사용자들이 넓은 지역에 분포하고, 수가 많으며, 자료 처리 규모가 큰 대규모 업무에 적합하다.

응용 논리와 DBMS를 분리하여 다른 서버에 설치한 3계층 모델의 특징은 응용 프로그램이 다양한 자료 자원에 접근할 필요가 있기 때문에 응용 논리와 DBMS를 분리한 것이다. 응용 서버는 응용 논리에 충실할 수 있으며, 데이터베이스 서버들은 전문적으로 자신의 DBMS 환경에 적합한 자료 관리에 충실할 수 있다.

(3) 클라이언트/서버 원리

① 이기종 시스템(heterogeneous system)

응용 프로그램들이 다른 계층에서 다른 플랫폼들과 다른 소프트웨어 구성요소들의 장점을 이용할 수 있다. 다른 서버들의 환경에 영향을 주지 않고 자신에게 적합한 환경을 유지하며 코드를 수정하거나 변경하는 것이 용이하다.

② 클라이언트의 확장성

클라이언트들은 서버와 독립적으로 표현 계층에 적합한 환경을 유지할 수 있다. 클라이언트들은 다양한 환경에서 필요한 응용 서버들에 접근하여 효율적으로 원하는 서비스를 받을 수 있다.

③ 통합 자료 관리(integrated data management)

응용 서버들은 독립적으로 중앙에서 여러 자료 자원들에 접근할 수 있으며 투명하게 관리할 수 있다.

④ 소프트웨어 개발

표현 논리, 응용 논리, 자료 논리가 확실하게 분리되어 있으므로 각 논리별로 최적화하여 설계할 수 있다. 응용 논리는 중앙 집중식으로 관리하므로 수정, 보완, 유지 관리가 용이하다.

[표 11-2] 2계층과 3계층 모델의 비교

구분	2계층 모델	3계층 모델
응용 프로그램	클라이언트에 설치	서버에 설치
프로그램 관리	개별 관리	통합 관리
통신 효율(C/S 간 통신 수)	보통	우수
처리 규모/확장성	소규모/보통	대규모/우수(이기종 지원)
장점	설치 용이	프로그램 정비 용이

[표 11-2]에서 2계층과 3계층 모델의 장・단점을 비교하였다. 2계층 모델은 응용 프로그램을 클라이언트에 설치했으므로 프로그램 갱신 시에 모든 클라이언트를 갱신해야 한다. 클라이언트들을 광범위한 지역에 설치하면 프로그램을 정비하기 어렵다. 3계층에서는 사용자가 서버의 응용 프로그램을 호출하면 서버에서 통합 관리하기 때문에 모든 서비스를 해결하고 결과만 클라이언트에게 반환하므로 통신 횟수가 적다. 반면에 2계층 모델은 클라이언트에서 응용 프로그램이 서버에게 여러 번 자료를 요청해야 하므로 통신 횟수가 많아진다. 3계층은 서버만 교환하면 축소와 확장이 용이하므로 처리 규모도 쉽게 확장할 수 있다. 3계층 모델은 서버 측에서 응용 프로그램이 여러 가지 이기종 시스템을 통합 관리하는 것이 용이하다.

3 웹 서버 모델

웹 서버 모델의 구조는 기본적으로 클라이언트/서버 구조이다. 클라이언트/서버 구조는 서비스를 요청하는 클라이언트와 서비스를 제공하는 서버가 통신망으로 연결되어 협동 처리하는 시스템이다.
웹 서버 모델은 인터넷으로 연결되는 클라이언트/서버 시스템이며, 응용 프로그램이 서버에 있는 3단계 모델이다. 웹 클라이언트의 사용자는 단순히 웹 브라우저를 통하여 서버에 있는 웹 문서의 주소를 전송한다.

> **더 알아두기** 🔍
>
> **웹 페이지의 서비스 절차**
> ① 웹 브라우저에서 원하는 URL을 지정하여 인터넷으로 웹 서버에게 전송한다.
> ② 웹 서버는 자신의 주소와 일치하는 URL이 오면 접수한다.
> ③ 웹 서버는 디스크에서 해당 디렉토리에 있는 웹 문서를 검색한다.
> ④ 웹 서버는 HTML 파일을 클라이언트에게 전송한다.
> ⑤ 웹 브라우저는 HTML 파일을 화면에 출력한다.

4 클라이언트/서버 구조의 유형

클라이언트/서버 구조의 유형에는 파일 서버 모델, 데이터베이스 서버 모델, 트랜잭션 서버 모델, 어플리케이션 서버 모델 등 4가지로 나뉜다.

(1) 파일 서버 모델

서버 측은 데이터의 조회와 저장에 관여하고, 클라이언트가 대부분의 처리를 담당한다.

(2) 데이터베이스 서버 모델

클라이언트와 서버 컴퓨터에서 데이터를 관리한다.

(3) 트랜잭션 서버 모델

클라이언트와 서버가 업무를 서로 분담하는 방식으로, 업무가 고정적일 때 사용하는 방식이다.

(4) 어플리케이션 서버 모델

서버 컴퓨터에 어플리케이션을 탑재하여 저성능 클라이언트가 이 어플리케이션을 활용할 수 있도록 한다.

5 데이터베이스 미들웨어 중요 ★

데이터베이스 미들웨어는 데이터베이스의 표준인 SAG(SQL Access Group)에서 정의한 CLI(Call Level Interface)로, 하나의 애플리케이션을 특정 데이터베이스로 연결하는 소프트웨어를 말하며, 일반적으로 클라이언트에게 공통의 SQL 호출 인터페이스를 제공함으로써 여러 종류의 데이터베이스에 쉽게 접근할 수 있도록 하는 역할을 한다. 그래서 데이터베이스 미들웨어를 데이터베이스의 통로라고도 부른다. 클라이언트 서버 구조로 보면 데이터베이스 미들웨어는 2계층 구조에서 주로 사용되었다. 처음에는 지역 데이터베이스 서버의 접근을 목적으로 설계되었지만, ISO사의 RDA(Remote Data Access) 표준 구조와 IMB사의 DRDA 등에서 볼 수 있듯이 데이터베이스 미들웨어는 점차 원격 데이터베이스 접근으로의 기술 구조로 변화되었다. 데이터베이스 미들웨어에는 ODBC(Open Database Application Connectivity), IDAP(Intergranted Database Application Interface), DRDA(Distributed Relational Data Access), 객체 연결 삽입 데이터베이스가 있다.
데이터베이스 미들웨어는 네트워크에서 클라이언트와 서버가 통신하는 방법에 따라 메시지 기반, 원격절차 호출기반, 객체기반 미들웨어로 구분된다.
데이터베이스 미들웨어는 클라이언트의 SQL 요청에 대한 서버의 서비스와 이에 대한 결과를 네트워크에서 주고받는 일련의 서비스를 제공한다. 데이터베이스 미들웨어의 예로는 마이크로소프트의 ODBC(Open Database Connectivity), 볼랜드의 IDAPI, SAG(SQL Access Group)의 CLI(Call Level Interface), 오라클의 글루(Glue) 등이 있다.

(1) ODCB

마이크로소프트사에 의해 제시되었고, SAG/CLI 명세와 SQL 문법상의 API(Application Programming Interface)를 기반으로 하고 있다. 대부분 윈도우 기반 클라이언트/서버 시스템에서 사용되고, 애플리케이션과 개발 툴에서 데이터베이스를 쉽게 접근할 수 있도록 API를 제공한다. 현재 대부분의 데이터베이스 업체에서는 ODBC를 통한 데이터베이스 접근 방식을 제공하고 있고, 관련 ODBC 드라이버를 제공하기 때문에 별다른 어려움 없이 데이터베이스에 쉽게 접근할 수 있다. 그러나 클라이언트/서버 시스템에서 ODBC를 통해 데이터베이스에 접근하고자 할 때 성능의 문제가 논쟁이 되고, 동일 애플리케이션에서 여러 개의 데이터베이스에 접근하고자 할 때 여러 개의 ODBC를 번갈아 연결해야 하는 등의 문제점이 야기되고 있다.

(2) IDAPI

Inprise사에서 만들어진 데이터베이스 미들웨어로 ODBC의 경쟁 상품이다. IDAPI는 클라이언트가 원거리 데이터베이스에 접근할 때 용이하도록 설계된 것으로, 원거리 서버에 드라이버를 상주시켜 많은 클라이언트들이 원거리의 같은 드라이버에게 접근하는 것을 허락함으로써 데이터베이스 미들웨어를 사용한 2계층 클라이언트/서버 시스템에서 좋은 성능을 낼 수 있도록 설계되었다. 현재 ODBC를 제공하는 여러 업체에서도 이러한 기법을 이용하고 있다.

(3) RDA/DRDA

RDA와 DRDA는 제품이 아닌 표준이다. RDA는 개발자들에게 데이터베이스에 접근하는 표준 방식을 제공하여 클라이언트가 여러 개의 데이터베이스에 동시에 접근할 수 있게 해준다. DRDA는 IBM사의 데이터베이스 접속 표준으로 다양한 플랫폼 환경에서 쉽게 여러 데이터베이스와 연결을 제공한다. 이들은 데이터베이스 미들웨어가 지역에 있는 하나의 데이터베이스와의 단순 연결에서 원격지에 있는 다양한 데이터베이스의 접속에 대한 표준을 제공하고 있다. 이러한 구조를 가진 데이터베이스 미들웨어들을 SQL 게이트웨이라고 말하는데, 많이 사용된 제품 중에 EDA/SQL(Enterprise Database Access/ Structured Query Language)도 여기에 해당한다.

제 2 절 웹 데이터베이스

World Wide Web 서비스, 즉 인터넷 서비스는 누구나 쉽게 사용할 수 있다는 장점 때문에 인터넷의 대중화를 이루어 냈다. 초기의 인터넷 서비스는 단순한 정보 검색 기능만 필요했지만, 인터넷이 활성화됨에 따라 전자상거래, 디지털 라이브러리 등과 같은 다양한 분야에서 대량의 데이터를 관리해야 하는 새로운 유형의 웹 서비스가 출현하였다.

새로운 유형의 웹 서비스에서 대용량 데이터를 효율적으로 관리하려면 데이터베이스 시스템의 기능이 반드시 필요하다. 이러한 이유로 웹 서비스와 데이터베이스 시스템을 통합한 웹 데이터베이스가 등장하게 되었다. 웹 데이터베이스(web database)는 웹 서비스의 특성과 데이터베이스 시스템의 데이터 관리 기능을 통합한 것으로 다양한 웹 서비스 분야에서 활용할 수 있다.

웹 데이터베이스의 올바른 수행을 위해서는 웹 서비스와 데이터베이스 시스템을 연결해주는 미들웨어(middleware)가 필요하다. 웹 서비스는 미들웨어를 통해 데이터베이스 시스템의 기능을 제공받는다. 그래서 미들웨어를 데이터베이스 통로(database gateway)라고도 한다. 미들웨어를 구현하는 방법은 두 가지로 분류할 수 있다. 첫째는 미들웨어를 통해 데이터베이스에 접근하는 프로그램을 웹 서버 쪽에 위치시키는 서버 확장 방법이고, 둘째는 클라이언트 쪽에 위치시키는 클라이언트 확장 방법이다. 둘 중에서 서버 확장 방법을 주로 이용한다.

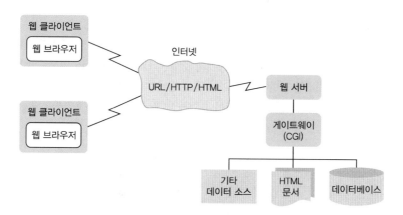

[그림 11-2] 웹 데이터베이스 시스템의 구조

1 웹 데이터베이스의 개념과 장점 중요 ★★

(1) 웹 데이터베이스의 개념

웹 페이지는 다른 컴퓨터에 있는 문서를 단순한 클릭으로 읽을 수 있는 문서를 말한다. 웹 페이지 이전에는 다른 컴퓨터의 문서를 보려면 복잡한 통신 절차를 거쳐야 했는데 이제는 클릭 한번이면 자동적으로 상대방의 문서를 볼 수 있다. 이런 웹은 인터넷 통신이 가능한 모든 사람이 접근할 수 있다.

인터넷 분산 처리 시스템 환경에서 모든 작업은 클라이언트–서버 구조를 기본으로 이루어진다. 웹 페이지는 텍스트 기반의 문서에 그림과 음성 등이 포함된 하이퍼 텍스트 개념으로 한 페이지에서 다른 페이지로 링크를 이용하여 이동하면서 세계 각지의 페이지들에 접근할 수 있다.

기본적인 웹 페이지는 웹 서버에 저장된 문서를 웹 클라이언트를 통해 사용자에게 보여주는 웹 문서이다. 웹 문서는 웹 브라우저를 통해 표현되는데 HTML 명령으로 작성되며, HTML 문서는 변동이 적은 고정된 문서를 표시하는 데 편리하다.

컴퓨터 기술이 발전하여 각종 멀티미디어 자료들이 웹 페이지에 반영되고 데이터베이스를 효율적으로 연결할 필요성이 대두되었다. 실시간으로 변동되는 자료를 보고 싶은 사용자들은 더 이상 간단한 HTML로 만족할 수 없어 XML과 같은 새로운 생성 언어와 다양한 도구들이 개발되고 있다.

웹에 있는 정보들은 동일하지 않고 형식 또한 모두 다르다. 기본적으로 여러 사이트에 분산되어 있고 사용방식도 이전에 없던 형태이기 때문에 전통적인 기능과 성능을 향상시키는 것 이상의 DBMS가 필요하다.

(2) 웹 데이터베이스의 장점

방대한 정보를 축적하고 데이터를 효율적으로 처리하려면 데이터베이스 시스템의 활용이 불가결하다는 인식은 이전부터 있었다. 또, 인터넷으로 대표되는 웹 환경이 데이터 공유 수단으로서 매우 뛰어나다는 점도 최근 수년간의 경험으로 이미 증명되었다. 이 데이터베이스 시스템과 웹 환경의 결합인 웹 데이터베이스 시스템의 실현에는 많은 기대를 가지고 있는데, 이러한 웹 데이터베이스의 장점은 다음과 같다.

① **데이터 공유 범위의 확대**

웹 데이터베이스의 첫 번째 매력은 데이터 공유 범위를 인터넷 세계로까지 확대할 수 있다는 점이다. 이는 현재의 e비즈니스로의 대응에 있어서 서서히 실현되고 있는 점이고, 앞으로의 비즈니스 스타일을 생각할 때 필수불가결한 기반이다. 데이터 공유 범위의 확대는 인트라넷과도 관계가 있다. 사내의 웹 데이터베이스에는 영업활동 중인 직원이나 회사 밖의 직원, 재택근무 직원도 웹을 통해서 간단히 접속하여 데이터를 공유할 수 있다.

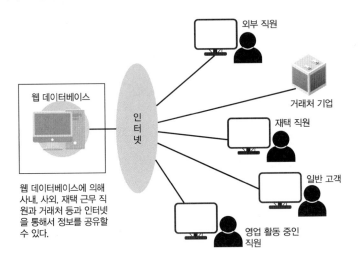

[그림 11-3] 데이터 공유 범위의 확대

② **부담의 분산과 정보 관리의 통일**

3층 구조의 웹 데이터베이스 시스템을 구성함으로써 지금까지 DBMS에 집중됐던 부담을 분산할 수 있다. 그리고 웹 데이터베이스를 토대로 여러 대의 DBMS 서버와 파일 서버를 배치하면 웹을 중심핵으로 한 웹 애플리케이션 서버 시스템 구축도 용이해진다. 그 결과, 지금까지 웹이나 DBMS, 파일 서버 등 각각 관리되고 있었던 기업의 정보 관리 시스템을 일원화할 수 있게 된다.

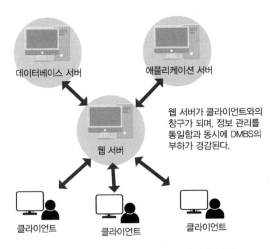

[그림 11-4] 부담의 분산과 정보 관리의 통일

③ 애플리케이션 개발의 부담 경감

클라이언트 서버의 DBMS 환경에서 관리자의 커다란 부담이 되었던 것이 클라이언트 애플리케이션의 개발과 보수이다. 그러나 웹 데이터베이스의 클라이언트 측에서 필요로 하는 애플리케이션은 넷스케이프 내비게이터와 인터넷 익스플로러 등의 브라우저뿐이며, 클라이언트 PC에 처음부터 설치되어 있기 때문에 사용자 인터페이스를 통일할 수 있다. 또, 지금까지의 사용자 교육의 부담과 불필요한 지출을 줄일 수 있게 되었다.

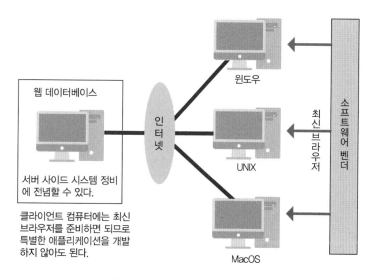

[그림 11-5] 애플리케이션 개발의 부담 경감

④ 용이한 보안 관리

웹 데이터베이스는 지금까지 웹과 DBMS 구조의 보안 관리를 일체화할 수 있게끔 하였다. 그 결과, 동일 대책에 사용자 인증과 접근 범위를 설정할 수 있으며, 알기 쉬운 보안 시스템을 구축할 수 있다.

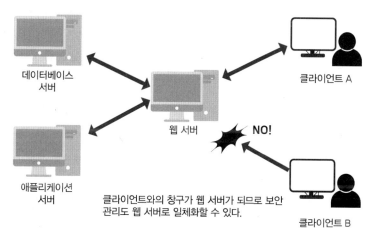

[그림 11-6] 용이한 보안 관리

2 웹 데이터베이스 구성요소 `중요` ★★

(1) 데이터베이스 미들웨어

웹 서버와 데이터베이스 시스템을 연결해주는 **미들웨어**가 필요하다. 웹 서버는 미들웨어를 통해 데이터 베이스 시스템의 자료를 제공받을 수 있다. 데이터베이스 미들웨어는 네트워크에서 클라이언트와 서버가 통신하는 방법에 따라 메시지기반, 원격절차 호출기반, 객체기반 미들웨어로 구분된다.

(2) 웹 서버

클라이언트의 자료 요청에 미들웨어를 통해 데이터베이스 시스템의 자료를 제공받아 클라이언트에 응답 (제공)한다.

(3) 웹 클라이언트

서버에게 서비스를 요청하는 컴퓨터 프로세스(= front-end application)를 뜻하는 것으로, 브라우저를 통해 점보를 검색하면 서버에 의해 정보를 제공받게 된다.

(4) 데이터베이스 시스템

데이터베이스에 데이터를 저장하고, 저장된 데이터를 관리하여 조직에 필요한 정보를 생성해주는 시스 템으로 웹 서버가 미들웨어를 통해 자료를 제공받는다.

3 웹과 데이터베이스의 연동 방법

웹 데이터베이스의 올바른 수행을 위해서는 웹 서비스와 데이터베이스 시스템을 연결해주는 미들웨어 (middleware)가 필요하다. 웹 서비스는 미들웨어를 통해 데이터베이스 시스템의 기능을 제공받는다. 그래서 미들웨어를 데이터베이스 통로(database gateway)라고도 한다. 미들웨어를 구현하는 방법은 두 가지로 분류할 수 있다. 첫째는 미들웨어를 통해 데이터베이스에 접근하는 프로그램을 웹 서버 쪽에 위치시키는 서버 확장 방법이고, 둘째는 클라이언트 쪽에 위치시키는 클라이언트 확장 방법이다. 둘 중에서 서버 확장 방법을 주로 이용한다.

(1) 간접연결(서버 확장 방식)

웹 브라우저와 데이터베이스가 웹 서버를 경유하여 연결되는 방법으로 웹 브라우저와 데이터베이스 간 연결이 지속되지 않고 상태 정보가 유지되지 않는다. 그리고 웹 페이지 이동 시 데이터베이스에 대한 새로운 연결을 설정할 필요가 없기 때문에 편리하다. 대표적으로 CGI, Java 서블릿(Servlet)을 이용하는 방법과 웹 서버를 확장하는 방법이 있다.

대표적인 간접 연동 방식인 CGI를 이용한 데이터베이스 연동 기법이다. CGI는 폼에 있는 인수들을 서버 측 응용 프로그램들에게 어떻게 전달하는지를 정의하는 프로토콜이다. 웹 서버가 프로그램을 실행시킬 때는 새로운 프로세스를 생성하고 CGI 규약을 이용하여 이 프로세스와 교신한다. 이 프로세스의 결과물로 HTML 문서를 만들어서 클라이언트에 제공한다.

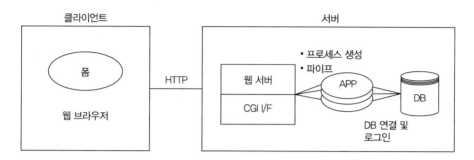

[그림 11-7] CGI를 활용한 데이터베이스 연동 기법

① 장점
   ㉠ 데이터베이스와 웹의 가장 단순한 통합 방법이다(가장 많이 사용되고 있음).
   ㉡ 기존의 웹 서버와 브라우저를 변경하지 않고 그대로 사용 가능하다.
   ㉢ 기존의 URL, HTML, HTTP를 수정하지 않고도 사용할 수 있다.

② 단점
   ㉠ 사용자 질의를 처리할 때마다 새로운 프로세스를 생성해야 한다(새로운 데이터베이스 연결 및 로그인이 필요함).
   ㉡ 호환성이 떨어지고 CGI 자체의 문제점인 자원의 낭비와 처리속도 저하 문제를 내포한다.
   ㉢ 호출과 결과 전달이 간접적이고 CGI 게이트웨이를 통해 발생한다.

(2) 직접 연결(브라우저 확장 방식)

웹 브라우저 내의 응용 프로그램과 데이터베이스 간의 연결 지속 및 상태 정보를 유지하고, 웹 브라우저 내의 응용 프로그램을 통해 사용자와 데이터베이스 간의 직접 통신이 가능한 방식이다. 다운로드가 가능한 동적 응용 프로그램이 브라우저 내에 반드시 필요하다. 데이터베이스에 접속하기 위해서는 데이터베이스 미들웨어가 필요하다.

대표적인 직접 연동 방법으로 ODBC/JDBC를 이용한 데이터베이스 연동 기법이 있다. 이 방법은 이기종 데이터베이스를 효율적으로 지원할 수 있다. 그러나 데이터베이스 변경 시 재구축이 필요하다.

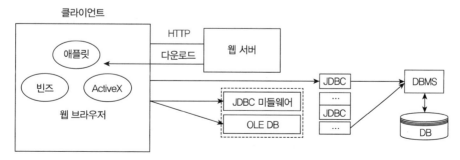

[그림 11-8] ODBC/JDBC를 이용한 데이터베이스 연동 기법

4 웹 데이터베이스 고려사항 _{중요}★

(1) 웹 기술과 객체 기술이 통합되어야 한다. 현재 웹을 분산 객체 시스템으로 볼 수 있으며 HTML 페이지는 URL로 식별되는 객체로 여길 수 있다.

(2) 여러 가지 서로 다른 데이터베이스 시스템을 사용해서 데이터를 저장하는데 그 종류가 다양하다. 서로 이질적인 데이터의 원천을 통합하여 접근이 용이해야 한다.

(3) 웹 브라우저와 웹 서버의 연결에서 보안 취약점이 발생하여 위험이 발생할 수 있다. 웹 서버에서 암호화를 수행하며 보안성 있는 프로토콜(SSL)을 이용하여 클라이언트와 연결한다.

(4) 사용자는 시스템에 접속하여 한 세션이 진행되는 동안 중간에 끊어지지 않도록 보장해줄 것을 기대한다. 응용 서버는 한 세션이 시작하고 종료하는 시점을 탐지하고 각 개인의 세션들을 추적 및 감시하는 기능이 있다.

5 웹 데이터베이스 구현 기술

데이터베이스는 통합 개발환경을 지원해야 한다. 한 응용 프로그램이 여러 개의 DBMS에 접근하려면 각 DBMS별로 접근할 수 있는 응용 프로그램을 각각 작성해서 실행해야 한다. 이런 문제를 해결하는 방법이 ODBC와 JDBC이다. ODBC는 개방적으로 여러 가지 DBMS를 자유롭게 사용할 수 있게 해주는 미들웨어이다. 말하자면 표준화된 인터페이스를 이용하여 데이터베이스에 접근할 수 있다. 사용자 계정과 패스워드를 이용하여 보안을 유지하기 위해 사용자 인증 기능을 제공해야 한다. 그리고 자바, 자바스크립트, VB스크립트, C++로 만든 CGI 프로그램 등을 호출하여 동적 페이지 기술을 적용해야 한다. 동적 페이지란 웹 페이지의 HTML 파일을 자동화하는 기술이다. 정적 페이지는 기존에 만들어진 페이지를 제공하는 기술이고, 동적 페이지는 서비스 요청 시에 웹 서버에서 프로그램이 새로운 페이지를 만들어서 제공하는 기술이다.

○×로 점검하자

※ 다음 지문의 내용이 맞으면 ○, 틀리면 ×를 체크하시오. [1~7]

01 일반적으로 클라이언트는 서버에 정보를 제공하고 서버는 정보를 제공받는다. (   )

>>>🔍 일반적으로 서버는 정보를 제공해주고, 클라이언트는 서버로부터 정보를 제공받는다.

02 서버 측은 데이터의 조회와 저장에 관여하고, 클라이언트가 대부분의 처리를 담당하는 유형은 데이터베이스 서버 구조 방식이다. (   )

>>>🔍 서버 측은 데이터의 조회와 저장에 관여하고, 클라이언트가 대부분의 처리를 담당하는 클라이언트/서버 구조는 파일 서버 구조 방식이다.

03 일반적으로 클라이언트는 서버에 정보를 제공하고 서버는 정보를 제공받는다. (   )

>>>🔍 일반적으로 서버는 정보를 제공해주고, 클라이언트는 서버로부터 정보를 제공받는다.

04 서버 측이 데이터의 조회와 저장에 관여하고, 클라이언트가 대부분의 처리를 담당하는 유형은 데이터베이스 서버 구조 방식이다. (   )

>>>🔍 서버 측이 데이터의 조회와 저장에 관여하고, 클라이언트가 대부분의 처리를 담당하는 클라이언트/서버 구조는 파일 서버 구조 방식이다.

05 클라이언트와 서버가 업무를 서로 분담하는 방식으로, 업무가 고정적일 때 사용하는 방식은 트랜잭션 방식이다. (   )

>>>🔍 클라이언트와 서버가 업무를 서로 분담하는 방식으로, 업무가 고정적일 때 사용하는 방식은 트랜잭션 방식이다.

06 데이터베이스의 통로라고 불리며, 웹 서비스와 데이터베이스 시스템을 연결해주는 것을 DBMS라고 한다. (   )

>>>🔍 웹 데이터베이스의 올바른 수행을 위해서는 웹 서비스와 데이터베이스 시스템을 연결해주는 미들웨어(middleware)가 필요하다.

07 사용자 수가 적고, 자료 처리 규모가 작은 중소기업이나 대기업의 부서업무에 적합한 방식은 클라이언트/서버에서 3계층 모델이다. (   )

>>>🔍 사용자 수가 적고, 자료 처리 규모가 작은 중소기업이나 대기업의 부서업무에 적합한 방식은 클라이언트/서버에서 2계층 모델이다. 클라이언트에 응용 논리가 있으므로 클라이언트가 많은 방식에서는 적당하지 않다.

정답 **1** × **2** × **3** × **4** × **5** ○ **6** × **7** ×

01 클라이언트/서버 모델의 소프트웨어 구성요소는 표현 논리, 응용 논리, 자료 논리, DBMS이다.

02 클라이언트/서버는 시스템의 확장이나 축소가 용이하지 않다.

03 클라이언트/서버 구조의 유형에는 파일 서버 구조 방식, 데이터베이스 서버 구조 방식, 트랜잭션 서버 구조 방식, 어플리케이션 서버 구조 방식이 있다.

정답 01 ④ 02 ④ 03 ③

---

01 클라이언트/서버 모델의 소프트웨어 구성요소에 속하지 <u>않는</u> 것은?

① 표현 논리
② 응용 논리
③ DBMS
④ 전송 논리

02 다음 중 클라이언트/서버의 장점이 <u>아닌</u> 것은?

① 응용 프로그램들이 다른 계층에서 다른 플랫폼들과 다른 소프트웨어 구성요소들의 장점을 이용할 수 있다.
② 클라이언트들은 다양한 환경에서 필요한 응용 서버들에 접근하여 효율적으로 원하는 서비스를 받을 수 있다.
③ 통합 자료 관리가 가능하다.
④ 시스템의 확장이나 축소가 용이하다.

03 다음 중 클라이언트/서버 구조의 유형이 <u>아닌</u> 것은?

① 파일 서버 구조 방식
② 데이터베이스 서버 구조 방식
③ 정보 서버 구조 방식
④ 어플리케이션 서버 구조 방식

04 다음 중 웹 데이터베이스의 고려사항이 <u>아닌</u> 것은?

① 동일한 데이터 원천들의 통합
② 여러 데이터 원천들이 함께 관련되는 트랜잭션
③ 응용 서버가 알고 있는 일반 목적용 사용자 식별자를 통해서 데이터베이스에 접근
④ 응용 서버는 한 세션이 시작하고 종료하는 시점을 탐지하고 각 개인의 세션들을 추적 및 감시하는 기능

04 웹 데이터베이스는 이질적인 데이터 원천들의 통합을 고려해야 한다.

05 웹 데이터베이스의 장점으로 거리가 <u>먼</u> 것은?

① 데이터 공유 범위의 확대
② 부담의 분산과 정보 관리의 통일
③ 애플리케이션 개발의 부담 경감
④ 보안 관리의 어려움

05 웹 데이터베이스의 장점으로는 데이터 공유 범위의 확대, 부담의 분산과 정보 관리의 통일, 애플리케이션 개발의 부담 경감, 용이한 보안 관리 등을 들 수 있다.

06 웹 서비스의 특성과 데이터베이스 시스템의 데이터 관리 기능을 통합한 것으로 다양한 웹 서비스 분야에서 활용할 수 있는 것은?

① 분산처리 시스템
② 데이터 마이닝
③ 웹 데이터베이스
④ 클라이언트/서버

06 웹 데이터베이스(web database)는 웹 서비스의 특성과 데이터베이스 시스템의 데이터 관리 기능을 통합한 것으로 다양한 웹 서비스 분야에서 활용되고 있다.

정답 04 ① 05 ④ 06 ③

07 웹 데이터베이스의 구성요소로는 미들웨어, 웹 서버, 웹 클라이언트, 데이터베이스 시스템 등을 들 수 있다.

07 웹 데이터베이스의 구성요소가 <u>아닌</u> 것은?

① 미들웨어
② 웹 서버
③ 웹 클라이언트
④ 파일 시스템

08 클라이언트/서버의 원리는 클라이언트의 확장성, 자료 통합 관리, 이기종 시스템, 소프트웨어 개발 등이 있다.

08 클라이언트/서버의 원리와 거리가 <u>먼</u> 것은?

① 클라이언트의 확장성
② 자료 통합 관리
③ 동기종 시스템
④ 소프트웨어 개발

09 2계층 모델은 프로그램을 개별 관리하고 3계층 모델은 프로그램을 통합 관리한다.

09 클라이언트/서버의 2계층 모델의 특징이 <u>아닌</u> 것은?

① 응용 프로그램을 클라이언트에 설치한다.
② 프로그램을 통합 관리한다.
③ 처리규모가 소규모이고 확장성이 3계층보다 우수하지 못하다.
④ 설치가 용이하다.

정답 07 ④ 08 ③ 09 ②

✅ 주관식 문제

01 다음 설명에서 괄호 안에 들어갈 내용을 쓰시오.

> 웹 서버와 데이터베이스 시스템을 연결해주는 것으로 웹 서버는 (   )을/를 통해 데이터베이스 시스템의 자료를 제공받을 수 있다.

01

[정답] 미들웨어

[해설] 웹 서버와 데이터베이스 시스템을 연결해주는 것으로 웹 서버는 미들웨어를 통해 데이터베이스 시스템의 자료를 제공받을 수 있다.

02 웹 서비스의 특성과 데이터베이스 시스템의 데이터 관리 기능을 통합한 것으로 다양한 웹 서비스 분야에서 활용할 수 있는 것을 무엇이라고 하는지 쓰시오.

02

[정답] 웹 데이터베이스

[해설] 웹 데이터베이스(web database)는 웹 서비스의 특성과 데이터베이스 시스템의 데이터 관리 기능을 통합한 것으로 다양한 웹 서비스 분야에서 활용되고 있다.

여기서 멈출 거예요? 끝까지 바로 눈앞에 있어요.
마지막 한 걸음까지 SD에듀가 함께할게요!

제12장

데이터베이스 확장과
응용 기술

제1절 데이터 웨어하우스
제2절 빅데이터와 데이터 마이닝
실제예상문제

I wish you the best of luck!

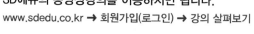

흔히 데이터베이스는 컴퓨터 분야의 오랜 학문으로, 크게 바뀌는 내용이 없다고 생각한다. 하지만 데이터베이스도 다양한 방면으로 계속 변화를 시도하고 있다. 비효율적이고 불편한 기능을 수정하고 새 기능을 추가하기도 한다. 관계 데이터 모델이 적합하지 않은 분야를 위해 새로운 데이터 모델이 제안되기도 한다. 4차 산업혁명 시대에는 데이터가 힘이고 나라의 경쟁력이 되고 있다. 이 데이터를 효과적으로 분석하고 사용할 수 있도록 데이터 분석 기술이 계속적으로 발전하고 있다. 효율적인 데이터 분석 능력은 인공지능, 기업의 매출 증대, 국가의 국정 운영 등 다양한 분야에 활용되고 있다.

지금까지 우리는 데이터베이스 관리 시스템의 내부 구조 및 성능뿐만 아니라 데이터베이스의 모델링, 설계, 기능에 관해 알아보았다. 이번 장에서는 데이터베이스가 응용되는 다양한 분야에 대해 살펴본다. 또한 데이터 웨어하우스와 현재 각광받고 있는 빅데이터, 그리고 데이터 마이닝에 대해 알아보도록 한다.

제 1 절 　 데이터 웨어하우스

다양한 분야에서 데이터를 관리하고 처리하기 위해 데이터베이스 시스템을 이용하는 것이 보편화되고, 기술의 발달로 인해 데이터베이스에 저장하는 데이터의 양이 크게 증가하였다. 그래서 데이터베이스에 많은 양의 데이터를 효과적으로 저장하는 것도 중요하지만 사용자가 원하는 데이터를 빠르게 검색하여 제공하는 기능이 무엇보다 중요하게 되었다. 데이터베이스에 저장된 엄청난 양의 데이터를 분석하여 사용자에게 필요한 정보를 효율적으로 추출하는 일은 결코 쉽지 않다.

여러 데이터베이스에서 필요한 정보를 추출하는 경우에는 더 복잡하다. 특히 기업과 같은 대규모 조직에서 정보 시스템에 저장된 데이터를 분석하고 요약하여 추출한 유용한 정보를 의사결정에 이용하는 의사결정 지원 시스템(DSS : Decision Support System)이 많이 사용되면서, 데이터베이스에 저장된 많은 데이터 중에서 의사결정에 도움이 되는 데이터를 빠르고 정확히 추출할 수 있는 방법에 대한 연구가 많이 이루어졌다. 그중 한 가지 방법이 데이터 웨어하우스다.

1 데이터 웨어하우스의 등장 배경

정보화 사회에서 효율적으로 경쟁하기 위해서는 경쟁사들보다 시장 상황을 잘 파악할 수 있는 능력과 이를 바탕으로 중요한 사업 방향을 과학적이고 효율적으로 결정할 수 있는 환경이 필요하다. 일반적으로 데이터들은 여러 가지 형태를 가지고 있으며, 그 속성 또한 저장된 데이터베이스에 따라 다양하고 방대하다. 기업 측면에서 보면 고객, 수요, 매출, 결과 데이터들은 이기종 플랫폼과 다양한 원천으로부터 수집되는 경우가 많기 때문에 정보 관리에 어려움이 생기며, 경영진이나 분석가들은 데이터 중에서도 빠르고 정확한 의사결정을 위한, 단순하면서도 잘 요약된 데이터와 정보를 필요로 한다.

① **기존의 전산 시스템 환경**
  ⊙ 운영 시스템
    실제 사용되는 데이터가 실시간으로 저장, 운영되는 OLTP(On Line Transaction Processing) 시스템
  ⓛ 정보처리 시스템
    운영 시스템에서 데이터를 백업받아 장표를 만드는 일종의 데이터 분석 시스템

② **기존 시스템의 문제점**
  ⊙ 데이터를 신속하게 분석·예측하기 어렵다.
  ⓛ 통합된 보고서를 작성하기 어렵다.
  ⓒ 비정형화된 장표를 만드는 시간이 많이 걸린다.

③ **데이터 웨어하우스 시스템의 필요성**
  이러한 기존 시스템의 문제점을 보완하기 위하여 통합데이터베이스 방식의 시스템이 제안되기도 하였으나, 비정형화된 결과 생성을 위한 프로그래밍, 개발 기간의 장기화 등의 단점으로 새로운 시스템을 요구하게 되었다. 기존 데이터베이스와 데이터 웨어하우스의 차이점은 다음 표와 같다.

[표 12-1] 기존 데이터베이스와 데이터 웨어하우스의 차이점

구분	기존 데이터베이스	데이터 웨어하우스
기능	업무 프로세스	의사결정
데이터 형태	기능별 상세 데이터	주제별 요약 데이터
데이터 조작	read/write/update/delete	read only
지향방향	신속한 처리	다차원 분석 제공

④ **데이터 웨어하우스가 등장할 수 있었던 기술적 요인**
  ⊙ 대형컴퓨터 성능의 급속한 발전
  ⓛ 대용량 병렬 컴퓨팅을 지원하는 관계형 데이터베이스 관리 시스템(RDBMS)의 등장
  ⓒ 많은 데이터베이스 웨어하우스 구축을 위한 도구 출현
  ⓡ 데이터하우징에 소요되는 대규모 데이터를 관리 가능

2 데이터 웨어하우스의 개념과 특징 중요 ★★

데이터 웨어하우스(data warehouse)는 데이터베이스 시스템에서 의사결정에 필요한 데이터를 미리 추출하여, 이를 원하는 형태로 변환하고 통합한 읽기 전용의 데이터 저장소이다. 데이터 웨어하우스는 데이터베이스 시스템 하나를 대상으로 할 수도 있고 여러 개를 대상으로 할 수도 있다.

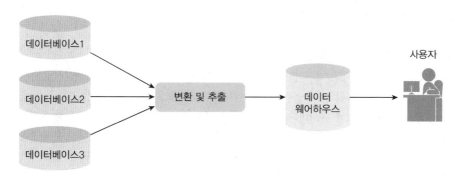

[그림 12-1] 데이터 웨어하우스의 개념

데이터 웨어하우스는 급증하는 다량의 데이터를 효과적으로 분석하여 정보화하고 이를 여러 계층으로 사용자들이 효과적으로 사용할 수 있도록 한 데이터베이스이다.

데이터 웨어하우스가 등장하게 된 것은 전사적인 데이터 통합을 통한 정보의 효율적인 분석이 필요하게 되었고, 신속하고 정확한 의사결정으로 경쟁력을 확보하기 위하여 의사결정용 데이터베이스의 필요성이 대두되었기 때문이다.

데이터 웨어하우스에는 다양한 원본 데이터베이스로부터 정제되어 추출된 데이터만을 저장하고 필요한 인덱스를 생성한다. 이후, 데이터의 다차원 분석 도구로 데이터 웨어하우스를 분석하여 효율적인 의사결정에 필요한 자료를 얻는다.

데이터 웨어하우스도 데이터베이스의 일종이지만 일반 데이터베이스와는 여러 가지 차이가 있다. 일반 데이터베이스는 운영 데이터의 집합으로, 트랜잭션에 의해 데이터의 삽입·삭제·수정을 수행하는 트랜잭션 처리 중심의 업무를 위한 것이다. 반면 데이터 웨어하우스는 의사결정을 위한 정보의 집합으로, 검색 위주의 의사결정 업무를 위한 것이다. 그리고 일반 데이터베이스는 최신의 데이터를 유지하지만, 데이터 웨어하우스는 올바른 의사결정을 위해 현재의 데이터와 과거의 데이터를 함께 유지하는 경우가 많다. 데이터 웨어하우스가 일반 데이터베이스와 다른 주요 특징 몇 가지는 다음과 같다.

(1) 주제 지향적(subject-oriented) 내용이다.

일반 데이터베이스가 업무 처리 중심의 데이터로 구성된 반면, 데이터 웨어하우스는 의사결정이 필요한 주제를 중심으로 데이터를 구성한다. 쉽게 말해, 일반 데이터베이스는 의사결정에 필요 없어도 업무 처리에 필요한 데이터를 모두 유지하지만, 데이터 웨어하우스는 의사결정에 필요한 주제와 관련된 데이터만 유지한다. 일반 데이터베이스는 업무 담당자가 업무를 처리할 때 주로 사용하지만 데이터 웨어하우스는 의사결정자인 최고 경영자나 데이터 분석가 등이 사용하기 때문에 데이터를 좀 더 이해하기 쉬운 형태로 제공하기 위해 주제 지향적 특징을 가진다.

(2) 통합된(integrated) 내용이다.

데이터 웨어하우스는 여러 데이터베이스에서 필요한 데이터를 추출하여 의사결정에 필요한 분석 및 비교 작업을 지원한다. 구조가 다른 여러 데이터베이스에서 데이터를 추출할 때는 이름이나 타입 등에서 충돌이 발생할 수 있다. 예를 들어, 서로 다른 두 데이터베이스에서 추출한 데이터가 이름은 같지만 내용이 다르거나, 타입이 다른 경우를 생각해볼 수 있다. 데이터 웨어하우스는 내부적으로 데이터가 항상 일관된 상태를 유지하도록 여러 데이터베이스에서 추출한 데이터를 통합하여 저장하는 특징이 있다.

(3) 시간에 따라 변하는(time-variant) 내용이다.

일반 데이터베이스는 현재의 데이터만 유지하지만 데이터 웨어하우스는 올바른 의사결정을 위해 현재와 과거 데이터를 함께 유지한다. 해당 시점의 데이터를 주기적으로 유지해두는 것이다. 이는 중요한 순간마다 사진을 찍어두는 것과 유사하다. 데이터 웨어하우스가 저장하고 있는 각 시점의 데이터를 스냅샷(snapshot)이라 한다. 데이터 웨어하우스가 이처럼 과거와 현재의 데이터를 동시에 유지하는 이유는 데이터 간의 시간적 관계나 동향을 분석하여 의사결정에 반영할 수 있도록 하기 위해서이다.

(4) 비소멸성(non-volatile)을 가진 내용이다.

일반 데이터베이스에 저장된 데이터는 추가·삭제·수정 작업이 자주 발생한다. 하지만 데이터 웨어하우스는 검색 작업만 수행되는 읽기 전용의 데이터를 유지한다. 물론 계획된 정책에 따라 정기적인 데이터 변경이 이루어지기는 하지만, 트랜잭션 단위로 변경 작업을 처리하는 일반 데이터베이스와는 다르다. 검색 작업 위주의 데이터 웨어하우스는 삽입·삭제·갱신(수정) 이상이 발생할 염려가 없어, 검색의 효율성을 고려하여 설계하는 경우가 많다.

[표 12-2] 데이터 웨어하우스의 특징

특징	의미
주제 지향성(subject-oriented)	업무 중심이 아닌 주제 중심
통합성(integrated)	혼재한 DB로부터의 데이터 통합
시계열성(time-variant)	시간에 따른 변경 정보를 나타냄
비휘발성(non-volatile)	데이터 변경 없이 리포팅을 위한 read only 사용

더 알아두기 🔍

데이터 웨어하우스의 5가지 데이터 형태

데이터 웨어하우스의 데이터 형태는 메타 데이터(meta data), 현재 상세 데이터(current detail data), 과거 상세 데이터(older detail data), 약간 요약된 데이터(lightly summarized data) 그리고 고도로 요약된 데이터(highly summarized data) 이렇게 5가지로 나눌 수 있다.

[표 12-3] 데이터 웨어하우스의 데이터 형태

구분	의미
메타 데이터	• 데이터를 데이터 웨어하우스에 어떤 데이터를 어떻게 저장할 것인지를 세부적으로 기술하는 '설명자'의 역할을 수행 • 오퍼레이션 시스템의 데이터 구조를 데이터 웨어하우스로 매핑(mapping)하기 위해 필요한 데이터를 요약하는 데 사용되는 알고리즘을 포함
현재 상세 데이터	• 대개 디스크에 저장된 데이터 • 가장 최근의 변경사항을 반영하고 저장 • 가장 하위 레벨에 위치하므로 대부분 양이 방대
과거 상세 데이터	• 가끔씩 필요에 의해 액세스되는 데이터로서 테이프와 같은 저장장치에 저장 • 현재의 상세 데이터도 정의되는 시간 개념에 따라 과거의 상세 데이터로 바뀌게 됨
약간 요약된 데이터	• 주로 디스크에 저장 • 현재의 상세 데이터를 약간 요약한 것
고도로 요약된 데이터	• 주로 디스크에 저장 • 간결하게 요약되어 쉽게 액세스가 가능 • 약간 요약된 데이터로부터 재차 요약된 데이터

데이터 웨어하우스의 구조는 [그림 12-2]와 같다.

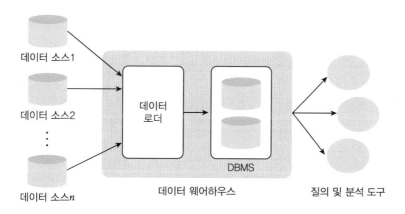

[그림 12-2] 전형적인 데이터 웨어하우스 구조

데이터 웨어하우스는 여러 가지 면에서 전통적인 운영 데이터베이스와 차이가 있다. 기본적으로 데이터베이스는 운영 데이터(operational database)의 집합이고 데이터베이스 시스템은 DBMS를 포함한 소프트웨어 일체를 말한다.

데이터 웨어하우스는 정보의 집합이면서 지원 시스템이다. 그러나 운영 데이터베이스는 트랜잭션 중심의 응용을 위한 것인 반면, 데이터 웨어하우스는 의사결정 지원 응용을 위한 것이다. 그래서 이 데이터 웨어하우스는 데이터 검색을 위해 최적화되는 것이지 트랜잭션 처리를 위해 최적화되는 것은 아니다. 또한 대부분의 트랜잭션 중심의 데이터베이스와 달리 데이터 웨어하우스는 통상적인 데이터베이스에서 관리되는 데이터보다 과거의 데이터를 더 많이 요구하는 시계열(time-series)이나 동향 분석(trend analysis) 작업에도 아주 적합하다.

트랜잭션 시스템에서는 데이터 변경의 단위나 주체가 트랜잭션이 되는 반면에, 데이터 웨어하우스에서는 정보의 변경 단위가 훨씬 크고 계획된 정책에 따라 재생되며 그 내용이 점증적인 것이 보통이다. 특히 데이터 웨어하우스의 갱신은 웨어하우스의 데이터 수집을 담당하는 서브모듈이 취급한다.

데이터 웨어하우스는 데이터 분석과 질의 처리를 위해 최적화된 판독 전용(read-only) 데이터베이스라 말할 수 있다. 통상적으로 데이터는 다양한 소스로부터 추출되는데 데이터 웨어하우스에 적재되기 전에 변환되고 통합된다. 사용자는 데이터 웨어하우스를 전위 시스템 도구 또는 특정 포맷에다 데이터를 추출하는 응용 소프트웨어를 통해 접근한다.

의사결정 지원 시스템을 위한 데이터 웨어하우스는 대량의 데이터를 포함해야 되기 때문에 그 크기가 소스 데이터베이스보다 몇 십 배 이상 크다. 수십 테라바이트와 같은 초대형의 데이터는 엔터프라이즈 데이터 웨어하우스나 데이터 마트들이 감당해야 할 또 하나의 어려운 문제이다. 여기서 데이터 마트는 하나의 단일 주제로 부서(department)와 같이 기관의 일부 소수 몇 사람의 의사결정을 지원하는 작은 데이터 웨어하우스를 말한다. 따라서 기업이 한꺼번에 대형 데이터 웨어하우스를 구축하기가 어려운 경우에 점진적인 방법으로 먼저 소수의 데이터 마트를 구축하고 활용해 가면서 확장해 나가는 측면에서 이 데이터 마트는 아주 유용하다.

데이터 웨어하우스의 장·단점은 다음과 같다.

장점	단점
• 높은 투자 수익률을 얻을 수 있다. • 타사에 비하여 경쟁 우위를 획득할 수 있다. • 의사결정자의 생산성을 향상시킬 수 있다.	• 기존 시스템과 명확한 역할 설정을 하지 못하면 업무의 혼란을 초래할 수 있다. • 추출 기준에 맞지 않는 데이터의 입력, 갱신, 삭제가 발생하면 불일치 문제가 발생할 수 있다. • 의사결정을 위한 충분한 데이터가 확보되지 않으면 정확한 결과를 도출할 수 없다. • 과다한 자원을 사용하게 되고 유지 보수가 어렵다.

3 다차원 데이터 모델

의사결정 지원 시스템이 데이터 웨어하우스를 이용하여 그 기능을 효율적으로 구현하기 위해서는 고도의 복잡한 데이터 분석을 지원할 수 있는 도구가 필요하다. 대규모의 다차원 데이터를 동적으로 온라인에서 분석하고, 통합하고, 보고서를 만드는 일체의 작업을 OLAP라 한다.

의사결정자들이 필요로 하는 다양한 질의들은 최첨단의 복잡한 데이터 분석 작업이 요구된다. 이 중에서 특별히 GROUP-BY나 집계 연산(avg, sum, min, max, count)을 포함하는 질의와 복잡한 불리언 조건식, 통계함수, 시계열 분석 등을 포함하는 응용들을 지원할 수 있어야 하는데 이런 응용들이 모두 OLAP 응용에 속한다. OLAP의 목표는 전략적 의사결정을 안내하기 위해 데이터베이스의 정보를 사용하는 것이다. 여기에 사용되는 데이터베이스는 보통 그 규모가 아주 크지만 항상 완전히 정확하거나 최신의 것이 될 필요는 없다. 더욱이 OLAP 응용들은 OLAP에서와 같은 빠른 응답시간을 요구하지 않는다. 이런 OLAP 응용들은 질의가 복잡하며, 데이터 갱신은 드물고, 트랜잭션들은 데이터베이스의 상당한 부분에 접근한다는 특징을 가지고 있다. 이 OLAP를 수행하는 도구들은 데이터가 주로 다차원 배열 구조라는 전제 하에 만들어진 질의들을 지원한다. 데이터를 다차원 배열로 볼 때에는 3차원 이상도 될 수 있다. OLAP 응용에서는 데이터 집단을 다차원 배열로 표현할 수 있다. 따라서 데이터 웨어하우스의 구조는 자연히 이런 OLAP 도구나 데이터베이스 질의어와 같은 사용자 도구에 의해 영향을 받게 된다.

4 다차원 집계 결의

(1) 집계 연산

많은 OLAP 질의문은 사실 테이블에 있는 데이터의 집계와 연관되어 있다. 예를 들면 각 판매점(B-ID)의 제품(I-id)별 판매 총액(Total)을 검색하는 질의문은 다음과 같다.

```
SELECT S.B-id, S.I-id, SUM(S.Total)
FROM SALES S
GROUP BY S.B-id, S.I-id;
```

이 질의문의 결과는 테이블로 생성한다. 결과 테이블은 판매 총액의 집계 값으로 셀이 채워진 2차원 큐브로 기술되었다. 이 집계는 모든 TIME 차원을 포함하는 것이기 때문에 결과는 TIME 차원이 생략된 2차원 큐브로 줄어들었다.

[표 12-4] 모든 TIME 차원에 대해 판매점별 제품별 판매 총액

SUM(Total)		B-id		
		B1	B2	B3
I-id	I1	132	100	340
	I2	323	190	222
	I3	544	80	210
	I4	342	300	180

> **더 알아두기** 🔍
>
> **사실 테이블**
> 테이블이 분석할 데이터의 모든 사실을 포함하는 테이블

차원 테이블은 애트리뷰트의 상세 정도에 대해 계층이 형성된다. 따라서 이 질의문은 다시 다음과 같이 계층의 상위 레벨에 대해 만들 수 있다.

```
SELECT S.I-id, B.Region, SUM(S.Total)
FROM SALES S, BRANCH B
WHERE B.B-id = S.B-id
GROUP BY B.Region, S.I-id;
```

이 질의문의 결과는 각 Region에 대해 제품(I-id)별 판매 총액이 집계된 테이블을 생성한다.

만일 질의가 이 차원 계층을 따라 위에서 아래로 내려갈 때 즉, 연도별 집계에서 월별 집계를 계산하는 것과 같이 일반적인 것에서부터 상세한 것으로 질의를 하는 것을 드릴다운(drill-down)이라 한다. 반대로 질의가 일별, 주별, 월별처럼 차원 계층을 위로 올라가면서 상세한 질의로부터 보다 일반적인 질의를 하는 것을 롤업(roll-up)이라 한다.

OLAP 데이터베이스의 데이터를 다차원 큐브로 보고 이 차원들의 일부를 검색하는 것을 피벗이라 한다.

(2) ROLLUP과 CUBE 연산자

크로스탭은 실제로 행과 열에 대한 소계와 전체에 대한 총계를 포함하는 행과 열이 추가된 테이블을 의미한다. 이런 크로스탭을 생성하기 위해 종래의 SQL 명령문을 사용한다고 하면 보통 다음과 같은 3개의 SQL 명령문을 사용해야 한다.

다음 SQL 명령문은 테이블 엔트리의 데이터를 생성한다.

```
SELECT S.B-id, S.I-id, SUM(S.Total)
FROM SALES S
GROUP BY S.B-id, S.I-id;
```

다음 SQL 명령문은 테이블의 행들에 대한 소계를 계산한다.

```
SELECT S.I-id, SUM(S.Total)
FROM SALES S
GROUP BY S.I-id;
```

다음 SQL 명령문은 테이블의 컬럼에 대한 소계를 계산한다.

```
SELECT S.B-id, SUM(S.Total)
FROM SALES S
GROUP BY S.B-id;
```

원하는 결과 테이블을 위해서는 먼저 모든 시간에 대해, 다음에 모든 시간에 대한 I-id별, 그리고 모든 시간에 대한 B-id별로 계산한 3개의 집계가 필요하고 각각은 상이한 GROUP BY 절로 계산해야 하므로 위 3개의 명령문이 필요하다.

이러한 질의문은 모두 독립적으로 하나씩 계산하는 것은 시간적으로나 컴퓨팅 자원 면에서 낭비가 된다. 첫 번째 질의문은 두 번째 질의문과 세 번째 질의문이 필요로 하는 작업을 실제로 이미 많이 해 놓고 있다. 그래서 그 결과를 저장해서 B-id와 I-id에 대한 집계를 계산할 때 이용한다면 두 번째 질의문과 세 번째 질의문을 보다 효율적으로 계산할 수 있다. 이런 데이터 큐브에 대한 효율적인 계산 절차는 OLAP에서 아주 중요하다.

위의 세 SQL 명령문과 다음의 SQL 문은 동등하다.

```
SELECT S.B-id, S.I-id, SUM(S.Total)
FROM SALES S
GROUP BY CUBE(S.B-id, S.I-id);
```

한 가지 유의할 것은 이 결과 테이블에서 NULL이라고 표현된 것은 해당 컬럼 애트리뷰트의 모든 값(all)을 의미한다.

ROLLUP도 CUBE와 비슷한데 상이한 것은 매개변수의 모든 부분집합에 대해 집계하는 대신 오른쪽에서 왼쪽으로 이동하면서 부분집합을 생성한다. 이 CUBE도 GROUP BY 절의 옵션으로 SQL에 포함되었다.

CUBE 대신 ROLLUP이 사용된 다음 SELECT 명령문을 살펴보자.

```
SELECT S.B-id, S.I-id, SUM(S.Total)
FROM SALES S
GROUP BY ROLLUP(S.B-id, S.I-id);
```

이 구문은 제일 먼저 GROUP BY S.B-id, S.I-id를 사용해서 집계 단위가 가장 작은 것을 계산한다. 다음에는 GROUP BY S.B-id를 사용해서 두 번째로 큰 레벨의 집계를 계산한다. 그리고 마지막으로 총계를 계산하는데 이것은 매개변수가 없는 공백 GROUP BY 절에 해당한다.

(3) CUBE 연산자를 이용한 실체적인 뷰

CUBE 연산자는 나중에 제출되는 질의문을 실행할 때 사용할 수 있도록 사실 테이블의 모든 차원에 대한 집계를 미리 계산해서 저장해두기 위해서도 사용된다.

뷰들은 미리 실체화시켜 놓으면 전체 OLAP 응용을 통해 질의문들의 실행을 가속화시키는 데 사용될 수 있다. 물론 이런 실체화된 뷰는 저장 공간이 추가로 요구되기 때문에 실체화할 뷰의 수는 제한을 받게 된다. 갱신은 자주 일어나지 않기 때문에 뷰 갱신 문제는 이슈가 되지 않는다.

5 OLAP 구현 기법

OLAP는 대규모의 다차원 데이터를 동적으로 온라인에서 분석하고, 통합하고 보고서를 만드는 과정을 말한다. OLAP는 다차원으로 이루어진 데이터로부터 통계적인 요약 정보를 분석하여 의사결정에 활용하는 방식을 말한다. OLAP 시스템은 데이터 웨어하우스나 데이터 마트와 같은 시스템과 상호 연관되는 시스템이다. 데이터 웨어하우스가 데이터를 저장하고 관리한다면 OLAP는 데이터 웨어하우스의 데이터를 전략적인 정보로 변환시키는 역할을 한다. OLAP는 중간 매개체 없이 이용자들이 직접 컴퓨터를 이용하여 데이터에 접근하는 데 있어 필수적인 시스템이라 할 수 있다.

(1) OLAP의 종류

① ROLAP(Relational OLAP)

관계형 데이터베이스와 관계형 질의어를 사용하여 다차원 데이터를 저장하고 분석한다.

② MOLAP(Multi-dimension OLAP)

다차원 데이터를 저장하기 위해 특수한 구조의 다차원 데이터베이스를 사용하고 데이터 검색 속도를 향상시킨다.

③ HOLAP(Hybrid OLAP)

ROLAP와 MOLAP의 특성을 모두 가지고 있으며, 빠른 검색이 필요한 경우에는 요약을 메모리에 저장하고 기본 데이터나 다른 요약들은 관계형 데이터베이스에 저장한다.

(2) OLAP 구현 기법

OLAP 응용은 주로 특이하고 복잡한 질의문으로 구성된다. 특히 통상적인 OLAP 질의들은 다차원 데이터 모델을 기반으로 만들어진다.

OLAP 응용을 위한 데이터는 그 양이 대형이지만 비교적 정적이고 갱신이 자주 일어나지 않는다. OLAP 시스템의 구현 기법은 대부분 이런 OLAP 응용의 기술적 특성에 기초를 두고 있다. 더구나 이러한 기법들은 대부분 결과의 일부를 미리 계산해 놓는 방법과 인덱스를 이용하고 있다. 결과의 일부를 미리 계산해 놓는 것은 활동 중인 OLAP 응용 속에 질의가 포함되어 있는 경우와 같이 질의가 미리 알려진 경우에 특별히 유용하다. 이것은 또한 데이터베이스 설계자나 관리자가 어떤 질의가 요구될 것이라는 것을 미리 예측하거나 알고 있을 때 임시방편식 질의를 위해 사용될 수도 있다.

이를 위한 한 가지 기법은 자주 사용되는 집계를 미리 계산해서 OLAP 데이터베이스에 저장하는 것이다. 이것은 차원 계층의 일부 레벨에 대한 집계도 포함한다. 이때 물론 ROLLUP을 할 수 있는 기초 집계를 계산해서 저장해두면 더욱 OLAP의 성능을 증진시킬 수 있을 것이다. 이 OLAP 데이터는 자주 변경되지 않기 때문에 이런 집계 값들을 유지하는 오버헤드는 큰 문제가 되지 않는다.

또 다른 기법은 앞으로 요구될 질의를 예상하고 인덱스를 만들어 관리하는 것이다. 데이터의 갱신은 드물기 때문에 인덱스 관리 유지비용은 거의 최소가 될 수 있다. 이런 인덱스의 예에는 조인과 비트맵 인덱스가 있다.

① 스타 조인과 조인 인덱스

스타 스키마에서 스타 조인이라고 하는 릴레이션의 조인은 조인 인덱스라고 하는 특별한 인덱스 구조를 이용해서 최적화될 수 있다. 거의 모든 최신 DBMS들은 스타 조인을 식별해서 최적화할 수 있는 능력을 가지고 있다.

② 비트맵 인덱스

비트맵 인덱스는 아주 적은 수의 값들만 취하는 인덱싱 애트리뷰트에 특별히 유용하다. 이런 애트리뷰트는 OLAP 응용에서 자주 일어난다. 예를 들어, BRANCH 테이블의 Region 애트리뷰트는 오직 4개의 값, North, South, East, West만 취한다. 만일 BRANCH 테이블이 총 10,000 행을 가지고 있다면 이 BRANCH에 대한 비트맵 인덱스는 4비트 벡터를 포함하게 되는데 이것은 40,000비트, 즉 5킬로바이트의 총 저장 공간을 요구하게 된다. 이런 정도 크기의 인덱스는 메인메모리에 쉽게 상주시킬 수 있어서 해당 인덱스 값을 가진 레코드에 대해 빠른 접근을 제공할 수 있다.

(3) OLAP 연산

① Roll-up

분석할 항목에 대해 한 차원의 계층 구조를 따라 단계적으로 구체적인 내용의 상세 데이터로부터 요약된 형태의 데이터로 접근하는 기능

② Drill-down

분석할 항목에 대해 한 차원의 계층 구조를 따라 단계적으로 요약된 형태의 데이터로부터 구체적인 내용의 상세 데이터로 접근하는 기능

③ Drill-through

데이터 웨어하우스나 OLTP에 존재하는 상세 데이터에 접근하는 기능

④ Drill-across

다른 데이터 큐브의 데이터에 접근하는 기능

⑤ Pivoting

보고서의 행, 열, 페이지 차원을 바꾸어 볼 수 있는 기능

⑥ Slicing

다차원의 데이터 항목들을 다양한 각도에서 조회하고 자유롭게 비교하는 기능

⑦ Dicing

Slicing을 더 세분화하는 기능

제 2 절   빅데이터와 데이터 마이닝

최근 정보통신의 발달과 모바일 인터넷 및 소셜 미디어의 확산과 더불어 기하급수적인 정보량의 증가로 인해 빅데이터 및 빅데이터 처리 기술이 IT 분야의 화두로 떠오르고 있다. 또한 기업 및 국가 차원의 빅데이터 분석과 활용은 폭증하는 데이터, 즉 빅데이터가 경제적으로 자산이 되고 있는 시대가 도래하였음을 말해준다. 기존의 처리 범위를 넘어선 대용량 데이터를 빅데이터라고 한다면, 빅데이터란 개념은 과거에도 존재했다. 과거에는 기가바이트나 테라바이트의 데이터를 빅데이터로 볼 수 있었을 것이다. 하지만 최근에는 테라바이트를 넘어서 페타·엑사·제타·요타바이트까지 빠르게 데이터 크기가 늘어나고 있다. 이미 과거부터 존재해왔던 빅데이터가 최근 갑자기 떠오르는 이유는 무엇일까? 이전에는 분석할 수 없었던 데이터들이 정형/비정형 데이터 처리 기술을 통해 기존의 데이터 처리 및 분석에 활용할 수 있는 대량의 데이터가 축적되고 있기 때문이다.

30년 전의 PC의 메모리, 하드디스크의 용량과 최신 PC, 노트북 사양을 비교해보면 과거에 비해 데이터가 폭발적으로 늘어났다는 것을 실감할 수 있을 것이다. 특히 스마트 단말기와 SNS 등으로 대표되는 다양한 정보 채널의 등장과 이로 인한 정보의 생산·유통·보유량의 증가로 인하여 데이터가 기하급수적으로 증가하고 있다(조성우, 2012).

데이터 마이닝이란 과거에는 알지 못했지만 데이터 속에서 유도된 새로운 데이터 모델을 데이터베이스로부터 발견하여, 미래에 실행 가능한 정보를 추출해내고 의사결정에 이용하는 과정을 말한다. 즉, 데이터에 숨겨진 패턴과 관계를 찾아내어 광맥을 찾아내듯이 정보를 발견해내는 것이다. 여기에서 정보 발견이란 데이터에 고급 통계 분석과 모델링 기법을 적용하여 유용한 패턴과 관계를 찾아내는 과정이다. 데이터베이스 마케팅의 핵심 기술이라고 할 수 있다.

1 빅데이터 개념과 3V 특성 중요 ★★★

(1) 빅데이터의 등장 배경

인터넷이 일상화된 최근 10년 사이 인류는 디지털 데이터가 폭증하는 데이터 홍수(data deluge) 현상에 직면하게 되었다. 2007년부터 전 세계적으로 생성된 디지털 정보량이 사용 가능한 저장 공간을 초과하기 시작하였으며, 정보량이 기하급수적으로 증가하여 2020년 현재 관리해야 할 정보량이 전보다 약 50배 급증하였고 10배 많은 서버가 필요하게 되었다.

최근 기술발전에 따른 데이터 저장 및 처리 비용의 하락, 소셜 네트워크 서비스의 확대 등으로 막대한 데이터 폭발이 진행 중이며, 앞으로 도로, 건축물 등에 내장된 임베디드 시스템(embedded system)에서 막대한 데이터가 생성됨에 따라 디지털 정보량의 증가와 대규모 데이터가 중대 이슈로 부각되면서 '빅데이터'의 중요성이 증가되고 있다.

빅데이터란 기존의 관리 및 분석 체계로는 감당할 수 없을 정도의 거대한 데이터의 집합을 지칭한다. 과거 빅데이터는 천문·항공·우주정보·인간게놈·정보 등 특수 분야에 한정됐으나 정보통신기술의 발달에 따라 전 분야로 확산되었으며, 대규모 데이터와 관계된 기술 및 도구(수집·저장·검색·공유·분석·시각화 등)도 데이터 범주에 포함된다.

데이터는 정보사회를 움직이는 핵심 연료인 만큼 '빅데이터'로서의 환경 변화는 정보사회의 패러다임을 견인할 정도로 큰 힘을 발휘하게 되었다.

전 세계 빅데이터 시장의 매출은 2018년 420억 달러에서 2027년 1,030억 달러로 연간 약 10.48%의 성장률을 보일 것으로 전망된다. 이 중에서 빅데이터 애플리케이션 및 분석 시장은 2018년 50억 달러에서 2026년 194억 달러로 연평균 15.49%의 성장률을 보일 것으로 전망된다. 또한 비관계성 분석 데이터 저장소 분야는 2015년에서 2020년 사이에 연평균 38.6%의 성장률을 보일 것으로 나타나 빅데이터 분야에서 가장 성장세가 높을 것으로 보인다(NIA, 2018).

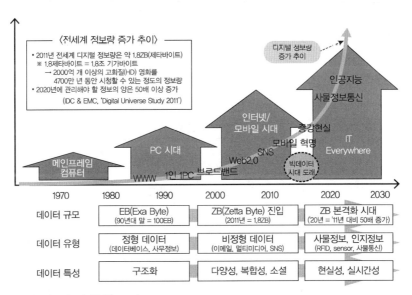

자료원 : 한국정보화진흥원(2011. 7)

[그림 12-3] 전 세계 정보량 증가 추이

(2) 빅데이터의 개념

최근 빅데이터(big data)가 우리 사회의 핵심 키워드로 등장하고 있다. 빅데이터는 새로운 개념이 아니다. 이는 1990년 이후 인터넷의 확산과 함께 정형화된 정보와 비정형 형태의 정보가 무수히 발생하게 되면서 정보 홍수(information overload)나 정보 폭발(information explosion)이라는 개념으로 논의되었고, 오늘날 '빅데이터'라는 개념으로 이어지게 된 것이다.

① 위키피디아(wikipedia)에서는 빅데이터를 '기존 데이터베이스 관리 도구의 데이터 수집·저장·관리·분석의 역량을 넘어서는 대량의 정형 또는 비정형 데이터 세트 및 이러한 데이터로부터 가치를 추출하고 결과를 분석하는 기술'로 정의하였다.

② 국가전략위원회에서는 '대용량 데이터를 활용·분석하여 가치 있는 정보를 추출하고 생성된 지식을 바탕으로 능동적으로 대응하거나 변화를 예측하기 위한 정보화 기술'이라 정의하였다.

③ 삼성경제연구소는 '빅데이터란 기존의 관리 및 분석 체계로는 감당할 수 없을 정도의 거대한 데이터의 집합으로 대규모 데이터와 관계된 기술 및 도구(수집·저장·검색·공유·분석·시각화 등)를 모두 포함하는 개념'으로 정의하였다.

빅데이터의 정의는 데이터 규모와 기술 측면에서 출발했으나 빅데이터의 가치와 활용 효과 측면으로 의미가 확대되는 추세이다. 빅데이터는 고객 정보와 같은 정형화된 자산정보(내부)뿐만 아니라 외부 데이터 및 비정형·소셜·실시간 데이터 등이 복합적으로 구성되어 있다.

(3) 3V 특성

빅데이터의 특징으로 일반적으로 **규모**(volume), **다양성**(variety), **속도**(velocity)의 3V로 대변된다. 그러나 최근 빅데이터의 특징에는 이 3V에 **정확성**(veracity), **가치**(value)가 추가되어 5V가 빅데이터의 구성요소로 불리고 있다.

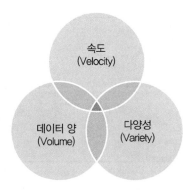

[그림 12-4] 빅데이터 3V

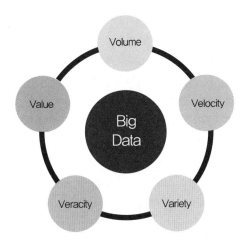

[그림 12-5] 빅데이터 5V

① 규모(volume)

데이터의 발생량으로, 페타바이트, 제타바이트 이상의 정보를 기준으로 한다. 물리적인 크기뿐만 아니라 데이터의 '속성'과도 연관되어 있으며 그것을 처리하는 데 어려움이 있는지 혹은 없는지를 의미한다.

② 다양성(variety)

기존의 전통적인 기업 분석은 데이터베이스에서 관리하는 구조적인 데이터로, 수치 및 텍스트가 주를 이루었다. 하지만 빅데이터 분석에는 통일된 구조로 정리하기 어려운 비정형 데이터 분석이 전체 중 90% 이상을 차지하며 사진, 동영상 등 기존의 구조화된 데이터가 아닌 다양한 형태의 데이터가 포함된다. 빅데이터는 데이터의 정형화 정도에 따라 **정형**(structured), **반정형**(semi-structured), **비정형**(unstructured) 데이터로 분류된다.

정의	설명
정형 (structured)	고정된 필드에 저장된 데이터 예 관계형 데이터베이스, 스프레드시트
반정형 (semi-structured)	고정된 필드에 저장되어 있지는 않지만, 메타 데이터나 스키마 등을 포함하는 데이터 예 XML이나 HTML 텍스트
비정형 (unstructured)	고정된 필드에 저장되어 있지 않은 데이터 예 텍스트 분석이 가능한 텍스트 문서 및 이미지/동영상/음성 데이터

③ 속도(velocity)

데이터를 처리하는 속도로 배치 분석만을 의미하는 것이 아니라 필요에 따라서 수많은 사용자 요청을 실시간으로 처리한 후 처리 결과를 반환해주는 기능에 대한 시간적 의미와 연관된다. 다시 말해서, 데이터의 생성과 처리가 진행되는 속도를 말하며, 의미는 세 가지로 구분된다. 데이터가 발생 후 기업 내의 스토리지에 저장되기까지의 속도와 발생한 데이터의 불필요 부분과 무의미한 부분을 처리하여 가용하게 되는 수준까지의 속도, 그리고 정제된 데이터를 분석하고 의미를 추출하여 최종 목적을 달성 하는 속도까지 말한다. 이러한 속도는 데이터의 접근성과 사용 가능성을 높이는 데 많은 영향을 준다.

④ 정확성(veracity)

데이터에 부여할 수 있는 신뢰 수준을 말하는 것으로 높은 데이터 품질을 유지하는 것은 빅데이터의 중요한 요구 사항이다. 하지만 최상의 데이터 정제(data cleansing) 기법을 사용해도 날씨나 경제, 고객의 미래 구매 결정 같은 일부 데이터의 본질적인 불확실성은 제거할 수 없다. 소셜 네트워크와 같은 인간 환경에서 생산되는 데이터는 신뢰하기가 어렵고 미래는 예측하기 어려우며, 사람과 자연, 보이지 않은 시장의 힘 등이 빅데이터의 다양한 불확실성의 형태로 나타난다.

⑤ 가치(value)

가치는 빅데이터 저장을 위해 IT 인프라 구조 시스템을 구현하는 비용을 말한다. 빅데이터의 규모는 엄청나며 대부분은 비정형적인 텍스트와 이미지 등으로 구성되어 있다. 이 데이터들은 시간이 지남에 따라 빠르게 전파되면서 변화하므로 그 전체를 파악하고 일정한 패턴을 발견하기가 쉽지 않아 가치의 중요성이 강조된다.

[표 12-5] 빅데이터의 5가지 구성요소

구분			주요 내용
5V	3V	규모 (volume)	기술적인 발전과 IT의 일상화가 진행되면서 해마다 디지털 정보량이 기하급수적으로 폭증 → 제타바이트 시대로 진입
		다양성 (variety)	• 로그기록, 소셜, 위치, 소비, 현실데이터 등 데이터의 종류 증가 • 텍스트 이외의 멀티미디어 등 비정형화된 데이터 유형 다양화
		속도 (velocity)	• 사물정보(센서, 모니터링), 스트리밍 정보 등 실시간성 정보 증가 • 실시간성으로 인한 데이터 생성, 이동(유통) 속도 증가 • 대규모 데이터 처리 및 가치 있는 현재정보(실시간) 활용을 위해 데이터 처리 및 분석 속도가 중요
	2V	정확성 (veracity)	• 빅데이터의 특성상 방대한 데이터들을 기반으로 분석 수행 • 데이터 분석에서 질이 높은 데이터를 활용하는 것이 분석의 정확도에 영향을 끼침
		가치 (value)	• 빅데이터가 추구하는 것은 가치 창출 • 빅데이터 분석을 통해 도출된 최종 결과물은 기업이 현재 당면하고 있는 문제를 해결하는 데 통찰력 있는 유용한 정보 제공

(4) 빅데이터 활용을 위한 3요소

빅데이터를 성공적으로 활용하기 위한 전략의 추진과 관련된 3대 요소로 빅데이터 **자원**, 빅데이터 플랫폼, 빅데이터 분석 기술 및 데이터 분석 기법 등 **기술**, 그리고 빅데이터 사이언티스트로 대표되는 **인력** 등을 들 수 있다.

① 자원(활용할 수 있는 빅데이터 발견하기)

미래에는 빅데이터를 핵심 자원으로 인식하고, 필요한 정보를 뽑아낼 수 있도록 자원을 키워나가는 것이 중요한 선공 전략이다. 주어진 빅데이터를 관리하고 처리하는 측면과 함께, 활용할 수 있는 외부 빅데이터 자원을 발견하고 확보하는 전략이 필요하다.

② 기술(빅데이터 프로세스와 신기술 이해하기)

빅데이터가 데이터 자체뿐만 아니라 관련 도구나 플랫폼, 분석 기법까지 포괄하는 용어로 확장되어 ICT 패러다임의 변화를 견인하고 있다.

③ 인력(데이터 사이언티스트 역량 키우기)

기술과 분석 도구가 뛰어나도 실제 성과를 낼 수 있는 것은 이를 활용하고 적용하는 사람의 역량에 의해 좌우된다. 데이터 처리와 분석 능력을 갖춘 인력은 ICT 분야뿐만 아니라 대부분의 기업과 조직에서 필수적으로 확보해야 할 핵심 인력이다.

구성요소	내용
자원(resource)	• 정형, 반정형, 비정형 데이터를 실시간으로 수집한다. • 수집된 데이터를 전처리 과정을 통해 품질을 향상시킨다.
기술(technology)	• 분산 파일 시스템을 통해 대용량 데이터를 분산 처리한다. • 데이터 마이닝 등을 통해 데이터를 분석 및 시각화한다. • 데이터를 스스로 학습, 처리할 수 있는 AI 기술을 활용한다.
인력(people)	• 통계학, 수학, 컴퓨터공학, 경영학 분야 전문지식을 갖춘다. • 도메인 지식을 습득하여 데이터 분석 및 결과를 해석한다.

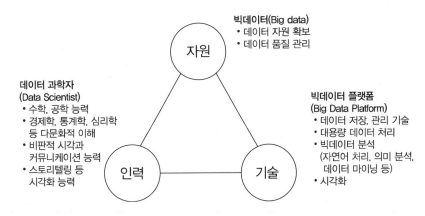

[그림 12-6] 빅데이터 활용을 위한 3대 요소

2 데이터 마이닝 개념 중요 ★★

데이터 마이닝은 대용량의 데이터, 데이터베이스 등에서 감춰진 지식, 기대하지 못했던 경향, 새로운 규칙 등의 유용한 정보를 발견하는 과정으로, 데이터 마이닝을 통해 정보의 연관성(순차 패턴, 유사성 등)을 파악함으로써 가치 있는 정보를 만들어 의사결정에 적용할 수 있다. 다시 말해, 데이터 마이닝이란 대규모로 저장된 데이터 안에서 체계적이고 자동적인 통계적 규칙이나 패턴을 찾아내는 일련의 작업을 뜻한다. 특히, 인간의 시선으로 수집된 빅데이터를 한 번에 조망하고 그것으로부터 인사이트(insight)를 이끌어내는 것이 거의 불가능해지면서 데이터 마이닝을 기반으로 한 다양한 자동화 도구로 인사이트를 찾아내는 것이 필수가 되었다. 즉, 수습 불가능한 형태가 된 대규모 데이터로부터 의미를 찾아내는 데에 있어 데이터 마이닝의 중요도가 급상승하고 있다는 것이다. 즉, 기업이 보유하고 있는 일일 거래 자료, 고객 자료, 상품 자료, 마케팅 활동의 피드백 자료와 기타 외부 자료를 포함하여 사용 가능한 데이터를 기반으로 숨겨진 지식, 기대하지 못했던 패턴, 새로운 법칙과 관계를 발견하고 이를 실제 경영의 의사결정 등을 위한 정보로 활용하자는 것이다.

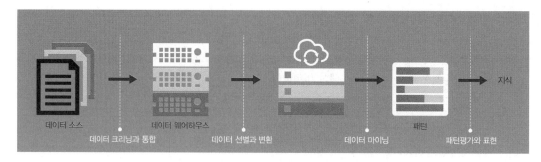

[그림 12-7] 데이터 마이닝 과정

3 빅데이터 분석과 분석 프로세스 중요 ★★★

(1) 빅데이터 분석

빅데이터 시대에는 데이터가 IT에서 분리된 독립적인 주체로 발전하며, IT의 주도권이 인프라, 기술, SW에서 데이터로 전이되었다. 최근 빅데이터가 이슈가 되자 데이터 분석의 중요성과 다양한 데이터 마이닝 기법이 새롭게 조명되고 있다.

마이닝(mining)이란 광산에서 광물을 캐낸다는 의미로서, 정보화 사회인 현재에는 다량의 적재된 데이터에서 숨겨진 패턴과 관계 등을 파악해 의사결정이나 미래를 전망할 수 있는 유용한 정보를 추출한다는 의미로 사용되고 있다.

빅데이터 처리의 특징을 만족하게 하기 위해 다양한 스토리지, 컴퓨팅 기술 및 분석 기법들이 개발되었다. 디지털 시대에는 쌓여 있는 데이터 속에서 유용하고, 가치 있는 정보를 찾기 위한 노력이 끊임없이 진행 중이며, 실생활 속에서 축적되는 다양한 유형의 데이터가 증가할수록 데이터의 활용가치는 무한히 상승하고 있다. 마이닝 기법은 기업의 의사결정, 마케팅, 고객관리뿐만 아니라 금융, 의학, 교육, 환경 등이 분야에서 혁신적으로 적용되고 있다(정지선, 2012). 그리고 최근 소셜 미디어 등 비정형 데이터의 증가로 인해 다음과 같은 분석 기법이 주목받고 있다.

① 데이터 마이닝

데이터 마이닝은 대용량의 데이터, 데이터베이스 등에서 감춰진 지식, 기대하지 못했던 경향, 새로운 규칙 등의 유용한 정보를 발견하는 과정으로, 데이터 마이닝을 통해 정보의 연관성(순차 패턴, 유사성 등)을 파악함으로써 가치 있는 정보를 만들어 의사결정에 적용할 수 있다. 다시 말해 기업이 보유하고 있는 일일 거래 자료, 고객 자료, 상품 자료, 마케팅 활동의 피드백 자료와 기타 외부 자료를 포함하여 사용 가능한 데이터를 기반으로 숨겨진 지식, 기대하지 못했던 패턴, 새로운 법칙과 관계를 발견하고 이를 실제 경영의 의사결정 등을 위한 정보로 활용하자는 것이다.

② 텍스트 마이닝

텍스트 마이닝은 비정형·반정형 텍스트 데이터에서 자연어처리(natural language processing) 기술을 기반으로 유용한 정보를 추출, 가공하는 것을 목적으로 하는 기술이다. 텍스트 마이닝 기술을 통해 방대한 텍스트 뭉치에서 의미 있는 정보를 추출해내고, 다른 정보와의 연계성을 파악하며, 텍스트가 가진 카테고리를 찾아내거나 단순한 정보 검색 그 이상의 결과를 얻어낼 수 있다. 컴퓨터가 인간이 사용하는 언어(자연어)를 분석하고 그 안에 숨겨진 정보를 발굴해 내기 위해 대용량 언어자원과 통계적, 규칙적 알고리즘이 사용되고 있다(조성우, 2012).

[표 12-6] 텍스트 마이닝 과정

과정	설명
Text 문서	DB Contents, 텍스트 기반의 문서(웹 문서, 오피스문서, 메일 등)
Text 전처리	문서 내의 표현되어 있는 단어·구·절에 해당하는 내용을 언어 분석·추리 과정으로 가공하여 데이터로 표현
의미정보변환	전처리된 데이터 중 의미 있는 정보를 선별하여 저장(불용어처리, 대소문자처리, Stemming 처리)
의미정보추출	복잡한 의미정보의 표현을 단순화하고 도메인에 접합한 정보를 문서의 의미데이터로 저장
패턴 및 경향분석	Feature 정보를 기반으로 문서를 자동 군집하거나 자동 분류하는 등의 정보 재생산
정보표현 및 평가	새롭게 생성된 정보를 사용자에게 시각화하여 효과적으로 표현, 평가과정을 통해 텍스트 마이닝의 처리과정 중 문제가 되는 부분을 수정 및 보완하여 품질 및 성능을 높이는 데 활용

③ **오피니언 마이닝**

최근 새로운 여론 분석 기술로 주목받고 있는 오피니언 마이닝은 소셜 미디어와 웹 사이트 등에 나타난 여론과 의견을 분석하여 유용한 정보로 재가공하는 기술이다. 오피니언 마이닝 혹은 감정분석을 활용하면 네티즌이 그들에 대해 이야기하는 댓글이나 포스팅 등을 긍정, 부정, 중립으로 분류하여 더 객관적이고 정확하게 평판을 파악할 수 있다. 오류를 피하기 위하여 사용되는 오피니언 마이닝 연구의 3단계는 다음과 같다.

- 1단계 : '주관성 분석'으로 주어진 텍스트가 주관적인지 객관적인지 결정하는 것으로, 주어진 텍스트에 나타나 저자의 태도를 판단하는 단계이다.
- 2단계 : '극성 분석'으로 텍스트가 주관적인 의견을 갖고 있을 경우 긍정인지 부정인지를 분류하는 단계이다.
- 3단계 : '극성의 정도 분석'으로 주관적인 텍스트에 대하여 긍정적인 정도와 부정적인 정도를 측정하는 단계이다.

오피니언 마이닝은 특정 서비스 및 상품에 대한 시장규모 예측, 소비자의 반응, 입소문 분석 등에 활용되고 있으며, 공공분야의 경우 민원의 원인이나 문제점 등을 파악하는 것이 용이해 서비스를 개선할 수 있다. 또한, 기업은 특정 제품에 대한 고객의 반응을 빠르게 파악하고 선호도를 역으로 추론하는 데 효과적으로 활용할 수 있다. 정확한 오피니언 마이닝을 위해서는 전문가에 의한 선호도를 나타내는 표현·단어 자원의 축적이 필요하다(김정숙, 2011).

④ **웹 마이닝**

인터넷상에서 수집된 정보를 데이터 마이닝 방법으로 분석으로 통합하는 기법으로, 웹 마이닝은 콘텐츠 마이닝(웹 검색, 수집 데이터), 구조 마이닝(웹 사이트 구조), 활용 마이닝(사용자 이용형태) 등으로 세분될 수 있다(정지선, 2012).

⑤ **소셜 분석, 소셜 마이닝**

소셜 네트워크의 분석은 수학의 그래프 이론에 뿌리를 두고 있으며, 소셜 네트워크 연결구조 및 연결 강도 등을 바탕으로 사용자의 명성 및 영향력을 측정하여, 소셜 네트워크상에서 입소문의 중심이나 허브 역할을 하는 사용자를 찾는 데 주로 활용된다.

소셜 미디어에 올라오는 글과 사용자를 분석해 소비자의 흐름이나 패턴 등을 분석하고, 판매나 홍보에 적용하여 마케팅 분야뿐만 아니라 사회의 흐름과 트렌드, 여론 변화 추이를 읽어내는 소셜 미디어 시대의 새로운 마이닝 기법이다(하연, 2012).

IT의 발달과 스마트 혁명의 본격화로 더욱 활성화된 소셜 미디어는 [그림 12-8]과 같이 정부와 국민, 기업과 소비자, 개인과 개인의 소통방식에 혁신적 변화를 가져왔다(김정숙, 2011).

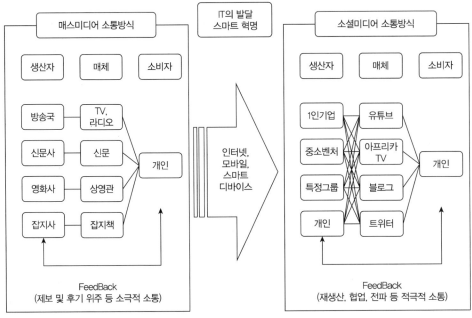

자료원 : 한국정보화진흥원

[그림 12-8] IT 발달과 소통방식의 변화

소셜 네트워크 분석은 주로 텍스트 마이닝 기법에 의해 이루어져 왔다. 소셜 프로세스는 다음 [그림 12-9]와 같다.

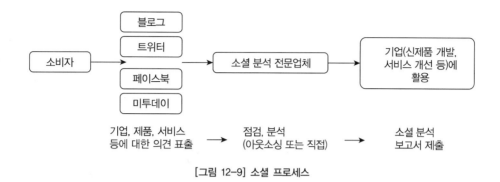

[그림 12-9] 소셜 프로세스

소셜 네트워크 분석 기술은 이전부터 있었으나 20세기 말 네트워크 사이언스의 출현으로 네트워크 분석 기술이 급격히 발전하게 되면서 기존 기술로는 불가능했던 대규모 소셜 네트워크 데이터 분석을 빠르고 정확하게 할 수 있게 되었다(하연, 2012).

SNS는 개인을 노드(node), 개인의 사회적 관계를 링크(link)로 간주하면 소셜 네트워크를 구할 수 있고, 다음의 4단계를 통해 이렇게 형성된 소셜 네트워크에서 정보를 추출 및 분석할 수 있다.

- 1단계 : 소셜 네트워크의 위상학적 구조(network topology structure) 분석으로 네트워크 전반적 특성을 파악한다.
- 2단계 : 네트워크 구조의 시간에 따른 진화를 분석한다.
- 3단계 : 네트워크상의 각 노드(사용자)가 생산, 확산시키는 콘텐츠(포스트, 댓글, 리트윗, 동영상, 링크 등) 흐름을 분석한다.
- 4단계 : 종합하여 각 개인 또는 그룹의 소셜 네트워크 내 영향력, 관심사, 성향 및 행동 패턴을 분석 추출한다.

소셜 네트워크 분석의 활용 효과는 이미 각 기업이 빅데이터에 주목하면서 SNS 데이터 분석 기술을 통해 방대한 비정형 데이터들을 분석하고 이를 비즈니스에 활용하고 있다. 하지만 그 부작용 최소화를 위한 자체 모니터링, 위험 완화 프로그램 개발 등 관련 기업·시장의 사회적 책임이 강조되어야 하며, 프라이버시 보호 등 부작용 대응을 위한 기술 개발 및 산업 육성이 지원되어야 한다(김정숙, 2011).

⑥ 현실 마이닝

사람들의 행동 패턴을 예측하기 위해 사회적 행동과 관련된 정보를 기기(휴대폰, GPS 등)를 통해 얻고 분석하는 기술이다. 휴대폰 등 모바일 기기들을 통해 현실에서 발생하는 정보를 기반으로 인간 관계와 행동 양태 등을 추론한다(정지선, 2012).

⑦ 군집 분석

군집 분석은 비슷한 특성이 있는 개체를 합쳐가면서 최종적으로 유사 특성의 군을 발굴하는 데 사용된다. 예를 들어, 트위터상에서 주로 사진/카메라에 관해 이야기하는 사용자군이 있을 수 있고, 자동차에 관해 관심 있는 사용자군이 있을 수 있다. 이러한 관심사나 취미에 따른 사용자군을 군집 분석을 통해 분류할 수 있다. 군집 분석을 위하여 가장 흔히 사용하는 자료는 그림과 같이 간격 척도 혹은 비율척도로 측정된 거리 값(distance measures)의 경우에 따라 서열 척도로 측정된 값들로 군집 분석이 가능하다.

계층적 군집 분석은 문제점은 없지만, 군집의 수를 사전에 지정해 주어야 한다. 현실적으로 계층적 방법에 의해 군집화를 한 다음 그 결과로부터 가장 적절한 수의 군집 수를 결정하여 다시 비계층적 방법에 의해 분석하면서 그 수를 지정하는 방법을 사용한다. 아울러 계층적 군집 분석에서 나타나는 예외 값들을 이때 제거하는 것이 바람직하다(김정숙, 2011).

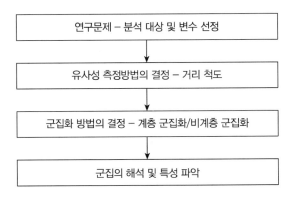

[그림 12-10] 군집 분석의 분석 절차

(2) 빅데이터 플랫폼

다양한 데이터 소스에서 수집한 데이터를 분석 처리하여 지식을 추출하고, 이를 기반으로 지능화된 서비스를 제공하는 데 필요한 ICT 환경을 빅데이터 플랫폼이라고 한다. 빅데이터 플랫폼이 빅데이터 처리에 필요한 전체의 순환과정을 수행하기 위해서는 확장성 있는 대용량 처리 능력, 이기종 데이터 수집 및 통합 처리 능력, 빠른 데이터 접근 및 처리 능력, 대량의 데이터를 저장 관리할 수 있는 능력, 대량의 이기종 데이터를 원하는 수준으로 분석할 수 있는 능력 등을 갖춰야 한다.

다양한 데이터 소스로부터 데이터 수집, 저장 관리, 처리·분석 및 지식 시각화를 통해 지식을 이용하기까지 각 단계를 지원하는 데 필요한 공통 소프트웨어를 빅데이터 처리 플랫폼(big data analytics platform)이라고 한다. 이러한 빅데이터 처리 플랫폼은 빅데이터 수집, 빅데이터 저장 관리 기술, 빅데이터 처리 기술, 빅데이터 분석 기술 및 시각화 기술 등을 적용하여 구현한다.

빅데이터 플랫폼은 데이터를 수집해서 지식을 발굴하는 데 필요한 빅데이터 처리 플랫폼 기술과 대용량의 고속 저장 공간 및 고성능의 계산 능력을 갖춘 컴퓨터 등 컴퓨터 기반을 제공하는 빅데이터 컴퓨팅 인프라 기술로 구성된다.

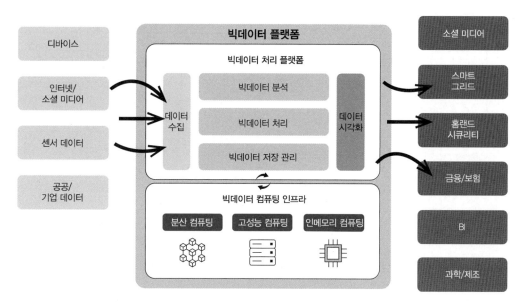

[그림 12-11] 빅데이터 플랫폼 개념도

(3) 분석 프로세스

빅데이터 분석 프로세스 절차는 다음과 같은 절차로 나누어진다.

① 분석 대상이 되는 데이터를 수집한다.
② 수집된 데이터를 저장하고 관리한다.
③ 저장된 빅데이터를 처리한다.
④ 빅데이터를 분석한다.
⑤ 분석된 결과를 시각화하고 의미를 도출하여 이용한다.
⑥ 저장된 데이터를 폐기한다.

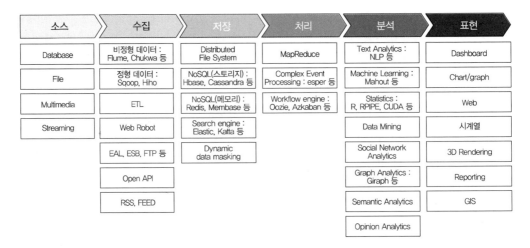

[그림 12-12] 빅데이터 분석 프로세스

① **빅데이터 수집**

빅데이터는 내부 조직에 있는 정형화된 데이터뿐만 아니라, 조직 외부에 존재하는 무한한 데이터 중에서 조직이 필요로 하는 데이터를 발견하여, 이를 수집하고 수집된 정보 분석을 위한 특정 데이터 형식으로 변환하는 과정을 거쳐야 한다. 따라서 빅데이터 수집이란 단순히 데이터를 확보하는 기술이 아니라 데이터를 검색하여 수집하고 변환 과정을 통해 정제된 데이터를 확보하는 과정을 말한다. 빅데이터 수집은 '수집 대상 데이터 선정, 수집 세부계획 수립, 데이터 수집 실행'의 세 단계로 이루어 진다.

② **빅데이터 저장(관리)**

데이터 수집 과정을 통해 확보한 빅데이터로부터 유용한 정보를 추출하려면 빅데이터를 효과적으로 저장 관리해야 한다. 빅데이터 저장이란 검색·수집한 데이터를 분석에 사용하기에 적합하고 안전하 게, 그리고 영구적인 방법으로 보관하는 것으로, 다양한 형식의 대용량 데이터를 고성능으로 저장하 고 필요한 경우 데이터를 검색하여 수정·삭제, 또는 원하는 내용으로 읽어 오는 방법을 제공하는 것을 포함한다. 빅데이터 저장은 다시 빅데이터 전·후처리와 빅데이터 저장으로 나뉜다.

⊙ 빅데이터 전처리(pre-processing)

빅데이터 수집은 데이터 검색·수집과 변환 과정을 거치며, 수집과 변환 과정에서 빅데이터 저 장소에 적재하기 위하여 수집한 데이터를 필터링(filtering)하거나 유형 변환(transformation), 정제(cleansing) 등을 거치게 되는데, 이 과정을 빅데이터 전처리라고 부른다.

⊙ 빅데이터 후처리(post-processing)

저장된 빅데이터를 분석하기 전에 분석에 용이하도록 가공하는 작업으로, 변환(transformation), 통합(integration), 축소(reduction) 등의 과정을 거친다. 이 과정을 빅데이터 후처리라고 한다.

⊙ 빅데이터 저장

빅데이터의 저장 단계는 저장할 데이터의 포맷 등의 유형을 검토하고 데이터 저장 관리에 유리한 저장 방식을 RDB, NoSQL, 분산 파일 시스템 등으로 선정하여 저장하는 과정을 말 한다.

③ 빅데이터 처리

빅데이터 처리는 빅데이터에서 유용한 정보와 의미 있는 지식을 찾아내기 위한 데이터 가공이나 데이터 분석 과정을 지원하는 과정으로서, 지속적으로 발생하는 스트림 데이터나 기존의 저장소에 저장된 대규모 저장 데이터의 적시 처리를 지원한다. 따라서 빅데이터 처리 과정은 빅데이터 저장 과정에서 저장된 데이터를 분석할 수 있도록 빅데이터의 속성인 데이터 규모, 데이터 생성·처리 속도, 데이터의 다양성을 고려하여야 하며, 대규모 데이터 처리를 위한 확장성, 데이터 생성 및 처리 속도를 해결하기 위한 처리 시간 단축 및 실시간 처리 지원, 그리고 비정형 데이터 처리 지원을 제공해야 한다.

ㄱ 빅데이터 일괄 처리

일괄 처리 기술은 쌓인 빅데이터를 여러 서버에 분산해 각 서버에서 나눠 처리하고, 이를 다시 모아서 결과를 정리하는 분산, 병렬 기술 방식을 사용한다. 대표적인 기술로는 하둡의 맵리듀스와 마이크로소프트의 드라이애드(dryad)가 있다.

ㄴ 빅데이터 실시간 처리

게시판처럼 글, 사진, 동영상 등이 분리되어 관리되는 정형 데이터 처리와는 달리 페이스북이나 블로그처럼 글, 사진, 동영상 등이 통합된 데이터가 엄청난 속도로 생성되는 비정형 데이터 처리를 동시에 효율적으로 하기 위해서는 실시간 처리를 해야 한다. 실시간 처리 과정은 생성되는 데이터를 곧바로 처리하는데, 사람들의 어떠한 행위나 기타 작용에 의해 끊임없이 생성되는 이벤트와 관련된 데이터를 실시간으로 처리하며, 이를 '이벤트 기반 실시간 처리 기술' 또는 '스트림 처리 기술'이라고 한다.

④ 빅데이터 분석

빅데이터로부터 의미 있는 지식을 얻고 이것을 효율적인 의사결정에 활용하려면 빅데이터를 효과적으로 분석할 수 있는 방법과 다양한 인프라가 필요하다. 빅데이터 분석은 '분석 계획 수립, 분석 시스템 구축, 분석 실행'의 세 단계로 구성된다.

ㄱ 분석 계획 수립

분석 계획 수립에서는 분석을 통하여 해결하고자 하는 목적(문제)을 명확히 정의하고 분석 결과와 분석 기법에 대해서 세부 시나리오를 작성한다. 또한 분석에 필요한 인프라(시스템과 운영 환경)를 자체적으로 기관 내에 구축하는 방안, 또는 외부의 분석 서비스에 위탁을 주고 활용하는 방안 또는 자체 인프라와 외부 분석 서비스를 연계하여 활용하는 방안 등을 결정해야 한다.

ㄴ 분석 시스템 구축

이 단계에서는 빅데이터의 용량이나 분석 작업이 요구하는 부하를 감안하여 수집 데이터 저장 서버, 데이터 처리 서버(하둡 기반 분석, 정형 데이터 DW 등)를 포함하는 분석 시스템의 하드웨어 인프라를 구축해야 한다.

ㄷ 분석 실행

빅데이터를 분석하기 위한 기법들은 통계학과 전산학, 특히 기계학습이나 데이터 마이닝 분야에서 이미 사용되던 분석 기법들의 알고리즘을 개선하여 빅데이터 분석에 적용하고 있다. 최근에는 소셜 미디어 등 비정형 데이터에 적용 가능한 텍스트 마이닝, 오피니언 마이닝, 소셜 네트워크 분석, 군집 분석 등이 주목받고 있다. 빅데이터 분석 기술의 대표적인 예로는 빅데이터 통계 분석, 데이터 마이닝, 텍스트 마이닝, 예측 분석, 최적화, 평판 분석, 소셜 네트워크 분석, 소셜 빅데이터 분석 등이 있다.

⑤ 빅데이터 분석 시각화

크고 복잡한 빅데이터 속에서 의미 있는 정보와 가치들을 찾아내어 사용자가 쉽게 직관적으로 알수 있도록 표현하는 기술이 분석 시각화(visualization)이다. 분석 시각화가 중요한 이유는 분석한결과를 활용하여 다양한 시각화 도구로 어떻게 표현하느냐에 따라서 얻을 수 있는 직관이 달라지기때문이다.

⑥ 빅데이터 폐기

빅데이터 폐기는 데이터 분석을 위해 이용된 데이터를 삭제하는 단계이며, 특히 개인정보와 같은데이터이거나 또는 정보의 가치가 없는 데이터들은 이용목적 달성 후 지체 없이 폐기해야 한다(이재식, 2013). 데이터 폐기를 위해 물리적으로 하드디스크 등을 파기하는 경우는 데이터를 저장하고있는 물리적·논리적 공간 전체를 폐기하는 방법이어서 일부의 데이터만 골라서 삭제하기 어려운문제가 있으며, 소프트웨어적으로는 데이터를 저장하는 장소에 다른 데이터를 여러 번 덮어쓰기(overwriting)하는 방법이 있다.

4 데이터 마이닝 기법 종류와 특성

데이터 마이닝의 기법에는 어떤 것이 있는지, 그리고 각 기법은 어떤 특징을 가지고 있는지 살펴보고 데이터마이닝의 특징에 대해 알아보도록 한다.

(1) 데이터 마이닝 기법 종류

데이터 마이닝 기법에는 분류(classification), 예측(predication), 군집화(clustering), 연관성(association),순차 패턴(sequential Pattern) 등이 있다. 각 기법의 정의 및 특징에 대해 살펴보도록 한다.

① 분류(classification)

　㉠ 분류의 정의 및 대상

　　ⓐ 분류는 가장 많이 사용되는 데이터 마이닝 작업의 기능으로서 새로운 대상의 특징들을조사하고 이를 미리 정해진 부류(class)들 중의 하나로 배정하는 것을 의미한다.

　　ⓑ 분류의 대상은 데이터베이스 내의 레코드(record), 즉 데이터 웨어하우스의 모든 데이터가 되며 이 데이터들에 각 부류의 코드를 할당하는 일을 분류라고 한다.

　㉡ 분류의 특성 및 사용 알고리즘

　　분류는 경우가 일어날 가능성이 높은 집단과 낮은 집단의 분류에 많이 이용되며 대출 신청자들의 신용 위험도를 '높음, 중간, 낮음'으로 분류하는 경우에도 활용될 수 있다. 분류를 구현하기 위한 알고리즘과 기법으로는 의사결정트리, 신경망 분석, 회귀 분석 등이 이용되고있다.

② 예측(predication)

　㉠ 예측의 정의

　　분류, 순차 패턴과 유사하나 산정되는 대상을 미래의 가치 또는 예측되는 미래 행위에 따라데이터를 분류한다는 점이 다르다.

ⓛ 예측의 특성 및 사용 알고리즘

ⓐ 주로 어떠한 흐름을 분석하고 이를 토대로 향후의 변화를 예측하는 데 이용된다.

ⓑ 고객의 잠정 이탈 예측이나 어떤 전화가입자들이 부가 서비스를 주문할 것인지를 예측 작업에 활용할 수 있다.

ⓒ 예측을 구현하기 위한 알고리즘과 기법으로는 의사결정트리와 신경망 분석 등이 있다.

③ **군집화(clustering)**

㉠ 군집의 정의

ⓐ 군집은 여러 다른 특성을 가지는 전체 데이터를 동질성을 가진 몇 개의 Subgroup/ Cluster/Segmentation들로 나누는 것이다.

ⓑ 다양한 형태의 데이터가 모여 있는 각 데이터베이스 내의 요점을 얻기 위한 수단으로 이용된다.

㉡ 군집의 특성 및 사용 알고리즘

ⓐ 몇 개의 그룹으로 분류한다는 점에서 분류와 유사하지만 군집은 미리 정해진 부류에 의존하지 않으며, 주로 데이터 마이닝의 여러 기법을 사용하기 이전에 데이터 분류 등의 사전 작업에 이용된다.

ⓑ 군집은 백화점 등에서 고객을 유사한 특성을 가진 집단으로 분류하여 특성에 맞는 상품 및 서비스를 제공하는 것 등에 활용된다.

ⓒ 군집을 구현하기 위한 알고리즘과 기법으로는 군집 분석(clustering analysis)과 신경망 (neural network) 등이 있다.

④ **연관성(association)**

㉠ 연관성의 정의

일반적으로 교차 판매(cross selling)를 위해 사용되며, 다수의 다양한 사건들 중 두 가지 이상의 사건이 동시에 일어날 가능성 및 패턴을 발견하는 것이다.

㉡ 연관성의 특성

ⓐ 연관성의 목적은 데이터베이스 내의 데이터 간에 존재하는 항목간의 유용한 관련 규칙을 발견하고자 할 때 이용하는 것이다.

ⓑ 연관성은 주로 동시에 판매될 가능성이 높은 상품들의 연관성을 발견하거나 패키지 기획, 상품진열순서를 결정하는 것 등에 활용할 수 있다.

⑤ **순차 패턴(sequential pattern)**

㉠ 순차 패턴의 정의

순차 패턴은 다수의 다양한 사건들 중 어떠한 규칙성을 가지고 시차적으로 일어나는 사건의 패턴을 발견하는 것이다.

㉡ 순차 패턴의 특성

한 상품의 판매 후 이어서 판매될 가능성이 높은 상품을 판별하는 데 활용되고 있다.

(2) 데이터 마이닝의 특성

데이터 마이닝의 특성은 대용량의 관측 가능한 자료를 취급하고, 경험적 방법에 근거를 두며, 일반화에 초점을 두고 있다는 것이다.

① 데이터 마이닝은 대용량(massive)의 관측 가능한 자료를 취급한다. 실험 자료는 가설 검정 등의 구체적인 문제에 답하기 위하여 여러 요인들이 통제되고 조작된 가운데 만들어진다. 그러나 관측 자료는 시간의 흐름에 따라서 비계획적으로 축적되며, 자료 분석을 염두에 두고 수집되지 않은 것이 일반적이다.

② 데이터 마이닝은 경험적 방법에 근거하고 있다. 많은 데이터 마이닝 기법들은 이론적 원리에 기초하여 개발되었다기보다는 경험에 기초하여 개발되었다. 이러한 기법들은 그 특성이 수리적으로 밝혀지지 않은 것들이 많다.

③ 데이터 마이닝은 일반화(generalization)에 초점을 두고 있다. 일반화는 예측모델이 새로운 자료에 얼마나 잘 적용되도록 하는 것인가를 의미한다. 따라서 일반화는 데이터 마이닝 기법의 비정형성을 어느 정도 해결하고, 보완하는 데 도움을 주고 있다.

5 빅데이터 분석의 활용

미국 대통령 과학 기술 자문위원회가 '모든 미국 연방 정부 기관은 빅데이터 전략이 필요하다.'라고 강조하였듯이, 미래 국가 경쟁력은 빅데이터의 활용에 달려 있다고 해도 과언이 아니다. 스마트폰과 소셜 네트워크 효과로 디지털 공간의 데이터 빅뱅이 발생하여 정부 차원의 데이터 지식 확보 및 활용 방안이 요구된다. 빅데이터는 정부, 기업, 의료, 학술연구 부분에서 그 가치가 입증됨에 따라 다양한 분야에서 도입·활용이 확대되고 있다.

(1) 활용 가능성 및 주요 사례

① CRM(Consumer Relationship Management)

빅데이터 분석이 가장 많이 활용되는 부분으로, 고객 분석을 통해 차별적인 경쟁력을 확보하여 높은 성과로 연계시킬 수 있다. 현 고객에 대한 서비스 등의 이용 성향, 취향 등의 분석을 통해 고객을 세분화하고 각 고객군에 맞는 맞춤형 전략을 추진하는 것이 특징이며, 고객의 불만 사항 등을 실시간으로 파악하여 고객의 로열티를 증가시킬 수 있다. 현재의 충성도 높은 고객뿐만 아니라 이탈 가능성이 있는 고객 파악은 물론, 잠재 고객 파악에도 활용된다.

② 맞춤형 광고

최근 소비자는 불특정 다수를 대상으로 하는 매스미디어 광고에 영향을 받기보다 타 소비자의 행동에 영향을 받는 경향이 커지고 있다. 이용자들이 광고를 시청하는 시간은 '유일한 자원'이기에 한정된 시간 내에 최대효과를 주는 맞춤형 마케팅의 중요성이 커지고 있으며, 효과적인 마케팅을 위한 개별 소비자의 행동 파악에는 빅데이터 분석이 필수적 요인으로 뽑히고 있다. 이에 따라 개별 고객이 선호하는 제품과 관련된 정보를 제공해 구매를 촉진시키는 추천 시스템 연구가 활발히 진행되고 있다. 또한, 방송 영역에서도 해당 시청자의 최근 행동, 구매 이력, 유사한 타 이용자의 행동을 토대로 광고를 제공하는 것이 가능해지고 있다.

③ 통신

통신 영역에서는 빅데이터의 분석을 통해 수요를 분산시킴으로써 인프라 비용을 절감하는 것이 가능해지고 있다. 시간대나 이용 장소, 이용자 수 등에 의존하는 트래픽을 고려하여 집중되는 시간대에 요금을 높게 책정하거나 할인을 제시하고 있으며, 끊임없이 변화하는 인프라 이용현황을 실시간으로 분석하거나 예측함으로써 할인율을 다르게 적용할 수 있다.

④ 스마트 그리드(smart grid)

스마트 그리드는 방대한 스마트 미터의 정보를 집약해 실시간 전력 이용량을 측정하고, 이를 통해 적정한 발전량을 조절한다. 가정의 소비 전력을 실시간으로 모니터링하여 전력 수급 균형을 세밀하게 제어하기 위해서는 대량 데이터 처리·분석이 필수적이다. 또한, 발전시설 가동이 안정적이지 못하여, 시간에 따라 대체 발전량이 달라질 수 있기 때문에, 안정되지 않은 전력을 가정에 효율적으로 배전하기 위해서도 빅데이터 분석이 필요하다.

⑤ 기업의 자산 라이프사이클 관리

기업이 보유한 다양한 자산들은 적절한 시기에 보수 및 수리가 요구되며, 이 작업을 효율화하는 것은 비용 절감에 큰 영향을 준다. 자산에 대한 라이프사이클 관리는 자동차 및 건축 산업에서도 매우 유용하게 활용될 수 있다.

(2) 주요 업체 활용사례

빅데이터 시대를 맞아 자체적으로 취합한 다양한 고객정보를 활용하여 비즈니스 및 마케팅에 적용하고 있다.

[표 12-7] 주요 업체 활용사례

기업	활용사례
구글	**'감기'와 관련된 검색어 분석을 통한 독감 예보 시스템 제공** • 미국 질병 통제 예방센터의 데이터와 비교 결과, 검색 빈도 및 실제 독감 증세를 보인 환자 숫자 사이에 매우 밀접한 상관관계가 있는 것을 확인하고, 구글 홈페이지에서 독감, 인플루엔자 등 독감과 관련된 검색어 쿼리외 빈도를 조사, '구글 독감 동향'이라는 독감 확산 조기 경보 체계 마련 • 미국 보건 당국보다 한발 앞서 시간 및 지역별 독감 유형 정보를 제공
코카콜라	**SNS, 인터넷 게시판 등의 데이터를 실시간으로 분석하여 내부 자산으로 활용** • 다양한 소셜 미디어에서 얻어진 데이터를 분석하여 제품 판매에 연관된 의사결정에 반영하여 코카콜라에 비우호적인 정보가 증가하는 국가나 지역을 대상으로 홍보를 강화하는 등 실시간 대응 가능
자라	**실시간으로 내부생산 및 재고를 관리하여 패스트 패션(fast fashion) 지향** • MIT 대학과 함께 전 세계 매장의 판매와 재고 데이터를 분석하여 최대 매출을 달성할 수 있는 재고 최적 분배 시스템을 개발하고 자사 기획 상품을 판매현황을 실시간으로 분석 • 시장에서 인기 있는 제품에 대한 분석을 통해 생산 시스템에 직접적으로 연결함으로써 빠르게 변화하는 트렌드에 맞추어 의류를 제공할 수 있는 시스템을 마련
월마트	**각 지점의 모바일과 소셜 쇼핑의 특징을 이용한 '@월파트랩(Walmartlabs)' 운영** • 소셜 미디어 회사인 코스믹스(Kosmix) 인수를 통해 소셜 네트워크와 콘텐츠를 관리함으로써 유통과 전자 상거래(e-commerce) 간의 시너지 발휘 • Social Cenome은 소셜 미디어를 통해 대규모 데이터를 수집하고 리얼타임으로 해석·추출된 정보를 이용하여 상품 판매를 촉진하는 기법으로 시시각각 변화하는 소비자의 패턴을 분석하여 적재적소에 필요한 물품을 빠르게 제공함으로써, 불필요한 재고 낭비를 방지하고 고객이 원하는 물품을 충분히 공급할 수 있기 때문에 점포당 고객 만족도 향상으로 이어져 기업 발전에 선순환적인 역할을 함

넷플릭스	**고객 데이터 분석을 활용한 차별화를 통해 콘텐츠 미디어 기업으로 성장** • 고객이 과거에 대여한 영화목록과 시청한 영화에 부여한 평점 등의 데이터를 분석하는 시스템을 개발하여 10만 개의 영화정보, 1,600만 고객의 시청이력 정보에 대한 분석 추진 • 각 고객별 웹사이트 내 실시간 행동 패턴을 분류하여 개인별 맞춤형 페이지를 구축하고 최적화된 영화 콘텐츠를 추천하여 하루 평균 50억 개의 콘텐츠 추천
포스코	**원료가격을 효율적으로 구매함으로써 가격 경쟁력을 향상시킴** • 광석 가격에 영향을 미치는 남미, 호주 광산의 상황과 런던 금속거래소(LME)를 통해 수집한 광물 가격 데이터를 실시간으로 분석 • 고객사의 수요 데이터와 전 세계 철광산 및 현물 거래소의 가격 데이터를 조합한 후 비교하여 철광석 구매의 최적 타이밍과 가격대 결정 • 자원 투기 세력에 의한 원자재 가격 급락의 위험으로부터 보호
GS ESP	**전력시장 분석을 통해 합리적인 전력 시장 분석 및 예측** • 전력에 영향을 미치는 다양한 변수를 고려한 합리적인 전력 시장 예측 • 송전 제약, 연료 제약, 국내탄 발전, 열 공급 발전 제약과 같은 다양한 조건적 요소를 반영한 시뮬레이션 결과 제공 • 전력 수요 및 SMP(Standard Market Price) 예측, 사업 계획 수립 및 통합DB 구축
SK 텔레콤	**소셜 네트워크에서의 여론 동향 분석을 통해 기업에 필요한 콘텐츠 제공** • 기업의 SNS 계정을 통합 관리하고 지원하는 기능을 통해 한국어 트윗의 약 65% 정도 분석 • 기업의 평판을 실시간으로 모니터링하여 기업의 대응 전략 마련을 지원

(3) 각국의 빅데이터 활용사례

① 우리나라

우리나라에서는 국가정보화전략위원회가 빅데이터를 활용한 스마트정부 구현방안을 제시하는 등 국가 차원의 사업을 추진 중이며, '빅데이터 활용추진단'이 신설되어 빅데이터 경쟁력을 높이기 위한 국가적·사회적 기반 확보에 적극적으로 나설 계획이다.

[표 12-8] 국내 빅데이터 활용사례

기업	활용사례
한국도로공사	**고객 목소리 분석 시스템을 통한 서비스 혁신** • 도로공사의 고객의 목소리(VOC : Voice of Customer) 분석을 통한 개선 활동 • 콜 상담 서비스, 민원관리 시스템, 채팅 상담 시스템을 고도화된 언어처리 기법으로 분석하여 고객 만족 활동에 도움이 될 수 있는 지표와 이슈 도출 • 분석 주제를 기반으로 키워드와 토픽을 추출하여 유형별, 시간별 분석 실시 • 연관도와 추이 분석, 토픽 간의 연관성을 빠르고 쉽게 확인 가능
한국수자원공사	**정보통신 기술을 접목한 물 관리 시스템** • 수도관 수천 개를 하나의 네트워크 개념으로 통합하고 전체 네트워크가 효율적으로 운영되도록 각각의 수도관을 관리 • 하나의 관제 컴퓨터가 시 규모의 지역 수도관 정보 통합·관리 • 수도관 중간에 유량, 수질, 유수율(물 공급량과 수도요금의 비율) 등을 관측하는 센서가 설치되어 있어 수도관의 정보를 실시간으로 관제 컴퓨터에 전송 • 수도관 파손으로 누수가 발생하면 수도관에 설치된 센서에서 누수량 감지 및 누수 위치 파악 • 관제 컴퓨터가 사고 지점과 연결된 수도관을 파악하여 원격 자동감시 장치에 처리 명령을 내려 수압 조절 • 상수도관에 설치된 센서를 통해 실시간으로 물 관리가 가능하여 원격자동 감시 장치를 통해 최적화된 물 관리 시스템 구현

근로복지공단	**찾아가는 서비스를 통한 맞춤형 고객 관계 관리** • 전문적·단계적인 산재 보상 서비스를 제공하기 위한 '찾아가는 서비스' 도입 후 고객 만족도 향상 • 전문직으로 구성된 '찾아가는 서비스 팀'을 통해 환자 중심의 서비스 제공 가능 • 찾아가는 서비스 도입 후 산재 환자에 대한 초기 접근이 빨라져 업무상 재해를 결정하는 데 소요되던 기간이 19.3일에서 10.3일로 감소
통계청	**임금 근로 일자리 통계로 일자리 현황 파악 지원** • 청장년층의 취업난과 실업 비정규직 고용불안 등 일자리에 대한 관심 증가로 이에 맞춘 일자리 지표 마련 • 고용보험, 국민연금, 건강보험 자료와 사업장 정보 파악을 위한 산재보험 자료를 활용하여 일자리 통계 지표 마련 • 신규 일자리와 줄어든 일자리가 즉각 파악되어 일자리의 안정성과 변동성을 쉽게 측정할 수 있는 지표 마련
보건복지부	**지자체 공무원들의 복지 행정 처리를 지원하는 정보 시스템** • 각종 사회복지 급여 및 서비스 지원 대상자의 자격 및 이력에 관한 정보를 통합 관리 • 복지대상자의 신청·접수·조사, 지원 여부 결정, 급여지급, 사후관리 등 지자체의 복지 업무 처리 지원 • 복지 급여 지급과정에서 지급 내역의 임의수정을 통한 부정 소지 차단 및 실명 확인 후 입금으로 재정의 투명성 제고 • 1회 방문 신청 시 개인 및 가족의 복지 요구를 종합적으로 파악하여 가능한 모든 서비스를 안내, 상담할 수 있는 시스템으로 발전

② 해외

주요 국가의 정부와 지자체들은 빅데이터 분석을 향후 국가 경쟁력 및 시민 복지 향상을 위한 수단으로 인식하고 적극 활용하고 있다. 재난 방재, 질병 방지, 치안, 물가 관리 등 공공 서비스 영역에서 예상하지 못했던 불규칙한 사건의 예측 및 예방을 위해 빅데이터 활용이 증가 추세에 있으며, 정부 차원의 데이터 지식 확보 및 활용을 통해 신산업 및 일자리 창출, 국가 산업경쟁력 향상을 도모하고 있다.

[표 12-9] 각국의 빅데이터 활용사례

국가	활용사례
미국	• **빅데이터 분석을 활용하여 탈세 및 사기 범죄 예방 시스템 구축** – 소셜 네트워크 분석에 기반을 둔 범죄 네트워크 분석 기능을 통해 데이터에서 이상 징후를 찾아내고, 예측 모델링을 통해 과거 행동 정보를 분석해 사기 패턴과 유사한 행동을 파악 – 통합형 탈세 및 정부 사기 방지 시스템을 통해 연간 3,450억 달러에 달하는 세금 누락 및 불필요한 세금 환급 절감 효과 • **유전자 데이터 공유를 통한 질병 치료 체계 마련** – 국립보건원과 75개 기업 및 기관들이 파트너십을 통해 공동으로 진행한 1000 유전체 프로젝트의 일환으로 200TB의 유전자 정보 확보 – 1000 유전체 프로젝트는 전 세계에의 2,662명의 유전자 정보를 저장하고, 질병 연구를 위해 1% 이상의 빈도를 나타내는 유전적 다양성을 분석 – 유전자 정보를 공유함으로써 새로운 질병에 대한 빠른 진단 서비스 제공 가능

	• 퇴역군인의 전자 의료기록 분석을 통한 맞춤형 의료 서비스 지원 　– 빅데이터 분석을 위해 2년간 25개의 데이터 웨어하우스를 배치하여 2,200만 퇴역군인들에게 의료 서비스 지원 　– 페타바이트 수준의 임상적, 유전적 데이터 분석으로 보다 효과적인 의료 서비스 지원에 기여 • FBI, 유전자 색인 시스템 활용한 단시간 범인 검거 체계 마련 　– 유전자 정보은행 CODIS(Combined DNA Index System) 구축 　– CODIS에는 미제 사건 용의자 및 실종자에 대한 DNA 정보 1만 3,000건을 포함한 12만 명의 범죄자 DNA 정보 저장(FBI는 매년 2,200만 명의 DNA 샘플을 추가하여 범죄 수사에 활용)
일본	센서 데이터를 활용한 지능형 교통안내 시스템 • 일본 전역 지정도시의 택시 약 11,000여 대와 데이터 제공에 동의한 사용자로부터 실시간으로 교통정보 수집 • GPS 데이터에서 자동차의 주행 스피드를 계산하여 도로 교통정보를 예측한 후 사용자의 스마트폰으로 송신 • 다양한 사용자에 의해 취득된 정보를 바탕으로 한 실시간 교통정보를 공유함으로써 최적의 교통안내 서비스 가능
덴마크	풍력 발전에 필요한 터빈 관리 및 배치의 효율적 사용 • IBM의 분석 솔루션과 '파이어 스톰' 슈퍼컴퓨터를 활용한 데이터 분석으로 터빈(동력장치)의 에너지 효율성 증대 • 3풍력 터빈 및 풍력 단지 설계를 위한 기상 및 지형 데이터 분석 시스템 구축을 통해 각 지형적 위치당 2.8페타바이트에 이르는 공공 및 상업용 기상 데이터를 분석하는 데 수주가 걸리던 풍력예측정보 모델링 시간을 1시간 이내로 단축
캐나다	미숙아 모니터링을 통한 감염 예방 및 예측(온타리오 공과대병원) • 미숙아는 병원균에 매우 민감하기 때문에 미숙아의 심장 박동 및 호흡 데이터를 이용하여 감염을 조기 판단(미숙아 모니터링 장비에서 생성되는 환자당 일 9,000만 건 이상의 생리학 데이터 스트림을 실시간으로 분석) • 병원(환자치료), 대학(데이터 분석), 기업(기술과 소프트웨어 지원)의 협력 체계 구축을 통해 환자의 데이터를 공유하고, 개인정보보호를 위해 데이터 수집 윤리 적용
네덜란드	데이터를 분석하여 소의 사육밀도를 높여 건강한 사육과 우유 생산량 증대에 기여 • 소에 센서를 부착하여 소에 관한 정보를 실시간으로 확보 • 기후 변화와 소의 상관관계 분석을 통해 외부 환경에 맞춘 농장 운영 방안 마련 • 소의 움직임과 기후조건 등 1년치의 소에 관한 약 200MB의 정보를 이용하여 소 사육에 적용
영국	• 공공·민간·개인 등이 보유한 정보를 개방하여 상호 공유하게 하는 서비스 　– 2010년 영국에서 시작되었으며 공공기관, 민간기업, 개인 등이 보유하고 있는 전기, 가전, 휴대폰, 가로등의 센서로부터 제공된 정보를 저장하여 분석·제공 　– 개방된 소스로서 재난 안전 관리 시스템의 상호 연계를 지원 　– 공유데이터를 기반으로 웹 프로그램, 스마트폰 앱 개발 등에 응용 및 활용 　– 일반적인 수준의 데이터 이용은 대중에게 무료로 공개 　– 앱 개발 또는 분석된 데이터의 독점적 이용을 원하는 고객들에게는 유료로 제공 • 정부 사이트(data.gov.uk), 시민의 자발적인 참여와 창의성을 기반으로 정책 수립에 기여 　– 시민들이 공공정보에 대한 검색 및 재사용을 쉽게 할 수 있도록 정부가 보유한 다양한 데이터를 제공 　– 팀 버너스 리와 POI T/F가 총 21개 기관의 3,241개 데이터 세트를 시작으로 구축한 베타 버전을 확대 중이며, 2012년 현재 Linked Data 형태로 8,400개의 데이터 세트를 제공

프랑스	**스마트폰의 마이크로부터 얻은 소음 정보를 종합해 소음지도(noise tube) 제작** • 스마트폰 애플리케이션을 통해 각 지역별 실시간 소음정도 분석 • 파리에 위치한 소니 컴퓨터과학 연구소는 스마트폰의 마이크 기능을 사용하여 소음을 측정하는 응용 프로그램 개발 • 스마트폰의 마이크와 GPS 정보를 종합하여 데이터를 분석함으로써 실시간 데이터를 종합하여 새로운 정보 공유 가능

싱가포르	• **주민위원회 센터 네트워크를 기반으로 맞춤형 복지사회 구현**
	   – 싱가포르 PA(People's Association)는 1,800개 이상의 주민위원회 센터를 네트워크로 연결
	   – PA는 서비스 만족도 제고를 위한 장기적 분석 및 시스템 구축
	   – PA는 맞춤식 오퍼를 통한 개인별 서비스 활용 데이터를 약 25% 이상 확보하게 되고, 다양한 맞춤식 서비스 캠페인을 통해 2배 이상 가동률 향상
	• **국가위험관리시스템을 통한 국가안전관리**
	   – RAHS(Risk Assessment & Horizon Scanning) 시스템을 통해 질병, 금융위기 등 모든 국가적 위험을 수집 및 분석하여 위험을 선제적으로 관리
	   – 수집된 정보는 시뮬레이션, 시나리오 기법을 통해 분석하여 사전 위험 예측 및 대응방안 모색에 활용

케냐	**우샤히디, 집단지성으로 이루어진 재난관리 오픈소스 플랫폼** • 우샤히디(Ushahidi)는 스와힐리어로 '증언'이라는 뜻으로, 현재 세계 각국에서 발생하는 폭력, 테러, 자연재해 등의 정보를 실시간으로 공유하는 시스템 • 이메일, 트위터, 휴대폰 등으로 다양하게 취합된 재난 현장 정보를 웹 지도상에서 보여주는 국민 참여형 플랫폼 • 아이티 지진, 러시아 산불, 칠레 지진, 영국 지하철 파업 등 다양한 재난 현장에서 활용되었으며, 신종플루, 쓰나미, 일본 지진 발생 지역 등 전 세계의 사건·사고 정보 공유 가능 • 문자, 이메일, 트위터 등 다양한 채널에서 수집된 정보를 실시간으로 시각화하고, 인터넷 매핑 솔루션을 통해 상호 매핑을 가능하게 하는 오픈소스 플랫폼 구축 • 우샤히디는 다양한 소스의 정보를 지도에 표시하는 오픈소스 플랫폼(Ushahidi Platform), 방대한 실시간 정보를 단시간 안에 처리하기 위한 스마트 필터링 오픈소스 툴(Swift River), 단시간 안에 사업을 시작할 수 있도록 호스팅된 우샤히디 플랫폼(Crowdmap)등 3가지 서비스를 제공 • 재난·재해, 사건·사고 등이 발생하면 관련 정보를 실시간으로 중계하는 웹사이트를 만들어 구조를 정하는 씨해자들이 보내는 문지정보로 GPS 좌표를 설계 • IT 기반 재난안전 플랫폼의 제공을 통해 국민들의 자발적인 참여에 의한 재난상황 전파와 연계협력으로 안전을 관리하는 국민참여형 안전관리 구현

○×로 점검하자

※ 다음 지문의 내용이 맞으면 ○, 틀리면 ×를 체크하시오. [1 ~ 10]

01 데이터 웨어하우스의 특징에는 주체지향성, 휘발성, 통합성, 시계열성이 있다. (　　　)

》》》🔍 데이터 웨어하우스의 특징은 주체지향성, 비휘발성, 통합성, 시계열성이다.

02 빅데이터의 데이터 유형은 정형 데이터와 비정형 데이터로 나뉜다. (　　　)

》》》🔍 빅데이터의 데이터 유형은 정형 데이터, 비정형 데이터, 반정형 데이터로 나뉜다.

03 빅데이터의 3V는 Volume, Velocity, Value이다. (　　　)

》》》🔍 빅데이터의 특징은 일반적으로 규모(Volume), 다양성(Variety), 속도(Velocity)의 3V로 대변된다.

04 그림, 동영상, 음성 등 형태나 구조가 정량화되지 않고 다양한 형식을 갖는 데이터를 반정형 데이터라고 한다. (　　　)

》》》🔍 그림, 동영상, 음성 등 형태나 구조가 정량화되지 않고 다양한 형식을 갖는 데이터는 비정형 데이터이다. 반정형 데이터에는 웹로그, 센서 데이터, JSON 등이 있다.

05 빅데이터 활용에 필요한 3요소는 자원, 기술, 프로세스이다. (　　　)

》》》🔍 빅데이터 활용에 필요한 3요소는 자원, 기술, 인력이다.

06 빅데이터 분석 과정은 '데이터 수집 → 분석 → 저장 → 처리 → 이용 → 시각화 → 폐기' 순으로 이루어진다. (　　　)

》》》🔍 빅데이터 분석은 '데이터 수집, 저장, 처리, 분석, 시각화, 이용, 폐기'의 과정을 거친다.

정답 **1** × **2** × **3** × **4** × **5** × **6** ×

07 기존 데이터베이스 관리 도구의 데이터 수집$저장$관리$분석의 역량을 넘어서는 대량의 정형 또는 비정형 데이터 세트 및 이러한 데이터로부터 가치를 추출하고 결과를 분석하는 기술을 빅데이터라고 한다. ( )

>>>◯ 빅데이터를 '기존 데이터베이스 관리 도구의 데이터 수집$저장$관리$분석의 역량을 넘어서는 대량의 정형 또는 비정형 데이터 세트 및 이러한 데이터로부터 가치를 추출하고 결과를 분석하는 기술'로 정의하였다.

08 다수의 다양한 사건들 중 어떠한 규칙성을 가지고 시차적으로 일어나는 사건의 패턴을 발견하는 것을 분류라 한다. ( )

>>>◯ 다수의 다양한 사건들 중 어떠한 규칙성을 가지고 시차적으로 일어나는 사건의 패턴을 발견하는 것을 순차 패턴이라 한다.

09 일반적으로 데이터를 기반으로 하여 지식과 패턴을 추출하며, 사용자의 경험이나 편견을 배제한다. 이로써 관련 영역의 전문가가 간과해 버릴 수 있는 새로운 지식이나 패턴을 발견하는 것을 데이터 마이닝이라 한다. ( )

>>>◯ 대규모로 저장된 데이터 안에서 체계적이고 자동적으로 통계나 규칙이나 패턴을 찾아내는 것은 데이터 마이닝(Data Mining)이다.

10 소셜 미디어에 올라오는 글과 사용자를 분석해 소비자의 흐름이나 패턴 등을 분석하고, 판매나 홍보에 적용 마케팅 분야뿐만 아니라 사회의 흐름과 트렌드, 여론변화 추이를 읽어내는 빅데이터 기법을 소셜 마이닝 기법이라고 한나. ( )

>>>◯ 소셜 마이닝은 수학의 그래프 이론에 뿌리를 두고 있으며, 소셜 네트워크 연결구조 및 연결 강도 등을 바탕으로 사용자의 명성 및 영향력을 측정하여, 소셜 네트워크상에서 입소문의 중심이나 허브 역할을 하는 사용자를 찾는 데 주로 활용된다.

정답 **7** ◯ **8** ✕ **9** ◯ **10** ◯

01 데이터 웨어하우스의 특징은 주제지향성, 통합성, 시계열성, 비휘발성이다.

01 데이터 웨어하우스의 특징이 <u>아닌</u> 것은?

① 주체지향성
② 휘발성
③ 통합성
④ 시계열성

02 데이터 웨어하우스는 데이터 모델, ETL, ODS, DW Meta Data, OLAP, 데이터 마이닝, 분석 TOOL과 경영 기반 솔루션으로 구성된다.

02 다음 중 데이터 웨어하우스의 구성요소가 <u>아닌</u> 것은?

① 데이터 모델(data model)
② 데이터 전처리(data pre-processing)
③ ETL(Extract, Transform, Load)
④ ODS(Operational Data Store)

03 TEXT File의 경우 일정한 형식을 요하지 않는 비정형 데이터에 해당한다.

03 다음 중 반정형 데이터가 <u>아닌</u> 것은?

① XML File
② JSON File
③ TEXT File
④ HTML File

정답 01 ② 02 ② 03 ③

04 다음 중 빅데이터의 주요 특징으로 **틀린** 것은?

① 다양성
② 대용량성
③ 신속성
④ 일관성

04 빅데이터의 특징은 대표적으로 3V (Volume, Velocity, Variety)가 있다.

05 다음 중 비정형 데이터가 <u>아닌</u> 것은?

① 동영상
② 음성
③ 이미지
④ 전화번호

05 전화번호는 일반적으로 숫자로 구성되며, 이는 정형 데이터에 해당한다.

06 다음 중 빅데이터 플랫폼의 주요 요소 기술이 <u>아닌</u> 것은?

① 데이터 분석 기술
② 데이터 수집 기술
③ 데이터 저징 기술
④ 데이터 복구 기술

06 빅데이터 플랫폼의 주요 기술에는 데이터 생산 기술, 수집 기술, 저장 기술, 공유 기술, 처리 기술, 분석 기술, 시각화 기술이 있다.

07 다음 중 원천 데이터로부터 필요 데이터를 추출하여 변환한 후 적재하는 과정을 나타내는 용어는?

① MapReduce
② ETL
③ HDFS
④ Pre-processing

07 ETL(Extract, Transform, Load)은 원천 데이터로부터 필요한 데이터를 추출하여 적재하고자 하는 데이터 웨어하우스에 맞게 변환하여 적재하는 과정이다.

정답 04 ④ 05 ④ 06 ④ 07 ②

08 데이터 수집 기술에는 크롤링(crawling), 로그 수집기, 센서 네트워크, RSS Reader/Open API, ETL 등이 있다.
③ Clustering은 데이터 분석 기술이다.

08 다음 중 빅데이터 플랫폼의 빅데이터 수집 기술이 <u>아닌</u> 것은?

① 크롤링(crawling)
② ETL
③ Clustering
④ Open API

09 빅데이터 플랫폼의 등장배경에는 비즈니스 요구사항 변화, 데이터 처리 복잡도 증가, 데이터 규모 증가, 데이터 구조의 변화, 데이터 분석 유연성 증대, 데이터 처리의 신속성 요구 등이 있다.

09 다음 중 빅데이터 플랫폼의 등장배경이 <u>아닌</u> 것은?

① 데이터 처리 복잡도 증가
② 데이터 구조의 변화
③ 데이터 처리의 신속성 요구
④ 데이터 처리 유연성 증대

10 빅데이터 활용에 필요한 3요소는 자원, 기술, 인력이다.

10 다음 중 빅데이터 활용에 필요한 3요소로 옳은 것은?

① 자원, 인력, 프로세스
② 자원, 기술, 인력
③ 기술, 인력, 프로세스
④ 자원, 기술, 프로세스

11 빅데이터 분석은 '데이터 수집 → 저장 → 처리 → 분석 → 시각화 → 이용 → 폐기'의 과정을 거친다.

11 다음 중 데이터 수집부터 폐기까지의 빅데이터 분석 과정으로 옳은 것은?

① 데이터 수집 → 분석 → 저장 → 처리 → 이용 → 시각화 → 폐기
② 데이터 수집 → 처리 → 저장 → 분석 → 시각화 → 이용 → 폐기
③ 데이터 수집 → 저장 → 처리 → 시각화 → 분석 → 이용 → 폐기
④ 데이터 수집 → 저장 → 처리 → 분석 → 시각화 → 이용 → 폐기

정답 08 ③ 09 ④ 10 ② 11 ④

12 다음 중 빅데이터 특징에 해당하지 <u>않는</u> 것은?

① 규모의 증가
② 복잡성의 증가
③ 단순성의 증가
④ 가치의 증가

12 빅데이터의 특징은 규모의 증가, 복잡성의 증가, 가치의 증가, 속도의 단축 등이 있다.

13 다음 설명에 해당하는 것은 무엇인가?

> 그림, 동영상, 음성, 로그, 센서 데이터 stream 등 형태나 구조가 정량화되지 않고 다양한 형식을 갖는 데이터

① 정형 데이터
② 반정형 데이터
③ 비정형 데이터
④ 스트리밍 데이터

13 비정형 데이터에 대한 설명이다.

14 다음 설명에 해당하는 것은 무엇인가?

> 다양한 데이터 소스에서 수집한 데이터를 분석, 처리하여 지식을 추출하고, 이를 기반으로 지능화된 서비스를 제공하는 데 필요한 IT 환경

① 빅데이터 쿼리
② 빅데이터 필터링
③ 빅데이터 테이블
④ 빅데이터 플랫폼

14 빅데이터 플랫폼은 빅데이터로부터 가치를 추출하기 위한 일련의 과정을 지원하기 위해 프로세스를 규격화한 기술 및 서비스를 뜻한다.

정답 12 ③ 13 ③ 14 ④

15 비정형 데이터는 동영상, 음성, 이미지 등으로 웹로그, 센서 데이터, JSON은 반정형 데이터이다.

16 대규모로 저장된 데이터 안에서 체계적이고 자동적으로 통계나 규칙이나 패턴을 찾아내는 것은 데이터 마이닝(data mining)이다.

17 데이터 마이닝 기법에는 분류(classification), 예측(predication), 군집화(clustering), 연관성(association), 순차 패턴(sequential pattern) 등이 있다.

15 데이터 유형에 대한 설명으로 적절하지 <u>않은</u> 것은?

① 비정형 데이터로는 웹로그, 센서 데이터, JSON 파일 등이 있다.
② 정형 데이터는 정형화된 스키마를 가진 데이터이다.
③ 반정형 데이터는 메타 구조를 가지는 데이터이다.
④ 데이터의 유형은 크게 정형 데이터, 반정형 데이터, 비정형 데이터로 나뉜다.

16 다음 설명에 해당하는 것은 무엇인가?

> 일반적으로 데이터를 기반으로 하여 지식과 패턴을 추출하며, 사용자의 경험이나 편견을 배제한다. 이로써 관련 영역의 전문가가 간과해 버릴 수 있는 새로운 지식이나 패턴을 발견한다.

① Business Inteligence
② Data Mining
③ Data Visualization
④ Statistical Analysis

17 데이터 마이닝의 기법으로 옳지 <u>않은</u> 것은?

① Classification Analysis
② Predication Analysis
③ Clustering Analysis
④ Statistical Analysis

18 빅데이터의 분석 기법으로 비/반정형 텍스트 데이터에서 자연어처리(natural language processing) 기술을 기반으로 하여 유용한 정보를 추출, 가공하는 것을 목적으로 하는 기술을 무엇이라고 하는가?

① 데이터 마이닝
② 텍스트 마이닝
③ 오피니언 마이닝
④ 군집 분석

18 텍스트 마이닝은 비/반정형 텍스트 데이터에서 자연어처리(natural language processing) 기술을 기반으로 유용한 정보를 추출, 가공하는 것을 목적으로 하는 기술이다. 텍스트 마이닝 기술을 통해 방대한 텍스트 뭉치에서 의미 있는 정보를 추출해 내고, 다른 정보와의 연계성을 파악하며, 텍스트가 가진 카테고리를 찾아내거나 단순한 정보 검색 그 이상의 결과를 얻어낼 수 있다.

19 다음 설명에 해당하는 데이터 마이닝 기법은 무엇인가?

가장 많이 사용되는 데이터 마이닝 작업의 기능으로서 새로운 대상의 특징들을 조사하고 이를 미리 정해진 부류(class)들 중의 하나로 배정하는 것을 의미한다.

① Classification Analysis
② Predication Analysis
③ Clustering Analysis
④ Association Analysis

19 분류는 가장 많이 사용되는 데이터 마이닝 작업의 기능으로서 새로운 대상의 특징들을 조사하고 이를 미리 정해진 부류(class)들 중의 하나로 배정하는 것을 의미한다.

20 최근 새로운 여론 분석 기술로 주목받고 있는 빅데이터의 분석 기법으로, 소셜 미디어와 웹 사이트 등에 나타난 여론과 의견을 분석하여 유용한 정보로 재가공하는 기술을 무엇이라고 하는가?

① 데이터 마이닝
② 텍스트 마이닝
③ 오피니언 마이닝
④ 군집 분석

20 최근 새로운 여론 분석 기술로 주목받고 있는 오피니언 마이닝은 소셜 미디어와 웹 사이트 등에 나타난 여론과 의견을 분석하여 유용한 정보로 재가공하는 기술이다. 오피니언 마이닝을 활용하면 네티즌이 그들에 대해 이야기하는 댓글이나 포스팅 등을 '긍정, 부정, 중립'으로 분류하여 더 객관적이고 정확하게 평판을 파악할 수 있다.

정답 18 ② 19 ① 20 ③

21 OLAP 연산의 종류에는 Roll-up, Dicing, Drill-down이 있다.

01
정답 데이터 웨어하우스

해설 데이터 웨어하우스란 정보 시스템을 운영하기 위해 업무 중 발생한 다양한 데이터를 한 군데에 모아놓은 것이다.

02
정답 규모(volume), 다양성(variety), 속도(velocity)

해설 빅데이터의 특징은 일반적으로 규모(volume), 다양성(variety), 속도(velocity)의 3V로 대변된다.

정답 21 ①

---

21 데이터 웨어하우스의 기본적인 OLAP(On-Line Analytical Processing) 연산이 <u>아닌</u> 것은?

① Translate
② Roll-up
③ Dicing
④ Drill-down

✔ **주관식 문제**

01 다음 설명에서 괄호 안에 들어갈 용어를 쓰시오.

> 기간 업무 시스템에서 추출되어 새로이 생산된 데이터베이스로서 의사결정 지원 시스템을 지원하는 주체적·통합적·시간적 데이터의 집합체를 (㉠)(이)라 한다.

02 빅데이터의 특징 중 3V는 무엇을 의미하는지 쓰시오.

03 고정된 필드에 저장되어 있지는 않지만, 메타 데이터나 스키마 등을 포함하는 데이터를 무엇이라 하는지 쓰시오.

03

정답 반정형 데이터

해설 반정형 데이터는 고정된 필드에 저장되어 있지는 않지만, 메타 데이터나 스키마 등을 포함하는 데이터로 XML 이나 HTML 텍스트가 있다.

04 기존 데이터베이스 관리 도구의 데이터 수집 · 저장 · 관리 · 분석의 역량을 넘어서는 대량의 정형 또는 비정형 데이터 세트 및 이러한 데이터로부터 가치를 추출하고 결과를 분석하는 기술을 무엇이라고 하는지 쓰시오.

04

정답 빅데이터

해설 빅데이터를 '기존 데이터베이스 관리 도구의 데이터 수집 · 저장 · 관리 · 분석의 역량을 넘어서는 대량의 정형 또는 비정형 데이터 세트 및 이러한 데이터로부터 가치를 추출하고 결과를 분석하는 기술'로 정의하였다.

여기서 멈출 거예요? 끝지가 바로 눈앞에 있어요.
마지막 한 걸음까지 SD에듀가 함께할게요!

부록

최종모의고사

최종모의고사
정답 및 해설

I wish you the best of luck!

혼자 공부하기 힘드시다면 방법이 있습니다.
SD에듀의 동영상강의를 이용하시면 됩니다.
www.sdedu.co.kr ➜ 회원가입(로그인) ➜ 강의 살펴보기

최종모의고사 | 데이터베이스

제한시간: 50분 | 시작 ___시 ___분 – 종료 ___시 ___분

🔁 정답 및 해설 451p

01 데이터 모델의 구성 요소 중 데이터베이스에 표현된 개체 인스턴스를 처리하는 작업에 대한 명세로서 데이터베이스를 조작하는 기본 도구에 해당하는 것은?

① Operation
② Constraint
③ Structure
④ Relationship

02 데이터베이스의 특성으로 옳은 내용을 모두 선택한 것은?

> ㉠ 질의에 대하여 실시간 처리 및 응답이 가능하도록 지원해 준다.
> ㉡ 삽입, 삭제, 갱신으로 항상 최신의 데이터를 유지한다.
> ㉢ 다수의 사용자가 동시에 이용할 수 있다.
> ㉣ 데이터 참조 시 데이터 값에 의해서는 참조될 수 없으므로 위치나 주소에 의하여 데이터를 찾는다.

① ㉠, ㉡
② ㉠, ㉡, ㉢
③ ㉡, ㉢, ㉣
④ ㉠, ㉡, ㉢, ㉣

03 다음 중 참조 무결성에 대한 설명으로 옳지 <u>않은</u> 것은?

① 참조 무결성은 참조하고 참조되는 테이블 간의 참조 관계에 아무런 문제가 없는 상태를 의미한다.
② 다른 테이블을 참조하는 테이블 즉, 외래키 값이 있는 테이블의 레코드 삭제 시에는 참조 무결성이 위배될 수 있다.
③ 다른 테이블을 참조하는 테이블의 레코드 추가 시 외래키 값이 널(Null)인 경우에는 참조 무결성이 유지된다.
④ 다른 테이블에 의해 참조되는 테이블에서 레코드를 추가하는 경우에는 참조 무결성이 유지된다.

04 다음 중 직원(사원번호, 부서명, 이름, 나이, 근무연수, 급여) 테이블에서 '근무연수'가 3 이상인 직원들을 나이가 많은 순서대로 조회하되, 같은 나이일 경우 급여의 오름차순으로 모든 필드를 표시하는 SQL 문은?

① select * from 직원 where 근무연수>= 3 order by 나이, 급여
② select * from 직원 order by 나이, 급여 where 근무연수>= 3
③ select * from 직원 order by 나이 desc, 급여 asc where 근무연수>= 3
④ select * from 직원 where 근무연수>= 3 order by 나이 desc, 급여 asc

05 릴레이션의 특징을 올바르게 설명한 것은?

> ㉠ 튜플 사이에 순서가 있다.
> ㉡ 각 속성은 유일한 이름을 가지며, 속성의 순서는 꼭 지켜져야 한다.
> ㉢ 모든 튜플은 같은 값을 갖지 않는다.
> ㉣ 모든 속성값은 원자값을 취한다.

① ㉠, ㉡, ㉢, ㉣
② ㉠, ㉡, ㉢
③ ㉡, ㉣
④ ㉢, ㉣

06 하나의 작업을 수행하기 위해 필요한 데이터베이스의 연산들을 모아놓은 것으로, 데이터베이스의 논리적인 작업 단위로 데이터베이스에서 데이터의 활용을 분석하기 위한 기본 단위를 무엇이라고 하는가?

① 도메인
② 트랜잭션
③ 모듈
④ 프로시저

07 3계층 스키마 중 개념(Conceptual) 스키마에 대한 설명으로 옳은 것은?

> ㉠ 물리적 저장장치의 관점에서 본 데이터베이스의 명세를 말한다.
> ㉡ 범기관적 입장에서 본 데이터베이스의 정의를 기술한 것이다.
> ㉢ 개체 간의 관계와 유지해야 할 제약조건을 나타낸다.
> ㉣ 접근 권한, 보안 정책, 무결성 규칙을 명세한다.

① ㉡, ㉢
② ㉠, ㉡, ㉢
③ ㉡, ㉢, ㉣
④ ㉠, ㉡, ㉢, ㉣

08 다음 중 뷰(View)에 대해 올바른 설명만을 모두 고른 것은?

> ㉠ 뷰로 구성된 내용에 대한 삽입, 삭제, 갱신 연산에는 제약이 따른다.
> ㉡ 뷰가 정의된 기본 테이블이 삭제되더라도 뷰는 삭제되지 않는다.
> ㉢ 일단 정의된 뷰는 다른 뷰의 정의에 기초가 될 수 있다.
> ㉣ 뷰는 저장장치 내에 저장되어 있다.

① ㉠, ㉡, ㉢, ㉣
② ㉠, ㉢, ㉣
③ ㉡, ㉣
④ ㉠, ㉢

09 다음 중 개체-관계 모델에 대한 설명으로 옳지 <u>않은</u> 것은?

① 오너-멤버(Owner-Member) 관계라고도 한다.
② 개체 타입과 이들 간의 관계 타입을 기본 요소로 이용하여 현실 세계를 개념적으로 표현한다.
③ E-R 다이어그램에서 개체 타입은 사각 형으로 나타낸다.
④ E-R 다이어그램에서 속성을 타원으로 나타낸다.

10 다음 중 선형 구조에 해당하는 자료구조는?

> ㉠ 트리
> ㉡ 그래프
> ㉢ 스택
> ㉣ 큐
> ㉤ 데크

① ㉠, ㉡
② ㉢, ㉣, ㉤
③ ㉡, ㉢, ㉣, ㉤
④ ㉠, ㉢, ㉣, ㉤

11 다음 중 정규화에 대한 설명으로 옳지 <u>않은</u> 것은?

① 한 테이블에 너무 많은 정보를 포함해서 발생하는 이상 현상을 제거한다.
② 정규화를 실행하면 모든 테이블의 필드 수가 동일해진다.
③ 정규화를 실행하면 테이블이 나누어져 최종적으로는 일관성을 유지하게 된다.
④ 정규화를 실행하는 목적 중 하나는 데이터 중복의 최소화이다.

12 데이터베이스 언어 중 DDL의 기능이 <u>아닌</u> 것은?

① 논리적, 물리적 데이터 구조의 정의
② 데이터베이스 정의 및 수정
③ 논리적 데이터 구조와 물리적 데이터 구조의 사상 관계 정의
④ 데이터 회복과 병행 수행 제어

13 릴레이션에서 한 튜플을 삭제할 때 의도와는 상관없는 값들도 함께 삭제되는 연쇄 삭제 현상이 일어나는 것을 무엇이라고 하는가?

① 삽입 이상
② 삭제 이상
③ 갱신 이상
④ 조회 이상

14 데이터 모델에 관한 설명 중 옳지 <u>않은</u> 것은?

① 관계 데이터 모델은 개체와 관계 모두가 테이블로 표현된다.
② 계층 데이터베이스는 부자 관계를 나타내는 트리 형태의 자료구조로 표현된다.
③ 네트워크 데이터베이스는 오너-멤버를 나타내는 트리 구조로 표현된다.
④ 데이터 모델은 데이터, 데이터의 관계, 데이터의 의미 및 일관성 제약조건 등을 기술하기 위한 개념적 도구들의 모임이다.

15 데이터베이스 설계 단계 중 물리적 설계에 대한 설명으로 옳지 <u>않은</u> 것은?

① 개념적 설계 단계에서 만들어진 정보 구조로부터 특정 목표 DBMS가 처리할 수 있는 스키마를 생성한다.
② 다양한 데이터베이스 응용에 대해서 처리 성능을 얻기 위해 데이터베이스 파일의 저장 구조 및 액세스 경로를 결정한다.
③ 물리적 저장장치에 저장할 수 있는 물리적 구조의 데이터로 변환하는 과정이다.
④ 물리적 설계에서 옵션 선택 시 응답시간, 저장 공간의 효율화, 트랜잭션 처리율 등을 고려하여야 한다.

16 다음 중 데이터베이스 관리 시스템(DBMS)의 장점에 해당하지 <u>않는</u> 것은?

① 데이터의 일관성 유지
② 데이터의 무결성 유지
③ 데이터의 보안 보장
④ 데이터 간의 종속성 유지

17 테이블, 컬럼 그리고 다양한 제약사항들과 같은 관계 데이터베이스 구조를 정의하는 데 사용되는 국제 표준 언어는 무엇인가?

① TUPLE
② SQL
③ DOMAIN
④ DBMS

18 데이터 사전에 대한 설명으로 <u>부적합한</u> 것은?

① 여러 가지 스키마와 이들 속에 포함된 사상들에 관한 정보도 컴파일되어 저장된다.
② 데이터베이스를 실제로 접근하는 데 필요한 정보를 유지 및 관리하며 시스템만이 접근한다.
③ 사전 자체도 하나의 데이터베이스로 간주되며, 시스템 카탈로그라고도 한다.
④ 데이터베이스가 취급하는 모든 데이터 객체들에 대한 정의나 명세에 관한 정보를 관리 및 유지한다.

19 SQL의 UPDATE 명령어에 대한 설명으로 옳지 <u>않은</u> 것은?

① 하나 또는 그 이상의 튜플의 속성 값을 변경하는 데 사용된다.
② 테이블에서 수정할 튜플을 선택하기 위해 WHERE 절이 사용된다.
③ 변경할 속성과 그들의 새로운 값을 명시하기 위해 AS 절이 사용된다.
④ 참조 무결성 제약이 존재하는 경우에는 기본키 값을 변경하는 경우 그 변경이 외래키 값에 영향을 미칠 수 있다.

20 다음 중 외래키에 대한 설명으로 옳지 <u>않은</u> 것은?

① 외래키는 현실 세계에 존재하는 개체 타입들 간의 관계를 표현하는 데 중요한 역할을 수행한다.

② 외래키로 지정되면 참조 릴레이션의 기본키에 없는 값은 입력할 수 없다.

③ 참조 무결성 제약조건과 밀접한 관계를 가진다.

④ 외래키를 포함하는 릴레이션이 참조 릴레이션이 되고 대응되는 기본키를 포함하는 릴레이션이 참조하는 릴레이션이 된다.

21 데이터베이스의 무결성에 관한 설명으로 옳지 <u>않은</u> 것은?

① 개체 무결성 규정은 한 릴레이션의 기본키를 구성하는 어떠한 속성 값도 널 값이거나 중복 값을 가질 수 없음을 규정하는 것이다.

② 무결성 규정에는 규정 이름, 검사 시기, 제약 조건 등을 명시한다.

③ 도메인 무결성 규정은 주어진 튜플의 값이 그 튜플이 정의된 도메인에 속한 값이어야 한다는 것을 규정한다.

④ 트리거는 트리거 조건이 만족되는 경우에 취해야 하는 조치이다.

22 다음 쿼리에서 두 테이블에 조인된 필드가 일치하는 레코드만 결합하기 위해 괄호 안에 넣어야 할 조인 유형으로 옳은 것은?

```
SELECT 필드목록 FROM 테이블1 (       )
테이블2
ON  테이블1.필드 = 테이블2.필드;
```

① INNER JOIN

② OUTER JOIN

③ LEFT JOIN

④ RIGHT JOIN

23 다음 중 큐(Queue)에 대한 설명으로 옳지 <u>않은</u> 것은?

① 입력은 리스트의 한쪽 끝에서, 출력은 그 상대편 끝에서 일어난다.

② 운영체제의 작업 스케줄링에 사용된다.

③ 가장 먼저 삽입된 자료가 가장 먼저 삭제되는 FIFO 방식으로 처리된다.

④ 오버플로는 발생될 수 있어도 언더플로는 발생되지 않는다.

24 해싱 함수의 값을 구한 결과 키 K1, K2가 같은 값을 가질 때, 이들 키 K1, K2의 집합을 무엇이라고 하는가?

① Mapping

② Folding

③ Synonym

④ Chaining

✔ **주관식** 문제

01 물리적 설계 옵션에 대해 쓰시오.

02 그룹 함수의 종류에 대해 쓰시오.

03 사원 테이블에서 이름의 성이 '김'인 사람의 튜플을 검색하시오.

04 다음 설명에서 괄호 안에 들어갈 내용을 쓰시오.

> 관계 해석은 처리를 원하는 데이터가 무엇인지만 기술하는 (㉠)(으)로, (㉡)와/과 (㉢)(으)로 분류된다.

정답 및 해설 | 데이터베이스

정답

01	02	03	04	05	06	07	08	09	10	11	12
①	②	②	④	④	②	③	④	①	②	②	④

13	14	15	16	17	18	19	20	21	22	23	24
②	③	①	④	②	②	③	④	③	①	④	③

주관식 정답	
01	반응시간, 공간 활용도, 트랜잭션 처리량
02	COUNT, MAX, MIN, SUM, AVG
03	SELECT * FROM 사원 WHERE 이름 LIKE "김%"
04	⊙ 비절차 언어, ⓛ 튜플 관계 해석, ⓒ 도메인 관계 해석

01 정답 ①

[데이터 모델의 요소]

구조 (structure)	논리적으로 표현된 개체 타입들 간의 관계로 데이터 구조 및 정적 성질을 표현한디.
연산 (operation)	데이터베이스에 저장된 실제 데이터를 처리하는 작업에 대한 명세로서 데이터베이스를 조작하는 기본 도구이다.
제약조건 (constraint)	데이터베이스에 저장될 수 있는 실제 데이터의 논리적인 제약 조건이다.

02 정답 ②

[데이터베이스의 특징]

실시간 접근성 (Real-Time Accessibility)	수시적이고 비정형적인 질의(조회)에 대하여 실시간 처리 응답이 가능
계속적인 변화 (Continuous Evolution)	새로운 데이터의 삽입(Insertion), 삭제(Deletion), 갱신(Update)으로 항상 최신의 데이터를 유지
동시 공유 (Concurrent Sharing)	다수의 사용자가 동시에 같은 내용의 데이터를 이용 가능
내용에 의한 참조 (Content Reference)	데이터베이스에 있는 데이터를 참조할 때 사용자가 요구하는 데이터 내용으로 데이터 참조

03 정답 ②

레코드 삭제 시 참조 무결성이 깨질 수 있는 경우는 다른 테이블에 의해 참조되는 테이블의 레코드를 삭제할 때이다. 다른 테이블을 참조하는 테이블의 레코드를 삭제하는 것은 참조 무결성에 영향을 주지 않는다.

04 정답 ④

```
SELECT *
FROM 직원
WHERE 근무수 >= 3
ORDER BY 나이 DESC, 급여 ASC;
```

- SELECT * : 모든 필드를 검색
- FROM 직원 : 직원 테이블에서 검색
- WHERE 근무수 >= 3 : 근무수가 3년 이상인 레코드를 검색(조건문)
- ORDER BY 나이 DESC, 급여 ASC; : 나이가 많은 순(내림차순)으로 검색하되, 같은 나이일 경우 급여의 오름차순으로 검색

05 정답 ④

[릴레이션의 특성]

튜플의 유일성	하나의 릴레이션에는 동일한 튜플이 존재할 수 없다.
튜플의 무순서	하나의 릴레이션에서 튜플 사이의 순서는 무의미하다.
속성의 무순서	하나의 릴레이션에서 속성 사이의 순서는 무의미하다.
속성의 원자성	속성값으로 원자값만 사용할 수 있다.

06 정답 ②

[트랜잭션]

- 데이터베이스에서 하나의 논리적 기능을 수행하기 위한 작업의 단위
- 한꺼번에 모두 수행되어야 할 일련의 연산 집합
- 데이터베이스 시스템에서 복구 및 병행 수행 시 처리되는 작업의 논리적 단위
- 하나의 트랜잭션은 Commit되거나 Rollback 된다.
- 트랜잭션은 일반적으로 회복의 단위가 된다.

07 정답 ③

내부 스키마	물리적 저장장치의 관점에서 본 데이터베이스의 명세를 말한다.
개념 스키마	• 응용 업무를 위한 데이터베이스를 만들려면 우선 데이터의 전반적인 구조를 설계한다. 이 작업의 결과를 개념 스키마라고 한다. • 개념 스키마는 데이터베이스를 구성하는 테이블들을 기술하고, 테이블 간의 관계를 기술하고, 테이블을 구성하는 자료들의 구성 내용을 정의한다. • 개념 스키마는 데이터베이스의 전체적인 논리적 구조로서 모든 응용 프로그램이나 사용자들이 필요로 하는 데이터를 종합한 조직 전체의 데이터베이스로 하나만 존재한다. • 개념 스키마는 개체 간의 관계와 제약 조건을 나타내고 데이터베이스의 접근 권한, 보안 및 무결성 규칙에 관한 명세를 정의한다.

08 정답 ④

[뷰의 특징]

- 뷰는 가상의 테이블로부터 유도된 테이블이기 때문에 기본 테이블과 같은 형태의 구조를 사용하며, 조작도 기본 테이블과 거의 같다.
- 뷰는 가상 테이블이므로 물리적으로 구현되지 않는다.
- 데이터의 논리적 독립성을 제공할 수 있다.
- 필요한 데이터만 뷰로 정의해서 처리할 수 있기 때문에 관리가 용이하고 명령문이 간단해진다.
- 뷰를 통해서만 데이터에 접근하게 하면 뷰에 나타나지 않은 데이터를 안전하게 보호하는 효율적인 기법으로 사용할 수 있다.
- 일단 정의된 뷰는 다른 뷰의 정의에 기초가 될 수 있다.
- 뷰가 정의된 기본 테이블이나 뷰를 삭제하면 그 테이블이나 뷰를 기초로 정의된 다른 뷰도 자동으로 삭제된다.
- 기본 테이블의 검색과 동일하게 검색할 수 있으나, 삽입, 갱신, 삭제 시 제약을 받는다.

09 **정답** ①

오너-멤버(Owner-Member) 관계라고 불리는 데이터 모델은 논리적 데이터 모델 중 하나인 네트워크형 데이터 모델이다.

10 **정답** ②

트리와 그래프는 비선형 구조에 속한다.

11 **정답** ②

정규화는 중복되는 값을 일정한 규칙에 의해 더 단순한 형태를 가지는 다수의 테이블로 분해하는 과정으로 데이터베이스의 논리적 설계 단계에서 수행한다. 정규화를 수행해도 데이터의 중복을 완전히 제거할 수는 없다. 정규화는 이해하기 쉽고 확장하기 쉽도록 테이블을 구성하며, 무결성 제약조건의 구현을 용이하게 한다. 정규형은 제1정규형~제5정규형까지 있으며, 단계가 높아질수록 만족시켜야 할 제약조건이 늘어난다.

12 **정답** ④

데이터 회복과 병행 수행 제어는 데이터 제어어(DCL)의 기능이나. 데이터 정의어(DDL) 기능은 논리적 데이터 구조의 정의, 물리적 데이터 구조의 정의, 논리적 데이터 구조와 물리적 데이터 구조의 사상 관계 정의이다.

13 **정답** ②

어떤 릴레이션 R에서 특정한 한 튜플을 삭제할 경우 유지되어야 할 정보까지도 삭제되는 연쇄 삭제 현상을 삭제 이상이라 한다. 이때 원하지 않는 정보까지도 삭제되므로 정보의 손실을 가져오게 된다.

14 **정답** ③

네트워크 데이터베이스는 오너-멤버를 나타내지만 트리 구조가 아닌 그래프 구조로 표현된다.

15 **정답** ①

개념적 설계 다음에는 특정 목표 DBMS가 처리할 수 있는 스키마를 생성할 수 있는 것은 논리적 설계이다.

16 **정답** ④

DBMS의 장점은 데이터 간의 종속성 유지가 아니라 데이터의 중복 및 종속성의 최소화이다.

17 **정답** ②

SQL

국제 표준 데이터베이스 언어이며, 많은 회사에서 관계형 데이터베이스를 지원하는 언어로 채택하고 있다. 관계 대수와 관계 해석을 기초로 한 혼합 데이터 언어이다. 질의어지만 질의 기능만 있는 것이 아니라 데이터 구조의 정의, 데이터 조작, 데이터 제어 기능을 모두 갖추고 있다.

18 **정답** ②

데이터 사전은 테이블(시스템 테이블)로 구성되어 있어 일반 사용자도 SQL을 이용하여 내용을 검색해 볼 수 있다. 하지만 데이터 사전의 내용은 변경할 수 없다.

19 **정답** ③

변경할 속성과 그들의 새로운 값을 명시하기 위해서는 SET 절이 사용된다.

[UPDATE 문의 일반 형식]

> UPDATE 테이블 명
> SET 속성명 = 데이터
> WHERE 조건;

20 정답 ④

외래키를 포함하는 릴레이션이 참조하는 릴레이션이 되고, 대응되는 기본키를 포함하는 릴레이션이 참조 릴레이션이 된다.

21 정답 ③

도메인 무결성 규정은 주어진 튜플을 구성하는 속성의 값이 그 속성이 정의된 도메인에 속한 값이어야 한다는 것이다.

22 정답 ①

- 내부 조인(INNER JOIN) : 테이블1의 필드와 테이블2의 필드가 일치하는 레코드만 표시한다.

> SELECT 필드 FROM 테이블1 INNER JOIN 테이블2
> ON 테이블1.필드 = 테이블2.필드

- 외부 조인(OUTER JOIN)
  - LEFT JOIN : 두 테이블에 조인된 필드가 일치하는 레코드를 왼쪽 테이블1에 결합한다.

> SELECT 필드 FROM 테이블1 LEFT JOIN 테이블2
> ON 테이블1.필드 = 테이블2.필드

  - RIGHT JOIN : 두 테이블에 조인된 필드가 일치하는 레코드를 오른쪽 테이블2에 결합한다.

> SELECT 필드 FROM 테이블1 RIGHT JOIN 테이블2
> ON 테이블1.필드 = 테이블2.필드

23 정답 ④

오버플로는 큐가 꽉 채워져 있는 상태로 더 이상 자료를 삽입할 수 없는 상태이고, 언더플로는 자료가 없어서 자료를 제거할 수 없는 상태를 말하는 것으로 큐는 오버플로와 언더플로가 모두 발생할 수 있다.

24 정답 ③

Synonym	충돌로 인한 같은 Home Address를 갖는 레코드들의 집합을 말한다.
버킷	하나의 주소를 갖는 파일의 한 구역을 의미하며, 버킷의 크기는 같은 주소에 포함될 수 있는 레코드의 수를 의미한다.

주관식 해설

01 **정답** 반응시간, 공간 활용도, 트랜잭션 처리량

해설 물리적 설계 옵션이란 특정 DBMS에서 제공하는 것으로, 데이터베이스 파일에 대한 저장 구조와 접근 경로에 대한 다양한 옵션을 말한다.

반응시간 (Response Time)	트랜잭션 수행을 요구한 시점부터 처리 결과를 얻을 때까지의 경과시간
공간 활용도 (Space Utilization)	데이터베이스 파일과 액세스 경로 구조에 의해 사용되는 저장공간의 양
트랜잭션 처리량 (Transaction Throughput)	단위시간 동안 데이터베이스 시스템에 의해 처리될 수 있는 트랜잭션의 평균 개수

02 **정답** COUNT, MAX, MIN, SUM, AVG

해설

COUNT(속성명)	그룹별 튜플 수를 구하는 함수
MAX(속성명)	그룹별 최댓값을 구하는 함수
MIN(속성명)	그룹별 최솟값을 구하는 함수
SUM(속성명)	그룹별 합계를 구하는 함수
AVG(속성명)	그룹별 평균을 구하는 함수

03 **정답**

> SELECT * FROM 사원 WHERE 이름 LIKE "김%"

해설 • SELECT 필드명 FROM 테이블명 WHERE 조건절
• 조건절에서 성이 김이므로 이름의 일부를 검색할 때 LIKE를 이용하여 검색한다.

04 **정답** ㉠ 비절차 언어
㉡ 튜플 관계 해석
㉢ 도메인 관계 해석

해설 관계 해석은 처리를 원하는 데이터가 무엇인지만 기술하는 비절차 언어로, 관계 대수처럼 관계 데이터 연산의 한 종류다. 관계 해석은 관계 데이터 모델의 제안자인 코드(E.F.Codd)가 수학의 프레디킷 해석(predicate calculus)에 기반을 두고 제안했으며, 튜플 관계 해석(tuple relational calculus)과 도메인 관계 해석(domain relational calculus)으로 분류된다.

튜플 관계 해석	원하는 정보가 무엇인지를 표현하는데 있어 기본적인 연산 단위를 튜플 단위로 명시하는 방법을 의미한다.
도메인 관계 해석	• 원하는 정보가 무엇인지를 표현하는 데 있어 기본적인 연산 단위를 도메인 단위로 명시하는 방법을 의미한다. • 도메인 관계 해석은 도메인 변수들을 이용하여 원하는 관계를 정의하는 언어이다. • 도메인 변수란 특정 관계 스키마의 속성들의 도메인을 자료 값으로 갖는 변수이다.

여기서 멈출 거예요? 근자가 바로 눈앞에 있어요.
마지막 한 걸음까지 SD에듀가 함께할게요!

남도 학위취득종합시험 답안지 (객관식)

컴퓨터용 사인펜만 사용

★ 수험생은 수험번호와 응시과목 코드번호를 표기(마킹)한 후 일치여부를 반드시 확인할 것.

전공분야

성명

(1) 4

(2)

수험번호

과목코드

교시코드

응시과목

1	① ② ③ ④
2	① ② ③ ④
3	① ② ③ ④
4	① ② ③ ④
5	① ② ③ ④
6	① ② ③ ④
7	① ② ③ ④
8	① ② ③ ④
9	① ② ③ ④
10	① ② ③ ④
11	① ② ③ ④
12	① ② ③ ④
13	① ② ③ ④
14	① ② ③ ④
15	① ② ③ ④
16	① ② ③ ④
17	① ② ③ ④
18	① ② ③ ④
19	① ② ③ ④
20	① ② ③ ④
21	① ② ③ ④
22	① ② ③ ④
23	① ② ③ ④
24	① ② ③ ④

답안지 작성시 유의사항

1. 답안지는 반드시 컴퓨터용 사인펜을 사용하여 다음 ⓵와 같이 표기할 것.
   ⓵ 잘된표기: ●
   잘못된 표기: ⊗ ⊘ ① ◑ ○ ◐

2. 수험번호 (1)에는 아라비아 숫자로 쓰고, (2)에는 "●"와 같이 표기할 것.

3. 과목코드는 뒷면 "과목코드번호"를 보고 해당과목의 코드번호를 찾아 표기하고,

4. 응시과목란에는 응시과목명을 한글로 기재할 것.

5. 교시코드는 문제지 전면 의 교시를 해당란에 "●"와 같이 표기할 것.
   한번 표기한 답은 긁거나 수정액 및 스티커 등 어떠한 방법으로도 고쳐서는 아니되고, 고친 문항은 "0"점 처리함.

※ 감독관 확인란

(인)

관리번호

(연번)

(응시자수)

응시과목

1	① ② ③ ④
2	① ② ③ ④
3	① ② ③ ④
4	① ② ③ ④
5	① ② ③ ④
6	① ② ③ ④
7	① ② ③ ④
8	① ② ③ ④
9	① ② ③ ④
10	① ② ③ ④
11	① ② ③ ④
12	① ② ③ ④
13	① ② ③ ④
14	① ② ③ ④
15	① ② ③ ④
16	① ② ③ ④
17	① ② ③ ④
18	① ② ③ ④
19	① ② ③ ④
20	① ② ③ ④
21	① ② ③ ④
22	① ② ③ ④
23	① ② ③ ④
24	① ② ③ ④

[이 답안지는 마킹연습용 모의답안지입니다.]

절취선

년 도 학 위 취 득
종합시험 답안지(주관식)

★ 수험생은 수험번호와 응시과목 코드번호를 표기(마킹)한 후 일치여부를 반드시 확인할 것.

전공분야

성 명

과목코드	교시코드

과목코드: ① ② ③ ④ ⑤ ⑥ ⑦ ⑧ ⑨ ⓪

교시코드: ① ② ③ ④

수	험	번	호		
4			-		
(1)	① ② ③ ●				

	번호	※1차확인	응 시 과 목	※2차확인	※2차 채점	※2 차 점 수
※1차 채점	※1차 점수					

1차 점수: ⓪ ① ② ③ ④ ⑤ ⑥ ⑦ ⑧ ⑨ ⑩

2차 점수: ⓪ ① ② ③ ④ ⑤ ⑥ ⑦ ⑧ ⑨ ⑩

1, 2, 3, 4, 5

답안지 작성시 유의사항

1. ※란은 표기하지 말 것.
2. 수험번호 (2)란, 과목코드, 교시코드 표기는 반드시 수험번호 (2)란, 과목코드로 표기할 것.
3. 교시코드는 문제지 전면 의 교시를 해당란에 컴퓨터용 싸인펜으로 표기할 것.
4. 답안은 반드시 흑·청색 볼펜 또는 만년필을 사용할 것. (연필 또는 적색 필기구 사용불가)
5. 답안을 수정할 때에는 두줄(=)을 긋고 수정할 것.
6. 답란이 부족하면 해당답란에 "뒷면기재"라고 쓰고 뒷면 '추가답란'에 문제번호를 기재한 후 답안을 작성할 것.
7. 기타 유의사항은 객관식 답안지의 유의사항과 동일함.

※ 감독관 확인란

(인)

[이 답안지는 마킹연습용 모의답안지입니다.]

경북 학위취득종합시험 답안지(객관식)

★ 수험생은 수험번호와 응시과목 코드번호를 표기(마킹)한 후 일치여부를 반드시 확인할 것.

전공분야

성 명

(1) 수 험 번 호

(2) 수 험 번 호

※ 감독관 확인란

관 리 번 호 (연번)
(응시자수)

과목코드

교시코드

응시과목				
1	①	②	③	④
2	①	②	③	④
3	①	②	③	④
4	①	②	③	④
5	①	②	③	④
6	①	②	③	④
7	①	②	③	④
8	①	②	③	④
9	①	②	③	④
10	①	②	③	④
11	①	②	③	④
12	①	②	③	④
13	①	②	③	④
14	①	②	③	④
15	①	②	③	④
16	①	②	③	④
17	①	②	③	④
18	①	②	③	④
19	①	②	③	④
20	①	②	③	④
21	①	②	③	④
22	①	②	③	④
23	①	②	③	④
24	①	②	③	④

답안지 작성시 유의사항

1. 답안지는 반드시 컴퓨터용 사인펜을 사용하여 다음 [보기]와 같이 표기할 것.
   [보기] 잘된표기: ● 잘못된표기: ⊗ ⊗ ⊙ ◑ ◐
2. 수험번호 (1)에는 아라비아 숫자로 쓰고, (2)에는 "●"와 같이 표기할 것.
3. 과목코드는 응시과목 코드번호를 찾아 해당 과목의 코드번호를 찾아 표기하고,
4. 응시과목란에는 응시과목명을 한글로 기재할 것.
5. 교시코드는 문제지 전면 의 교시를 해당란에 "●"와 같이 표기할 것.

한번 표기한 답은 긁거나 수정액 및 스티커 등 어떠한 방법으로도 고쳐서는 아니되고, 고친 문항은 "0"점 처리함.

[이 답안지는 마킹연습용 모의답안지입니다.]

★ 수험생은 수험번호와 응시과목 코드번호를 표기(마킹)한 후 일치여부를 반드시 확인할 것.

년도 학위취득
종합시험 답안지(주관식)

전공분야

성명

과목코드

교시코드 ① ② ③ ④

번호	※ 1 차 점수	※ 1 차 채점	※1차확인	응 시 과 목	※2차확인	※ 2 차 채점	※ 2 차 점수
1							
2							
3							
4							
5							

답안지 작성시 유의사항

1. ※란은 표기하지 말 것.
2. 수험번호 (2)란, 과목코드, 교시코드 표기는 반드시 컴퓨터용 싸인펜으로 표기할 것
3. 교시코드는 문제지 전면 의 교시를 해당란에 컴퓨터용 싸인펜으로 표기할 것.
4. 답안은 반드시 흑·청색 볼펜 또는 만년필을 사용할 것. (연필 또는 적색 필기구 사용불가)
5. 답안을 수정할 때에는 두줄(=)을 긋고 수정할 것.
6. 답안이 부족하면 해당답안란에 "뒷면기재"라고 쓰고 뒷면 '추가답란'에 문제번호를 기재한 후 답안을 작성할 것.
7. 기타 유의사항은 객관식 답안지의 유의사항과 동일함.

※ 감독관 확인란

(인)

참고문헌

1. 이병욱, 『데이터베이스 총론』, 도서출판 그린.

2. 김연희, 『데이터베이스 개론 : 기초 개념부터 빅 데이터까지 큰 흐름이 보이는 데이터베이스 교과서』, 한빛아카데미.

3. 이석호, 『데이터베이스론』, 정익사.

4. ELMASRI, NAVATHE 공저, 황규영, 홍의경, 음두헌, 김진호, 조완섭 편역, 『데이터베이스 시스템』, 영한출판사.

5. 홍의경, 『데이터베이스 배움터』, 생능출판사.

6. Kroenke, Auer 공저, 나연묵, 박우창, 이원영, 진민, 채진석, 황수찬 편역, 『데이터베이스 처리론』, 교보문고.

7. 이상구, 정재영, 김한준, 정재헌, 『데이터베이스의 이해』, 이한출판사.

8. 박우창, 남송휘, 『데이터베이스 개론과 실습』, 한빛 아카데미.

9. 『정보처리기사 필기』, 길벗.

10. 『정보처리기사 필기』, 영진.

11. 김지숙, 『빅데이터활용과 분석기법 고찰』.

12. 『빅데이터분석기사 필기』, 성안당.

13. 『빅데이터분석기사 필기』, 시대고시기획.

14. 『빅데이터분석기사 필기』, 엉진.

15. 『웹 디자인을 위한 웹 데이터비이스 구조』, 영진.

16. https://middleware.tistory.com/

17. https://middleware.tistory.com/entry

18. https://0ver-grow.tistory.com/

19. https://blog.naver.com/vae3085

20. https://terms.naver.com/

21. https://namu.wiki/

여기서 멈출 거예요? 긍지가 바로 눈앞에 있어요.
마지막 한 걸음까지 SD에듀가 함께할게요!

좋은 책을 만드는 길
독자님과 함께하겠습니다.

도서나 동영상에 궁금한 점, 아쉬운 점, 만족스러운 점이
있으시다면 어떤 의견이라도 말씀해 주세요.
SD에듀는 독자님의 의견을 모아 더 좋은 책으로 보답하겠습니다.

www.sdedu.co.kr

시대에듀 독학사 컴퓨터공학과 4단계 데이터베이스

개정2판1쇄 발행	2022년 10월 12일 (인쇄 2022년 08월 24일)
초 판 발 행	2020년 01월 10일 (인쇄 2019년 10월 29일)
발 행 인	박영일
책 임 편 집	이해욱
편 저	김경희
편 집 진 행	송영진 · 양희정
표지디자인	박종우
편집디자인	김경원 · 박서희
발 행 처	(주)시대고시기획
출 판 등 록	제10-1521호
주 소	서울시 마포구 큰우물로 75 [도화동 538 성지 B/D] 9F
전 화	1600-3600
팩 스	02-701-8823
홈 페 이 지	www.sdedu.co.kr
I S B N	979-11-383-2894-4 (13000)
정 가	27,000원